無辜之人

小鎮冤案紀實

The Innocent Man

Murder and Injustice in a Small Town

by
John Grisham

約翰・葛里遜——著
宋偉航——譯

【導讀】

驚悚小說家約翰葛里遜與平冤計畫

黃怡

約翰葛里遜有閱讀訃文的習慣，尤其是紐約時報的訃文，認為都是有備而來的傑作。那天是二〇〇四年十二月九日，他匆匆掠過訃文版，一小則新聞引起他注意，標題是「隆恩威廉森（Ronald Williamson）：逃過死刑，死於五十一歲」，旁邊是一張隆恩釋放那天在法院外面的照片，看起來有些茫茫然，或許是太高興了，不曉得到底是真的自由了還是什麼，圖說寫著：一九九九年四月十五日。五十一歲，只比葛里翰大兩歲，他繼續看：「威廉森曾打職業棒球，後涉及謀殺死刑判決定讞，因為出現證據並非殺人兇手，最後獲得釋放。」

不待讀完那則訃文，葛里遜心知肚明，眼前擺著就是個好故事，比虛構小說更好的故事，他只要原原本本將前因後果寫出來，就可能是好書了。問題在於，過去葛里遜是個小說作家，以寫作法律驚悚小說著名，他若不是全世界最受推崇的、這方面的高手，至少也是銷路最好的一位；除了第一本《殺戮時刻》花了三年完成之外，他每年都以六個月寫書，感恩節前完稿，到二〇〇四年已累計十七本，可是那些都是虛構小說，他從未寫過紀實報導。

假使你看過葛里遜演講，大概很快會發現，他是個極其內向及正派的人，但或許得利於他父親是建築工人，家境窮困，自小必須出外打各種零工，從園丁到百貨公司賣內衣褲等，接觸過各式各樣的事情，算是見過世面、知道人心，所以他講著講著，往往另一個自我就自然流露了。這一面的葛里遜極其狡捷、通達，必要時絕對可以接一些硬球，是個將相之才，不然的話，他也無法應付或創造小說中那許多人物，或故事。

訪問工作可大可小，對方講的可以是事實、臆測、偏見或是謊言，像隆恩威廉森這樣，經歷過甚多要死不活的公設律師辯護，卷宗裡很多訴狀的說詞真假難辨，必須重新查案，等等。換是別的作家，更不用說像他這樣資產上兩億美元的作家，誰會歷時兩年，把一切人證、物證、事證查得清清楚楚，所有該訪問的背景人物，都親去拜訪或約出來談過，所有的相關報導不論對錯、鉅細，至少都瀏覽過一回，然後坐下來，喘口氣，絲絲入扣的把故事寫出來？是的，葛里遜的義憤被激發了。

卡波第（Truman Capote，一九二四～一九八四）的《冷血》（*In Cold Blood*，一九六六）或許很了不起，為報導文學開了起跑槍，然而它基本上不是真正的犯罪故事，而是在講人對命運的疏離與反抗。葛里翰擘劃兩年後（二〇〇六）出版的《無辜之人：小鎮冤案紀實》才是貨真價實的冤案記錄。

葛里遜很有趣的一點是，他一直滿忠於自己的感覺，大學轉來轉去，換讀了三個學校才畢業，然後進密西西比大學法學院，受過完整的財務會計訓練，曾準備成為賺錢的稅法律師，以振興家業，但終因受不了其枯燥生活，再轉向成為刑事律師。然而他始終不喜歡律師這行業，覺得太謹小慎微，無法揮灑自如，這十年間，他兼職做密西西比州眾議院的議員，是民選的，民主黨籍，且連選得連任（一九八三～一九九〇）。他曾說，要不是在一九八四年發生了一件十二歲女孩被強暴事件，女孩當庭陳述時，他剛好閒著沒事坐下來旁聽，靈光一閃，如果女孩的父親自力救濟殺了犯罪者呢？突然間他覺得非把這故事寫出來不可，於是每天提早到五點半上班，就在辦公室開始寫作了，如是三年，終於完成了第一部小說《殺戮時刻》（*A Time to Kill*，一九八九）。

《無辜之人》亦是如此，葛里遜就是覺得非要把故事寫出來不可。因為這本書，他受到美國法律、法學及人權運動界重視，而逐漸參與二十年來最受注目的司法改革團體「平冤計畫」（The Innocence Project），其後更出版了小說《自白》（*The Confession*，二〇一〇），正面迎向廢止死刑主張。

隆恩威廉森是無辜的

隆恩威廉森沒有結婚、沒有後代，紐約時報的訃文提到他的大姊安奈特，葛里遜於是快手快腳的打聽到安奈特電話，「我是約翰葛里遜，我對你弟弟的故事很感興趣，希望能再多了解一點真相。」他說，起初安奈特搞不清這是怎麼回事，頗花了一番唇舌，才讓她相信這不是詐騙集團。接著的五、六小時內，葛里遜買下了這個故事的寫作權（電影拍攝權自不在話下），權利金可能是天價，「對於如何處理它，我已胸有成竹。」

葛里遜的勤快是寫作圈有名的，曾告訴節目主持人查理羅斯，他每週的工作時間超過四十個小時，「我和老婆住的地方，離正屋不遠有個小屋，原來的用途是廚房，因為房子很老，以前的人怕火災，食物都在那裡燒好送到正屋。我們買下這棟房子之後，老婆把廚房改成寫作室，我每週一到週五，早上五點半起床，帶著一杯咖啡、一塊三明治，走到這小屋開始工作，正午下班。除非另有重要行程，絕不改變。下午以後，我就自由了，當然我需要閱讀，有時也必須讀讀和工作相關的資料等。」

有了隆恩大姊安奈特的授權，《無辜之人》中的隆恩栩栩如生，所有關於他性格特質的第一手資料，包括他在職業聯盟六年，再也無人簽他之後，失志到連走回自己房間睡覺的力氣都沒有，因為那房間四面牆懸掛著他自小參與各種賽事（除了棒球還有美式足球）的輝煌記錄；這是個從小被家人與鄉親眾望所寄的孩子，尤其是生長在奧克拉荷馬州，美國棒球打擊王米奇曼托（Mickey Mantle）是該州思帕維納（Spavina）的人，甚至曾有人預測，隆恩會是下一個米奇曼托。

葛里遜是個棒球迷，一九九六年還捐了三八〇萬美元，在維吉尼亞州蓋了一整座青少年棒球中心，在採訪隆恩案的過程中，他自然掘得深一點，還不辭辛勞的跑到艾舍（Asher），訪問到隆尼當年的恩人教練鮑恩（Murl Bowen），好好聽鮑恩講了一大段他整頓「艾舍印地安人」球隊的歷史，再把隆尼如何受訓、如何進入職業隊伍，帶進來整部報導裡。

好的小說家，往往是傑出的社會史家，何況《無辜之人》本身就是記錄歷史，葛里遜生長在阿肯薩州瓊斯伯勒，隆恩生長在奧克拉荷馬州的埃達，二州兩相毗鄰，都是一萬五千人至兩萬人的小鎮，葛里遜與隆恩小時候都見識過米奇曼托的風采，都想成為這名球王第二。不同的是，隆恩還真的有一度在這條勝利的路上了。《無辜之人》不偏不倚的敘述這位大家捧在掌心的棒球天才，英俊強健、人緣甚佳，參與職棒後染上酒色，接著身體受傷，又開始嗑藥，黯然離開職業聯盟後，已精神大出狀況，醫生處方的藥他要吃不吃，更多的時候是逃避到酒精裡，變成了瘋瘋癲癲、全身髒臭的醉鬼。

《無辜之人》沒有美化隆恩這個主角，他所到之處必定以衝突收場，家人很頭痛，朋友離棄他，他無法保住愛情，以高中畢業的文憑，甚至沒有人願意僱用他。一九八二年埃達鎮發生兇殺案，一個酒吧的女服務生黛比卡特（Debbie Carter）被姦殺在自己家裡，五年多之後，警方破不了案，突然想到這位經常在這個酒吧鬧事的名人，就這樣，以隆恩的偽造文書舊案違反保釋規定，先將隆恩拘押起來，再安排幾個獄中抓耙子的偽證咬他，於是他和他的麻吉——初中科學老師丹尼斯佛瑞茲（Dannis Fritz）兩人，糊里糊塗上了警方的兇嫌名單，審訊時律師不在場，沒有現場錄影，莫名其妙被起訴了。檢察官為圖立功，將兩人毛髮送鑑定，得到模擬兩可的所謂專家證人作證，陪審團居然把兩人判決有罪，法官判了佛瑞茲無期徒刑、隆恩死刑。

隆恩在監獄中已診斷出有嚴重躁鬱症，甚至還有點精神分裂，可以沒日沒夜的在囚室中哭號：「我是無辜的，我是無辜的……」搞得獄友無法睡覺，但是受他連累的佛瑞茲在獄中自學法律，不斷注意有無突破該案的機會。當他得知「平冤計畫」陸續有死囚因ＤＮＡ證明而平反，聯絡上該計畫的工作團隊，將兩人血液送驗ＤＮＡ，鑑定出與命案現場發現的精液與毛髮ＤＮＡ無一符合，才終於獲判無罪。當時他們已坐牢長達十一年多。隆恩是美國司法史上第七十八位被無罪開釋的死囚，一九九四年一度只離死刑執行預定日五天，因主張不當拘押，被第十上訴巡迴法院的法官賽伊（Frank H.Seay）獲准延期執行，才保住一命。隆恩與佛瑞茲後來告埃達市政府，要求五十萬美元的賠償金，二〇〇三年雙方達成和解。

飽受折騰的隆尼，出獄後渾身是病，二〇〇四年，無罪開釋後五年，死在家鄉附近的一家安養院中，病因是肝硬化。

律師們、律師們……

葛里遜說他做過十年律師，沒見過比隆恩威廉森案的辦案警檢更混的。其實隆恩早有不在場證據，而被殺的黛比卡特死亡的前一晚，還曾跟一名叫做葛倫高爾（Glen Gore）的老同學有爭執，但事發後，警方居然對高爾輕易放過，連精子檢體都沒採集。十五年後的新證據顯示，高爾是藥頭，有好幾個警察跟他買藥，他們掩護他，沒把他當成嫌疑犯偵辦。

那麼有沒有人為隆恩辯護過呢？葛里遜說，當年小鎮根本沒有公設律師制度，必須從他處調派律師，由於這些律師不是自願的，報酬也很低，查案及辯護就零零落落的。他還特別提到一個叫做巴尼華德（Barney Ward）的盲人律師，把他的傳奇與荒謬全盤托出，說明在那樣的訴訟環境下，即使無罪也可能「辯」到有罪。在寫作《無辜之人》之前或之後，揭發律師界的怪現象，一直是葛里遜小說的拿手好戲，例如他最早竄紅的《黑色豪門企業》（*The Firm*，一九九一）、《禿鷹律師》（*The King Of Torts*，二〇〇三）、《幫兇律師》（*The Associate*，二〇〇九）等，至於二〇一〇年被公認為替廢死做說帖的《自白》（*The Confession*），小說中一心一意想為黑人青年洗冤的，居然還不是律師，而是一位牧師，一名前科累累的出獄罪犯罹患重病快掛了，跑去找牧師告解，說自己才是該案真兇，牧師遂冒著觸法的危險，拚命想幫黑人青年逃過死劫，結果失敗了。

葛里遜筆下的檢察官，亦多半腐敗或怕事，只一意想保住自己飯碗，往高處爬。拿隆恩威廉森案來說，若非那位公正的法官賽伊在一九九五年宣布重審，恐無日後「平冤計畫」律師團插手的餘地。隆恩與佛瑞茲被無罪開釋的理由包括：假造自白、假造或誤導的刑事證據、偽證與假造指控、公務員不正當行為及律師辯護不週全。

「其實早在寫作《終極審判》時，我訪問了不少在監人犯，便已明白冤獄的普遍存在。尤其是黑人，社經背景遠遜於白人，一旦受牽連入獄，五條牛都拉不出來。」葛里遜說，「可是，晚近的DNA科技，在平冤計畫律師團的努力下，竟然使那麼多人脫罪，還真的開了我的眼界。」

川普當選總統後，媒體問葛里遜對新任司法部長有何建議，他說他不敢建議：「可是我希望他了解，美國現在有數千名人犯為了別人做的案子，正在監獄中長期服刑，他們的冤獄是可以避免的，真兇必須繩之以法。我們的刑事司法體系漏洞百出，必須一一把破網補起來。老百姓的錢，要花在刀口上，以免無辜之人遭受痛苦。」

【導讀者簡介】

黃怡，畢業於文化大學法律系，多年來從事期刊編輯工作，曾擔任《台灣新文化》、《日本文摘》、《牛頓科學》、《人本教育札記》等月刊及《重現台灣史分冊百科》總編輯、《新台灣》週刊編輯顧問等。譯有《漢娜鄂蘭傳》。

法界人士熱烈推薦

（依姓氏筆畫排序）

美國法律小說祭酒約翰・葛里遜，這次使用精鍊筆法，以小說體裁的《無辜之人》實寫真人真事，寓含著深邃的社會文化批判，彷彿是耶魯史學大師史景遷的作風。他在書中試著解釋兩個問題：「冤獄為何總是發生？」「應為錯誤判決負責的法律人，為何從不自己理賠？」若不希望成為冤獄的被害者，不妨隨著作者思索答案；如果你是法律人，更該成為本書讀者，不做加害人。

李念祖　理律法律事務所副所長

不論你支持或反對死刑，冤案的發生應該都不是你可以坐視的，在台灣如此，美國也一樣。本書告訴你司法制度的盲點，再怎麼努力還是無法完全避免冤案，活生生的人因此受苦，司法改革刻不容緩，為了避免遺憾，是台灣開始思考廢止死刑的時候了。

林峯正　民間司法改革基金會前執行長

「冤獄的世界，是連我這樣一位當過律師的人也沒太去想的世界。」的確，如果不是江元慶寫的《司法無邊》，我也無法想像台灣的司法制度存在二十八年的刑事訴訟，結果造成三位被司法繁複糾纏的當事人，從中年人變成老人。本書所述的主角，威廉森與佛瑞茲，從死囚獲得平反，「也許」還是幸運的；但是另外的兩位主角，華德與方特諾，則沒有那麼幸運，他們迄今還身陷囹圄。「埃達的噩夢」好像一個隱喻，傳達一幅令人不堪的美國「司法圖像」。作者葛里遜試圖將人們從記憶的監牢中釋放出來，因為，當初違法濫權的司法人員以及地方政府，也為此付出高昂的代價。遺憾的是，反觀台灣，距離這一步還有甚多努力的空間。

陳長文

理律法律事務所所長兼執行合夥人

這本非虛幻小說之創作，敘述小城裡真人真事的法律故事。作者以極細膩的筆法描寫各種不同景色、角色人物及法院審判過程，讓人感受到本書不純粹是本對「無辜之人」平反的法律故事，另外呈現當時生活、思想及人性的種種意涵及面對強勢司法之無奈。由此書可見，司法審判之不慎，律師辯護之不力，可能所導致不公不義的誤判，而毀掉一個人的一生。另可看到裁定重審的法官，如何展現及維護公平審判之真義，也可讓人體會明察秋毫且迅速正確的審判之重要性，否則遲來正義，難以實現正義。書中主角隆恩的心願，希望死後，「可以長睡不醒，永遠不會再作噩夢」、「不想再讓別人審判我」、「若會再碰上這些事，那寧願不要再來到人世的好」。類似的想法，也是不少平常人的期待，只想過著正常人的自由自在生活而已。這本書所呈現的義理，深具啟發性，是一本關心法律的人、現在或未來想成為法律人值得閱讀的好書。

（簽名）司法院大法官

獻給安奈特・赫德森、蕾妮・席蒙斯

以及兩人親愛的弟弟

1

奧克拉荷馬州的東南山區，丘陵綿延，自諾曼（Norman）迤邐推向阿肯色州。這一帶的地底一度富含原油礦藏，如今卻已少見。田間野地偶有老舊油井錯落其間；還在鑽油的雖然一意骨碌往下鑽鑿，緩緩轉上一回卻也只打上來幾加侖的油而已；路過識者無不納悶這是所為何來。許多油井乾脆扔著不管，留它兀自寂然孤立野地，任憑風蝕雨鏽，徒留往日油氣沖天、盲目鑿井、一夕致富的遺跡。

埃達（Ada）周遭的野地裡面，油井隨目可見。埃達是一處鑽油老鎮，居民只有一萬六千人，設有一所大學和地方法院。不過，小鎮周邊的油井皆已荒廢——油氣不再故也。如今，埃達鎮民的收入要靠工廠、飼料廠、山核桃農場的時薪來支應。

埃達的鎮中心相當熱鬧，大街不見閒置或是封死的建築。生意都還興隆，只是大部分都已移到小鎮的邊緣。午餐時間一到，餐廳率皆高朋滿座。

龐托托克郡地方法院（Pontotoc County Courthouse）很老，老擠，到處都是律師和他們的委託人。法院周圍則是常見的政府辦公大樓加律師事務所的大雜燴。他們的監獄，低矮，沒開窗，像碉堡；而且，當初為什麼會蓋在法院的草坪上面，已經無人知曉。鎮上安非他命泛濫，導致監獄人滿為患。

大街走到底，就是東中央大學（East Central University），有四千名學生，大部分皆是走讀生。這所大學為小鎮社區注入活力，學生、教職員的新鮮面孔，為這一塊奧克拉荷馬州的東南角落添加多樣的風情。

鎮上少有事情逃得過《埃達晚報》（*Ada Evening News*）的耳目。《埃達晚報》在這一帶很活躍，一心力拚奧克拉荷馬州的第一大報，《奧克拉荷馬人報》（*The Oklahoman*）。頭版一般放的是國際和全國大事，之後就是本州和地方新聞，接著才是鎮民真正重視的要聞——高中運動賽事，地方政治新聞，社區行事曆，以及訃聞。

埃達和龐托托克郡的居民，都是小鎮南方人加獨立西部人的融洽組合。口音從德州東部到阿肯色州都有，i音都會拉得平平的，母音也拖得比較長。這裡也是契克索印地安人（Chickasaw）的家園。奧克拉荷馬州的美洲原住民人數大於別州，經過百年的融合，許多白人身上也都有了印地安人的血統。污名去得很快；其實，現今的人對自己身上繼承的血脈還與有榮焉。

「聖經帶」[1]牢牢穿過埃達小鎮。鎮上總共有五十座教堂，分屬十幾支基督教派。都很熱鬧，而且不限禮拜天。天主教的有一座，聖公會的有一座，但沒有佛教寺廟或猶太會堂。居民以基督徒為多，或自稱是基督徒吧；而且，鎮上的居民也最好要有所屬的教堂。埃達鎮民的社會階級，就是由所屬的教派在決定的。

埃達有一萬六千名人口，在奧克拉荷馬州的鄉間算是大鎮，足以吸引工廠和折扣商店進駐，招徠周邊幾個郡的工人、居民開車往返購物。埃達往東南走八十哩，就到奧克拉荷馬市，三小時車程，可達達拉斯市（Dallas）。鎮上人人都有親友在德州做事或居住。

埃達鎮民最為自豪的是四分之一哩賽馬的「勝意」[2]。不少常勝軍就是埃達的馬場養出來的。而埃達高中美洲豹（Ada High Cougars）又再拿下美式足球的州冠軍，一樣足以讓埃達鎮民昂首闊步好幾年。

埃達的民情和善，不吝和陌生人寒暄，熟人交談更是熱絡，有何需要也一定鼎力相助。小孩子在前院草坪的涼蔭裡嬉戲。晝不閉戶。夜間青少年遊盪也不太惹是生非。

若非一九八〇年代兩件姦殺案名聞遐邇，埃達小鎮絕難招惹世人注目。只是，龐托托克郡的善良百姓可是寧可沒沒無聞的好。

埃達的夜店和酒店像是有不成文的鎮規似的，全都開在鎮郊，像被貶到邊荒，免得地痞流氓的勾當污染到善良百姓。「馬車燈」（Coachlight）便是其中一家，洞窟似的金屬建築，照明極差，啤酒廉價，備有點唱機，周末還有樂團演奏，附有舞池。外面不規則的碎石子停車場上，灰撲撲的小貨車數量遠大於轎車。裡面的常客組成，想也知道——工廠工人先喝一杯再回家，鄉下小子出外找樂子，二十郎當的夜貓族，愛玩愛鬧的夜店族到那裡聽現場演奏，等等。文斯・吉爾和蘭迪・崔維斯[3]剛出道時，都在這裡唱過。

註1：「聖經帶」（Bible Belt）指美國南部維吉尼亞州到德州一線，居民篤信基督教，教義守得比較嚴格。

註2：「勝意」（bidness）就是business，走了音。

註3：文斯・吉爾（Vince Gill, 1957-）、蘭迪・崔維斯（Randy Travis, 1959-）兩人都是著名的美國鄉村男歌手。

「馬車燈」這地方很紅，很熱鬧，雇了許多兼差的酒保、保鏢、雞尾酒女侍。其中一位叫作黛比・卡特（Debbie Carter），二十一歲，本地人，幾年前從埃達高中畢業後便盡享單身的樂趣。她另還有兩份兼職，偶爾當當保母。黛比自己有車，獨居在第八街一家修車廠樓上的三房公寓裡面，地點離東中央大學不遠。她長得很漂亮，黑髮，苗條，愛運動，有男人緣，非常獨立。

她母親佩姬・史迪威（Peggy Stillwell）擔心她待在「馬車燈」和其他夜店廝混的時間未免太多了點。她養出來的女兒不該過這樣的日子；其實，黛比還等於是在教堂裡面長大的。不過，高中畢業後，她就開始混派對，很晚才回家。佩姬看不慣女兒的新生活，母女不時為此吵架。黛比就決定追求獨立，找到一戶小公寓，搬出去住，但和母親的關係還是很親密。

一九八二年十二月七日晚上，黛比還在「馬車燈」工作，替客人上酒時不時要去看鐘。那一晚生意清淡，她便問老闆可不可以先下班，陪朋友玩一玩。老闆沒反對，她很快便和吉娜・維耶塔（Gina Vietta）坐在一起喝酒；吉娜是她的高中密友。同桌的還有幾個人。另一個高中朋友葛倫・高爾（Glen Gore）走到桌邊向她邀舞。她接受了，但一支曲子還沒跳完就忽然停下，氣沖沖從高爾身邊走開。後來在女廁裡面，她跟她那幾位女性朋友說那一天晚上若有人可以陪她的話，她會安心一點，但沒說她在擔心什麼。

「馬車燈」那一天提早關門，約是半夜十二點半吧，吉娜・維耶塔邀了同行的幾個朋友再到她的公寓去喝一杯。大部分的人都說好，不過，黛比又累、又餓，只想回家。一行人魚貫從酒吧出去，未顯特別匆忙。

有幾個人看到「馬車燈」關門的時候，黛比在停車場和葛倫．高爾在講話。湯米．葛洛佛（Tommy Glover）和黛比很熟，因為他在鎮上的一家玻璃工廠和黛比是同事。他也認識高爾。他才要坐進他的小貨車開走時，看到黛比打開她車子駕駛座的門。高爾不知從哪裡冒了出來，兩人才談了幾秒，黛比就推了他一把。

麥克（Mike）和泰瑞．卡本特（Terri Carpenter）夫婦都在「馬車燈」做事。麥克是保鏢，泰瑞是女侍。兩人走向他們的車時，經過黛比的車邊。她正坐在駕駛座上和葛倫．高爾講話，高爾站在黛比的車門旁邊。卡本特夫婦朝她揮手道別，沒停下腳步。一個月前，黛比才跟麥克說過，她很怕高爾，因為高爾的脾氣不好。

東妮．蘭西（Toni Ramsey）在「馬車燈」裡當擦鞋女侍。這油膩膩的行業一九八二年在奧克拉荷馬州還是很興旺。埃達穿漂亮牛仔靴的人多的是；總得有人擦一擦吧，東妮就正好可以多賺一點現金救急。她和高爾很熟。東妮那一天晚上走的時候，看到黛比坐在她車內的駕駛座上，高爾則在乘客座的那一邊，半蹲在敞開的車門邊，但人是在車外的。兩人講話的樣子看起來還算客氣。沒什麼不對勁的地方。

高爾沒有車；他是搭一個朋友的便車到「馬車燈」去的，他那朋友叫隆恩．魏斯特（Ron West）；他約十一點半到。魏斯特點了啤酒就坐下來輕鬆一下，高爾則在店裡四處亂晃。他好像誰都認識。等店裡喊了「最後一巡」，魏斯特抓住高爾，問他還要不要坐他的車回去。高爾回答，要；所以，魏斯特走到停車場等他。幾分鐘過去，高爾來了，形色匆匆，坐進車裡。

兩人都餓了，所以魏斯特朝鎮上開去，到一家叫「閒扯淡」（Waffler）的餐廳去，兩人點了速簡早餐吃。魏斯特付的錢；「馬車燈」的酒錢一樣是他在付。他那一晚還先到哈洛德（Harold's）去過，那是另一間夜店，他到那裡去找生意上的朋友。結果遇上高爾，高爾偶爾在那裡兼差當酒吧和DJ。兩人不太熟，但高爾說想搭他的便車到「馬車燈」去，魏斯特沒有拒絕。

魏斯特已婚，有兩個很小的孩子，家庭生活美滿，不常在酒吧裡廝混到那麼晚。他很想回家，但被高爾絆住。而且，每過一小時，高爾的花費就往上拉一級。等他們終於離開那一家餐廳，魏斯特問他接下來要去哪裡。高爾說要到他媽媽那裡，就在櫟樹街（Oak Street），往北走過幾個街口就到了。魏斯特對鎮上的路很熟，便朝櫟樹街開過去。還沒開到，高爾就忽然改變主意。他坐魏斯特的車有好幾小時了，想要走一走。那時很冷，氣溫還再繼續往下掉，寒風刺骨。有冷鋒要來。

他們在櫟樹大道浸信會教堂（Oak Avenue Baptist Church）附近停了車，離高爾說的他媽媽家不遠。高爾鑽出車外，謝過魏斯特，就朝西走。

櫟樹大道浸信會教堂離黛比・卡特住的公寓約有一哩。

高爾的母親其實是住在小鎮的另一頭，根本不在教堂附近。

凌晨二點半，吉娜・維耶塔和幾個朋友在她的公寓裡接到兩通怪電話，都是黛比・卡特打過來的。第一通，黛比要吉娜開車過去接她，因為她那裡有人，客人，讓她很不安。吉娜問那人是誰？誰在她那裡？對話卻被打斷，電話斷掉前有摀住嘴和掙扎的聲音。吉娜當然擔心，也覺得黛比的要求很怪。黛比自己有車，一九七五年份的奧斯摩比。她若要去哪裡，自己開車不就好了？吉娜匆匆出門，電話鈴卻又響了。又是黛比，說她改變主意了，她那邊情況還好，不用麻煩了。吉娜再問一次客人是誰，但黛比岔開話題，不肯說出他的名字。她要吉娜早上再打電話給她，叫她起床，免得上班遲到。很怪的要求，黛比以前從沒有過這樣的要求。

吉娜不管三七二十一，還是準備開車過去，但又一轉念。她公寓裡還有客人，而且，夜也已經深了。黛比・卡特會照顧自己的。況且，她房裡若有男人在，吉娜也不想就這樣子闖進去。吉娜上床睡覺，幾個小時後也忘了打電話給黛比叫她起床。

十二月八日早上十一點，唐娜・強森（Donna Johnson）路過黛比住處，想打一聲招呼。她們兩人高中起就是好友，後來唐娜搬到紹尼（Shawnee）去。那裡離埃達有一小時車程。她那一天回埃達來，是要用一天時間探望父母，找幾個朋友敘舊。她沿著修車廠外的樓梯輕快朝黛比公寓走上去，注意到腳下踩到了碎玻璃，便放慢腳步。門上的小窗破了。不知何故，她腦中閃過的第一絲念頭是黛比把自己反鎖在門外，不得已，只好打破窗戶進門。唐娜敲門。沒人應。接著，她聽到屋內的收音機在放音樂。她轉動門把，發現門沒上鎖。她前腳才踏進去，就覺得事情不太對勁。

小書房裡亂七八糟——沙發軟墊丟在地板上，衣服扔得到處都是。右邊的牆上有人潦草寫了一行字，紅色的液體，寫的是：「下一個死的是吉姆・史密斯（Jim Smith）。」

唐娜喊黛比；沒人回答。她以前來過這公寓一次，所以知道臥室在哪裡。她馬上朝臥室走去，嘴裡還在喊朋友的名字。臥室的床被人動過了，掀到別的地方去，被單也全都扯了下來。她看到一隻腳，等她繞過床，就看到黛比——趴在地板上，全身赤裸，血跡斑斑，背上還寫了字。

唐娜嚇傻了，沒辦法往前再走上半步。她呆呆站在原地看，等好朋友開始呼吸。這是在作夢吧，她心裡想。

唐娜一路後退，走進廚房，在一張小小的白色桌子上又看到潦草的字跡；是凶手留下來的。唐娜忽然想到：他可能還沒走。她馬上跑出公寓，回自己的車上，飛車開到一家便利商店，找到電話，打電話給黛比的母親。

佩姬・史迪威聽了唐娜說的話，但沒辦法相信她女兒赤裸躺在地板上，渾身是血，動也不動。她要唐娜把話再說一遍，聽完就朝自己的車子跑去。但是電瓶沒電。她六神無主，再跑回屋內，打電話給查理・卡特（Charlie Carter），黛比的父親，她的前夫。兩人幾年前離婚並不順利，此後絕少講話。

查理・卡特那邊沒人接電話。她有一個朋友，卡洛・愛德華茲（Carol Edwards），就住在黛比對街。佩姬再打電話給她，跟她說有事情很不對勁，請她快快去看她女兒怎麼樣了。之後，佩姬就只有乾等，再等。後來，她忍不住再打電話給查理，這一次他接了電話。

卡洛・愛德華茲跑過街心，朝黛比的公寓衝去。她也看到破掉的玻璃和敞開的門。她走進去，看到了屍體。

查理・卡特長得虎背熊腰，在當磚瓦工人，偶爾也在「馬車燈」當保鏢。他跳上他的小貨車，飛車開到女兒住的公寓，一路上滿腦子亂轉，都是作父親最怕的事。結果，他看到的還是他怎樣也想不到的狀況。

他一見女兒的屍體，叫了她兩聲，跪在女兒身邊，輕輕扶起女兒的肩膀，看她的臉。一條染血的毛巾塞在她的嘴裡。他心裡清楚女兒已死，但他還是等，等著看是不是有生還的跡象出現。但沒等到。他慢慢站起來，四下看了看。床被動過了，從牆邊推開，被單不見了，房間裡一片凌亂。顯然有過打鬥。他走向書房，看到牆上寫的字。他再走進廚房，四下看了看。這裡已經是犯罪現場。查理兩手插進口袋，舉步離開。

唐娜・強森和卡洛・愛德華茲站在前門外面的樓梯口，哭著等他。她們聽到查理跟女兒道別，跟他說她遇上這樣的事他好傷心。等他踉蹌走到外面來時，一樣忍不住哭泣。

「要不要叫救護車？」唐娜問道。

「不用，」他說，「救護車來了也沒用。要報警。」

救護人員先到，有兩個。他們急忙爬上樓梯，衝進公寓，沒幾秒，其中一個就跑出門外，在樓梯口上嘔吐。

警探丹尼斯・史密斯（Dennis Smith）抵達的時候，公寓外面已經人潮擁擠，有交通警察、救護人員、圍觀民眾，連地方上的兩個檢察官也都在場。等他發現可能是姦殺案，馬上封鎖現場，不讓鄰居靠近。

史密斯是埃達警察局的小隊長，是有十七年資歷的老鳥，知道該怎麼辦。他把公寓裡的人都請出去，只有他和另一位警探留下來。然後再要其他的警察在鄰近一帶挨家挨戶詢問，找目擊證人。史密斯強自壓下一肚子的怒火。他和黛比很熟，他的女兒和黛比的姊姊是朋友。他也認識查理・卡特和佩姬・史迪威，不敢相信他們的女兒竟然就躺在她住處的臥室地板上，死了。等犯罪現場封鎖好後，他開始在公寓裡面搜查。

樓梯口的碎玻璃是從前門窗口來的，碎玻璃門裡、門外都有。書房靠左有一張沙發，軟墊散落在書房四處。沙發前面有一件簇新的法蘭絨睡袍掉在地板上面，沃爾瑪（Wal-Mart）的標籤都還在。他走到對面的牆去看那一行字，他一看就知道是用指甲油寫的。「下一個死的是吉姆・史密斯。」

這一位吉姆・史密斯，他知道是誰。

進了廚房，在一張小小的白色四方桌上，他看到另一行字，看來是用番茄醬寫的——「敢找我們就給你好看」。他在桌邊的地板上看到一條牛仔褲和一雙牛仔靴。他很快就會知道這是黛比前一天晚上到「馬車燈」上班時穿的。

他走進臥室，臥室的門被床擋掉了一半。幾扇窗都是開的，窗簾也是拉起來的，房間裡很冷。看來死前有過激烈的打鬥。地板到處都是衣服、紙張、毯子、填充玩具。沒一樣東西在它該在的地方。等史密斯警探在黛比的屍體旁邊跪下，就看到凶手留下的第三行字。寫在她背上，看起來像是乾掉的番茄醬，寫的是「杜克・葛蘭姆（Duke Gram）。」

這一位杜克・葛蘭姆，他知道是誰。

黛比身體下面壓著一條電線和一條牛仔皮帶。皮帶有大大的銀色帶釦，帶釦正中央刻著「黛比」兩個字。

麥克・基斯威特（Mike Kieswetter）警官，也是埃達警察局的人，在替現場拍照時，史密斯就開始採集證據。他在屍體、地板、床上、填充玩具上面都找到了毛髮。他仔細將毛髮一一撿起，放在一張張摺起來的紙上，這他們叫作「舖蓋捲」，還仔細寫下找到的地點。

他陸續拾起床單、枕頭套、毯子、電線、皮帶、他在浴室地板找到的一條撕破的內褲、黛比的幾個填充玩具、一包萬寶路菸、一罐喝光的七喜汽水、一個洗髮精的塑膠罐、幾個菸屁股、廚房的一只玻璃水杯、電話，還有黛比身上找到的幾根毛髮，都仔細收起，一一貼上標籤，然後裝袋。他在黛比屍體附近還找到一罐台爾蒙（Del Monte）番茄醬，裹在床單裡面。這罐子他也小心裝袋，準備送交奧克拉荷馬州的刑事鑑識中心。蓋子已經不見了，但後來法醫會找到的。

史密斯警探在採集完證據後，就開始採集指紋；這一件事他不知在多少犯罪現場做過多少次了。他在前門內外、窗框四周、臥室的每一件木製品表面、廚房桌上、大片的碎玻璃、電話、門窗四周的上漆飾板，都採集了指紋，連黛比停在外面的車也沒放過。

蓋瑞・羅傑斯（Gary Rogers）是奧克拉荷馬州鑑識總局（Oklahoma State Bureau of Investigation; OSBI）的幹員。他約在十二點半抵達公寓，由丹尼斯・史密斯替他作簡報。他們兩人是朋友，合作過許多案件。

羅傑斯在臥室注意到有一塊小小的像血跡的印子，就在南邊的牆角踢腳板上方一點的地方，離插座很近。後來，等屍體移走了後，他就要瑞克・卡森（Rick Carson）警官從牆上敲下一塊四吋見方的石膏板，把血跡保存下來。

丹尼斯・史密斯和蓋瑞・羅傑斯兩人的初步印象，都覺得凶手不止一人。現場那麼亂，黛比的腳踝、手腕都沒有捆綁的痕跡，頭部的傷口分布很廣，塞在她嘴裡的毛巾塞得很深，身側和手臂上面都有不少瘀傷，可能用到了電線和皮帶——暴力跡象太多了，不太像一個凶手做得成的。黛比身材並不嬌小——她有五呎八吋高，一百三十磅重。而且，她脾氣不好，一定會極力掙扎求生的。

賴瑞・卡特梅爾（Larry Cartmell）醫生是地方的法醫，到了之後略作檢視。初步判斷死因是勒殺。他批准屍體可以移出，由湯姆・克里斯威爾（Tom Criswell）處理，他是地方葬儀社的老闆。黛比的屍體就由克里斯威爾的靈車送到奧克拉荷馬市的州法醫處，在下午六點二十五分送達，移入冷凍櫃內。

史密斯警探和羅傑斯幹員回到埃達警察局，和黛比・卡特的家人談了一會兒。除了安慰他們，也蒐集名字。朋友，男友，同事，敵人，以前的老闆，只要認識黛比，可能知道她的死因的人，都不放過。等名單累積得愈來愈長，史密斯和羅傑斯便開始打電話給黛比的男性舊識。他們的要求很簡單：請到警局來一趟，提供指紋和唾液、頭髮、陰毛檢體。

沒人拒絕。麥克・卡本特，就是半夜十二點半在停車場看到黛比和葛倫・高爾在一起的那一個「馬車燈」保鏢，頭一個自動奉上檢體。湯米・葛洛佛，另一個看到黛比和高爾在一起的證人，也很快就提供了檢體。

十二月八日，晚上約七點半，葛倫・高爾出現在哈洛德俱樂部，要依預定上班的時間放唱片、顧吧檯。俱樂部裡幾乎空無一人，他問為什麼客人那麼少，有人跟他說命案的事。許多客人，連哈洛德的員工在內，都在警局裡接受訊問，捺指紋。

高爾趕到警局，由蓋瑞・羅傑斯和拜瑞特（D. W. Barrett）訊問；拜瑞特也是埃達的警員。他跟他們說他從高中起就認識黛比・卡特，他那一天晚上是在「馬車燈」見過她沒錯。

高爾在警局所做的筆錄全文如下：

葛倫・高爾在哈洛德俱樂部擔任DJ。一九八二年十二月八日，蘇西・強森（Susie Johnson）在晚上七點半左右在哈洛德俱樂部跟葛倫提起黛比。葛倫以前是黛比的同學。葛倫十二月六日禮拜一在哈洛德俱樂部遇到黛比。一九八二年十二月七日，葛倫在「馬車燈」遇到黛比。兩人談了黛比車子要烤漆的事。從沒跟葛倫提到和誰有過節。葛倫在十點半左右和隆恩・魏斯特一起到「馬車燈」。凌晨一點十五分左右和隆恩一起離開。葛倫從沒到過黛比的公寓。

筆錄由拜瑞特謄錄，蓋瑞・羅傑斯在場，和另外幾十份筆錄一起歸檔。

高爾後來改口，說他在十二月七日晚上看到一個叫隆恩・威廉森（Ron Williamson）的男子纏著黛比不放。他這改口的說法，無人可以證實。許多當時在場的人其實也都認識隆恩・威廉森。這人名聲不太好，愛鬧事，大嘴巴。但沒人記得看到那一晚他人在「馬車燈」裡；其實，大部分接受過訊問的人，都還強調他人不在那裡。

隆恩・威廉森那個人若在酒吧裡啊，沒有人會不知道的。

但怪得很，十二月八日採集那麼多人的指紋和毛髮，高爾居然是漏網之魚。不是被他溜掉了，就是一時不察忘了，再要不就是根本不想。反正不管怎樣，他沒捺指紋，也沒給唾液和毛髮檢體。

還要再過三年半，埃達警察局才終於跟高爾要了檢體，證人可是說看見黛比・卡特遇害前最後就是和他在一起的。

第二天，十二月九日，下午三點，佛瑞德・喬登（Fred Jordan），奧克拉荷馬州法醫處的法醫和鑑識病理學家，對屍體進行解剖。在場的有蓋瑞・羅傑斯幹員和傑瑞・彼得斯（Jerry Peters）；彼得斯也是州鑑識總局的人員。

喬登醫生是做過幾千件解剖的老手，依初步的目視觀察，屍體屬年輕白人女性，身無寸縷，只著一雙白色短襪。屍僵已臻完全，表示死亡至少二十四小時。胸部有字，看似紅色指甲油所寫，寫的是「死」。另有紅色物質，可能是番茄醬，塗在她的身上。屍體背上的字，也是番茄醬寫的，寫的是「杜克・葛蘭姆」。

她的手臂、胸部、臉上有數道小瘀傷。他發現女屍唇內有幾處割傷的小傷口，喉頭塞了一塊沾血的綠色毛巾，塞得很深，還伸出嘴外。他小心取出毛巾。女屍頸部有擦傷和瘀傷，環繞頸部呈半圓形。女屍的陰道有瘀傷。女屍的直腸相當鬆弛。經喬登醫生檢視，發現裡面有一個小型的金屬旋轉式瓶蓋。

喬登醫生的解剖所得，沒有意外的發現——女屍肺部塌陷，心臟擴張，頭蓋骨有幾處小瘀傷，但內部的大腦沒有受傷。

所有的傷勢都是生前施加。

手腕和腳踝沒有捆綁痕跡。兩隻前臂有連串小塊瘀傷，可能是防禦性傷口。女屍死時血液裡的酒精濃度不高，〇・〇四。嘴裡、陰道、肛門皆採集檢體。後來經顯微檢查，會發現女屍的陰道和肛門都有精子，但嘴裡沒有。

喬登醫生為了保存證據，剪下女屍的指甲，刮下一塊番茄醬和指甲油，梳取鬆脫的陰毛，還從她頭上剪下一撮頭髮。

死因為窒息，乃由毛巾堵在喉頭，加上被皮帶或電線勒住頸部合力造成。

喬登醫生解剖完畢之後，由傑瑞・彼得斯為屍體拍照存證，也採集了十指的指紋和兩手的掌紋。

佩姬・史迪威傷心過度，無法做任何事或任何決定。她不管葬禮由誰安排，也不管葬禮怎麼安排，因為，她不會出席。她不吃東西，不洗澡，自然也不相信女兒已死。她有一個姊姊，格蓮娜・魯卡斯（Glenna Lucas）留下來陪她，慢慢把事情從她手中接下來處理。告別式安排好了，家人委婉跟佩姬說明大家希望她可以出席。

十二月十一日，禮拜六，黛比的葬禮在克里斯威爾葬儀社的小教堂裡舉行。格蓮娜替佩姬洗澡，更衣，開車載她去參加葬禮，全程緊握著她的手，陪她度過煎熬。

奧克拉荷馬州的鄉下葬禮，幾乎全都是開棺的，棺木就放在教堂講壇的下方。所以，來弔唁的人都看得到死者的遺容。這種習俗的成因就算有也忘了，卻為生者平添額外的痛苦。

從敞開的棺木看得出來黛比生前慘遭痛毆。臉上都是瘀傷，腫脹，但是高領的蕾絲上衣遮掉了她頸部的勒痕。她入殮時，也穿了她最愛的牛仔褲和牛仔靴，加上大帶釦的牛仔皮帶；還有一只馬蹄型鑽戒，這原本是她母親買來準備送她當耶誕禮物的。

瑞克・桑莫斯牧師（Rick Summers）主持告別式，參加的人數很多。告別式後，細雪飄飛，黛比下葬於羅思戴爾墓園（Rosedale Cemetery）。身後留有父母，兩個姊姊，內外祖父母裡的兩位，兩位外甥。黛比生前是一家小浸信會教堂的教友，六歲時在教堂裡受洗。

姦殺案震撼了埃達小鎮。埃達史上雖然不乏暴力殺戮，而且不少，但遇害者不是牛仔就是流浪漢之類的男性，就算自己不挨子彈，時候到了也會朝人送子彈的。像黛比這樣在荳蔻年華慘遭冷血強暴、殺害，實在駭人聽聞。小鎮流言四起，臆測紛飛，騷動難安。一待入夜，門窗無不緊關。未成年的青少年一概要遵守嚴格的宵禁。即使幼兒在前院樹蔭下面玩耍，年輕母親也一定在一旁緊盯不放，不敢有絲毫鬆懈。

一家家鄉下酒吧都離不開這一話題。由於黛比也愛在酒吧裡面廝混，常客自然都知道她。她的男友也不在少數；她死後一連幾天，警方將他們一一找去問話。名字一個牽一個，朋友，舊識，男友，名單愈來愈長。幾十次問話再牽出更多人名，但就是沒有確切的嫌犯出現。她這女孩子人緣很好，大家都喜歡她，她也愛交際，實在很難相信有人會要傷害她。

警方列出一張二十三人的名單，一一找來問話，都是十二月七日在「馬車燈」裡的人。雖然大部分人都認得隆恩・威廉森，但沒人記得那一天看過他。

一條條密報，一則則傳言，不管誰一想起見過怎樣的陌生人，無不一古腦地湧入埃達警局。一位名叫安姬莉亞・奈爾（Angelia Nail）的年輕女士和丹尼斯・史密斯聯絡，跟他說她見過葛倫・高爾。她和黛比・卡特是密友，黛比認為高爾偷了她車子的雨刷。兩人為此吵個沒完。她從高中起就認識高爾，很怕這一號人物。命案前一個禮拜，安姬莉亞曾經開車送黛比到高爾住的地方，由兩人當面對質。黛比進屋裡去和高爾談了一下，等她回車上時，表情很生氣；她覺得雨刷一定是高爾偷的。她們開車到警局跟一個警官說了這件事，但沒有作正式的報案筆錄。

這兩人，杜克・葛蘭姆和吉姆・史密斯，埃達警局很熟。葛蘭姆和妻子薔妮（Johnnie）開了一家夜店，相當高雅的地方，他們是容不得人撒野的。連口角也很少見，不過，和吉姆・史密斯倒是吵過，吵得很兇。吉姆・史密斯是埃達鎮上的地痞流氓，專作偷雞摸狗的壞事。史密斯那一天喝醉了，開始找麻煩，攆不走，杜克就拿出一柄散彈槍把他趕出店外。雙方互放狠話，事後連著幾天，葛蘭姆的夜店氣氛都滿緊張。史密斯那人不是不會拿著他自己的散彈槍回店裡來亂射一通的。

葛倫・高爾原本是杜克店裡的常客，但後來，他和薔妮打情罵俏鬧得太兇了。葛倫的調戲一過份，薔妮馬上變臉，杜克就接過手去。高爾就這樣被趕出了店外，不得再來。

不管殺害黛比・卡特的人是誰，這人想把命案賴在杜克・葛蘭姆頭上，再把吉姆・史密斯給嚇跑，只是做得很難看。史密斯那時已經被關了，在州立監獄裡服刑。杜克・葛蘭姆自己開車到警局提出確實的不在場證明。

黛比的家人接獲通知，黛比生前租的公寓要清出來。她母親還是整天失魂落魄的，沒辦法做事。所以，黛比的阿姨格蓮娜・魯卡斯自願做這一件傷心事。

警員打開公寓的門鎖，格蓮娜慢慢走進屋內。屋內的東西在命案過後就沒動過，格蓮娜的第一反應就是痛心疾首。顯然屋裡有過打鬥；她外甥女死前拚命掙扎求生。這麼甜美、這麼漂亮的女孩兒家，是誰狠心下這種毒手？

公寓裡很冷，味道不太好，她聞不出來是什麼味道。那一行字，「下一個死的是吉姆・史密斯」，還留在牆上。格蓮娜呆呆看著凶手胡亂寫的這一行字，覺得真是難以置信。寫字是要時間的，她想；所以，他在這裡應該待了不短的時間。她的外甥女歷經殘酷的劫難才終於死去。臥室裡的床墊豎起來靠在牆上，沒一樣東西是在原位。衣櫃裡沒一件衣裙還在衣架上面。凶手為什麼要把衣物全都從衣架上弄下來？

小小的廚房雖然亂，倒是沒有打鬥的跡象。黛比吃的最後一餐是冷凍馬鈴薯，「泰特薯球」（Tater Tots），吃剩的還放在紙盤上沒動，塗著番茄醬。盤子旁邊有一個鹽罐，這些都還擺在黛比吃東西用的那一張小小的白色桌子上面。盤子附近有一行潦草的字——「敢找我們就給你好看」。格蓮娜原就知道凶手拿番茄醬寫了一些字。只是，看到這些寫錯的字，還是心頭一震。

格蓮娜努力壓下心頭亂竄的驚懼，開始收拾東西。她花了兩小時才把衣物、杯盤、毛巾之類的東西裝箱收好。染血的床單警方還沒收走。地板上也還有血跡。

格蓮娜沒打算把公寓洗乾淨。她只是來收黛比的東西，能早一點走，就要早一點走。不過，把凶手用黛比的指甲油寫的字留著不動，很怪。不止，把黛比的血留在地板上讓別人來洗，也不太對。

格蓮娜想過把黛比的公寓洗乾淨，每一吋地方都洗乾淨，把姦殺案的遺跡洗得一乾二淨。但格蓮娜看不下去。死亡歷歷在目，她最多也只能到此為止。

凶案過後幾天，警方還在蒐集平常嫌犯的名單。總共有二十一名男性留下了指紋和毛髮或是唾液的檢體。十二月十六日，史密斯警探和羅傑斯幹員開車到奧克拉荷馬市的州鑑識總局，把命案現場採集到的證據以及十七名男性的檢體全都送了過去。

四呎見方的石膏板是他們寄與厚望的證據。若上面的血跡真的是在打鬥和姦殺的時候留在牆上的，而且也不是黛比・卡特的血，那警方就有確切的線索可以找到凶手。州鑑識總局幹員傑瑞・彼得斯檢視石膏板，拿血印和他從黛比解剖時取下的指紋仔細作了比對。第一印象是這血印不是黛比・卡特的，不過，他還是要再重看一下他作的鑑識。

一九八三年一月四日，丹尼斯・史密斯又再送來更多指紋。同一天，黛比・卡特的毛髮檢體和犯罪現場的毛髮都送到了蘇珊・蘭德（Susan Land）那邊，她是州鑑識總局的毛髮檢驗員。兩禮拜後，還再有新的犯罪現場的檢體送到她的桌上。全都一一經過登記，加入其他檢體裡去，排成一長列，有待蘭德作鑑識。奧克拉荷馬市的刑事鑑識中心跟其他鑑識中心一樣，經費不足，人手不足，破案的壓力還很大。

史密斯和羅傑斯一邊等州鑑識總局的鑑識結果，一邊往前挖，追查一條條的線索。黛比的命案依然是埃達最熱門的新聞，大家都期盼有破案的一天。但在一一約談過酒保、保鏢、男友和夜店族後，調查很快就陷入僵局。沒有明確的嫌犯，沒有明確的線索。

一九八三年三月七日，蓋瑞・羅傑斯約談了羅伯・金恩・戴勒瑞治（Robert Gene Deatherage），他是埃達鎮民。戴勒瑞治才剛從龐托托克郡的看守所服完刑期；酒駕。他和隆恩・威廉森關在同一牢房；威廉森一樣因為酒駕坐牢。卡特命案在監獄裡一樣傳得沸沸湯湯。有關案情，各種匪夷所思的說法都有，內幕消息自也不虞匱乏。這兩個牢友談過幾次案情。依戴勒瑞治的說法，一談起這件案子，威廉森好像就不對勁。兩人常吵架，甚至打架。威廉森很快就被移到別間牢房。戴勒瑞治也開始覺得隆恩搞不好和命案有什麼關聯，而向蓋瑞・羅傑斯建議警方不妨把威廉森當嫌犯，把焦點放在他身上。

這是警方的調查第一次出現隆恩・威廉森的名字。

兩天後，警方找諾爾・克萊蒙（Noel Clement）問話，他是第一批自願提供指紋和毛髮檢體的人。克萊蒙跟警方說隆恩・威廉森沒多久前才去過他住的公寓，說是要找人。威廉森沒敲門就直接闖了進去，看見一把吉他，順手拿起吉他就開始和克萊蒙聊卡特的命案。兩人談話時，威廉森說命案那一天早上他一看到警車開到他住處的附近，還以為警察是要來抓他的。他說他先前在土薩（Tulsa）

有過一點麻煩，回到埃達後，他可不要再有麻煩。

警方是一定會找到隆恩・威廉森這裡來的；其實，警方花了三個月的時間才把他找去問話，才真是怪。警局裡有幾個人是和他一起長大的，像瑞克・卡森；而且，大部分的人在隆恩打高中棒球隊時就認識他了。一九八三年，他還創下埃達新人在職棒選秀會裡最高的排名。他在一九七一年和奧克蘭運動家隊（Oakland A's）簽約，許多人，連威廉森自己也在內，都認為他有望成為米奇・曼托（Mickey Mantle）的接班人，有望成為奧克拉荷馬州的下一個職棒巨星。

但職棒明星夢早已經成了昨日黃花，警方只知道他現在是愛彈吉他的失業漢，和老母親住在一起，酒喝得兇，而且，行為怪異。

他有兩次酒駕的紀錄，一次在公開場合酒醉鬧事被捕的紀錄，土薩那邊傳來的名聲也不太好。

2

隆恩・威廉森一九五三年二月三日生於埃達，是胡安妮妲（Juanita）和羅伊・威廉森（Roy Williamson）的獨子，也是老么。羅伊在勞禮公司（Rawleigh）當推銷員，挨家挨戶賣食品。他在埃達像是街景的一部分，每天西裝革履走在人行道上，步履沉重，手上的公事包沉沉裝的都是保健食品、調味料、廚房用品等等。他向來隨身帶著一袋糖果，遇到小孩子熱烈相迎就送人家糖吃。做這營生並不容易，很耗體力，晚上還要花好幾小時填文件。能拿的佣金又不多。等隆尼出生後沒多久，胡安妮妲就在埃達的醫院裡找了一份工作做。

父母都要工作，隆尼自然交由他十二歲的長姊安奈特（Annette）帶。安奈特也樂在其中。她餵他吃東西，幫他洗澡，逗他玩，寵他，慣他——他像是她最棒的小玩具；她命好，居然有人轉手讓給了她。安奈特放學後的時間，就全用來當小弟弟的保母，同時打掃房子、準備晚餐。

二姊蕾妮（Renee）在隆尼出生時才五歲，雖然沒有意願要當保母，但很快就當上了他的玩伴。安奈特也老愛指揮蕾妮做這做那，等蕾妮和隆尼再大一點，就常聯手用車輪戰對付如母的長姊。

胡安妮妲是虔誠的基督徒，性格倔強，規定一家人每逢禮拜天一定要上教堂，其他時候的儀式、活動也不可以錯過。幾個孩子在主日學、夏令營、奮興會（revival）、教友聯誼，甚至一些婚禮、喪禮，從不缺席。羅伊沒有虔誠到這地步，但謹守規律的生活：定時上教堂，不沾酒，不沾賭，不講髒話，不玩牌，不跳舞，全心愛家、顧家。他對規矩的要求很嚴格，動不動就會抽出皮帶作勢威嚇孩子，有的時候還會真的動手抽一、兩下，一般都是打在他獨子的背上。

他們一家人都在「第一五旬節聖潔會教堂」（First Pentecostal Holiness Church）作禮拜。這是一群很活潑、全福音的會眾。既然信的是五旬會，就表示他們篤信熱切的祈禱，不斷培養個人和基督的溝通關係，忠於教會，信守教會裡的一切事功，勤讀《聖經》，對教友一以熱忱的愛全心接納。他們作的禮拜，膽子不夠的人還真會消受不起：音樂激昂，佈道狂熱，會眾情緒如癡如狂，往往口出不明語言，也會有現場治療，或行「按手靈療」，全體高聲表露情緒，一無保留，就看聖靈牽引出來的情緒為何。

他們的小孩子都要知道《舊約》裡一則則精采的故事，大家耳熟能詳的《聖經》詩篇也最好要背得下來。大人會鼓勵孩子早早「接受基督」——承認自己有罪，祈求聖靈進入他們的生命常留不去，以基督為師公開受洗。所以，隆尼在六歲時接受基督，於長長的春季奮興會後，在藍河（Blue River）受洗；藍河在埃達小鎮的南邊。

威廉森一家人在第四街的一棟小房子裡平靜度日。這是在埃達鎮的東區，離大學不遠。他們空閒時會到附近的親戚家走走，或者是忙教會的活動，偶爾再到附近的國家公園去露營。他們對體育的興趣不大，但在隆尼發現棒球後，就幡然一變。隆尼開始和其他小孩在街上玩棒球，十幾個孩子自己組織雜牌軍對陣，規則老是在變。隆尼手臂有力、眼明手快的優點，從一開始就表露無遺。他是站在本壘的左邊揮棒的。他一打就上癮，沒多久就開始纏著他爸爸替他買棒球手套和球棒。他們家裡沒什麼閒錢，但羅伊還是帶著孩子去買東西。一年一度的儀式就此誕生——他們每逢開春，就到海恩斯五金用品店去挑一只新的棒球手套。一般還是店裡最貴的一只。

手套用不到的時候，隆尼都把手套供在臥室的一角。他在那一角弄了一個米奇・曼托的神壇，曼托是洋基隊最偉大的球員，也是奧克拉荷馬州在大聯盟裡最偉大的球星。曼托在全美的小孩子心裡都是偶像，但在奧克拉荷馬州是神。奧克拉荷馬州打少棒的孩子，全都夢想自己有朝一日可以成為曼托的接班人。隆尼自不例外，他把曼托的照片和棒球卡黏在臥室一角的布告欄上。他才六歲，曼托生平的出戰紀錄卻已經倒背如流；其他球員的紀錄有很多他也都牢記在心。

隆尼沒在街頭打球的時候，多半待在家裡的客廳裡練習揮棒，使盡吃奶的力氣用力揮棒。他們的房子很小，家具擺設雖然樸素，在他們卻都是無可取代的。因此，只要一被他媽媽抓到他又在客廳裡揮棒，還差一點打中檯燈還是椅子什麼的，他媽媽就趕他出去。但沒幾分鐘，隆尼就會再進屋裡來。胡安妮妲知道她這小兒子跟別的孩子不一樣，雖然有一點寵過頭了，但絕對不會做壞事。

而他的性子也有一點讓人摸不清楚。前一刻還是一個很甜、很貼心的小乖乖，不怕對他母親還是姊姊表露感情；下一刻卻又馬上就變得很討厭，很自私，對全家人頤指氣使。隆尼喜怒無常的性子家人很早就注意到了，但還不到特別要提高警覺的地步吧。隆尼只是有的時候比較彆扭就是了。可能是因為他是家裡的么兒，一屋子的女人都寵他的緣故吧。

美國的每一小鎮至少都有一個少棒教練愛死了棒球，無時無刻不在留意新血輪，即使看上的是只有八歲的小鬼。埃達小鎮的這一位教練叫作杜恩・山德斯（Dewayne Sanders），警鷹隊（Police Eagles）的教練。他在街角的一家汽車維修站工作，離第四街的威廉森家不遠。威廉森家那小鬼的事傳到了山德斯教練的耳裡後，沒多久，這小鬼就進了少棒隊。

隆尼雖然年紀那麼小，但打球的天份卻很明顯。這還很怪呢，因為，他爸爸對棒球所知不多。全都是隆尼自己在街上學來的。

暑假時，少棒隊一早就開始練球；開場的儀式，是一群小孩子聚在一起談前一天的洋基賽事。而且，只談洋基。七嘴八舌研究球員的出戰紀錄，聊米奇・曼托，一邊四下把球丟著玩，等別的孩子到齊。一小撮人就可以在街邊打一場球，偶爾有車經過是要躲一躲，再偶爾打破人家的窗戶。等小孩子湊得多一點了，大夥兒便從街頭游擊戰移師到大塊空地，改打起正經的比賽，打上一整天，直到近傍晚，大夥兒再晃回家去，趕著梳洗、吃東西，再換上正式的球隊制服，趕到奇瓦尼斯公園（Kiwanis Park）真正打一場比賽。

「警鷹隊」通常排名第一，證明杜恩・山德斯的奉獻有多大。而隊上的大明星就是隆尼・威廉森。他才九歲，名字就上了《埃達晚報》——「警鷹隊轟出十二支安打，包括兩支是全壘打，由隆恩・威廉森打出，另還有兩次兩分打點。」

羅伊・威廉森每一場比賽必到，靜靜坐在露天看台看球。他從來不會出聲罵裁判或教練，也從來沒罵過自己的兒子。打壞了，偶爾會給兒子幾句父親的教誨，但講的以人生智慧居多。羅伊自己從沒打過棒球，尚在學習階段。他這小兒子的道行可比他高深得多了。

隆尼十一歲時升上了埃達少棒聯盟，是洋基隊的首選新秀。這一支洋基少棒隊由奧克拉荷馬州立銀行（Oklahoma State Bank）贊助。他率領這一支洋基少棒隊創下單季連勝無敗績的紀錄。

等他十二歲時，雖然還在打埃達洋基少棒隊，但已經讓埃達報紙開始追著報導該隊的當季賽績：「奧克拉荷馬州立銀行第一局下半就有十五個打點……隆尼・威廉森有兩支三分的打點」（一九六五年六月九日）；「洋基隊只有三支安打……但羅伊・漢尼、隆恩・威廉森和詹姆斯・藍伯火燙的棒子決定一切。威廉森個人打出了三分」（一九六五年六月十一日）；「奧克拉荷馬州立銀行洋基隊一開局就得兩分……隆恩・威廉森和卡爾・提利四支安打裡面佔了兩支，而且各自攻下兩分」（一九六五年七月十三日）；「銀行隊這時的排名已經躍居第二……隆尼・威廉森有一支兩分打點、一支一分打點」（一九六五年七月十五日）。

一九六〇年代，賓恩中學（Byng High School）位在埃達鎮外東北八哩處。這所學校算是鄉下學校，比幅員廣大的埃達中學（Ada High School）要小得多。雖然威廉森家住的那一地區的孩子都可以讀埃達中學，但要有私家車可以坐才行，所以，大家幾乎都選小的那一座學校，主要就在賓恩中學的校車路線會走過埃達鎮的東半邊，埃達中學的校車則沒有。因此，隆恩・威廉森住的那一條街上的孩子大部分都讀賓恩中學。

隆尼讀賓恩中學的初中部時，被選為七年級代聯會的書記長，第二年獲選為八年級級長和年級風雲人物。

一九六七年，他升上賓恩中學的九年級，是六十位高一新鮮人裡的一個。賓恩中學沒有美式足球隊——這一項運動他們非正式禮讓給埃達中學。埃達中學的實力很強，年年打進州冠軍賽。賓恩他們打的是籃球，隆尼在高一時便也打起了籃球，很快就摸熟了，跟他小時候玩棒球一樣。

隆尼從來不是書呆子，但也能以讀書為樂，拿的不是A就是B。數學是他最喜歡的科目。課本讀煩了，他就去翻字典、百科全書，漸漸對幾類科目特別入迷。他迷字典迷得正瘋的時候，還會拿他那些朋友從沒聽過的字去煩人家，人家不知道字的意思的話，就開口罵人家。他把美國歷任總統都研究過一遍，也把每一個人的生平細節不管大小全記在心裡，再掛在嘴邊講，一講幾個月停不下來。雖然這時期他和教會已經漸行漸遠，但《聖經》金句還是背得出幾十章節，也常拿出來作自己的助力，而且以拿來刺他身邊的人居多，以致有的時候他和朋友、家人的關係反而變得緊張。

不過，隆尼的運動天份真的很高，因此在學校裡人緣極佳。高一時還當選年級的副級長。備受女生矚目、喜愛，全校的女生都想和他約會，他在女生面前當然也不會害羞。他也因此對儀容特別注意，對穿著很是挑剔。他要穿得好，他父母供不起，但他不管，硬就是逼他們替他買好衣服。以致羅伊自己後來開始悄悄買二手衣穿，好省錢讓兒子穿得體面一點。

安奈特那時已經結婚，住在埃達。一九六九年，她和母親一起開了一家美髮店，「美型屋」，開在埃達鎮中心老舊的朱利安大酒店（Julienne Hotel）一樓。兩人勤奮工作，未幾即生意興隆。常客包括幾個應召女郎，她們就住在酒店的樓上。這幾個夜生活女子在鎮上活動也有幾十年了，毀過幾樁婚姻。胡安妮妲不太受得了她們。

安奈特這輩子就是沒辦法對她的小弟弟說不，只能任由隆尼予取予求，哄她一直拿錢供他買好衣服、追女朋友，無力擺脫。等隆尼發現安奈特在鎮上一家服飾店有賒帳的戶頭可以用時，就開始幫安奈特拉抬帳目。而且，便宜貨還從來不在他的考慮之內。他有的時候是會先問過安奈特，但一般都以不問居多。安奈特是會發脾氣，和他吵架，但他總有辦法哄得安奈特乖乖幫他付帳。她太疼她這個弟弟了，不忍心不順著他的意；她要她的小弟享有最好的一切。他們每次吵架，他總是有辦法哄得她相信他有多愛她。不過，他也真的愛她，這一點不假。

蕾妮和安奈特都很擔心她們的小弟被寵壞了，擔心他加在父母身上的壓力太大了。兩人有的時候會好好罵他一頓，有幾次吵得之兇，還真值得記上一筆，但每一次都是隆尼贏。他會哭，會道歉，最後逗得每一個人轉怒為喜，露出笑容。他兩個姊姊到頭來還常常偷偷塞錢給他，讓他去買他們父母供不起的東西。他那人自私自利，挑剔苛刻，十足小孩子氣——顯然是全家捧在手心的寶貝——不過，他也可以忽然亮出他過人的魅力，哄得全家人對他百依百順。

他們都很愛他，他也很愛他們。就算有口角怨懟，但他們都知道到頭來他們還是會任他予取予求的。

隆尼升上九年級的暑假，學校裡有幾個男生運氣不錯，要去參加附近大學辦的棒球夏令營。隆尼也想去，但羅伊和胡安妮妲拿不出錢來。但他就是要去。這是難得的機會，可以加強他的球技，搞不好還可以被大學隊的教練相中。一連幾個禮拜，他嘴裡不住唸的都是這一件事，等到看來無法如願，他就開始生悶氣。到最後，羅伊無奈，便向銀行辦了貸款讓他去參加。

隆尼的下一步計畫就是要買一輛摩托車。羅伊和胡安妮妲同樣反對。老戲碼再度上演，拒絕，說理，到最後直言他們根本就買不起，也太危險等等。到後來，隆尼就說那他自己付錢買好了。他第一次出去打工，下午的時候送晚報，把賺來的錢都省下來。等他存夠了頭期款，就真的買了一輛摩托車，還跟店家辦了分期付款。

但他的付款計畫在鎮上舉行帳篷奮興會時出了岔子。錢伯斯十字軍（Bud Chambers Crusade）轟動埃達小鎮——人潮洶湧，聖樂喧囂，激動人心的佈道，入夜依然活動未止，熱鬧不休。隆尼去參加第一場的禮拜，深受感動，第二天晚上便再回去，還把他存下來的錢帶了一大部分過去。奉獻盤傳過他面前時，他把口袋裡的錢悉數倒了進去。不過，勃德弟兄要的不止如此。所以，第三天晚上他再過去時，就把剩下的存款全都帶了去。再下一天，他又再把他找得到的零頭或借得到的錢全都搜括一空，拿到帳篷裡去，再作一次喧鬧的禮拜，也再一次把辛苦賺來的錢都奉獻出去。那一禮拜從頭到尾，隆尼不知怎地就是奉獻過後又再奉獻，奉獻到十字軍終於拔營離開小鎮，隆尼已經身無分文。

接著，他又把送報的工作給辭了，理由是和他打棒球有衝突。羅伊只好東拼西湊，把隆恩那一輛摩托車的錢給付清。

兩個姊姊既然都已經搬了出去，隆尼自然想要霸佔父母全部的心思。沒他那麼機伶的孩子可能會搞得人人七竅生煙，但他獨具迷死人不償命的高妙手腕。他親切、外向、大方，要從家人那裡要到非份的寬容，一點問題也沒有。

隆尼升上十年級後，埃達高中的足球隊教練找上了羅伊，建議他不妨讓兒子轉學到大一點的那一所中學就讀。這孩子是天生的運動料。那時，隆尼籃球、棒球都打得很出色，小鎮人盡皆知。不過，奧克拉荷馬州的全民運動可是美式足球，那一位教練跟羅伊保證，在埃達美洲豹的球場上面打球，燈光一定更亮。憑他那身材、速度、臂力，很快就可以晉身頂尖球員，搞不好還會有球隊相中他呢。該教練還自動請纓，願意每天開車接送隆尼上學。

不過，這決定權在隆尼，而他選擇待在賓恩，反正才剩兩年。

艾舍（Asher）這一處鄉間社區沒沒無聞，座落在埃達北邊二十哩處的一百七十七號高速公路旁邊。居民很少——不到五百——談不上有鬧區，只有兩座教堂，一座水塔，幾條人行道，兩旁零星散落幾棟破舊的老屋。但這裡最自豪的是有一座很漂亮的棒球場，就在分界街他們那一所小小的B級中學再過去一點的地方。

艾舍跟其他很小的小鎮差不多，不太可能出現讓人矚目的大事，不過，過去四十年來，艾舍的高中棒球隊卻是全美最會贏球的棒球隊。其實，史上還沒有哪一所高中的棒球隊，不論公立、私立，贏得球有艾舍印地安人隊（Asher Indians）多。

他們輝煌的紀錄要倒推回一九五九年，那一年有一個年輕的教練，默爾・鮑恩（Murl Bowen），來到艾舍，接下他們久已無人聞問的校隊——艾舍印地安人在一九五八年還沒贏過一場球。情勢很快出現逆轉。未滿三年，艾舍拿下了他們史上的第一座州冠軍盃。之後，陸續又再拿了好幾十座。

奧克拉荷馬州准許大專棒球隊在秋天進行比賽，原因可能永遠沒人知道，不過，也只限學校太小而沒有美式足球隊的學校。所以，鮑恩教練在艾舍的帶隊歷史裡面，秋天先拿下州冠軍後緊接著就在翌年春天再拿一次州冠軍，並不罕見。艾舍的棒球隊有一陣子創下精采的佳績，一連打進六十次州冠軍賽——連著三十年，秋天一次，春天一次。

鮑恩教練帶的棒球隊在四十年內打贏二千一百一十五場球，只輸過三百四十九場，拿回家的州冠軍盃有四十三座，把幾十個球員送進大學和小聯盟的球隊裡打球。一九七五年，鮑恩獲選為全國年度高中教練，艾舍小鎮則以翻新鮑恩球場作為回報。一九九五年，鮑恩教練又再拿下同一榮銜。

「拿獎的不是我，」鮑恩回顧往日的榮光，謙虛回應，「是那些孩子拿下來的。我從沒在場上拿過分數啊。」

或許是吧，但他拉拔的孩子絕對夠多。每年八月，奧克拉荷馬州的氣溫每每高達華氏一百，鮑恩教練一定召集他帶的那一小批球員，開始擬定下一季州季後賽的搶攻計畫。他的球員名冊向來單薄——艾舍每一年的畢業班也只有二十名左右的孩子，半數還是女生——甚至只湊得出來十二人的小隊也不稀奇，裡面偶爾還會有一個八年級的孩子，很有潛力就是了。為了確保沒人開溜，他做的第一件事向來是發制服。來的人就是隊員。

接下來開始訓練，以一連三天的練習作開始。他們訓練非「嚴酷」足以形容——幾小時的體能訓練、衝刺、跑壘、基本技巧練習。他標榜的信念是下苦工、腿力強、專注奉獻，還有，最重要的，運動精神。艾舍的球員絕對不可以對裁判有意見，絕對不可以扔頭盔發脾氣，絕對不可以對對手有一點挑釁的舉動。碰到弱隊，可能的話，艾舍也絕對不會手下無情痛宰對方。

鮑恩教練會想辦法避開弱隊，尤其是在春季的比賽裡。春天的球季比較長，排賽程可以靈活一點。艾舍乃以單挑大型學校、打敗大型學校知名。艾舍遇到埃達、諾曼、還有奧克拉荷馬市和土薩兩地的4A和5A球隊，慣常把他們打得落花流水。傳奇的名聲愈來愈響，這些球隊就愛專程到艾舍來，在鮑恩教練親自保養的原始球場和他的球隊對陣。但客隊走時，十之八九，滿車鴉雀無聲。

他帶的球隊紀律嚴明，有些評論的人也說他很會挑人。艾舍就成了大磁鐵，吸引諸多懷抱棒球大夢的認真球手前來。隆尼・威廉森會找到艾舍來，自然也不意外。他打夏季聯賽時認識了布魯斯・李貝（Bruce Leba），結為好友。李貝是艾舍的球員，在他們那一帶可能可以算是第二高手吧，比隆尼略差個一、兩步。兩人好得形影不離，很快就開始談起要在艾舍一起讀畢業班打球的事。鮑恩球場裡的球探比較多，大專院校和職業隊的都有。而且，艾舍一九七〇年秋和一九七一年春再拿下州冠軍的機會很大。隆尼的曝光率跟著就會拉高許多。

轉學表示隆尼要在艾舍租房子住，這對他的父母又是一大犧牲。他們手頭的錢本來就很緊了，現在羅伊和胡安妮妲又必須在艾舍和埃達之間來回跑。不過，隆尼心意已決。他深信他在高四那一年的暑假裡，一定會是選秀排行榜前幾名的人，他們那一帶的一些教練和球探的想法也和他一樣。他打職棒的夢想已經唾手可得，只需要再加一把勁就好。

也有人私下在傳，說他很可能是米奇・曼托第二。而他也聽到了。

威廉森一家靠熱心球迷私下幫忙，在艾舍中學兩個街口外租了一棟小房子，隆尼便在八月向鮑恩教練的新兵訓練報到了。一開始，鮑恩體能訓練的激烈程度，還有花在跑步上的大把時間，頗教隆尼吃不消。鮑恩跟他這一位手下新星作過幾次解釋，說明球員的打擊、投球、跑壘、從外野長傳回來，還有，球隊只靠單薄的兵力想在一天內連賽兩場的第二場裡不敗下陣來，靠的就是一雙「鐵腿」。隆尼需要多一點時間才會懂，但他很快還是被好友布魯斯・李貝和其他艾舍隊友嚴格的訓練精神感染，和大家同聲相氣，未幾就鍛練出了很好的體魄。他是隊裡面僅有的四個畢業班學生之一，沒多久，就成了隊員私下公認的隊長，和李貝一起當起了全隊的頭頭。

默爾・鮑恩很欣賞隆尼的體型、速度，還有他從中外野投回來像火箭的球速。他的臂力有加農砲的火力，左打的威力也很強。他作打擊練習時，打過幾記飛到右外野牆外的球，都很精采。等秋天的球季開始，球探一回到場外，很快就注意到他和李貝，認真替兩人作紀錄。由於艾舍的賽程打的都是不打美式足球的小型校隊，只輸過一次，輕鬆橫掃季後賽，又抱走一座冠軍盃。隆尼的打擊率有四成六八，全壘打有六支。至於布魯斯，他的好友兼勁敵，打擊率有四成四四，全壘打一樣是六支。他們彼此激勵，同都深信兩人一定會一起上大聯盟。

後來，他們在場外也開始玩得很兇。周末一起灌啤酒，也發現大麻的妙處。兩人都愛追女生；女生在他們也很好追，因為艾舍的人都偏愛他們的英雄。派對狂歡成了家常便飯，埃達外緣的夜店和鄉下酒吧變得魅力無窮。兩人醉得太厲害，沒辦法開車回艾舍時，就會跑到安奈特家，叫醒她，往往還要她幫他們弄東西吃。不過，他們還知道從頭到尾不停道歉。隆尼也會求她別跟爸媽說。

雖然如此，他們還懂得要小心，別惹得警察上門。他們鎮日擔心被默爾・鮑恩發現，但又懷抱一九七一年春季球賽的無限憧憬。

打籃球在艾舍最多只是棒球隊員拿來維持體能的好方法罷了。隆尼一開始是隊裡的前鋒，帶著艾舍的籃球隊打下不少積分。有一、兩所大學校隊對他頗有興趣，但他自己卻是一點興趣也沒有。球季一路打下去，隆尼也開始接到職棒球探寫來的信，跟他打一打招呼，說再過幾個禮拜一定會來看他打球，問他要賽程表，要他在暑假參加選秀訓練營等等。布魯斯・李貝也收到一些信，兩人很愛得意地比較彼此收到的信；這個禮拜是費城人隊（Phillies）和小熊隊（Cubs），下個禮拜是天使隊（Angels）和運動家隊（Athletics）。

等二月末球季結束後，艾舍的連台好戲就上場了。

隆尼他們頭幾場贏得很輕鬆，當作在暖身，之後，火力全開，因為大型學校進城來了。隆恩一開始棒子就打得火熱，而且一直沒冷下來過。看得場邊的球探連連咋舌，球隊也一路贏球。艾舍中學真是前途無量。由於他們對陣的對手一般都是頂尖高手，因此鮑恩教練帶的球員每個禮拜都可以見識到強投。露天看台的球探與日俱增，隆尼也用一場又一場的球賽向他們證明不管是哪一型的強投他都應付得來。那一季他的打擊率達到了五成，全壘打有五支，四十六個打點。他很少被三振，但常被保送，因為對手都不想餵球給他打。球探都欣賞他站在壘上打球的威力和紀律，他跑上一壘的速度，當然，還有他的臂力。

四月末，他獲頒吉姆・索普獎（Jim Thorpe Award）；這是為奧克拉荷馬州傑出運動員設的獎項。

艾舍那一季贏了二十六場，輸了五場，一九七一年五月一日，艾舍擊敗了葛倫普爾（Glenpool），五比一，又再贏得一次州冠軍。

鮑恩教練提名隆恩和布魯斯・李貝為奧克拉荷馬州明星隊的候選名單。他們當然實至名歸，但卻覺得自己絕對沒有機會入選。

臨要畢業的前幾天，眼看人生即將有劇烈的變化，隆恩和布魯斯都知道這下子艾舍棒球隊很快就會成為往事了。兩人再也不會像過去那一年那麼親密了。這需要慶祝一下，一定要好好鬧上一晚，留下特別的紀念。

那時，奧克拉荷馬市有三家脫衣舞俱樂部。他們選了滿好的一家，叫「紅狗」，兩人在出發前，先在李貝家的廚房拿了一瓶五分之一加侖的威士忌加六罐啤酒。兩人拿著這一堆戰利品離開艾舍，等到了「紅狗」時，都已經醉了。他們在「紅狗」又再點了不少酒喝，看脫衣舞孃跳舞，愈看那些脫衣舞孃就愈覺得她們漂亮。兩個大男孩就叫了大腿舞，開始燒錢。布魯斯的爸爸訂有很嚴格的半夜一點的宵禁令。但大腿舞和酒精聯手把歸營的時間一路往後推。他們終於在半夜十二點半踉蹌走出了俱樂部，但到家還需要兩個小時的車程。布魯斯開著他那一輛才剛加大馬力的改裝雪佛蘭「卡瑪洛」（Camaro），才正疾馳而去，又忽然停了下來，因為，隆恩說的話惹惱了他。兩人開始對罵，而且決定當場解決。兩人從卡瑪洛裡衝出來，開始在第十街的街心扭打成一團。

兩人又打又踢的鬧了幾分鐘後，都累了，便決定休兵談和。兩人回到車上，重新開車上路回家。後來兩人都想不起來是怎麼吵起來的。不止這件事，那一晚還有別的小事，也都一併在記憶裡石沉大海。

布魯斯錯過高速公路的出口，轉錯一個彎，最後，整個迷了路，便決定在一條不認識的鄉間道路上面來個大迴轉，掉過頭，朝他覺得是回艾舍的路開去。宵禁時間已過，他在鄉間路上高速飛車。他那同遊的好友在後座昏睡。一路開，四下原本一片漆黑，後來卻出現了紅燈，從後面飛快追了上來。

他記得他是在一家威廉斯肉品包裝公司（Williams Meat Packing）前面停下車的，但不知道是在哪一座小鎮附近。也不知道他開到了哪一郡。

布魯斯從車裡出來，那個州警人很客氣，問他有沒有喝酒。有，警官。

你知道你超速了嗎？

知道，警官。

他們閒聊了一下，那警官看起來好像沒有意思要開罰單或是逮捕他們的樣子。布魯斯說得那警官相信他有辦法安全開車到家，這時，隆恩卻忽然從車子後座的窗戶探出頭來，不知喊了一句什麼，聲音很濁，模糊不清。那是誰？那警官問道。

朋友啦。

但他這位朋友又再喊了一句，州警便要隆恩從車裡下來。隆恩也不知為了什麼，開的居然是公路另一邊的車門，他一開門出來，就摔進一條深溝裡去。

兩人便就此被捕，關進拘留所，那裡又濕又冷，床位也不夠。獄卒在一間小牢房的地上丟了兩塊床墊，兩人就在牢裡過了一夜，冷得直抖，心裡好怕，酒也沒醒。但兩人都還知道最好不要打電話給爸爸。

第二天早上，獄卒替他們端來了咖啡和火腿，也建議他們打電話回家。兩人拖拖拉拉的還是打了，兩小時後，他們出了拘留所。布魯斯開他的卡瑪洛一人回家，至於隆恩，因為某些緣故，不得不和李貝先生還有威廉森先生同搭一輛車子。那兩小時的車程很難捱。想到要面對鮑恩教練，就更難捱了。

他們倆的父親都要自己的孩子一定要先去見教練，老實報告出了什麼事。兩人也都照做。默爾不吭聲，冷眼相待，但也沒把他們兩個季後賽獎項的提名撤銷。

兩人沒再出事，順利畢業。布魯斯代表畢業生致辭，發表一篇很漂亮的畢業演說。畢業典禮上致辭的貴賓是法蘭克・賽伊法官大人（Frank H. Seay），他是隔鄰賽密諾郡（Seminole County）的地方法院法官。

艾舍中學一九七一年級的畢業生有十七名，畢業對這十七人全都是人生大事，是得意的家人同都珍惜的里程碑。他們的父母沒幾個有機會上大學，有的連中學也沒讀完。但對隆恩和布魯斯，畢業沒什麼意思。兩人都還沉浸在州冠軍的榮光裡，更重要的是兩人都還在作選上大聯盟的夢。他們的人生不會在奧克拉荷馬州的鄉下告終。

一個月後，兩人都上了奧克拉荷馬州明星隊，隆恩還是奧克拉荷馬州年度最佳選手的第二名。他們兩人在一年一度的奧克拉荷馬州明星對抗賽裡，當著爆滿的觀眾打球獻技，每一支大聯盟球隊的球探當然就在現場，許多大學的球探也是。賽事過後，兩位球探，一個是費城人隊的，一個是奧克蘭運動家隊的，把兩人拉到一旁，私下對他們作了非正式的提議。兩人若是願意拿一萬八千美元的簽約金，費城人隊就願意選下布魯斯，運動家隊選隆恩。隆恩覺得這樣的金額太低了，沒接受。布魯斯則是因為擔心自己的膝蓋，而且，他也一樣覺得這樣的金額太低。他還激了那個球探一下，說他打算在賽密諾二專（Seminole Junior College）打兩年球。若是金額高一點的話，他就可能考慮。對方不為所動。

一個月後，隆恩在第二回合的自由球員選秀會上被運動家隊選上，是八百名球員裡中選的第四十一名，也是奧克拉荷馬州被選上的第一人。費城人隊沒選上布魯斯，但想和他簽約。這一次布魯斯還是拒絕，改去唸那一家二專。兩人一起打職棒的夢想就漸漸淡了。

奧克蘭提出來的第一份正式合約簡直是侮辱人。威廉森家沒有經紀人也沒有律師，但還知道運動家隊簽下隆尼的金額實在太低。

隆恩自己到奧克蘭去和球團的管理階層見面。雙方的討論沒有結果，隆恩回到埃達，沒簽下合約。奧克蘭很快就又叫他回去，隆恩第二次去時，就見到了狄克・威廉斯（Dick Williams），球隊的總教練，也見到了幾個球員。運動家隊的二壘手是狄克・葛林（Dick Green），人很友善，帶著隆恩四處參觀俱樂部和球場。兩人遇見了雷吉・傑克森（Reggie Jackson）這位大言不慚的職棒巨星，奧克蘭先生，雷吉聽說隆恩是他們隊上第二輪選上的人，就問他打什麼位置。

狄克・葛林刺了雷吉一下，回答他，「隆恩守右外野。」雷吉自己就是守右外野的。「唉呀，你準死在小聯盟，」他走開時說了這一句。對話就此結束。

奧克蘭不太願意多付簽約金，是因為他們屬意隆恩當捕手，但沒看過他蹲捕的身手。雙方繼續交涉，但金額沒辦法往上拉多少。

威廉森家在吃晚餐時討論過乾脆先去唸大學，隆恩從奧克拉荷馬大學那裡拿到過口頭承諾，會給他獎學金。他的父母也逼著他考慮。他就只有這機會上大學唸書，而且，大學教育是沒人搶得走的。隆恩也知道這一點，但辯說大學稍後再上不遲。等奧克蘭忽然提出五萬美元的簽約金時，隆恩也馬上抓住這一筆錢不放，把唸大學的事拋到九霄雲外。

這在艾舍和埃達都是大事。隆恩是他們那一帶有史以來在選秀會上排名最高的一個。有那麼一下子，備受矚目的光環是讓他謙卑低頭。他的夢想已在實現。他已是職棒選手。他家人的犧牲已經有了回報。他覺得聖靈在帶領他，循著主的道路做正確的事。他重回教堂的懷抱，還在禮拜天晚上的禮拜走上聖壇，和牧師一起禱告。之後，他向會眾作見證，謝謝他在主內的兄弟姊妹，謝謝他們的愛和支持。主賜福予他；他真心覺得自己幸運。他強壓下眼中的淚，答應他的財富和天份一定會用在榮耀主的道路上。

他替自己買了一輛奧斯摩比的「超級短箭」（Cutlass Supreme）和新衣，替父母買了一架新的彩色電視。接下來，他把剩下的錢全輸在撲克牌桌上。

一九七一年，奧克蘭運動家隊的老闆是查理・芬利（Charlie Finley），這人特立獨行，一九六八年才把這支球隊從堪薩斯市搬到奧克蘭來。他自命眼光能見人所未見，做起事來卻像跳樑小丑。喜歡以推陳出新搞得棒壇雞飛狗跳，推出的創舉有七彩制服、少女球僮、橘色棒球（這點子的壽命很短），還有一款機器兔子，專門餵新球給本壘的主審。只要可以嘩眾，無不傾力推動。他還買了一頭騾子，取名叫查理歐（Charley O.），牽著騾子繞行球場，甚至帶進旅館大廳。

不過，這人雖然以搞怪佔盡頭條，卻也真的建立起了他的棒球王國。他雇了一位很能幹的教頭，狄克・威廉斯，也組了一支強隊，高手如雲，像雷吉・傑克森，喬・魯迪（Joe Rudi），薩爾・班度（Sal Bando），勃特・坎帕納里斯（Bert Campaneris），瑞克・蒙戴（Rick Monday），維達・布魯（Vida Blue），「鯰魚」・杭特（Jim[Catfish]Hunter）、羅里・芬格斯（Rollie Fingers）、東尼・拉魯薩（Tony LaRussa）等等。

一九七〇年代初期的運動家隊無疑是美國職棒最酷的一支球隊。他們穿白色的防滑鞋——第一支穿白色球鞋的球隊，也是僅此唯一的一支——球衣五彩繽紛，由深淺不同的綠、金、白、灰組成。走的是「加州酷」的路線，頭髮比一般要長，鬍鬚比一般要多，一派瀟灑不羈的調調兒。美國職棒以其超過百年的歷史，要求大家信奉傳統，這運動家隊還真是囂張。吊兒郎當。美國那時還沒從一九六〇年代的宿醉裡醒來。誰需要權威啊？規則訂下來就是要讓人來打破的，即使像職棒這麼死板的地盤也一樣。

一九七一年八月末，隆恩第三次到奧克蘭去，這一次的身份就是運動家的一員了，已經是球團的一份子，是球員，明日之星——雖然他一場職業球賽都還沒打過。他甚受禮遇，拍肩、鼓勵一樣不缺。他那時十八歲，有一張圓圓的娃娃臉，額前的瀏海垂到眼瞼，看起來頂多十五歲。老鳥都知道賭金絕對不押在他那一邊，跟他們當年剛簽約時一樣，但還是表示歡迎。他的處境他們以前一樣有過。

簽下職棒約的新人，只有不到百分之十可以只打一場球就打進大聯盟裡去，不過，十八歲的孩子沒一個聽得進耳朵裡去的。

隆恩在場邊的球員休息區和球場上閒晃，跟其他球員廝混，和大夥兒一起作賽前的打擊練習，看眼前稀疏的觀眾排隊進入奧克蘭艾拉美達郡體育館（Alameda County Coliseum）。離第一棒上場還早，就有人帶他坐進運動家隊休息區後面的上好座位就座；在那裡，他可以好好看他新加入的球隊打球。第二天，他回埃達去，決心比以往都要堅定，立志要在小聯盟裡橫掃千軍，在二十歲時蹦上大舞台。也可能二十一歲吧。大聯盟球場震撼人心的聲勢，他已經見過、感受過、也吸收進去了，他再也不會是以前的那個隆恩・威廉森了。

他先把頭髮留長；接著就要留鬍鬚了，只是老天爺不太幫忙。他的朋友都覺得他是有錢人，他當然也盡力給人這樣的印象。他變了，比埃達一帶的人都要酷。到底他是去過加州的人！

他九月全都在看運動家隊拿下一百零一場勝績，坐上美聯西區第一的寶座，看得津津有味。沒多久，他就會跟他們一起在場上接球或是打擊，跟他們一樣穿五彩繽紛的球衣，跟他們一樣把頭髮留得長長的。什麼都跟他們一樣；美國職棒最時髦的一隊。

十一月時，他和塔普斯[1]口香糖簽約，把他的名字、肖像、照片、棒球卡簽名的展示、印製、複製權交由他們獨家享有。

他和埃達的每一個小孩子一樣，自己就蒐集了好幾千張棒球卡，一張張收好，有的拿去跟人交換，有的裱褙起來，裝在鞋盒子裡帶著走，把零用錢省下來再多買幾張。米奇．曼托、懷蒂．福特（Whitey Ford）、尤吉．貝拉（Yogi Berra）、羅傑．馬立斯（Roger Maris）、威利．梅斯（Willie Mays）、漢克．艾倫（Hank Aaron），印著大球星的寶貝卡片一張不缺。如今，他自己也會有卡片了。

夢想成真的腳步真快！

不過，他打的第一場賽事，是在奧勒岡州的庫斯灣（Coos Bay），西北聯盟的1A球隊，離奧克蘭很遠。他一九七二年在亞歷桑那梅薩（Mesa）的春季訓練，沒有多少可觀之處。沒有教人驚艷或矚目的表現，奧克蘭那邊也還在想要把他放在哪裡打球才好。若放他在本壘後面，這位置他從來就沒打過。那放在投手丘上？因為他投球的力道很強。

春訓末了時，噩運來了。他的盲腸破了，不得不回埃達動手術。他在復原期過得心浮氣躁，便開始用喝酒打發時間。他們那裡的必勝客啤酒賣得很便宜，等他在那裡喝膩了，就開他那一輛新買的超級短箭到麋鹿居（Elks Lodge）去用波本威士忌和可口可樂消痰化氣。他覺得很煩，很亂，急著回球場去，隨便哪裡的球場都好，而且，他自己也搞不清楚是為了什麼，他就是覺得幾杯黃湯下肚就可以讓他逃避現實。後來，他終於接到了電話，啟程往奧勒岡去。

他在庫斯灣北角（Coos Bay-North Bend）運動家隊偶爾出場打擊，一百五十五次打擊打出四十一支安打，打擊率不甚了了，只有二成六五。四十六場球當守備，也當過幾局的投手。那一球季末期，他的合約改到愛荷華州的勃林頓（Burlington），屬中西聯盟，還是1A，不過算是往上走了一小步，離主隊也比較近了。他在勃林頓只打了七場比賽，就回到埃達過他季後賽的清閒日子。

球員在小聯盟的每一站都只是臨時的，不定的。賺的錢很少，靠微薄的用餐費還有球團高興給的什麼施捨，清寒度日。但在「主隊」，住的就是汽車旅館，還有按月計算的折扣，要不也可以幾個人擠一戶小公寓。去客場打球，坐大巴士上路，住的一樣是汽車旅館。酒吧、夜店、脫衣舞俱樂部這時倒也就加進來了。球員一個個都很年輕，沒幾個結婚的，遠離家人，遠離依憑的根，所以，一般都會混夜生活。大部分的人才滿二十沒多久，既不成熟，在先前短短的人生裡還都嬌生慣養的，還同都深信自己不久一定會登上大球場，賺大錢。

球員玩得都很瘋。球賽在晚上七點開始，十點結束。草草沖過澡，就是往酒吧去的時候了。先廝混一整夜，再睡上一整天，管他是睡在家裡還是巴士上面。都喝得很兇，亂追女人，愛打牌，還哈草——這些都是小聯盟生活偏向晦暗的一面。而隆恩對這樣的生活，一見傾心。

羅伊・威廉森跟天底下作父親的一樣，會緊盯著自己兒子的賽事，很關心，很得意。隆尼偶爾才會打電話回家，寫信就更少了。不過，羅伊還是想辦法跟上他的比賽紀錄。他和胡安妮妲還兩次開車

註1：塔普斯（Topps）旗下產品發行的職棒球員卡，也是全美最大的。

到奧勒岡去看兒子打球。隆尼的菜鳥球季過得並不如意，必須想辦法適應快速滑球和犀利的曲球。

羅伊回到埃達後，接到一通運動家隊教練的電話。他對隆恩下球場後的生活習慣頗為擔心——愛玩愛鬧，酒喝得很兇，熬夜狂歡，隔天宿醉等等。這孩子不知自制，這在初次離家打球的十九歲孩子身上並不罕見，只是，作父親的若是可以說他幾句重話，可能可以讓他定下來。

隆恩也打電話回家。夏季一天天過去，他上場打球的時間少之又少，搞得他對教練、球團很灰心，覺得他受到虧待。老是讓他坐冷板凳，他是要怎麼才會進步？

他選了一般人很少用又很危險的策略，越過教練群往上找人。他開始打電話到運動家隊的總部去申訴。在1A打球的日子實在很苦，他上場打球的機會不多，他要當初選中他的那些大頭知道這些。不過總部不怎樣同情。小聯盟有好幾百名球員，大部分地位都遠在隆恩・威廉森之上，這樣的電話、這樣的投訴，很快他們就煩了。他們知道隆恩的本事，也知道他在掙扎。

上面很快就傳話過來，這小子最好閉嘴，好好打球。

一九七二年初秋，他回埃達後，依然是小鎮的英雄，還添了幾分加州的銳氣和做作。混夜店的老習慣沒改。等奧克蘭運動家隊在十月底第一次拿下世界大賽的冠軍，他在家鄉的一家鄉下酒吧開了一場喧鬧的慶祝派對。「我的隊！」他對著電視不停大喊，簇擁在他身邊的酒友看著他，不勝欽羨。

不過，隆恩的生活習慣在他認識佩蒂・歐布萊恩（Patty O'Brien）後，幡然一變。佩蒂是很漂亮的年輕女士，當選過「埃達小姐」。兩人很快就認真起來，定期見面。她是很虔誠的浸信會教友，滴酒不沾，也不容隆恩有絲毫不良的生活習氣。隆恩十分樂意戒掉惡習，答應她會洗心革面。

一九七三年，隆恩發現自己和大聯盟的距離沒拉近多少。在梅薩又過了一季乏善可陳的春訓後，他被改派去勃林頓蜜蜂隊（Burlington Bees）打球。他在那裡只打了五場，就又被轉到佛羅里達聯盟的西嶼螺隊（Key West Conchs）打球。1A的球隊。他在那裡打了五十九場，打擊率很慘，一成三七。

他終於生平頭一遭開始懷疑自己是否真的上得了大聯盟？打了兩季不甚了了的棒球後，他很快就知道職棒投手投過來的球，即使在1A這一級，也比他在艾舍中學見識過的任何一球都要難打。不論哪一個投手投的球都很重，投出來的曲球角度變化也都犀利得多。上得了球場的球員都是很厲害的，有一些還上得了大聯盟。他的簽約金已經用完，被他浪費光了。看著他在棒球卡上的笑臉，早就不再像以前那麼讓人興奮；而有這樣的變化，也才不過兩年的時間而已。

而且，他覺得大家的目光都在他身上。他的朋友，埃達、艾舍一個個善良的鄉親，全都對他寄與厚望，等著看他替他們實現夢想，等著看他把他們放進世人心裡的地圖裡去。他會是奧克拉荷馬州的下一個偉大球星。米奇十九歲時打進大舞台。隆恩已經落後了。

他回埃達去，回到佩蒂身邊，佩蒂極力勸他在不打球的時候找一份正當工作做做。他家有親戚在德州有認識的人；隆恩便開車到維多利亞，在一家屋頂包商那邊做了幾個月。

一九七三年十一月三日，隆恩和佩蒂在埃達的浸信會第一教會舉行盛大的結婚典禮；這教會是佩蒂的教會。他那時二十歲，依然前途無量。

埃達小鎮把隆恩・威廉森當作是他們最偉大的英雄。如今，他娶了鎮上好人家出身的選美皇后。他的人生充滿福報。

這一對新人於一九七四年二月開車到梅薩進行春訓。新婚妻子等於是新增的壓力，終於逼他一定要更上層樓——可能還是上不了3A吧，但至少也要2A。他一九七四年的合約簽給了勃林頓，但他沒意思要回勃林頓去。他受夠了勃林頓和西嶼；運動家隊若是又要他回這些地方去，那他們的意思就很清楚——他們不覺得他有前途可言。

那一年春訓他痛下苦工，跑得比以往要多，打得比以往要勤，像是回到以前艾舍的老時光。後來有一天，在例行的上場練習時，他朝二壘奮力投了一球，手肘頓時一陣刺痛。他不想管，跟天底下的球員一樣，在心裡叮嚀自己沒關係，繼續下去。過一陣子就會沒事了，春訓的小小痠痛罷了。但第二天，又再痛了，還比前一天更痛。到了三月末時，隆恩在場上幾乎一球也沒辦法投。

三月三十一日，運動家隊砍掉了他，他只好帶著佩蒂開車千里迢迢回奧克拉荷馬去。

他們避開埃達，選了土薩落腳，隆恩在那裡找到工作，在貝爾電信（Bell Telephone）當維修代表。他沒把這當作是新事業的開始，只當作是飯票，可以讓他的手臂休養生息，靜待棒壇真有伯樂打電話找他。只是，過了幾個月，得由他打電話找人，但找不到有興趣的人。

佩蒂也在一家醫院找到了工作，兩人開始成家立業的工程。安奈特也開始一個禮拜寄個五塊、十

塊給他們，以備他們有不時之需。直到有一天，佩蒂打電話告訴安奈特，隆恩用她寄來的錢買啤酒喝，而佩蒂不同意他喝酒，安奈特這一筆小小的補助款就戛然而止。

間隙就此產生。安奈特擔心隆恩又開始酗酒。只不過，安奈特才不知道隆恩和佩蒂到底出了什麼問題。佩蒂的性子很重視隱私，很害羞，夾在威廉森家的人裡面，從沒辦法真正放鬆下來。安奈特和她先生一年會去看隆恩和佩蒂一次。

等隆恩在等的升遷沒等到後，他就從貝爾電信辭職，開始替「衡平」（Equitable）賣人壽保險。那時是一九七五年，他始終沒拿到職棒合約，也沒有哪一支隊伍打電話來找他這位棒壇遺珠。

不過，隆恩憑他運動員的自信和外向的個性，賣起保險的成績卻很好。好像不費吹灰之力就有那麼好的業績和收入，頗教他如魚得水。而且，晚上又可以在酒吧和夜店裡混，一樣教他如魚得水。佩蒂最氣他喝酒，也受不了他愛胡鬧。那時他吸大麻已經成癮，而她很討厭這一件事。他喜怒無常的個性也變得愈來愈極端。當年她嫁的那一位溫良的年輕人，已經不復得見。

一九七六年春，有一天晚上，隆恩打電話給他父母，哭得歇斯底里，跟他們說他和佩蒂大吵一架已經分手。羅伊、胡安妮妲，還有安奈特和蕾妮，聽到消息都很震驚，也都希望兩人的婚姻還有救。小夫妻哪會不走過一些風風雨雨的？很難說哪一天隆尼就會接到電話，重披戰袍，再度開啟他的職棒生涯。到時候小夫妻的生活就會步入正軌了；他們的婚姻絕對熬得過烏雲的。

不過，裂痕已經無可彌補。不管他們的問題是什麼，隆恩和佩蒂都絕口不提，只是默默的申請離婚，理由是「無法協調的歧見」。分手已成定局。兩人的婚姻維時不到三年。

羅伊・威廉森小時候有一個朋友叫哈利・布里勤（Harry Brecheen），別名：哈利貓，這是他打職棒時的綽號。兩人是一起在奧克拉荷馬州法蘭西斯市（Francis）長大的。哈利那時在為洋基當球探。羅伊找到了他，把他的電話號碼給了兒子。

隆恩伶牙俐齒的說服力在一九七六年六月有了收穫，他說服了洋基隊：他的手臂不但已經全好，還比以前更壯。隆恩看多了強投，心裡清楚他打不到球的，所以，這時他打定主意改由他的另一強項來作發揮：他的右臂。他那右臂向來很得球探注意。奧克蘭那邊先前就一直在講要他改當投手。

他和紐約賓州聯盟的一支1A球隊「奧尼昂塔洋基隊」（Oneonta Yankees）簽約，等不及要離開土薩。他的職棒夢又活了過來。

他投球的力道當然很強，只是每每抓不準球的去向。他的變化球還有待琢磨，經驗根本不夠。而且，一投得太快、太猛，痠痛就又回來了；一開始是隱隱作痛，之後，會痛到手沒辦法動。停工兩年不是沒有代價，等球季一過，他又被砍了。

這一次他還是避開埃達，再回土薩去賣保險。安奈特去看他，話題一轉到棒球，轉到他破滅的職棒夢，他就開始大哭，停不下來。他也對安奈特承認他有憂鬱症，不時會犯，時間都很長，很痛苦。

又再回到以前混小聯盟的老日子後，以前的老習慣跟著回來，他開始混酒吧、追女人、灌啤酒。他還加入一支壘球隊打發時間，也樂得在隊裡當小舞台上的大明星。有一天比賽時，天氣涼爽，他把球投向一壘時，忽然覺得肩頭一陣刺痛。他馬上離隊，不再打壘球，但傷害已成。他去看醫生，進行艱苦的復健療程，但不覺得有多少改進。

不過，這一次受傷他沒吭聲，只在心裡暗自希望，好好休養，一到來春應該可以痊癒。

隆恩在美國職棒最後一次出擊，就是來年的春天，也就是一九七七年。他又再靠著他的三寸不爛之舌，穿上了洋基隊的球衣。春訓時被他熬了過去，而且當的還是投手，然後外派到佛羅里達聯盟的勞德岱堡隊（Fort Lauderale）去打球。他在該隊撐過他在職棒的最後一季，總共一百四十場球賽，一半的時間耗在路上，耗在大巴士上，一個月又一個月，像老牛拖破車，而且，球隊能不讓他上場就不讓他上場。他只上場十四次，投了三十三局。他已經二十四歲，肩膀有傷，始終不好。艾舍中學加默爾‧鮑恩那時候的榮光，已經是很久的往事。

大部分的球員對大限已到都心裡有數，但隆恩就是不認命。老家有太多人在巴望他功成名就。他的家人為他犧牲太多。他也放棄了大學，放棄了學業，就為了當大聯盟的球手，因此，就此放棄不是他可以有的選項。他的婚姻已經失敗，而他這人不太習慣失敗。不止，他還穿著洋基的球衣，這是多麼鮮明的象徵，維持著他的夢想不墜。

他每天精神抖擻，撐到那一年的球季結束，之後，他心愛的洋基隊就把他給砍了。

3

球季過後幾個月，布魯斯・李貝在土薩的南街購物中心閒逛時，看到一張熟悉的面孔，剎時停住了腳。「托普斯男裝」（Toppers Menswear）店裡那人不是他那老朋友隆恩・威廉森嗎？衣冠楚楚，在向顧客兜售楚楚衣冠。兩人高興相擁，隨即開始長談話舊。兩人小時候形同兄弟，長大各自東西，都對彼此的變化驚嘆不已。

他們從艾舍畢業後就分道揚鑣，沒了聯絡。布魯斯在二專打了兩年棒球校隊，但膝蓋不行了，最後放棄。隆恩的棒球路也沒比他好多少。兩人同都有一次離婚的紀錄，兩人也都不知道對方結過婚的事。至於兩人發現彼此都還喜歡流連夜生活，倒不覺得意外。

他們都還年輕，長得也帥，回復單身，工作勤奮，荷包有錢，很快便連袂出沒夜店，一起狂追女人。隆恩的性子原來就愛獵艷，在小聯盟待的幾季，只餵得他獵艷的胃口更強。

布魯斯住在埃達，但他只要經過土薩，就一定會和隆恩、還有隆恩的一票朋友玩通宵。

雖然棒球傷了他們兩個的心，但還沒從他們的話題首選退位：像是以前在艾舍的風光，鮑恩教練，他們同都作過的大夢，跟他們一樣努力過也失敗過的一個個隊友，等等。布魯斯由於兩條腿的膝蓋都壞了，和棒球是斷得一乾二淨，或至少大聯盟的職棒夢是斷得一乾二淨。隆恩則否。他還是深信自己可以打球，終有一天會否極泰來，他的手臂還可以奇蹟似的復原，然後有人會打電話來邀他打

球。到時候人生就又美好起來。布魯斯一開始就是聳聳肩隨他去講，當這是過往榮耀在迴光返照。從他自己的親身體驗，他知道過氣最快的運動明星就是高中的運動明星。有的人懂得認命，繼續往前走。有的人不行，大頭夢還要作上幾十年才行。

至於隆恩深信他還有辦法打球，就幾近乎妄想了。他破滅的職棒夢是他心頭的至痛，甚至在消蝕他的元氣。他老是愛問布魯斯，埃達老家那邊的人是怎麼說他的。他沒當上米奇・曼托第二，他們是不是很失望？他們在咖啡店、餐館裡會談他嗎？沒有，布魯斯跟他保證，沒人會這樣。

不過，這不重要。隆恩自己相信老家的人都看他沒出息。而要扭轉他們對他的看法，唯一的辦法，就是要再拿到一份合約，再努力往上爬，爬上大聯盟不可。

放輕鬆啦，老鄉，布魯斯一直跟他說，別管棒球了，職棒夢已遠。

隆恩的家人也開始注意到他的性格大變。他有的時候會很緊張，很亢奮，沒辦法集中注意力，沒辦法專心在一個話題上面馬上就又蹦到下一個去。一家團圓時，他會坐著悶不吭聲，連著幾分鐘當啞巴，緊接著連珠炮般大發議論，但是講的全是自己。只要他一開口，就一定要主導話題，而且每個話題一定要和他的生活有關。他變得坐不住，菸抽得很兇，也出現很怪的習慣，會一溜煙兒就跑出房間去。一九七七年的感恩節由安奈特作主人，闔家團圓吃大餐，桌上滿滿都是傳統的感恩節菜餚。大家才一坐定，隆恩卻一聲不吭就從桌邊站起來走了出去，一路走過埃達，走回他父母家去。從頭到尾沒作過解釋。

在其他幾次家族聚會上，他則是會自己一人回房，鎖上門，待在裡面不出來，其他家人看他這樣雖然不太好過，卻也因此才有機會好好聊聊。但他又會忽然從房裡衝出來，腦子裡在想什麼就說什麼，大聲咆哮，說的事還向來都跟其他人正在聊的事情沒一點關係。他會站在書房的正中央，滔滔不絕說個不停，像瘋子一般，直到他說累了，就再轉頭衝回他的房間，鎖上門。

有一次他吵吵鬧鬧衝出來時還加了一把吉他，除了手上琤琤琮琮亂彈一通，嘴裡還大聲亂唱，同時強迫家裡的人都要跟著他一起唱。唱了幾首難聽無比的歌後，他又停下來，衝回房間不出來了。留房間外面的家人自己去深呼吸、翻白眼，一切回歸正常。而且，說來可悲，他們一家人對此都已經開始習以為常。

隆恩有的時候會很退縮，很消沉，連生幾天的悶氣，不知在氣什麼，卻像什麼都氣。然後忽然就變了個人，啪一下開朗、合群的性子又回來了。他的職棒夢一想起來就洩氣，他也以不提得好。前一通電話，他頹喪又可憐，下一通電話，卻又變得興奮又快活。

他的家人都知道他在酗酒，嗑藥的傳聞也不像空穴來風。可能就是酒精加藥物導致他精神不穩，喜怒無常吧。安奈特和胡安妮妲問過他，問得很小心，但卻橫遭白眼相向。

後來，羅伊・威廉森經診斷得了癌症。相形之下，隆恩的問題就沒那麼重要了。羅伊的腫瘤長在結腸，增生得很快。雖然隆尼一直是和媽媽比較貼心，但他很愛他的父親，很敬重他的父親。他對自己的所作所為，也很內疚。他已經不上教堂了，他的基督信仰出了很大的問題，但他還是抓著五旬節的教義不放，深信有罪就有罰。他父親一生清白，如今卻因為兒子犯下一長串的罪孽而代他受過。

羅伊每況愈下的健康，只教隆恩的抑鬱症狀益發嚴重。他想起自己有多自私——執意要他父母買好衣服給他，買昂貴的運動裝備給他，要參加棒球夏令營、巡迴比賽，臨時搬到艾舍去，這些犧牲的回報，只是用他從運動家隊的簽約金裡拿一點出來買一具彩色電視機給他們而已。他想起父親悶不吭聲買二手衣自己穿，好把錢省下來讓被寵壞的兒子可以有全校最氣派的行頭可穿。他想起父親在埃達炎熱的人行道上踽踽獨行，拎著沉重的樣品展示箱，挨家挨戶兜售香草和香料。他想起了父親坐在看台上看他打球，一場也沒漏掉。

羅伊於一九七八年初在奧克拉荷馬市動了探查性的手術。腫瘤已經增生、擴散，群醫束手。他回埃達來，不肯進行化療，帶著劇痛走向人生的終點。他在世的最後幾天，隆恩開車從土薩回家，陪侍在父親的病榻旁邊，痛心疾首，淚流滿面。他不停向老父道歉，求父親原諒。

羅伊一度覺得聽夠了，跟兒子說，你也該長大了，孩子，有一點男人樣，別再哭了，別再胡鬧亂發脾氣。好好開創人生。

羅伊於一九七八年四月一日逝世。

一九七八年，隆恩還待在土薩，和史坦‧威金斯（Stan Wilkins）合租一戶公寓。威金斯是鐵工，比他小四歲。兩人都愛玩吉他，都愛流行音樂，時常一連幾個小時自彈自唱。隆恩有一副雄渾、質樸的歌喉，彈吉他的才華頗有可為。他彈的是很貴的梵德（Fender）牌，可以坐在那裡一連彈上好幾個小時。

土薩那時迪斯可熱正盛，這兩個室友常常一起出去玩。下班後兩人先一起小酌幾杯，就朝舞廳出發，隆恩在舞廳可是很有名的。他愛看美女，追起女人來一無所懼。他會先四下巡視一回，挑出最火辣的一位，然後邀她跳舞。對方若是答應，一般他就會再帶人家回家。他的目標是夜夜春宵，而且對象要日日換新。

雖然他愛喝酒，但在獵艷的時候還知道節制。太多黃湯下肚可是會妨礙表現的。不過，別的藥品就相反。古柯鹼那時正橫掃全美，在土薩的夜店裡十分流行。那時的人也不太會去想性傳染病一類的事。那時大家最擔心就是泡疹，愛滋病根本還沒個影兒。只要你性子偏向那一路，那一九七〇年代末期還是任你可以放肆享樂的年頭。而隆恩・威廉森就根本樂過了頭。

一九七八年四月三十日，土薩警方接到萊莎・蘭采（Lyza Lentzch）的報案電話。警方到了她住的公寓時，她跟他們說隆恩・威廉森強暴了她。他在五月五日被捕，後來以一萬美元交保。

隆恩雇了約翰・坦納（John Tanner）作律師，他是資深的刑事律師。隆恩向他大方坦承他是和蘭采燕好沒錯，但發誓絕對是兩情相悅，他們是在夜店裡認識的，她自己邀他回她的住處，最後一起上了床。坦納其實還相信他這客戶說的是真的，雖然這很罕見。

而隆恩的朋友也都覺得強暴之說太過離譜。女人見到隆恩，都會自動投懷送抱。酒吧裡的女人都是任他去挑的，而且，他盯上的女子才不是教堂裡的貞女。他在夜店、迪斯可舞廳邂逅的女子，都在等著男人來勾搭。

雖然這樣的指控很丟臉，但他決心不讓這樣的事煩心，表現一概如常。他還是跟以前一樣胡鬧狂歡，有誰跟他提他可能會有麻煩，一概一笑置之。反正他已經有了一個高明的律師。要審就審吧！只不過，私底下，他對官司倒是很害怕，而且他也大有理由害怕。被控強暴重罪是可以嚇醒他，但要站在陪審團面前，由他們判決他是否要入獄服刑多年，就真是嚇死他了。

這件事的詳情他沒讓家人知道——土薩到埃達也不過兩小時的車程——但他的家人還是很快就注意到他變得更消沉，喜怒無常的情況也更嚴重。

眼看人生愈來愈陰暗，隆恩以他唯一的武器作反擊。他喝得更兇，在外玩得更晚，女人追得更猛，一心一意只想及時行樂，躲避憂懼。不過，酒精只澆得抑鬱更深，或者是抑鬱需要更多酒精才壓得下吧——不管是哪一種，反正他變得更憂鬱，更沮喪。也更難捉摸。

九月九日，土薩警方又接到一通報案電話，也是說被強暴。一名十八歲的女子，艾咪・戴爾・佛尼荷（Amy Dell Ferneyhough），在夜店玩了一夜後，於凌晨四點左右回到她住的公寓。她那時正和男友冷戰，而她那男友人在公寓裡面睡覺，把門鎖住。她找不到自己的鑰匙。由於她那時急著上洗手間，便匆匆走過街口到那邊一家二十四小時營業的便利商店去。她在店裡遇到了隆恩・威廉森，他那天一樣玩了通宵。兩人互不認識，但攀談了起來，之後一溜煙兒遁入便利商店後面。便利商店後面長了一大片很高的雜草，兩人便在那裡翻雲覆雨一番。

而依佛尼荷的說法，隆恩出拳打她，把她身上的衣物大部分都扯了下來，強暴了她。

但依隆恩的說法，佛尼荷很氣她男友把她關在兩人合住的公寓外面，就同意和他一起來玩一次

「快的」。

隆恩就在五個月內第二次需要交保，打電話給約翰・坦納。有兩條強暴的罪名掛在他頭上，逼得他終於暫停夜生活，避靜去也。他一人獨居，幾乎不跟誰說話。安奈特知道一點內情，因為她會寄錢給他。至於布魯斯・李貝，他對出了什麼事知道的就很少了。

一九七九年二月，佛尼荷強暴案一審開始。隆恩出庭作證，跟陪審團解釋，沒錯，他們是有過性關係，但是兩情相悅的性關係。只是說也奇怪，他們兩個是在凌晨四點在一家便利商店的後面同意發生關係。陪審團商討了一小時，採信他的說法，作出無罪的判決。

五月，另一支陪審團湊齊了，要聽萊莎・蘭采提出的強暴指控案。這一次，隆恩又再向陪審團作詳細的說明。他是在夜店裡遇見蘭采的，他跟她跳舞，他很喜歡她，而她顯然也很喜歡他，因為是她主動邀他回她住的公寓的，兩人在她住的公寓於兩相情願的情況下有過性關係。但受害人跟陪審團說她並不想有性關係，在起了個頭前她就早早有所制止，但她很怕隆恩・威廉森，最後還是屈服，免得受到傷害。這一次，陪審團還是採信隆恩的說辭，判他無罪。

被人套上強暴犯的帽子一次，他覺得就很丟臉了，因為他知道這帽子他有好幾年拿不下來。但一連被戴上兩次，而且還在五個月內，就沒幾個人遇得上這樣的事了。而他，威風八面的隆恩・威廉森，居然被人戴上強暴犯的帽子？不管陪審團說什麼，別人一定會竊竊私語，八卦流言不斷，搞得這些事像野草燒不盡、春風吹又生。他們看他走過，一定會朝著他指指點點。

他才二十六歲，前半生大部分時候都戴著棒球明星的冠冕，是不可一世的運動健將，注定享有大聯盟的榮耀。在這之後，雖然帶著手傷，這位棒球員依然信心滿滿，相信他的手傷終有一天可以不藥而癒。埃達和艾舍的鄉親並沒有忘記他。他還年輕，天份也沒跑掉。大家都認得他。

但兩次強暴指控之後，人事全非。他心裡清楚，大家會忘了他的運動長才，只剩強暴嫌犯的名號。他把這些深藏心底，一天天朝他內心黝暗、混亂的世界退縮進去，愈退愈深。他開始曠職，最後把他在「托普斯男裝」的工作給辭了。緊接著就是破產，一無所有。他收拾行囊，一人靜靜離開了土薩。他一路沉落，朝憂鬱、黃湯、藥物建築起來的世界沉落。

胡安妮妲在家裡等他，很是擔心。隆恩在土薩惹上的麻煩她所知不多，但以她和安奈特知道的，就夠她們擔心了。很清楚，隆恩現在一團亂——酗酒，狂亂的喜怒變化，行為舉止也愈來愈怪。他那樣子真糟——頭髮留得很長，一臉鬍渣，衣服髒亂。而這一位隆恩‧威廉森原本可是最愛把自己打點得瀟灑又時髦。他先前不是在服飾精品店賣服飾的嗎？領帶和外套配不起來，他一眼就看得出來。

隆恩回家後，在媽媽書房的沙發上倒頭就睡。沒多久，他就一天要睡上二十小時，而且一直都睡在沙發上面。他的臥室還替他留著，但天一黑後，他就一步也不肯走進去。他的臥室有怪東西，他怕的怪東西。雖然他睡得都很沉，但有的時候會從夢中驚醒，跳起來大喊地板上有很多蛇，牆上有很多蜘蛛。

他開始出現幻聽，但沒跟他母親說他聽到了什麼。後來，他開始回話。

不管什麼事他做起來都累——進餐、洗澡在他都是很艱鉅的事，完成後需要好好睡一覺。他整天無精打采，做什麼都提不起勁，即使難得有短短一陣子神智清醒也是一樣。只是胡安妮妲不容她住的地方有人喝酒——她最恨菸、酒。兩人後來達成協議，休兵，由隆恩搬到廚房隔壁那一間很擠的車庫去住。他在那裡愛抽菸就抽菸，愛喝酒就喝酒，愛彈吉他就彈吉他，不會惹他母親生氣。等他想睡了時，就再摸回書房栽進沙發倒頭就睡。至於醒著的時候，就待在車庫裡面。

他偶爾也會有心情大振的時候，精力又回來了，這時，他就需要重拾夜生活。喝酒，嗑藥，追女人，樣樣都來，只是現在知道要小心了。他一去可以玩上好幾天，住在朋友那邊，需要錢就跟人伸手，就看他遇上哪個認識的人了。但沒多久他的心情就會大變，這時就會看到他重回沙發睡得死死的。

胡安妮妲只能等他回神，一顆心揪在那裡放不下來。他們家沒有人得過精神病，她也不懂該怎麼應付。只能時時祈禱。她的性子不喜張揚，也努力扛起隆尼的問題，壓著不讓安奈特和蕾妮知道。她們兩人都已經結婚，過得很幸福，隆尼是她的麻煩，不該是她們的。

隆恩偶爾會說一說他要找工作的事。沒工作，沒辦法靠自己過活，讓他覺得自己是爛人一枚。他有一個朋友知道加州有人正需要人手，隆恩就往西部去了，讓他的家人鬆了好大一口氣。但幾天後，他打電話給他母親，哭著說跟他同住的人是信撒旦教的，那人恐嚇他，不准他走。胡安妮妲寄了一張機票給他，他還是想辦法從那裡脫身。

之後他去過佛羅里達，去過新墨西哥，去過德州，都是去找工作，但沒一次做的時間超過一個月。而他每跑一次外地都會耗盡他的精力；每一次回來，往沙發上倒的頹敗疲累就更嚴重。

胡安妮妲後來終於說動他去作心理諮商，醫生診斷他得了躁鬱症。醫生開了鋰鹽給他，但他不肯按時吃藥。他這裡打一打工，那裡打一打工，從來沒辦法長久下去。他的天份就在銷售，但以他那時的狀況，他沒條件可以去見客戶，更別談迷倒客戶。他還是愛說他是職棒球員，說他是雷吉・傑克森的好朋友，但那時他在埃達的鄉親對他的狀況都心知肚明。

一九七九年末，安奈特和龐托托克郡地方法院的法官隆納德・瓊斯（Ronald Jones）約了時間見面。她跟法官說明自己弟弟的情況，問州政府還是司法系統可有辦法幫忙。沒辦法，瓊斯法官回答，不到隆恩對他自己或別人構成危險，一點辦法也沒有。

有一天，隆恩那天的情況特別好，他向埃達的職能復健中心申請要接受訓練。裡面的諮商師看見他的情況，心生警覺，便將他轉診給奧克拉荷馬市聖安多尼醫院（St. Anthony Hospital）的普洛瑟醫生（Dr. M. P. Prosser）。隆恩在一九七九年十二月三日入院。

沒多久麻煩就來了，因為隆恩要求特殊待遇，但院方沒辦法給。他要人家把時間、精力都用在他身上，好像他是院裡僅此唯一的病人。院方不依的話，他就擅自離院，但幾小時後又會自己回去，要人家再讓他入院。

一九八〇年一月八日，普洛瑟醫生在筆記裡寫道：「這孩子的行為頗為怪異，有的時候還有精神病的特徵，至於他是否如埃達諮商師所言是躁鬱症患者，或是精神分裂患者另有反社會人格的傾向，或反過來，是反社會人格的患者另有精神分裂的傾向，可能永遠沒辦法判定……需要長期治療，但他自己不覺得他是精神分裂患者需要治療。」

隆恩早在剛進青春期時，就一直活在夢裡，因為他在棒球場上早早就榮耀加身，而一直沒辦法接受他的棒球夢已逝。他還是深信「他們」——也就是棒壇的「大頭」——會來找他，把他放進征戰的陣容裡去，而他也會一戰成名。「這是他精神失常的徵兆裡面真正屬於精神分裂的症狀，」普洛瑟醫生寫道，「他就是一心要上場打球，而且還要當場上的巨星。」

醫生建議他的精神分裂要作長期治療，但隆恩根本就不考慮。他連徹底的身體檢查都沒做完，因為他不肯合作。不過，普洛瑟醫生倒是注意到他是「健康、年輕、肌肉發達、活潑、不必臥床的男性……比他同年大部分的人都要健美。」

隆恩在他可以正常生活的時候，就替勞禮家用品當推銷員，跟他父親當年一樣在同一街坊鄰居裡面挨家挨戶推銷產品。但這工作很悶很累，佣金又不多，需要填的那麼多文件他也沒耐心處理；還不止，他可是隆恩・威廉森，赫赫有名的棒球明星，居然在挨家挨戶兜售廚房用品！

不接受治療，不吃藥，還酗酒，隆恩就這樣成了埃達一帶酒吧、夜店的常客。他是酒品很糟的酒鬼，又大嗓門，老是跟人吹噓他的棒球功蹟，也愛騷擾女人。許多人都被他嚇過，一個個酒保和保鏢都對他很熟。隆恩・威廉森一來喝酒，沒有人會不知道。他最愛去的夜店有一家就是「馬車燈」，而「馬車燈」的保鏢一見他進店裡來就會特別留意他。

隆恩在土薩的那兩件強暴案沒多久就跟著他回到了埃達。警方開始注意他，有時甚至尾隨他在埃達行走。有一天晚上，他和布魯斯・李貝在逛酒吧途中曾經停車加油。一個警察跟他們跟了好幾條街後，攔下他們說他們偷油。雖然查無實證，純屬騷擾，但他們兩個還是差一點就被捕。

不過，隆恩還是逃不過被捕的命運，而且來得不算慢。一九八〇年四月，隆恩在他父親死後兩年，首度因酒駕鋃鐺入獄。

十一月時，胡安妮妲・威廉森終於說動兒子治療酗酒的問題。隆恩在她催促下，走進了埃達的奧克拉荷馬州的南區心理衛生局，由杜安・羅格（Duane Logue）診治。他是藥物濫用諮商師。隆恩對他大方承認問題，說他酗酒已經有十一年的時間，嗑藥至少有七年，而且在洋基砍掉他後，酒喝得更兇。但他沒提他在土薩的那兩件強暴案。

羅格將他轉介到一家叫作「橋屋」（Bridge House）的機構，位在奧克拉荷馬州阿德摩市（Ardmore），離埃達六十英哩。第二天，隆恩向「橋屋」報到，同意在隔離房裡接受二十八天的酒癮治療。他很緊張，一直跟諮商師說他做過「很壞的事」。不出兩天，他就變得很自閉，睡覺的時間拉得很長，該進餐時不吃。過了一個禮拜，他被抓到在臥室抽菸，明顯違反規定，院方便宣布他在那裡玩完了。他就跟著安奈特走了，安奈特那時正好到阿德摩看他；但第二天他又自己跑了回去，央求人家再收他一次。院方要他回埃達去，在兩個禮拜內重新提出申請。隆恩因為怕母親震怒，不肯回家，而是在外面晃了幾個禮拜，不跟人說他在哪裡。

十一月二十五日，杜安・羅格發了一封信給隆恩，希望可以約他在十二月四日見面。羅格的信有這麼一句，「我很擔心你好不好，所以希望見你。」

十二月四日，安奈特通知心理衛生局，隆恩找到了工作，住在阿德摩。他交上了新朋友，重回教會，重新接受耶穌作他的主，因此不再需要心理衛生局協助。就此結案。

但他這輔導個案在十天後重開，杜安‧羅格又再見到了他。隆恩需要長期治療，但他不肯。他也不肯固定服用醫生開的藥，這些藥以鋰鹽為主。他有的時候會大方承認自己酗酒、嗑藥，之後又會矢口否認。幾杯啤酒下肚，他又會知無不言、問無不答。

由於他工作都做不長，因此老是缺錢。胡安妮妲不肯「借」錢給他的時候，他就在埃達四處亂晃，看有沒有別的財源。而他的朋友圈子愈來愈小也不意外，大部分的人都會躲著他。他有好幾次開車到艾舍，到了那裡，只要往棒球場去一定找得到默爾‧鮑恩。兩人會聊一聊，隆恩會跟他說他又怎麼倒楣了，他的老教練就會再替他張羅出二十塊錢來。隆恩會不停保證他一定還錢，默爾則是一再訓他，要他振作，洗心革面。

隆恩的避風港是布魯斯‧李貝那裡。李貝已經再婚，住在鎮外的家裡，日子過得比以前要安靜得多。隆恩一個月大約會有兩次踉踉蹌蹌的去敲他家的門，醉醺醺又亂糟糟，央求布魯斯給他地方睡一下。布魯斯一定會讓他進門，等他酒醒，請他吃東西，一般也會借他個十塊錢。

一九八一年二月，隆恩又再因為酒駕被捕，認罪入獄。關了幾天後，他到奇克榭（Chickasha）去看他二姊和二姊夫蓋瑞。禮拜天他們剛從教堂回家，就看到他在他們家的後院裡面。隆恩跟他們解釋說他一直住在他們後院圍牆後面的帳篷裡面。他那樣子看起來也像。不止，他還說他剛從軍方的手裡逃出來，就是路底的洛頓（Lawton）那邊，那些軍人家裡屯積武器、炸藥，計畫推翻基地。幸好他逃得快，現在需要地方住。

蕾妮和蓋瑞讓他住在他們兒子的臥室裡。蓋瑞幫他在一家農場裡找到工作，幫人家搬乾草堆。他這一次打的零工維時兩天就不幹了，因為他說他找到一支壘球隊要用他。那農場的老闆後來打電話跟蓋瑞和蕾妮說以後別讓隆恩回他那邊去，依他看，隆恩有很嚴重的精神問題。

隆恩那時也重拾他以前的美國總統熱，可以一連幾天拿歷任總統的事講個不停。他不僅可以把歷任總統的名字正著唸、倒著唸，還對人人的生平如數家珍——出生日期，出生地點，任期，任內的副總統是誰，妻小，任內大事，諸如此類。席蒙斯家裡一有人講話，就非得要繞著美國總統打轉不可。只要有隆恩在場，沒有別的話題插得進來。

他也是徹頭徹尾的夜貓子。雖然要他晚上睡覺他也願意，但他就是沒辦法在晚上睡覺。而且，他最愛看整晚的電視，還要把音量開到最大。等天一破曉，第一道曙光打來，他馬上睡眼矇矓，遁去睡也。卻搞得席蒙斯一家人累得要命，兩眼充血，安享一頓安靜的早餐後，就要趕去工作。

他常說他頭痛。蓋瑞有一天晚上聽到聲音，找到隆恩，看到他在翻他們家的藥櫃，想要壓下頭痛。

等席蒙斯一家人受夠折磨後，蓋瑞終於要隆恩坐下來，把該談的事好好談了一次。蓋瑞跟隆恩解釋他們很歡迎他住下來，但他也要配合他們家的作息。隆恩的反應看不出來他覺得他有問題。他只是靜靜離開二姊家，回他母親那裡，鎮日不是窩在沙發上昏睡不醒，就是躲在車庫裡不出來。二十八歲的人了，卻就是沒辦法承認他需要看醫生。

安奈特和蕾妮很擔心她們的小弟，但又幫不了什麼忙。他的性子一直都很頑固，而且對這種飄忽不定的生活好像也不覺得不好。那時他的行為變得更怪了，看來精神有問題應該不會錯。但這話題提都不能提；她們先前拿這件事跟他說破，就做錯了。胡安妮妲是說動他去看諮商師，是哄得他去治療酒癮的問題，但他始終不肯好好配合作長程的治療。雖然會有神智清醒的時刻，但都不長，而且每一次過後就是好幾個禮拜搞不清楚他人在哪裡，或他在做什麼。

若說他有什麼娛樂，那就是彈吉他，一般是坐在他母親家前門的門廊上彈。他可以在那裡一連坐上好幾小時，對著小鳥自彈自唱，等他在門廊唱膩了，他就轉移陣地，帶著吉他上路。由於他一般都沒車，或沒錢加油，因此他乾脆帶著吉他在埃達亂走，各處都看得到他的身影，而且從頭到尾吉他絕不離身。

瑞克・卡森是他小時候的玩伴，後來當了埃達的警察。他值大夜班的時候，就常看到隆恩沿著人行道閒晃，甚至晃到人家屋子前面，一邊撥弄手裡的吉他一邊唱歌，而且時間都還早過了午夜。瑞克會問他要去哪裡。沒要去哪裡。瑞克也會問他要不要送他回家。有幾次隆恩說好，其他時候就不肯，寧願繼續徒步晃下去。

一九八一年七月四日，他又因公然酒醉鬧事而被捕、認罪。胡安妮妲氣瘋了，一定要他去看醫生。他就住進諾曼的州立中部醫院（Central State Hospital），由桑拜榮醫生（Dr. Sambajon）看診。他是院裡的心理醫生。隆恩的主訴就只是他需要有人「幫忙」。他的自尊和活力都很低，滿腦子都是沒用、無望的這類想法，甚至還有自殺。他說，「我對我自己、對我身邊的人都一無是處。找到了工作做不長，心態都很消極。」他跟桑拜榮醫生說他第一次出現嚴重的憂鬱症狀是在四年前，也就是他的職棒夢破滅兼婚姻破裂的那時期。他承認有酗酒和嗑藥的問題，但覺得這兩件事和他的問題沒有關係。

桑拜榮醫生發現他「儀容不整，骯髒，散漫……對外表很隨便。」病人的判斷力尚未嚴重受損，對他自己當下的處境也不是不了解。經診斷，他患的是輕鬱症（dysthymic disorder），一種慢性的輕度憂鬱症。桑拜榮醫生建議他服藥、再多作心理諮商、團體治療，還要有家人不斷的支持。

在州立中部醫院住了三天後，隆恩要求出院，他就出院了。一個禮拜後，他重回埃達的心理衛生門診，由查爾斯・阿默斯（Charles Amos）看診，他是心理輔導員。隆恩說他自己是前職棒選手，因職棒生涯告終而罹患憂鬱症。他也把他的憂鬱症怪在宗教上面。阿默斯將他轉介給瑪麗・史諾（Marie Snow）醫生，她是埃達唯一的一位心理醫生，由她開始每個禮拜幫隆恩看診。她開阿莫沙平（Amoxapine / Asendin）給他，這是常用的抗憂鬱藥劑。隆恩也略有進步。史諾醫生勸她這病人有必要作密集一點的心理治療，但三個月後，隆恩的治療結束。

一九八二年九月三十日，隆恩又被控酒後駕駛。被捕，入獄，然後認罪。

4

黛比・卡特遇害後三個月，丹尼斯・史密斯和麥克・基斯威特警探來到威廉森家，第一次找隆恩問話。胡安妮妲在場作陪。警方問到十二月七日晚上他人在哪裡的時候，隆恩說他不記得——都是三個月前的事了。沒錯，他是常去「馬車燈」，但埃達一帶的其他酒吧他也常去。胡安妮妲跑去查她的日記，核對日期後，跟兩個警探說那天晚上十點的時候，她兒子在家。她把十二月七日那一天的記載拿給他們看。

他們問隆恩認識黛比嗎？他說他不確定。他當然認得這名字，因為打從命案發生後，鎮上的人一開口不講別的幾乎全是這件事。史密斯把受害者的照片拿給隆恩看，隆恩看得相當仔細。可能以前見過吧，但也可能沒有。後來，他們又要他再看一遍照片。好像有一點面熟。至於命案他是不是知道一些什麼，隆恩極力否認，但卻表示他覺得凶手可能是精神病人，跟蹤她回家，強行逼她就範，犯案後馬上就逃離了小鎮。

過了約三十分鐘，警方要隆恩提供指紋和毛髮檢體。他同意了，在問話結束後跟著他們回警局。

三天後，三月十七日，他們又回來問他同樣的問題。隆恩還是說他和命案沒一點關係，十二月七日那天晚上他人在家裡。

警方也找了一個叫丹尼斯・佛瑞茲（Dennis Fritz）的人問話；他和命案偵查唯一的關聯，就是他和隆恩・威廉森是朋友。依警方早期的偵查報告，佛瑞茲是「卡特命案的嫌犯，或至少認得卡特命案的嫌犯」。

丹尼斯不常到「馬車燈」去，命案前至少有好幾個月沒去過了。也沒有證人說在「馬車燈」看過他；其實，直至一九八三年三月，都沒有證人提過他的名字。他才搬到埃達一帶不久，鎮上的人還不怎麼認識他。他從沒開車載隆恩・威廉森去「馬車燈」過。他不認識黛比・卡特，也不確定見過她嗎，更不知道她住哪裡。不過，由於偵查的方向現在指向隆恩・威廉森，而且看來走的是不用大腦的「膝蓋反射理論」，認定凶手應該有兩人，因此他們還需要一個嫌犯。佛瑞茲就是他們鎖定的目標。

丹尼斯・佛瑞茲是在堪薩斯市附近長大的，在那裡讀完高中後，進了奧克拉荷馬州立大學就讀，在一九七一年取得生物學的學士學位。一九七三年，他太太瑪麗生下他們第一個孩子，伊麗莎白。他們那時住在奧克拉荷馬州的杜蘭市（Durant）。瑪麗在住家附近的大學裡做事，丹尼斯在鐵路公司也有一份很不錯的工作。

一九七五年耶誕節時，丹尼斯到外地出差，瑪麗遭十七歲的鄰居殺害。那時，她正坐在自家書房的搖椅上，頭部中槍身亡。

之後有兩年的時間，丹尼斯一直沒辦法工作。心理受創，除了照顧伊麗莎白，什麼也沒辦法做。等伊麗莎白一九八一年上小學後，他開始振作，在寇諾瓦（Konawa）鎮的初中當老師教科學。過了幾個月，他搬到埃達，租屋住下，離威廉森家不遠，也離黛比・卡特後來租下來的公寓不遠。他母親汪妲（Wanda）跟著他搬進埃達他的住處，幫他照顧伊麗莎白。

後來他接了另一份工作，在諾伯（Noble）鎮教九年級的生物，同時當籃球教練。諾伯鎮離埃達有一小時車程。校方准他住在校園裡的一輛小拖車裡，他就在周末往返埃達和諾伯，探望伊麗莎白和他母親。諾伯那地方沒有夜生活，所以，工作日時，丹尼斯偶爾也會開車回埃達來，既看看女兒，順便喝一杯，搞不好找一個馬子。

一九八一年十一月，有一天晚上，丹尼斯人在埃達。他覺得煩，想喝啤酒，便開車到一家便利商店去。那時隆恩・威廉森也正好開了他母親的老別克停在小店外面；他的人坐在駕駛座上，輕撥吉他，坐看人世在身邊流轉。丹尼斯也愛彈吉他，而且吉他就正放在他車子的後座上。兩人就攀談了起來，聊一點音樂。隆恩說他就住在幾個街口外，邀丹尼斯到他家一起即興演奏一下。他們兩個那時都很需要朋友。

隆恩住的地方很擠，很髒；佛瑞茲心想：看了讓人難過的小地方。隆恩跟他解釋，他跟媽媽住在一起，但他媽媽不准有人在她屋子裡抽菸、喝酒。他沒工作；等丹尼斯問他那他一整天都在幹些什麼，他回答說他一般都在睡覺。他的人很和氣，很健談，也愛笑，不過，佛瑞茲也注意到他有一點恍惚。他會呆呆瞪著不知什麼看很久，然後又呆呆瞪著丹尼斯看，好像他不存在。丹尼斯心裡覺得他很怪。

不過，他們兩個都很喜歡彈吉他，聊音樂。佛瑞茲去過他那裡幾次後，就注意到隆恩喝酒喝得很兇，情緒的變化也很大。隆恩愛喝啤酒和伏特加，日常的習慣就是在近傍晚時，等他完全醒了，離他媽媽遠遠的，就開始喝酒。黃湯下肚之前，他一概呆滯又消沉，黃湯下肚之後，他就像元氣大振，整個人跟著活了過來。兩人就開始拜訪鎮上一家家酒吧和時尚夜店。

有一天下午，丹尼斯來得比平常早，隆恩的黃湯還沒來得及下肚。他和胡安妮妲寒暄了一下；胡安妮妲很討人喜歡，但看起來受罪很久了，不太講話，像是受夠了自己的兒子。她告退後，丹尼斯卻發現隆恩在他的臥室裡，呆呆瞪著牆看。隆恩一進這一間臥室就會緊張，所以原本是不太進來的。

他臥室的牆上掛著他前妻的大彩色照片，還有他自己穿著各式球隊制服的照片。

「她真美，」佛瑞茲看著佩蒂的照片說。

「我以前擁有過一切，」隆恩說得好傷心，好悲苦。他才二十八歲，卻已經放棄一切。

逛酒吧向來就是一場歷險記。隆恩進夜店從來不會安安靜靜，他一進去，就要成為眾所矚目的焦點。他最喜歡的儀式之一，是穿一身上好的西裝，跟人家說他是達拉斯來的律師。一九八一年時，他耗在法庭上的時間，已經夠他把法律術語和律師的架式學得微妙微肖，他的「坦納戲碼」也已經演遍了諾曼和奧克拉荷馬市的大小夜店。

佛瑞茲則愛隱身幕後，欣賞就好，隨便隆恩自己去發揮。他自己對他們的一場場歷險記本來就有一點膩了。和隆恩混上一晚，沒有以衝突或是突發狀況收尾還不太常見。

一九八二年夏，有一天晚上，他們在幾家酒吧裡混了一晚，才正要回埃達，隆恩就說他要到蓋維斯頓（Galveston）去。佛瑞茲先前說錯了話，跟隆恩提起他在蓋維斯頓外海作深海海釣的事，隆恩聽了就說他一直想試一下。他們都醉了，對於臨時決定開上八小時的車，不覺得有啥離譜的。他們那時是在丹尼斯的小貨車上。隆恩還是老樣子，沒車，沒駕照，沒錢加油。

學校放暑假，佛瑞茲荷包裡還有一點銀兩，所以，釣一釣魚有何不可？他們就再多買了一些啤酒，朝南開去。

開到德州不知哪裡時，丹尼斯得睡一下，所以就由隆恩掌駕駛座。等丹尼斯小睡醒來，小貨車後座居然坐了一個怪怪的黑人男子。「撿到了一個搭便車的，」隆恩說得很得意。開到了休士頓那一帶時，天就快要亮了，他們在一家便利商店前面停下來，買一點啤酒和吃的，等他們要回車上去，卻發現車不見了，被那個搭便車的人偷走了。隆恩說他忘了拿出鑰匙，鑰匙就插在開關上面，引擎搞不好也沒關。兩人先喝幾罐啤酒，想一下怎麼這麼倒楣。佛瑞茲堅持要報警，但隆恩不太願意。兩人吵了吵，丹尼斯還是報了警。一個警察聽他們報案，還當著他們的面取笑他們一頓。

他們困在很亂的一區裡，但還是讓他們找到了一家必勝客。他們吃了披薩，灌下幾大罐啤酒，就開始在城裡亂走一通，不太摸得到方向。到了傍晚，他們誤打誤撞找到了一家黑人開的鄉下酒吧，隆恩決定進去，狂歡一下。這主意很荒唐，但佛瑞茲沒多久也發現進去裡面搞不好還比待在外面要安全。他們進了酒吧，丹尼斯靜靜的喝他的啤酒，暗自祈禱不要有人注意到他才好。隆恩則是老脾氣，開始吵鬧，惹人側目。他那時穿著一身西裝，又變成了達拉斯律師界的當紅炸子雞。丹尼斯在擔心他的小貨車，也在祈禱他們兩個別挨刀子才好，但他那位死黨卻在夸夸其言，大談他的拜把兄弟雷吉・傑克森有什麼豐功偉業。

那一家夜店的藥頭是一個叫寇蒂茲（Cortez）的人，他和隆恩一下子就一見如故。隆恩跟他說他們的小貨車被偷的事，聽得寇蒂茲大笑。那一家鄉下酒吧關門後，隆恩和丹尼斯坐寇蒂茲的車離開，寇蒂茲住的公寓就在附近，但是床位不夠。他們兩個白人小子就打地舖。等佛瑞茲醒來時，宿醉未消，又氣小貨車被偷，決定還是打道回府，好好的回到埃達要緊。他把隆恩從醉死的昏睡裡搖醒，兩人一起說服寇蒂茲——當然要略施小惠——開車送他們去找銀行，看丹尼斯可不可以領到一點錢。到了銀行，寇蒂茲等在車上，隆恩和丹尼斯一起進銀行裡去。丹尼斯領到了錢，正要離開時，卻有十幾輛警車從四面八方警笛大作，疾速開來，把寇蒂茲團團圍住。幾個荷槍實彈的警察把寇蒂茲從車裡拖出來，丟進一輛警車的後座。

隆恩和丹尼斯見狀趕忙躲回銀行，問一下停車場逮人的突擊到底是什麼狀況，就快快從另一邊閃人。他們買了巴士車票，回家的車程又遠又難過。佛瑞茲受夠了隆恩，也很氣他怎麼會隨便就讓別人把車弄走。他在心底發誓接下來有好一陣子一定要離他遠遠的。

一個月後，隆恩打電話給丹尼斯，說要出去玩。在休士頓那一次的歷險記後，兩人的友情冷卻不少。佛瑞茲是滿喜歡偶爾出去喝幾罐啤酒，跳一跳舞，但他從來不會玩到失控。隆恩這人，若是小酌一杯，在他住的地方彈彈吉他，是還不錯，但一讓他進了酒吧，什麼怪事不會遇上！

丹尼斯開車去接他，一起去喝一杯。佛瑞茲跟隆恩有言在先，說好不可以混太晚，因為他等一下還跟一個年輕小姐有約。他那時正在積極物色下一段真心的戀情。他的妻子已經過世七年，他很渴望有穩定的感情生活。隆恩則否。女人在他純粹是性的需要，沒別的了。

不過，隆恩那一晚卻好像不太甩得掉，等丹尼斯要去和他那位小姐約會時，隆恩居然跟了去。等他搞清楚人家並不歡迎他時，就生氣走人，但不是徒步走的。他偷了丹尼斯的車，開到布魯斯・李貝家。佛瑞茲那晚待在那小姐那裡，一早醒來，才知道車子不見。他馬上報警，填了報案單，再打電話給布魯斯・李貝問他有沒有見到隆恩。布魯斯同意把隆恩偷開走的車連隆恩一起開回埃達，等他們到時，兩人都被警察攔下。後來罪名雖然撤銷，但隆恩和丹尼斯有幾個月都不講話。

那一天佛瑞茲接到丹尼斯・史密斯警探的電話時，他人正在埃達的家裡。警方要他到局裡一趟，有事情要問他。什麼樣的事情？佛瑞茲反問。等你到了就會知道，史密斯回答。

佛瑞茲再不甘願也還是到了警局。他沒做什麼不可告人之事，但和警察打這樣的交道，終究會緊張。史密斯和蓋瑞・羅傑斯問他和隆恩・威廉森的關係；他這老朋友他有好幾個月沒見到了。警方的問話一開始還不痛不癢的，後來就漸漸變得有指控的意味了。「十二月七日那一天晚上你人在哪裡？」丹尼斯一時也說不清楚；還需要時間想一想。「你認識黛比・卡特嗎？」不認識。諸如此類的。一小時後，佛瑞茲離開警局，有一點擔心他居然被扯到刑事偵查裡面來了。

丹尼斯・史密斯又打電話過來，問佛瑞茲願不願意作測謊。佛瑞茲憑他大學唸科學的背景，知道測謊極不可靠，他才不要。但他又從沒見過黛比・卡特，故也十分希望可以跟史密斯和羅傑斯兩人證明他所言不假。所以，他還是勉強同意，警方便安排他在奧克拉荷馬市的州鑑識總局進行測謊。測謊的日子愈來愈近，佛瑞茲也一天比一天緊張，為了鎮定情緒，他在測謊前一天吃了煩寧（Valium）。

測謊是由州鑑識總局的幹員羅斯蒂・費勒史東（Rusty Featherstone）主持，丹尼斯・史密斯和蓋瑞・羅傑斯則在附近監看。測謊結束後，警方的人一湧而上，爭著要看圖表，個個臉色凝重，對測出來的壞結果大搖其頭。

他們跟佛瑞茲說他的測謊「砸鍋砸得很嚴重」。

「不可能！」是他的第一反應。

警方跟他說，你有事情瞞著沒跟我們說。佛瑞茲先是跟他們承認他很緊張，後來終於老實招了，他吃了煩寧。警方對此十分生氣，一定要他再測一次。佛瑞茲覺得這一次他別無選擇。

一個禮拜後，費勒史東把他的儀器帶到了埃達，在警局的地下室裡布置好。佛瑞茲這一次比前一次還要緊張，但老老實實、簡簡單單回答了所有的問題。

他這一次還是「砸鍋砸得很嚴重」，依費勒史東、史密斯、羅傑斯他們三人的說法，這一次比前一次還要糟。測謊過後的偵訊一開始就火藥味十足。羅傑斯扮黑臉，開口就罵，威脅他說，「你有事情藏著沒說，佛瑞茲，」說過一遍又一遍。史密斯則扮白臉，當起了佛瑞茲忠誠的好友，但這雙簧唱得很幼稚，而且老套。

羅傑斯穿得像牛仔，牛仔靴等等配件一應俱全，問話的調調就是在偵訊室裡趾高氣昂，走來走去，一副氣得七竅生煙的模樣，不停罵人，威脅這樣、威脅那樣，講些判死刑、注射毒劑等等的話，講著講著會忽然彎下腰直逼向佛瑞茲，手指頭戳著佛瑞茲的胸口，跟他說他到頭來還是會從實招來。這樣的戲碼是夠唬人，但不夠有效。佛瑞茲只是一遍遍跟羅傑斯說，「你給我閃一邊去！」

羅傑斯後來還是在他頭上安上了強暴和謀殺的罪名。怒急攻心，形容起佛瑞茲和他那同夥，也就是威廉森，兩人強行壓制那女孩，強暴人家，最後殺了人家，用語也愈來愈難聽。而他，羅傑斯，現在要他老實招來。

沒有證據，就只有靠自白來破案，因此警方急著要從佛瑞茲嘴裡逼出一點東西。但佛瑞茲不為所動。他沒有什麼可以招的，只是，兩個小時的叫罵威脅，逼得他不得不擠出一些什麼好脫身。他便把他和隆恩在前一年夏天開車到諾曼去的事講給他們聽，在一家家酒吧裡面晃盪，獵艷，有一個女子是跳進了丹尼斯車子的後座，後來想走卻出不去就開始抓狂。她後來還是跳車跑掉，也報了警，隆恩和丹尼斯把車停在停車場，兩人睡在車上躲警察。那一次兩人並沒有被控。

這件事像是稍微安撫了刑警一下，至少有幾分鐘吧。他們最主要的目標本來就在威廉森身上，現在不就有了證據，證明他和佛瑞茲真的是朋友，酒友。佛瑞茲不懂這件事和卡特命案有什麼關係，不過，警方說的事大部分他都搞不懂。佛瑞茲知道他是清白的，所以，這史密斯和羅傑斯若把目標鎖定在他身上，那真凶還真是可以高枕無憂。

逼供逼了三小時，警方終於歇手。他們認定佛瑞茲一定有份，但是，光是他招的供，沒辦法破案。還是要好好做一下偵查的工作，因此他們開始跟監佛瑞茲，他走到哪裡就跟到哪裡，還無緣無故攔下他來盤問一番。有好幾次佛瑞茲一早醒來，就看到警方的車就停在他的住處前面。

佛瑞茲自願提供毛髮、血液、唾液的檢體。他們要什麼他就給什麼有什麼不好？他沒什麼好怕的。找律師談一下他也想過，但一閃即逝；何必呢？他完全清白，警方沒多久就會搞清楚的。

史密斯警探挖了一下佛瑞茲的過去，發現佛瑞茲在一九七三年曾經因為在杜蘭種大麻而被定罪。有了這件事作武器，埃達警方和丹尼斯任教的那一所諾伯的初中聯絡，通知校方佛瑞茲不僅因為姦殺案遭受調查，也在向校方求職的時候，隱瞞了他的煙毒前科沒讓校方知道。佛瑞茲馬上就被開除。

三月十七日，州鑑識總局的蘇珊・蘭德收到丹尼斯・史密斯送來的「已知為佛瑞茲和威廉森的頭髮和陰毛檢體」。

三月二十一日，隆恩到警局自願進行測謊，測謊由瓊斯（B. G. Jones）主持，他也是州鑑識總局的鑑識員。瓊斯說測謊的結果無法判定。隆恩也提供唾液檢體。一個禮拜後，他的唾液檢體和丹尼斯・佛瑞茲的檢體一起送到了州鑑識總局。

三月二十八日，州鑑識總局的傑瑞・彼得斯完成了他的指紋鑑識。他在報告裡面沒有保留、不作規避、也沒有語焉不詳，而是斬釘截鐵的表示石膏板上的採證不是黛比・卡特的掌紋，也不是丹尼斯・佛瑞茲或隆恩・威廉森的指紋。這對警方應該是好消息才對，只要找到了符合的掌紋，就找到了凶手。

結果，警方卻暗地通知卡特家，隆恩・威廉森是他們的頭號嫌犯。雖然證據不足，但是警方正在逐條追查所有的線索，慢慢的，抽絲剝繭，推敲出完整的案情將他入罪。他怎麼會不可疑？舉止怪異，作息不正常，那麼大了還和媽媽住在一起，沒有工作，有愛糾纏女性的名聲，流連鄉下酒吧，而最要命的還是他住的地方離命案現場很近。他只要走後面的小巷抄近路，幾分鐘就到黛比・卡特住的公寓。

不止，他在土薩還被告過兩次。這人準是強暴犯，別管陪審團後來怎麼判！

命案過後不久，黛比的阿姨接到一通匿名電話，一個男的跟她說，「黛比已經死了，下一個就輪到妳了。」格蓮娜無限驚恐，馬上想起了用指甲油寫的那一行字：「下一個死的是吉姆・史密斯。」兩件事那麼像，嚇得她驚慌失措，但她卻不是報警，而是打電話給地方檢察官。

比爾・彼得森（Bill Peterson）身材壯碩，出身埃達望族，當檢察官已經有三年了，轄區有三郡——龐托托克、賽密諾、休斯（Hughes）——辦公室在龐托托克郡的地方法院裡面。他認得卡特家，而且跟每一個小鎮的地方檢察官一樣，急著找到嫌犯破案。丹尼斯・史密斯和蓋瑞・羅傑斯會將案件偵辦的進度定時和他作最新的報告。

格蓮娜把她接到的那一通匿名電話說給比爾・彼得森聽，兩人同都認為隆恩・威廉森可能就是打電話的人，也就是凶手。他只要從他住的車庫多走幾步路到後面的小巷，就看得到黛比的住處，而從他媽媽家的車道走幾步路，就看得到格蓮娜家。他就在兩邊的中央，那個怪物，沒工作，作息不正常，成天盯著附近的鄰人看。

比爾・彼得森出面幫格蓮娜家的電話作錄音，但後來一直沒再有怪電話來。

格蓮娜的女兒那時八歲，很清楚家裡出了什麼慘事。格蓮娜看她看得很緊，絕不讓她一人獨處，也不讓她接電話，連她上學也要有人小心守著她。

家裡、親族間，都在偷偷講威廉森的事。他為什麼要殺害黛比？警方為什麼還不動手？

竊竊私語、小道流言一直沒斷。恐懼很快就在街坊鄰居之間擴散開來，接著蔓延全鎮。凶手逍遙在外，大家都見得著，也都知道是誰。警方為什麼還讓他自由在街頭行走？

隆恩在史諾醫生那邊作過最後一次治療後，也已經過了一年半，是不太適合再在街頭自由行走了。他急需住院好好做長期的治療。一九八三年六月，隆恩又在母親的督促下，再度踏上先前走過的那一條路，徒步前往埃達的心理衛生門診中心。他要醫生幫忙，說的還是他很沮喪，沒辦法正常過日子。門診中心將他轉介到庫興（Cushing）的另一家醫院去，由艾爾・羅伯茨（Al Roberts）先作評估。他是那裡的復健諮商師。羅伯茨注意到隆恩的智商有一百一十四，「屬於智能中上」，但也提醒他可能因為酗酒而導致腦部有某種程度的受損。

羅伯茨寫道，「此人有呼救的表現，」隆恩沒有安全感，全身緊繃，焦慮，神經緊張，沮喪。

> 他是離經叛道一型的人，厭惡權威。這樣的人，行爲一定變化莫測、難以捉摸。他是有無法控制衝動的問題，非常多疑，不信任身邊的人。缺乏社交技巧，身處交際的場合會很不自在。像他這樣的人不太懂得爲自己的行爲負責，很可能因怒氣或敵意而出手傷人，以之作爲避免受傷的防衛。外界在他看來是很不安全、很嚇人的地方，因此會以敵意或退縮來保護自己。隆恩似乎很不成熟，會給人冷漠無情的印象。

隆恩也向埃達的東中央大學的職業訓練班申請入學，說他希望拿到化學的學位，不行的話，那就體育方面的學位，這樣他就可以當教練。他同意進行一連串測驗，作徹底一點的心理評估。主試者是梅爾文・布魯京（Melvin Brooking），他是職能復健的心理輔導員。

布魯京認識隆恩，跟威廉森家也很熟，可能還太熟了。他寫的行為觀察滿是生活軼事，還叫隆恩「隆尼」。

關於隆恩的運動生涯，布魯京寫的是：「我不知道隆尼唸中學時是怎樣的學生，但我知道他是傑出的運動選手，只是他場內、場外愛發脾氣，做人粗魯，舉止幼稚，心態又極為自私、傲慢，每每妨礙了他的表現。他唯我獨尊的心態，沒辦法和人好好相處，不把規矩和規定放在眼裡，導致他不管到哪裡去都會是不適任的選手。」

關於隆恩的生身家庭，他寫的是：「隆尼的母親終生勤奮工作，在鎮中心開了一家美髮院，經營多年。隆尼的父母始終守在隆尼身邊，陪他度過諸多難關，他的母親顯然到現在還在資助兒子，只是，看來她的感情、體力、金錢都即將耗盡。」

關於隆恩破裂的婚姻，他寫道：「他娶了一位當選過埃達小姐的大美女，但她到最後還是受不了隆尼喜怒無常、養不起家的狀況，而致下堂求去。」

看來隆恩對他自己酗酒、嗑藥的問題，直言不諱。布魯京的觀察如下：「隆尼過去有過嚴重的酗酒和嗑藥問題……他藥吃得很兇。他吃的藥大部分像是要壓下他很嚴重的沮喪情緒。他說他現在已經不喝酒、嗑藥了。」

布魯京的診斷是「兩極性情緒障礙」(bipolar disorder),描述如下:

> 患有「兩極性情緒障礙」,表示這位年輕人的情緒變化劇烈又極端,可以從躁狂期跳到恍惚的抑鬱期。我會診斷爲抑鬱型,是因爲他大部分時候都處於抑鬱的狀態。他的躁狂期,通常都由藥物引發,時間也不長。過去三、四年間,隆尼一直陷在嚴重的抑鬱裡面,住在他媽媽家後面的小房間,大部分時間都用睡覺打發,工作的時間極少,完全仰賴身邊的人維生。他是從屋裡出來過三或四次,有所行動,像是要重建生活,但始終沒有成功。

布魯京也診斷隆恩患有「偏執型人格障礙」(paranoid personality disorder),因為他「對人沒來由就會猜疑、不信任,過度敏感,但是情感受限。」

而且,他另外也把隆恩依賴酒精和藥物的情況加進來。他作的預後是「審慎」,結語還說,「這位年輕人從他十多年前離家後,始終就振作不起來。他的生活是一連串的麻煩和大難。他一直努力要找一塊堅實的地面站穩腳跟,但到目前為止,從未如願。」

布魯京的工作是對隆恩作評估,而非治療。到了一九八三年夏末,隆恩的心理狀況變得更糟,卻始終得不到他需要的協助。他需要長期住院作心理治療,但他們家供不起,州政府不肯給,還有,隆恩自己也不肯。

他向東中央大學申請入學的申請書裡,另外還申請獎助學金的補助。申請獲准,他接到通知,到校方的總務處可以拿到支票。他到總務處去拿支票時,照常是披頭散髮、滿臉鬍渣,身邊還跟了兩個不怎麼正派的人物，這兩個看起來對隆恩即將有錢到手很感興趣。支票署名支付給隆恩，還有校方的一個主管。隆恩急著走，但校方要他排進長長的隊伍裡面等。他覺得那一筆錢歸他所有，也不喜歡等。他那兩個跟班也急著要拿支票去換錢，隆恩便偽造那位學校主管的簽名。

他拿到三百美元走了。

隆恩偽造簽名的事被南西・卡森（Nancy Carson）全程目睹，她是瑞克・卡森的妻子，就是隆恩小時候就認識現在在當埃達警察的那位朋友。卡森太太就在學校的總務處裡做事，認識隆恩有很多年了。對眼前所見十分驚駭，馬上打電話給她丈夫。

校方有主管認識威廉森家。他直接開車到胡安妮妲開的髮廊跟她說隆恩偽造簽名的事。她若把這三百塊錢還給校方，那校方就不追究隆恩的刑事責任。胡安妮妲很快開了一張支票把錢還回去，回頭就去找她兒子。

第二天，隆恩因偽造文書被捕，這是重罪，最高刑期可以判到八年。他被關進龐托托克郡看守所。不准交保，他的家人也幫不上忙。

命案的偵辦進度很慢。州鑑識總局的鑑識單位對一開始送過去的指紋、毛髮、唾液都還沒有做出結果。總共有三十一名埃達男子的檢體需要化驗，隆恩・威廉森和丹尼斯・佛瑞茲的也在內。至於葛倫・高爾，還是沒人要他提供毛髮和唾液作檢驗。

一九八三年九月，那三十一件毛髮檢體，還是在州鑑識總局毛髮鑑識員梅爾文・海特（Melvin

Hett）原本就積了很多待辦案件的桌上。

十一月九日，隆恩還在牢裡，又再作了一次測謊，這一次由州鑑識總局的探員羅斯蒂・費勒史東主持。維時兩小時，隆恩在戴上偵測器前被問了許多問題。隆恩始終堅決否認涉案或知情。那一次作的測謊還是無法判定。偵訊的過程全程錄影。

隆恩在牢裡的日子倒還能夠適應。戒了酒也斷了藥癮，因為沒有辦法。不過，他一天睡上二十小時的習慣，居然有辦法持續。只是，沒有藥吃，沒有任何治療，他的心理狀態持續惡化。

後來，一樣在十一月，一個牢友，薇琪・蜜雪兒・歐文斯・史密斯（Vicki Michelle Owens Smith），跟丹尼斯・史密斯警探說了一件隆恩的怪事。這件事，丹尼斯・史密斯有如下的報告：

> 星期六凌晨三點或四點的時候，隆恩・威廉森從他的窗口往外看，看到薇琪。威廉森對著她大喊，說她是女巫，說薇琪就是帶他到黛比・卡特家去的人，說薇琪現在又把黛比的鬼魂帶進他的牢房，死纏著他不放。威廉森也喊著要他母親原諒他。

十二月，命案過後一年，葛倫・高爾接到警方的通知要他到警局一趟作筆錄。他否認涉及黛比・卡特的命案。他說，他是在黛比遇害前幾個小時在「馬車燈」見過黛比，還說出來一件事，說黛比要他跟她跳舞，因為隆恩・威廉森纏著她讓她很不舒服。至於「馬車燈」裡沒有別人說他們看過隆恩那晚去過「馬車燈」，就不重要了。

只是，警方再怎麼急著要拼湊案情將隆恩入罪，他們手上有的證據實在太少。卡特公寓採集到的指紋，沒一個符合隆恩或是丹尼斯・佛瑞茲的指紋；若要指他們兩個在這一件凶殘的命案裡曾經在現場逗留很久，這可是一個大洞。而且，也沒有目擊證人；那一天晚上沒人聽到什麼聲音。至於毛髮鑑識，本來就不怎麼可靠了，那時還堆在州鑑識總局的梅爾文・海特的桌上沒動。

指隆恩涉案的證據，有兩次「無法判定」的測謊結果，他不太好的名聲，他的往處離受害者的住處不遠，還有葛倫・高爾拖了很久才冒出來的這個半生不熟的目擊證人所作的指認。

指丹尼斯・佛瑞茲涉案的證據更是薄弱。命案都過了一年，針對他的偵查唯一具體的成果，就是害這一位九年級的科學老師被炒魷魚。

一九八四年一月，隆恩對偽造文書的指控認罪，被判入獄三年。他被移送到土薩附近的一所矯正中心，而且進去後沒多久，管理人員就注意到他的怪異行為。他就再被移送到一家中途的心理衛生中心作觀察。二月十三日早上，羅伯・布萊奧迪（Robert Briody）醫生和他作過晤談，寫下：「通常都算溫和，看起來可以控制自己的行為。」不過，那天下午的晤談，布萊奧迪醫生眼前的人卻變了個樣。隆恩「輕微狂躁，聲音很大，易怒，容易興奮，認知聯繫不良，意念飛躍，有不合理的想法以及一些妄想意識。」建議再作進一步的評估。

這一中途機構的戒護不是很嚴。隆恩發現附近有棒球場，就常晚上偷跑過去一個人靜一靜。有一次被一個警察撞見，那時他正在球場上睡覺，便押他回去。中心的管理人員對他略作申斥後，就要他寫報告。他寫的報告如下：

前幾天晚上我心情不好，需要好好把事情想清楚。我在球場上向來心情都可以平靜下來。我便走出去，走到球場的東南角，像一隻藍斑獵犬一樣縮著身子，躲在樹蔭下面。幾分鐘過後，一個警察就過來要我回CTC大樓來。半路上遇到了布蘭茨（Brents），就和他一起從球場回來，從前門走進來。他說，在看了我沒做壞事後，他會把這件事一筆勾銷。不過，如這一份報告所示，我還是要寫一份報告。

頭號嫌犯既然已經關在牢裡，黛比・卡特命案的偵查工作也就形同停擺。一連幾個禮拜幾無動靜。丹尼斯・佛瑞茲先在一家安養院裡找到事做，沒做多久；之後進了一家工廠。埃達警方不時要來騷擾他一下，但到後來也沒了興致。葛倫・高爾還在鎮上沒走，但警方沒把他放在心上。

警方對此頗為洩氣，氣氛跟著緊張，壓力與日俱增，大到極點。

一九八四年四月，埃達又有一個年輕女性遇害，雖然和黛比・卡特命案無關，後來卻對隆恩・威廉森和丹尼斯・佛瑞茲兩人的生命帶來深重的衝擊。

狄妮思・哈若威（Denice Haraway）二十四歲，在東中央大學讀書，課餘在埃達鎮東外緣的麥克艾納利（McAnally）便利商店打工。她才和史提夫・哈若威（Steve Haraway）結婚八個月。他也是東中央大學的學生，父親是鎮上出名的牙醫。這一對新婚的小夫妻住在哈若威醫生名下的一棟小公寓裡，逐步要把學業完成。

四月二十八日，禮拜六晚上，約八點半時，一個顧客正朝麥克艾納利的店門走過去，看到迎面走來一個很標致的年輕女子正要離開。她身邊有一位年輕男子相伴。年輕男子的一隻手臂搭在女子的腰間，那樣子看起來就像一對戀人。他們走向一輛小貨車，女子先進去，坐在乘客座上。男子跟著進去，砰一聲關上門，幾秒鐘後，車子的引擎發動。他們朝東開去，開向鎮外。那小貨車是一輛老雪佛蘭，車身的烤漆東一塊、西一塊，但底漆是灰的。

那位顧客進了店裡，沒看到人。收銀機是打開的，裡面空空如也。菸灰缸裡還有一根菸，還在燒。菸灰缸旁邊放著一罐打開的啤酒，櫃台後面掉了一個棕色的女用皮包和翻開的課本。那位顧客在店裡找店員，但找不到人。他覺得店裡可能遭搶了，便打電話報警。

警方在棕色的女用皮包裡找到一張駕照，是狄妮思・哈若威的。那位顧客看了看駕照上的照片，作出明確的指認。影中人就是他正進店裡來時遇到的那個年輕女子，就在約半小時前。沒錯，他肯定，是狄妮思・哈若威沒錯，因為他常到麥克艾納利來，認得她的長相。

丹尼斯・史密斯警探接到電話時已經上床睡了。「當犯罪現場處理，」他作了交代，就再回去睡。只不過，他的交代沒人理。便利商店的經理就住在附近，很快就趕到。他檢查過保險箱，沒被開過。他在櫃台下面找到四百塊錢，這是等著要放進保險櫃裡的；又在另一現金櫃裡找到一百五十塊錢。在等警探來時，老闆先動手把店裡整理了一下。菸灰缸裡只有一根菸屁股，被他倒掉了，旁邊的那一罐啤酒，也被他丟掉。而在場的警察沒有阻擋。所以，若有指紋，也都沒了。

史提夫・哈若威那時正在唸書，等他妻子十一點麥克艾納利打烊後回家來。警方打來的電話嚇得他膽戰心驚。他很快就趕到店裡去，指認了他妻子的車，課本，皮包。他向警方描述妻子的長相，也努力回想妻子當天的穿著——藍色牛仔褲，網球鞋，但是上衣想不起來。

禮拜天一大清早，埃達三十三人的警力全被叫回值勤。州警也從附近的轄區過來支援。地方上的人組成幾十支小隊，自願幫忙找人，史提夫大學兄弟會的兄弟也在內。州鑑識總局的幹員蓋瑞・羅傑斯奉命以州政府的層級指揮偵查，丹尼斯・史密斯又再負責指揮埃達的警力。他們把埃達分成好幾塊，分派各小隊搜查那一帶的每一條街、每一條高速公路、每一條公路、每一條溝渠、每一塊田野。

JP's是另一家便利商店，離麥克艾納利半英哩遠，店裡的一個店員出面向警方指稱她見過兩個怪怪的年輕人，在狄妮思失蹤前不久才在她店裡待過，嚇死她了。兩個人都二十出頭，留長髮，舉止很怪。他們在她店裡打了一局撞球後，就開著一輛很舊的小貨車走了。

麥克艾納利的那位顧客只看到一個男子和狄妮思一起離開，而且，狄妮思也不像有害怕的樣子。他作的長相概述，大致符合JP's那兩個怪怪的男子，所以，警方有了第一條可以追的線索。他們現在要找兩個白人男子，年紀在二十二到二十四歲之間；一個五呎八吋到五呎十吋，金髮略長過耳，膚色白皙；另一個棕髮，髮長及肩，體型瘦長。

禮拜天大舉尋人的工程，一無所獲，連一條線索也沒有。丹尼斯・史密斯和蓋瑞・羅傑斯在天黑時叫停，計畫翌日清早再重新開始。

禮拜一時，他們從狄妮思的學校檔案取得她的照片印製傳單，在她標致的臉蛋下面寫下大致的描述——五呎四吋高，一百一十磅重，棕眼，暗金色的頭髮，膚色白皙。傳單也列出JP's店員看到的那兩名男子的長相概述，還有那一輛很舊的小貨車。埃達的警察和志工把傳單發放給每一商店貼在櫥窗上面。

警方的繪圖師聽取JP's店員的描述，畫出了兩張素描。麥克艾納利的那位顧客看到畫像後，說其中一個至少算是「不離譜」。兩張合成畫像就再發送給地方電視台，等鎮民都看到了畫像，警局裡的電話就響個不停了。

埃達那時總共有四位警探——丹尼斯・史密斯，麥克・巴斯金（Mike Baskin），拜瑞特，還有詹姆斯・法克斯（James Fox）——蜂擁進來的電話馬上就教他們應接不暇。電話超過百通，說出的可能嫌犯名字約有二十五個。

而有兩個人的名字特別醒目。約有三十通電話都提到比利・查理（Billy Charley），所以，警方就請他過來問話。他到警局時有他父母作陪，他們說他禮拜六晚上一直在家裡陪他們。

另有一個名字也有約三十名熱心鎮民提到過：湯米・華德（Tommy Ward），這是警方很熟的鎮上青年。湯米因為行為不檢被捕過幾次——酒醉鬧事，順手牽羊之類的——但都不嚴重。他的家族散居埃達全鎮，而且，華德家的人一般都認為是正派的人物，工作勤奮，不會管別人的閒事。湯米那時二十四歲，是八個孩子裡的老七，高中沒唸完就輟學了。

他自願到警局來接受訊問。史密斯和巴斯金警探問他上禮拜六晚上做什麼去了。他和朋友卡爾・方特諾（Karl Fontenot）一起去釣魚，回來後去參加派對，逗留到凌晨約四點，然後走路回家。湯米沒車。兩個警探注意到華德的金髮剪得很短，像狗啃的，參差不齊，一看就知道是外行人剪的。他們照了一張他後腦勺的照片，註明日期：五月一日。
兩名嫌犯的合成畫像都是淺色的長髮。
巴斯金警探則是找到了卡爾・方特諾，這一位他並不認識。他要方特諾到局裡一趟，有話要問他。方特諾同意了，但始終沒去。不過巴斯金沒追下去。方特諾留的是黑色長髮。
龐托托克郡內外還在緊鑼密鼓搜尋狄妮思・哈若威，全國各地的司法機關也都收到了傳送來的哈若威姓名和概述。各地都有電話打來，提供線索，但沒一條有用的。狄妮思就這樣消失得無影無蹤。史提夫・哈若威那一陣子過的日子，不是在外面發送傳單、開車在鄉間小路尋人，就是把自己關在公寓裡面，只有幾個朋友相陪。電話不時會響，每一通燃起的希望卻瞬息即逝。
狄妮思沒理由離家出走。他們結婚不到一年，感情依然如膠似漆。兩人都是東中央大學的四年級生，等著要畢業，然後離開埃達到外地開創新的人生。她是被人擄走的，他敢說一定是這樣。只是每過一天，狄妮思生還的機會就減少一分。她若是被人擄走強暴，事後應該會被釋回。若是遭到綁架，那就應該有人出面要求贖金。有傳言說狄妮思在德州有老情人，但都是講講就過去了。也有傳言說是跟毒販有關，不過，案子只要離奇一點傳言多半也跟著離奇一點。
埃達又再被這案子嚇得人心惶惶。黛比・卡特十七個月前遇害，小鎮才剛從噩夢裡醒來。如今，家家戶戶又開始緊閉門窗，加上雙重大鎖，未成年孩子宵禁的時間變得更嚴；地方當舖裡的槍枝生意也熱絡很多。這一處淳樸的小大學城是怎麼了？小鎮的兩頭可是各有一家教堂的啊。
幾個禮拜過去，埃達居民的生活漸漸回到常軌。沒多久就到暑假了，孩子都放假在家。謠言紛傳逐漸減少，但尚未完全平息。德州那邊有一個嫌犯誇口說他殺害過十名女性，埃達警方馬上趕過去訊問。密蘇里州發現一具女屍，兩條腿上有刺青。狄妮思沒有刺青。

夏天就這樣過去，來到秋天。案情沒有突破，沒有一絲絲線索可以帶領警方找到狄妮思・哈若威人在哪裡。

卡特一案的偵查也沒有一點進展。兩件轟動的凶殺案未破，壓得警局裡氣氛沉重又緊張。大家日日加班，就是拿不出成績來。舊線索再翻出來檢視一番，重作追查，結果沒變。丹尼斯・史密斯和蓋瑞・羅傑斯的日子就全耗在這兩件案子上面。

而羅傑斯身上的壓力更甚於旁人。早在狄妮思・哈若威失蹤一年前，賽密諾就已經有一件類似的案子了。賽密諾位於埃達北方三十英哩處。一個十八歲的少女，佩蒂・漢彌爾頓（Patty Hamilton），在一家二十四小時營業的便利商店上班時失蹤。一個顧客走進店裡，發現店裡沒人，收銀機裡空空如也，櫃台上有兩罐打開的飲料，沒有打鬥的跡象。她的車子停在店外，鎖得好好的。她就這樣無聲無息不見了，時隔一年，警方判定她應該是遭人擄走，已經遇害。

州鑑識總局負責佩蒂・漢彌爾頓案子的探員就是蓋瑞・羅傑斯。黛比・卡特，狄妮思・哈若威，佩蒂・漢彌爾頓——羅傑斯探員桌上堆了三件年輕女子遇害的懸案未破。

在奧克拉荷馬州當年還是「准州」（territory）的時期，埃達素以熱鬧、精采聞名，而且實至名歸，因為他們那裡是槍手、歹徒可以投靠的避風港。凡有爭執，就用左輪手槍來解決。拔槍最快的就可以堂而皇之走人，不必擔心地方政府追上來施以懲處。銀行劫匪和偷牛賊都會溜到埃達這邊來，因為，埃達那時還是印地安人的領地，還沒升格為州。就算有警長，那還要看找不找得到，找到了也都不是在埃達一帶落腳的職業罪犯的對手。

埃達「盜賊窩」的名聲在一九〇九年幡然一變，因為，那時候，埃達的居民終於受不了鎮日活在恐懼裡。一個大家敬重的牧場主人，葛斯・巴比特（Gus Bobbitt），慘遭敵對的地主雇用職業殺手殺害。殺手和三個共犯都遭逮捕。鎮上隨即掀起一股絞刑熱，蔓延全鎮。一九〇九年四月十九日早上，埃達正直的中流砥柱，梅森（Mason）家族，率領鎮民組成了一支私刑大隊。多達四十人的隊伍從埃達鎮中心的百老匯街十二號的梅森大廈肅穆出發，沒幾分鐘就到了監獄門口。他們制伏警長，把四名人犯從牢裡拖出來，拖過街心，架到一家馬車行，他們事先就選定要用這裡來辦事。四名人犯的手腕和腳踝全都用鐵絲綁住，逐一在眾目睽睽之下行刑問絞。

第二天早上，一個攝影師在馬廄裡架起攝影機，拍了幾張照片。有一張多年後流傳了下來。褪色的黑白照，清楚照出四個人吊在絞繩上的樣子，動也不動，看起來很平靜，死得透透。多年後，這一張照片還被做成明信片，由商會（Chamber of Commerce）發送出去。

幾十年前，那一場私刑一直是埃達鎮上最得意的時刻。

5

卡特一案，丹尼斯・史密斯和蓋瑞・羅傑斯不僅有驗屍報告，毛髮檢體，「判定可疑」的測謊結果，也有心證，認定他們已經鎖定凶手。隆恩・威廉森暫時不在鎮上，在別處服刑，但他總會回來。他們遲早會將他繩之以法。

至於哈若威一案，他們就什麼也沒有了——沒有屍體，沒有證人，連一條可靠的線索都沒有。警方畫的人像素描，埃達鎮上的年輕男子有一半的樣子看起來都很像。警方很需要有所突破。

突破在一九八四年十月初，莫名就不請自來。那時有一個男子，傑夫・米勒（Jeff Miller），走進埃達警局說要找丹尼斯・史密斯警探。他說他有哈若威一案的情報。

米勒是鎮上的人，沒有前科，但警方對他略有耳聞，知道他是鎮上一批不太安份的年輕人裡的一個，愛泡夜店，工作一樣換過一樣，以在工廠做工為多。米勒自己拉了一張椅子坐下，就開始講。

狄妮思・哈若威失蹤的那一天晚上，藍河那裡有派對。藍河位於埃達南方二十五哩處。傑夫・米勒並沒有去參加派對，但他知道有兩個女的去了。這兩個女的——他把名字給了史密斯——後來跟他說，湯米・華德也去了，派對才開始不久，酒就不夠喝。華德雖然沒車，卻自告奮勇要替大家買啤酒。他跟珍奈特・羅伯茨（Janette Roberts）借了一輛小貨車，自己開車走了，一去就是幾小時，等他回來時卻兩手空空，心慌意亂，還在哭。問他為什麼哭，他說他做了很糟糕的事。什麼事？派對上的人都想知道。哦，他也不知為了什麼，把車一路開回埃達，途中雖然有許多店賣啤酒他都不停，一直開到埃達鎮東的麥克艾納利便利商店。他在那裡抓了一個年輕的女店員，殺了人家，把屍體丟了，現在心裡六神無主。

居然有人會把這樣一件事說給一群臨時湊和起來的醉鬼和毒蟲聽，好像沒什麼不合理？

米勒沒說為什麼那兩個女的要跟他說這一件事，而不是去報警，也沒說為什麼那兩個女的要等過了五個月才透露這一件事。

這一件事雖然聽起來離譜，但丹尼斯・史密斯還是決定追下去。他想找到這兩個女的，但她們兩個已經從埃達搬走了。（等他一個月後終於找到她們兩人，她們否認有那一場派對，否認在派對或別的派對裡見過湯米・華德，也否認聽過年輕女店員被擄走殺害或別的這一類的事，傑夫・米勒說的事裡的細節，她們一概否認。）

丹尼斯・史密斯找到珍奈特・羅伯茨。她和先生麥克・羅伯茨（Mike Roberts）住在七十英哩外的諾曼。十月十二日，史密斯和麥克・巴斯金警探開車到諾曼，沒先通知就到珍奈特家當不速之客。他們要她跟他們回警局回答幾個問題。珍奈特勉強答應。

問話時，珍奈特承認她、麥克、湯米・華德、卡爾・方特諾，連同許多人，都常在藍河邊開派對。但她可以肯定那個姓哈若威的女生遇害的那禮拜六晚上，他們沒在那裡開派對。她是把她的小貨車借給湯米・華德，但他從來沒有在藍河派對時跟她借車開走（其他地方的派對也沒有），她也從沒見過他慌亂大哭，沒聽過他嗚咽哭訴姦殺了一個女子。沒有，先生，從來沒有過這樣的事。這她可以保證。

兩個警探得知湯米・華德住在羅伯茨家，和麥克一起做事，喜出望外。他們兩個都在一家牆板包商那裡做事，每天的工時很長，常從天亮做到天黑。史密斯和巴斯金決定在諾曼等到華德下工回家，再問他一些問題。

湯米和麥克回家途中買了半打啤酒，所以，喝過酒就成了他們一時無法接受警方問話的一項原因。但主要的原因還在湯米不喜歡這兩個警探。他不太想去諾曼的警局。埃達的警方幾個月前就已經問過他命案的事了，他覺得這件事已經了結。他離開埃達有一個理由，就是埃達有太多人老是在說他長得有多像警方畫像裡的嫌犯，他受夠了。他自己把畫像看了不知多少次，就是看不出來像在哪裡。不過是一張畫像而已嘛，警方繪圖師畫的，他以前從沒見過嫌犯，以後也不會見到，畫的素描居然就這樣發送到全鎮，全鎮的人也都急著找鎮上的哪一個人去比對畫像裡的人。每人都想當破案的功臣。埃達是一處小鎮，有人失蹤一定是大消息。不管這時候、那時候，湯米認識的人裡面都有人在猜畫裡的嫌犯是誰誰誰。

湯米這些年和埃達警方打過幾次交道，都不是嚴重或暴力的事件，但埃達警方都認識他，他也都認識他們。對於史密斯和羅傑斯這兩位，湯米是能避就避。

若問珍奈特的看法，她是覺得湯米若沒做見不得人的事情，那還是到警局一趟和丹尼斯・史密斯還有麥克・巴斯金聊聊比較保險。湯米和姓哈若威的女生沒一點瓜葛，但他不信任警方。不過，經過一小時的拉鋸戰，湯米還是要麥克開車載他到諾曼警局一趟。

史密斯和巴斯金帶湯米到樓下的房間，裡面有錄影設備，他們向他解釋，他們要把問話的過程全程拍下。湯米很緊張，但同意錄影。攝影機打開後，兩位警探向湯米宣讀了〈米蘭達權利〉，湯米也簽署了棄權書。

兩位警探一開始都很客氣，不過是例行的問話，沒什麼重要的。他們問湯米記不記得上一次的問話，五個月前的那一次。他當然記得。他那時跟他們講的都是實話？對。那他現在講的也都是實話？對。

沒幾分鐘，史密斯和巴斯金把幾個問題翻來覆去的問，就把湯米搞糊塗了，弄混了四月那一禮拜的事。狄妮思・哈若威失蹤的那一天，湯米先在他媽媽那裡修水管，沖澡過後，就到埃達的羅伯茨家參加派對。他在凌晨四點的時候離開，走路回家。只是，五個月前，他跟警方說這件事時，說這是在狄妮思失蹤前。「我把日子搞混了，」他作解釋，但警方不信。

兩個警探的回答是，「你什麼時候發現你講的話露了餡，」還有，「那你現在講的是實話嗎？」以及，「你現在麻煩更大啦。」

他們問話的口氣開始變兇，開始安罪名。史密斯和巴斯金還騙他，說他們已經有幾個目擊證人可以指證湯米那禮拜六晚上真的去了藍河的派對，也借了小貨車開走。

日子不對，湯米始終維持原來的說法不變。他在禮拜五去釣魚，禮拜六是在羅伯茨家參加派對，禮拜天才去藍河參加派對。

警方為什麼要騙他？湯米在心底自問。他知道事實是怎樣的啊。

兩個警探繼續扯謊。「你是不是要去搶麥克艾納利？我們有幾個人可以作證。」

湯米搖頭，堅守城池，但很苦惱。他們兩個都可以這樣隨便亂講了，那接下來他們會怎樣？

丹尼斯・史密斯接著拿出一張狄妮思・哈若威的大照片，湊在湯米的眼前。「你認識這女孩子麼？」

「不認識。只是見過。」

「你殺了她？」

「沒有，我沒殺她。我絕對不會殺人。」

「那是誰殺她的？」

「我不知道。」

史密斯手上的照片還是湊在湯米的眼前，問她是不是長得很漂亮？「她的家人希望她能入土為安。想找到她的人，好好安葬。」

「我不知道她在哪裡，」湯米說時盯著照片看，心裡不解，為什麼會說是他殺的人。

「你要不要跟我們說她在哪裡？這樣她的家人才可以好好葬了她。」

「我不知道啊。」

「用一下你的想像力嘛，」史密斯說，「兩個男的架走了她，把她推進一輛小貨車載走。你想他們會怎麼處理她的屍體？」

「沒頭緒。」

「用一下想像力嘛。依你看會怎麼處理？」

「她很可能還活著，這我知道，你們也知道，大家都知道。」

史密斯問話時手上的照片始終沒放下來。湯米回答的每一句話都被他們當耳邊風，不是當作在撒謊，就是沒聽到。他們反覆問他覺不覺得她長得很漂亮。他想她被攻擊時有沒有尖叫？你想她的家人有沒有機會好好安葬她？

「湯米，這樣的事你不會禱告嗎？」史密斯問他。

他終於把照片放到一旁，改問湯米他的精神狀態、警方的合成畫像、他的教育背景等問題。接著他又拿起照片，湊在湯米眼前很近的地方，又再開始問他殺人、埋屍、長得漂不漂亮等問題。

麥克・巴斯金出招用的則是催淚法，跟湯米說狄妮思家人的痛苦：「他們的痛苦會不會結束，就看是不是有人要把她在哪裡說清楚。」

這一點湯米也同意，但說他真的不知道她在哪裡。

攝影機終於關了。問話的時間長達一小時又四十五分鐘，湯米・華德從頭到尾都沒有偏離他一開始的說法——狄妮思・哈若威失蹤的內情，他毫無所知。雖然這一次的問話弄得他有一點慌亂，但他還是同意幾天後再作一次測謊。

羅伯茨家離諾曼警局只有幾條街口的距離，事後湯米決定走路回去。戶外的新鮮空氣聞起來好舒服，但他很氣警方對他這麼兇。他們居然說是他殺了那女的。還一直編謊話騙他，套他的話。

但是史密斯和巴斯金開車回埃達時，心裡都確信他們已經找到真凶。湯米・華德看起來很像畫像裡的一個，就是那禮拜六晚上去過 JP's 的那兩個怪怪的年輕男子裡的一個。狄妮思失蹤那天晚上他的行蹤，他的說辭也有前後不一之處。他們才剛完成的那一場訊問，他的樣子也很緊張。

湯米起初對於他要作測謊還覺得像是放下心上的大石。這樣，他說的是實話就可以由測謊來證明了，警方也就沒理由再纏著他一直問了。但後來他開始作噩夢；命案的噩夢；警方說他殺人的噩夢；他長得很像畫像裡的一個嫌犯的噩夢；狄妮思・哈若威漂亮的臉蛋，她家人的痛苦等等的噩夢。還有，怎麼會扯到他身上？

警方就是覺得他有罪。警方就是要栽在他身上！他幹嘛相信他們作的測謊？他是不是要找律師談一下？

他打電話給他母親，跟她說他很怕警方，也怕測謊。「我怕他們會害我說出我不應該說的話，」他跟他母親說。你就實話實說，他母親勸他，這樣就會沒事。

十月十八日禮拜四早上，麥克・羅伯茨開車載湯米到奧克拉荷馬市的州鑑識總局，二十分鐘的車程就到。測謊預計一小時就好。麥克可以在停車場等他，事後開車載他回去。兩人的老闆給的是兩小時的假。只是，麥克・羅伯茨目送湯米走進鑑識中心時，絕沒想到，湯米的那幾步路會是他在自由世界裡的最後幾步路。他的餘生，即將在鐵窗裡度過。

丹尼斯・史密斯用大大的笑容迎接湯米，握手也很熱忱，緊接著就把他扔在中心裡的一間辦公室裡，放他一個人枯等了半小時——這是警方很愛耍的一招，可以搞得嫌犯更緊張。十點半，他們領他到另一間房間，羅斯蒂・費勒史東幹員和他用的那一套可靠的測謊儀器，已經在那裡等他。史密斯跟著走開。費勒史東一邊把電線纏好，把電極安在湯米身上，一邊跟湯米解釋儀器是幹什麼用的，有怎樣的功能。等問話開始時，湯米已經開始流汗。問題一開始都很簡單——家庭，教育，職業——這誰不知道？儀器當然也沒意見。湯米開始覺得這測謊簡單嘛。

十一點零五分，費勒史東向湯米宣讀〈米蘭達權利〉，就開始就哈若威案作刺探。接下來兩小時半的問話雖然機關處處，但湯米始終勇於應對，死守他說的事實——狄妮思・哈若威一案他一無所知。

測謊一路沒停，直到一點半才結束。費勒史東拆下儀器，連人帶東西全撤出房間。湯米放心不少，甚至還很興奮，因為苦難終於告終。他的測謊成績一定很好；警方不放過他也不行。

五分鐘過後費勒史東回房間裡來，盯著一張曲線圖看，專心研究測謊的結果，還問湯米有何看法。湯米說他知道他一定通過了測謊，到此為止，他不回去工作不行了。

急什麼急，費勒史東說，你的測謊沒過。

湯米不太相信，可是費勒史東說由測謊結果看得出來他在說謊，清楚顯示他應該涉及了哈若威失蹤一案。他有什麼話要說沒有？

說什麼啊！

測謊器又不會說謊，費勒史東指著紙上印出的結果說，你一定知道一點命案的事，他還說了好幾遍。湯米若將案情和盤托出，講清楚出了什麼事，從實招來，他會比較好過一點。費勒史東，這是個白臉，很願意幫湯米的忙，但若湯米不懂得領情，他就不得不把他交給史密斯和羅傑斯去辦了，那兩個黑臉正等在一旁要給他好看。

你就說吧，費勒史東催他。

沒什麼好說的，湯米沒有鬆口，說了再說。那測謊器一定是被人動了手腳還是怎樣，因為他說的都是實話。可是費勒史東就是不買帳。

湯米承認他在測謊前很緊張，在作測謊時也很著急，因為他上工已經遲了。他也承認六天前史密斯和羅傑斯找他問話讓他很煩，也害他晚上作噩夢。

怎樣的噩夢？費勒史東想要知道。

湯米跟他說了他的噩夢：他的人先是在一場啤酒派對裡面，後來又跟兩個男的和一個女的坐在一輛小貨車裡，地點在埃達附近一棟老電廠旁邊；埃達是他長大的地方。那兩個男的有一個要吻那女的，但她不肯，湯米就要那男的別纏著人家。接著他說他要回家。「你已經在家裡啦，」一個男的跟他說。湯米從他那邊的窗口看出去，忽然他的人就已經在家裡了。他醒來前正站在洗滌槽旁，想洗掉沾在手上黑黑的液體。那個女的是誰，不明；那兩個男的，不明。

這樣的夢說不通嘛，費勒史東說。

本來大部分的夢就說不通的，湯米反駁一句。

費勒史東沒有動氣，但還是一直向湯米施壓，要他吐實，把案情一五一十跟他說，尤其是埋屍的地點。他還又再一次威脅要把湯米交給「那兩個」警察，他們就等在隔壁的房間裡，好像漫長的刑求隨時可以開始似的。

湯米嚇一跳，不太懂，也很害怕。他還是不肯對費勒史東招供，這白臉就把他交給史密斯和羅傑斯兩人；他們進來那樣子氣沖沖的，好像隨時都要出手痛扁湯米一頓。費勒史東並沒走開，等房間的門一關上，史密斯朝向湯米大喊，「你，卡爾・方特諾，還有歐戴爾・提茨渥斯（Odell Titsworth）擄走了那女孩子，帶到老電廠那邊，先強暴再殺了她，對不對？」

沒有，湯米回答，努力維持頭腦清醒，不要驚慌。

你就從實招來吧，你這個滿嘴謊話的龜兒子！史密斯咆哮，你的測謊沒過，我們知道你沒說實話，我們知道人是你殺的。

湯米絞盡腦汁想搞清楚歐戴爾・提茨渥斯是誰。這名字他聽過，但從沒見過人。歐戴爾住在埃達那一帶，他想是吧，名聲也不太好，但他就是想不起來他見過這個人嗎？可能見過一、兩次吧，但那時候他就是想不起來，因為史密斯不住指著他咆哮，一副要撲過來痛打他的樣子。

史密斯又再把他的想法講過一遍：他們三個擄走了那個女孩。湯米連聲說沒有，沒有，我跟這件事沒有一點關係。「我連歐戴爾・提茨渥斯是誰都不知道。」

才怪，你認識，史密斯說他說的不對，別再騙了。

他們覺得卡爾・方特諾會涉案，比較容易理解，因為他和湯米來往時斷時續也有一、兩年了。不過，湯米不懂他們怎麼會有這樣的指控，也被史密斯和羅傑斯說得那麼肯定還很得意，嚇得不知所措。他們兩個來來回回威脅湯米，用各種話罵他。用字愈來愈難聽，很快就口不擇言，各式髒話全都出籠。

湯米冷汗直流，覺得頭暈，拚命在腦子整理思緒，維持頭腦清楚。他把回話一直切得很短，沒有，我沒有。跟我沒關係。有幾次他是很想好好諷刺他們一下，但又不敢。史密斯和羅傑斯氣得暴跳如雷，身上也有槍，湯米自己一人和他們兩個加費勒史東在房間裡，房門還鎖住了。這一場訊問看不出來很快就會休兵。

先是熬過費勒史東三小時的測謊，再熬過史密斯和羅傑斯一小時的折騰，湯米真的很想休息。他想上洗手間，抽一根菸，整理一下思緒。他需要人幫忙，找個人跟他說到底出了什麼事。

我可以休息一下嗎？他問他們。

再幾分鐘就好，他們說。

湯米注意到附近桌上有一具攝影機，沒插插頭，根本就沒人在管他們是怎麼用言語修理他。是啊，他想，這哪會是標準的辦案程序！

史密斯和羅傑斯一再提醒湯米，奧克拉荷馬州的法律可是會用毒物注射來處決殺人犯的。死刑的判決就擺在他眼前，唯一死刑，但也不是沒有辦法躲掉。從實招來，把事情一五一十說清楚，帶警方找到屍體，他們就有辦法幫他弄到減刑協議。

「我又沒做，」湯米說的始終是這一句。

他作過噩夢，費勒史東提醒他那兩個同僚。

湯米把夢再講一遍，一樣又招來一陣不以為然的咕噥。三個警察都覺得這夢說不通，湯米的回答還是，「本來大部分的夢就說不通的。」

不過，他這一場夢是給了警方一點素材可以下工夫，他們便開始加料。在小貨車裡的另外兩個人是歐戴爾・提莰渥斯和卡爾・方特諾，對不對？

不是，湯米矢口否認。他夢裡的人是誰，他不知道。沒有名字。

鬼扯！那女的是狄妮思・哈若威，對不對？

不是，他夢裡的那女的也不知是誰。

鬼扯！

接下來的一個小時，他們就在湯米的夢裡加料，把必需要有的細節都加了進去，只是全都被湯米一一否認。不過是一場夢，他一再重複這一句，說過一遍又一遍。

不過是一場夢。

幾個警察都說，鬼扯！

兩小時連續不停的尖銳盤問，終於逼得湯米崩潰。他的壓力來自恐懼——史密斯和羅傑斯張牙舞爪的，活像就算不把他就地槍斃，也隨時可以把他打得滿地找牙——但另也因為生怕他這後半生會排進死囚的行列，而全耗在等待處決上面。

依湯米看，顯然他不給他們一點東西他們是不會放他走人的。而且，在那房間裡待了五小時後，他又累又亂，還嚇得幾乎癱軟。

他終於犯了錯。而且，這一錯，還真把他送進死囚的行列，最後賠上了後半生的自由。

湯米決定順著他們意思走。由於他完全清白，因此他也覺得卡爾・方特諾和歐戴爾・提茨渥斯跟他一樣清白，那警方要什麼就給什麼吧。順著警方的說法瞎編。反正後來一定會真相大白。等到明天，或者是後天，警方就會知道他的說辭不真。他們會去找卡爾問話，他會照實說。警方也會找到歐戴爾・提茨渥斯問話，他會笑他們異想天開。

順著他們的意思說吧。反正警方一好好調查，就會發現真相到底如何了。

他作的那一場夢那麼荒唐，拿來當自白有誰會信？

歐戴爾先進店的嗎？

對，有什麼關係？湯米想，反正不過是一場夢。

現在警方的偵查有了進展。這小子終於被他們高明的偵訊技巧突破了心防。

動機是搶劫，對不對？

對。管它呢，不過是一場夢。

那一下午，史密斯和羅傑斯就不停在湯米的夢裡加油添醋，但全都是想像出來的，湯米也順著他們的意思說話。

不過是一場夢。

即使湯米正在作他「荒誕不經」的自白，警方也應該覺得他們有大麻煩。麥克・巴斯金警探那時正等在埃達的警局裡，坐在電話旁邊，但願自己就在州鑑識總局躬逢其盛多好。下午三點左右，蓋瑞・羅傑斯打電話過來報告大消息——湯米・華德招了！去開車，到鎮外西邊的電廠去，找屍體。巴斯金火速趕去，覺得協尋人口這件事很快就會結束。

他什麼也沒找到，這才發覺他還需要多一點人手作徹底的搜尋。他開車回警局。電話鈴又響了。說法變了。要到電廠的路上有一棟燒毀的老屋。屍體是在那裡！

巴斯金又再趕去，找到了老屋，在廢墟裡翻尋，什麼也沒找到，便再開車回鎮上。

他大海撈針的尋屍記在羅傑斯打來第三通電話後再度啟程。說法又再變了。是在電廠到燒毀的老屋那一帶，有一處水泥碉堡。他們就把屍體丟在那裡。

巴斯金找了另外兩個警官來，帶了照明燈，再次出發。他們找到了碉堡，直到天黑都還在找屍體。

什麼也沒找到。

巴斯金一打電話回報，史密斯和羅傑斯就再把湯米作的夢作一下修正。時間愈拖愈長，嫌犯累得要命。警方採用接力賽，白臉、黑臉輪番上陣，一下子放軟聲調，語多同情，一下子大喊大罵，口出威脅。「你這個滿嘴謊話的龜兒子！」是他們最愛罵的。湯米聽他們厲聲罵他這一句，起碼有上千次。

「算你命好，麥克・巴斯金不在這裡，」史密斯說，「要不然他準一槍轟掉你的腦袋！」

腦袋吃子彈？正中湯米下懷！

天黑後，他們知道那天是不可能找得到屍體了，史密斯和羅傑斯便決定先弄好口供的事。他們還是沒把攝影機插上插頭，先把湯米的口供走過一遍，從三個凶手開著歐戴爾・提茨渥斯的小貨車，計畫搶劫，發現狄妮思可能會指認他們，便跟著把她擄走，後來又決定將她強暴再殺害。棄屍的地點不太清楚，不過，幾個警探覺得狄妮思的屍體一定就丟在電廠附近的地方。

湯米已經腦筋糊塗，連咕噥都沒力氣了。他想把警方說的案情重述一遍都沒辦法，老是講錯一些地方。他一講錯，史密斯和羅傑斯就要他停下來，跟他再講一遍他們的說法，再要他從頭講過。最後，排練四小時幾無進展，大明星也快要掛了，他們終於決定可以打開攝影機。

現在說吧，他們交代湯米，別說錯，也別給我說你那些作夢的鬼話！

「但又不是真有這樣的事，」湯米說。

你儘管說，幾個警察不鬆口，有沒有這樣的事交給我們來就好。

還有，別給我說你那些作夢的鬼話！

下午六點五十八分，湯米・華德看著攝影機，說出他的名字。他已經遭警方連續偵訊達八小時半，體力和精神都已經透支。

他正在抽菸，是他那天下午的第一根菸，他前面放著一罐飲料，那樣子好像他和警方才剛客氣閒聊過一會兒，什麼都很好，很文明。

他把他的口供說過一遍。他，卡爾・方特諾，還有歐戴爾・提茨渥斯，把狄妮思・哈若威從店裡面擄走，開車到鎮西的電廠，強暴她，殺了她，再把她的屍體丟在沙溪旁邊的水泥碉堡附近。凶器是提茨渥斯的帶鎖刀。

但都是夢啦，他說。或者是：他想說吧。要不就是以為他說過了。

有幾次他把提茨渥斯的姓說成提茨戴爾（Titsdale）。警探馬上叫停，好心幫忙，提示他應該是「提茨渥斯」。湯米就馬上改口更正，再撐下去繼續講。但他一直在心裡想，再瞎的警察也看得出來我說的不是真的。

三十一分鐘過後，攝影機關了。湯米被戴上手銬，由警車送回埃達，關進牢裡。那時，麥克・羅伯茨還等在州鑑識總局大樓的停車場。他在那裡已經等了近九小時半。

第二天早上，史密斯和羅傑斯召開記者會，宣布他們已經偵破哈若威失蹤案。湯米・華德，二十四歲，埃達居民，已經作了自白，也供出另兩位男性共犯，但都尚未到案。警方籲請記者先將新聞壓下一、兩天，等警方逮捕另兩名嫌犯後再發布消息。報社都同意配合，但有一家電視台不管。新聞很快就在奧克拉荷馬州的東南部播放。

幾小時後，卡爾・方特諾在土薩附近被捕，送回埃達。史密斯和羅傑斯負責偵訊，他們才剛突破湯米・華德心防，大獲全勝。雖然備有攝影機，但偵訊的全程沒有錄下一卷影片。

卡爾那時二十歲，打從十六歲起就一人獨立生活。他是在埃達長大的，過的是赤貧的生活——他的父親是酒鬼，母親還在他眼前死於車禍。他從小就很敏感，朋友很少，家人等於是沒有。

他堅稱無辜，對哈若威失蹤一事一無所知。

而卡爾比起湯米，要突破心防就容易得多了，不到兩小時，史密斯和羅傑斯就又弄到一卷自白影帶，和華德的居然很像。事有蹊蹺！

卡爾一被關，馬上就翻供，後來說，「我長那麼大從沒坐過牢，沒有前科，也從沒遇到過有人在我面前說我殺了一個漂亮女子，我一定會被判死刑，我只好照著他們的話講，看看他們會不會放過我。我錄了自白後，他們是放過我了。他們說我可以選用寫的還是錄影。我連『口供』或是『自白』都是他們叫我對著攝影機作自白時，才知道他們說的是什麼意思。所以，我照他們的意思作不實的供述，只是想要他們別再煩我。」

警方也特別注意新聞界是不是都拿到了新聞。華德和方特諾已經將案情和盤托出。哈若威懸案已破；至少可以說是破了大半吧。他們正在偵訊提茨渥斯，預計幾天內就會對三人提起謀殺的控訴。燒毀的房子已經找到，警方也起出一些殘骸，看起來像是下顎骨。新聞很快就上了《埃達晚報》。

雖然有人在一旁細心指點，卡爾的自白還是亂七八糟。他說的案情和湯米的自白有很大的差別。諸多細節都直接矛盾，像是三人強暴狄妮思的順序，強暴時是不是就用刀刺傷了她，刀傷的部位和次數，她有沒有先掙脫過跑了幾步才又再被抓回來，以及她到底是什麼時間死的。這些差別最突出的就是他們到底是怎麼殺害她，又怎麼棄屍的。

湯米・華德說她是在歐戴爾的貨車廂被輪暴時身中數刀。她死在車上，他們幾個再把她的屍體丟進水泥碉堡附近的一條溝渠。方特諾記得就根本不是這樣。他的說法是他們把她拖進一棟廢棄的空屋，歐戴爾・提茨渥斯刺了她幾刀，把她塞進地板下面，然後朝她潑汽油，放火燒掉房子。

不過，兩人提到歐戴爾・提茨渥斯的陳述就完全一致。他是領頭的人，是首謀，華德和方特諾就是由他叫來跟他一起坐上他的小貨車，先喝啤酒，再抽大麻，後來又跑去搶麥克艾納利的店。他們一夥兒一決定要搶哪一家店後，就由歐戴爾進去搶錢，把那女的抓出來，然後跟另兩個同夥說這女的不殺不行，否則會指認出他們來。開車到電廠的人是他。輪暴也是由他下令，還由他先上。凶器是他帶來的，一根六吋長的鎖刀。是他拿刀行凶，刺她致死，至於放火燒掉屍體就一說是他，一說不是。

雖然兩人同都承認涉案，但真凶應該是歐戴爾・提茨渥斯——或者是提茨戴爾？管他叫什麼。

十月十九日，禮拜五近傍晚，警方逮捕了提茨渥斯，進行訊問。他身背四項重罪前科，在警方面前吊兒郎當，領教警方偵訊技巧的經驗也豐富得多。因此，他半吋也不退。哈若威案他啥也不知，華德和方特諾說了什麼鬼話，有沒有錄下來，他也一概不甩。這兩位紳士他從沒見過。

他的偵訊從頭到尾沒作錄影。提茨渥斯被關進牢裡；他就是在牢裡想起了：四月二十六日那天，他因為和警方打鬥而斷了一條手臂。兩天後，狄妮思失蹤的時候，他正待在他女友那裡，手臂裹著石膏，痛得要命。

華德和方特諾的口供都說犯案那一天他穿的是T恤，兩條手臂都有刺青。但其實那時他的左臂裹著石膏，人的所在也離麥克艾納利遠得很。丹尼斯・史密斯偵訊到這一點時，查了醫院和警方紀錄，確切證實歐戴爾說法不虛。史密斯和治療他的外科醫生談過，醫生說歐戴爾的傷是手肘和肩膀間出現螺旋性骨折，非常痛的。提茨渥斯才沒辦法在骨折後兩天就扛屍體或犯下暴力罪行。他的手臂還裹在石膏裡面用吊帶吊著。哪有可能！

華德和方特諾的口供繼續外洩。警方正在燒毀的房子裡翻尋時，屋主出現了，問他們在幹什麼。他一聽說警方在找哈若威家女孩的屍骨，因為有一名嫌犯供稱他們把她的屍體連房子一起燒了，就說不可能。這屋子是他自己在一九八三年六月不小心燒掉的，時間在哈若威失蹤前十個月。

州政府的法醫將警方找到的下顎骨作了鑑識，認定這下顎骨屬負鼠所有。消息也透露給了媒體。

不過，他們沒讓媒體知道房子燒掉的真相。媒體也不知道歐戴爾・提茨渥斯手臂斷掉的事，更不知道華德和方特諾作完自白後馬上就又翻供。

華德和方特諾在牢裡始終堅稱清白，有誰想聽，他們一定跟人家說他們的口供是在威脅利誘的情況下取得的。華德家想辦法湊足了錢請了一位出色的律師，湯米在牢裡跟律師詳述史密斯和羅傑斯偵訊時耍的花招。不過是一場夢，他說了不下千次。

卡爾・方特諾沒有家人。

警方還在積極尋找狄妮思・哈若威的屍骨。許多人都在問明擺在眼前的這一問題，「既然那兩人都招供了，怎麼警方還是不知道屍體在哪裡？」

美國憲法的〈第五修正案〉保障人民有免於「自我歸罪」（self-incrimination）的權利；由於破案

最容易的方法就是口供，因此美國法律也訂了又多又密的法條，約束警方偵訊時的作為。這些法條在一九八四年前早就已經完備。

一百年前在〈霍普特控訴猶他州〉（Hopt v. Utah）案中，聯邦最高法院即判定，經由誘使被告產生希望或恐懼而取得之陳述，法庭不得採用，因為，此之作為剝奪了被告自願陳述所必需的自由意志或是自主權。

一八九七年，〈布蘭姆控訴聯邦政府〉（Bram v. United States）一案，法院裁定陳述一定要在自由而且自願的情況下產生，不得因為施與威脅或暴力或承諾而取得，即使微乎其微也不允許。經由威脅被告而取得之陳述，法庭不得採用。

一九六〇年，〈布萊克本控訴阿拉巴馬州〉（Blackburn v. Alabama）一案，法庭裁定「脅迫有屬心理者，也有肢體者。」檢視陳述是否因警方施與心理脅迫而取得，下述幾項因素至為重要：(1)偵訊時間長短，(2)是否有故意拖延，(3)何時取得：夜間或日間；夜間取得的陳述尤為可疑，(4)嫌犯的心理結構——智能、教養、教育等等。

後來，〈米蘭達控訴亞歷桑那州〉（Miranda v. Arizona）一案，這是「自我歸罪」案例裡最有名的一件，聯邦最高法院明定保障程序，以保障被告的人權。嫌犯擁有憲法明訂的權利，得以不因脅迫而發言；經由偵訊而取得的陳述，警方和檢方若無法證明嫌犯明確了解下述幾點，即不得作為呈堂證供：(1)他有權保持緘默，(2)他說的一字一句都可以用作呈堂證供，(3)不論是否有錢雇用律師，他都有權享有律師的服務。偵訊期間若嫌犯要求律師服務，偵訊必須立即中止。

〈米蘭達權利〉在一九六六年裁定，馬上名聞遐邇。許多警察單位對之充耳不聞，至少在警方未於事前明確告知罪犯權利以致罪犯得以逍遙法外之後是如此。「法治派」指責法院偏愛壞人。不過，經由電視影集裡的警察在逮捕人犯時喃喃唸道：「你有權保持緘默」，〈米蘭達權利〉終究打進了美國的文化。

羅傑斯、史密斯、費勒史東知道這有多重要，因此，湯米的口供錄影帶確實錄下了〈米蘭達權利〉。只是，五小時半的威脅和言語暴力在錄影帶裡全看不到。

湯米・華德和卡爾・方特諾的陳述實屬違憲大難，但在一九八四年十月那時，警方還是深信他們找得到屍體，因此不會沒有確實的證據在手。審理還早，幾個月後的事。他們有的是時間建立確證指控華德和方特諾；或者是他們一廂情願作如是想吧。

只是，狄妮思始終沒找到人，湯米和卡爾也不知道她到底在哪裡，也一再跟警方作此陳述。幾個月就這樣拖了過去，始終找不到證據；分毫未見。自白跟著變得愈來愈重要；其實，他們兩人的自白到後來還成了檢方上法庭時手上僅有的唯一證據。

6

隆恩・威廉森對哈若威案知之甚詳。他有的可是上上座——龐托托克郡看守所裡的床位。他三年的刑期在服刑十個月後，獲得假釋，回埃達作在家監禁。他在家監禁規定並不嚴格，只是讓他活動受限很大。而想也知道，當然行不通。隆恩沒吃藥，根本就搞不清楚時間、日期，其他不管什麼事也都一樣。

十一月時，他雖然住在家裡，卻被控以：「因偽造文書罪行經矯正司裁處監禁，卻於在家監禁期間任意違反在家監禁之規定，在矯正司未予同意之時間離開住家，形成脫逃。」

隆恩自己的說法是：他只不過走到街底去買一包菸，比預訂回來的時間晚了三十分鐘而已。他因此被捕，下獄，四天後再被控以逃離懲處機構的重罪。他簽署貧困聲明，要求法庭指派律師。

哈若威案在牢裡已經傳得沸沸湯湯。湯米・華德和卡爾・方特諾已經在牢裡了。受刑人在牢裡百無聊賴，就拿這案子一講再講。華德和方特諾兩人自然是話題的中心，因為這件案子不僅時間最近，當然也最轟動。湯米把他用夢境作口供，還有史密斯、羅傑斯、費勒史東用的伎倆，一一詳述給牢友聽。這幾個警探他那些聽眾都很熟。

湯米一再堅稱他和狄妮思・哈若威的案子沒一點關係。真凶還逍遙法外，正拿他們這兩個作了自白的笨蛋，還有耍手段套他們口供的那幾個警探取笑。

找不到狄妮思‧哈若威的屍體，比爾‧彼得森手上的司法挑戰就極為艱鉅了。他這案子裡有兩份錄影自白，但就是沒有一點物證作基礎。其實，事實還把錄影帶裡的自白幾乎全都推翻，兩份自白也互相牴觸。彼得森有兩位嫌犯的素描畫像，但連畫像都有問題。其中一位指向湯米‧華德是說得通沒錯，但另一個就沒人敢說和卡爾‧方特諾有絲毫相像之處。

感恩節來了又去，屍體還是付諸闕如。接著就是耶誕節了。一九八五年一月，比爾‧彼得森說服一位法官，說證據已經足以證明狄妮思‧哈若威已死。之後在預審偵查庭上，法庭裡滿座的人都看了那兩卷自白影帶。反應一般都是震驚，但有許多也不是沒發現華德的陳述和方特諾的陳述有明顯的差距。儘管如此，總算進入審判了，管它有沒有找到屍體。

不過，兩造法律的攻防一直無法結束。兩位法官自請迴避。尋人的火力也已經熄滅，最後叫停，那時已經是狄妮思‧哈若威失蹤後一年的事了。埃達大部分的人都相信華德和方特諾有罪——要不然他們幹什麼作自白？——但也不是沒人質疑證據不足。只是，怎麼拖那麼久不審理？

一九八五年四月，狄妮思‧哈若威失蹤後一年，《埃達晚報》登出一篇報導，桃樂西‧霍格（Dorothy Hogue）寫的，報導埃達鎮民對偵查進度遲緩很感洩氣。標題寫的是：「凶殘命案懸而未破，埃達居民人心不安。」霍格就兩案都作了概述。哈若威一案她寫的是：「雖然官方在華德和方特諾兩人被捕之前、之後搜尋過許多地方，但哈若威的下落始終沒有絲毫線索。不過，丹尼斯‧史密斯警探說他相信這一懸案已破。」至於警方所謂的自白，隻字未提。

卡特一案霍格寫的是：「命案現場找到的證據還有和嫌犯有關的證據，都已送達奧克拉荷馬州鑑識總局，這是近兩年前的事了。警方說他們還在等鑑識的結果。」報導裡提到州鑑識總局積案嚴重。丹尼斯・史密斯說，「警方已經將焦點鎖定在一個嫌犯身上，但尚未就此案逮捕任何一人。」

一九八五年二月，隆恩因為脫逃案出庭受審。法庭指派給他的律師叫大衛・莫里斯（David Morris），他和威廉森家很熟。隆恩就脫逃認罪，被判兩年徒刑，但若隆恩(1)接受完整的心理諮商，(2)不再惹是生非，(3)不離開龐托托克郡，(4)不再喝酒，他的刑期大部分可以暫緩執行。

幾個月後，他又在龐托托克郡因酒醉鬧事而被警方逮捕。比爾・彼得森提起聲請，撤銷他的暫緩執行令，要他入監服完未完的刑期。大衛・莫里斯又再被法庭指派為他的律師。七月二十六日，他的暫緩執行令撤銷庭開庭，由地區特別法官約翰・大衛・米勒（John David Miller）承審；或說是試過要審吧。隆恩一直沒有服藥，不肯閉嘴。他找莫里斯吵架，找米勒法官吵架，找警察吵架，到最後鬧到庭訊延期。

三天後，再度開庭審理。米勒法官事先要獄警和警方警告隆恩要守規矩，但他一進法庭就大喊大罵。法官再三對他提出警告，他也再三頂撞法官。他還要求更換律師，法官問他理由，他說不出來。他的行為是很氣人，但即使搞得法庭大亂，還是明顯看得出來他需要專業協助。他有的時候像是和現實還有聯繫，但下一刻又開始咆哮，語無倫次。他很氣憤，情緒很悲苦，不停大罵世人。

米勒法官警告過他幾次後，就下令他還押看守所，庭訊再度延期。第二天，大衛・莫里斯提起聲請，要求就隆恩的心智能力開庭審理。他也提出另一聲請，要求撤銷他擔任隆恩委任律師一職。

隆恩在他扭曲的世界裡，當自己完全正常。而他的律師居然提起聲請，要求開庭審理他的心智是否穩定，這在他真是奇恥大辱，所以，他不肯跟他講話。莫里斯也受夠了。

法官准了律師審理隆恩心智能力的聲請。至於撤銷他律師一職的聲請，不准。

兩個禮拜後開庭，但沒多久就叫停。隆恩這一次比先前還要更瘋。米勒法官下令他作精神鑑定。

一九八五年初，胡安妮妲・威廉森經診斷罹患卵巢癌，蔓延得很快。過去兩年半她一直活在流言的陰影裡，說她兒子殺了黛比・卡特。她決定要在離世之前，平息掉所有的流言。

胡安妮妲很講究作紀錄；幾十年來天天寫日記，詳細記載一切。她作的業務紀錄沒有一筆遺漏，就像是她的備忘錄，隨便哪一個客人最近五次的來店日期，她隨口都說得出來。她幾乎不丟東西——結清的帳單，取消的支票，收據，她幾個孩子的成績單；其他的小紀念品也一樣。

她翻她的日記翻了上百遍，知道一九八二年十二月七日那一天晚上，隆恩是和她在家裡的。這件事她跟警方說了不止一次。警方的說法是他輕易就可以溜出去，衝過後面的小巷，犯下案子，再回家裡來。至於動機就別管了。葛倫・高爾撒謊說他看見隆恩那天晚上在「馬車燈」騷擾黛比・卡特，一樣別管。小事，反正警方已經鎖定了人。

不過警方也知道胡安妮妲・威廉森備受鎮民敬重。她的基督信仰虔誠，五旬教會裡無人不識。她開的髮廊顧客達好幾百位，每一個她都奉作好友。胡安妮妲若是坐上證人席，說隆恩在命案發生的那一天晚上跟她在家裡，陪審團一定會信。她的兒子或許是有問題吧，但他的成長過程絕對不至於此。

而現在胡安妮妲又想起別的事來了。一九八二年時，錄影帶出租已經很流行。街底一家小店就做這獨門生意。十二月七日，胡安妮妲租了一具錄放影機和五卷她最愛看的電影影帶，回家和隆恩一起看到凌晨才睡。他那一天晚上是在家沒錯，在書房裡，窩在沙發上，陪媽媽看老電影，共享溫馨時光。胡安妮妲還留著收據。

胡安妮妲一有小小的法律問題，都是由大衛·莫里斯處理。他很喜歡她，偶爾會幫她的忙，不管隆恩這位客戶有多麻煩，還是願意當隆恩的委任律師，幫他處理違法亂紀的事。莫里斯聽了她的說法，看過收據，也相信她絕對不會說謊。他自己心裡其實也鬆了一口氣，因為他和埃達大部分的鎮民一樣，知道鎮上不斷在傳隆恩和卡特命案脫不了關係。

莫里斯接的大部分都是刑事辯護案件，對埃達警方沒多少敬意。但他認識他們，便安排丹尼斯·史密斯和胡安妮妲見面一談。他甚至自己開車送她到警局，坐在她身邊，聽她向丹尼斯·史密斯解釋狀況。警探專心聽她說完，看過影帶的租借紀錄，再問她願不願意作錄影陳述。當然願意。

大衛·莫里斯在窗口外監看，警方帶胡安妮妲坐進一張椅子，面對攝影機，一一回答史密斯提的問題。坐車回家時，她放心了，覺得自己一定已經了結了這件事。

但若那一具攝影機真的裝了影帶，那也從來沒人見過。若史密斯警探真的把那一次的問話作過紀錄，在後來的法律訴訟程序裡也從沒拿出來過。

隆恩關在牢裡，一天熬過一天，一個禮拜熬過一個禮拜，成天擔心他的老母親。八月時，胡安妮妲在醫院裡，已經垂死，但獄方不准他去看她。

那個月，法院下令查爾斯・阿默斯醫生再對他作一次精神鑑定，他計畫要再對隆恩作幾項測驗。不過，作第一項測驗時，他發現隆恩每一題勾的答案都是「對」。阿默斯拿這問他，他回答，「是這個測驗還是我母親比較重要？」鑑定也就取消，不過，阿默斯還是寫下，「在此必須指出，由鑑定者和威廉森先生作的訪談，可以看出在一九八二年那一次的會面後，威廉森先生的情感功能又有嚴重的退化。」

隆恩求警方讓他在母親死前去看看她。安奈特也提出請求。那幾年她和獄警都混得很熟了。她替隆恩送餅乾、布朗尼去的時候，帶的份量一定也夠裡面的牢友和獄警大塊朵頤。她甚至還在牢裡的廚房幫他們做過大餐。

她跟獄方據理力爭：醫院離監獄又不遠。埃達那麼小，沒人不認得隆恩和他家裡的人。他不可能弄得到武器傷害誰的。後來，雙方終於達成協議，隆恩在半夜被帶出監獄，手銬腳鐐俱全，身邊簇擁一堆重裝備的武裝警察，由他們送到醫院去。他到了醫院後，改坐輪椅，由警方推送過走廊。

胡安妮妲事先即已表明不希望見到兒子手銬加身。安奈特求警方同意，警方勉強同意。但不知何故，在押送的過程中，警方忘了這件事。隆恩身上的手銬和腳鐐沒有拿掉。隆恩求警方——在他見母親最後一面時能否拿掉手銬？幾分鐘就好。沒辦法。押送的幾個警員要他坐在輪椅上面別起來。

隆恩便要求警方用毯子蓋住他身上的手銬和腳鐐。幾個警員猶疑了一下——可能是有安全的顧慮吧——後來還是軟化。他們推著他坐的輪椅到胡安妮妲的病房，但一定要安奈特和蕾妮離開病房。兩姊妹要求留下來，這是最後一次闔家團圓。太危險，警員回答，出去到走廊上等。

隆恩跟母親說他好愛她，也好對不起她，因為他把自己的生活弄得一團亂，讓她一再失望。他哭著求母親原諒，而母親怎會不原諒？他也背了幾句《聖經》裡的金句。不過，要多親密實在困難，因為，幾個警察就待在病房裡面，緊挨在身邊虎視眈眈，生怕他忽然跳窗逃走還是傷害別人。

臨終的道別很短。幾分鐘後警方便出聲打斷，說該回牢裡去了。安奈特和蕾妮聽到警方把弟弟坐的輪椅推走時，弟弟不住哭泣。

胡安妮妲於一九八五年八月三十一日撒手人寰。家屬請求讓隆恩去參加葬禮，一開始警方不肯答應，後來在安奈特的先生提議由他付費雇用兩位卸任警員，也是他的親戚，在葬禮期間當隆恩的警衛，警方才作了讓步。

警方大費周章，把他參加葬禮當作重大維安事件處理，製造戲劇效果。他們一定要葬禮的來賓都先就座，犯人才可以入內。而且，警方也不肯取下隆恩的腳鐐。

這般嚴陣以待，當然有其必要，畢竟這位仁兄可是三百美元支票的偽造文書犯。

教堂裡座無虛席。敞開的棺木放在祭壇前面，人人都看得到胡安妮妲病後瘦削的側臉。後門開了，她的獨子，身邊緊跟著幾個警衛，沿著走道前來。他的腳踝拴著腳鐐，手腕也銬在一起，手銬和腳鐐還都有鍊子拴在他腰間的鐵鍊上。他用小碎步一路往前磨蹭，鐵鍊鏗鏗鏘鏘，敲得在場的人個個神經緊張。隆恩一看到躺在敞開棺木裡的母親，就開始啜泣，嗚咽說道，「對不起，媽媽，真的對不起。」等他一靠近棺木，啜泣就轉為哭號。

好好坐著不動。

警衛圍在他身邊，扶他就座。他每動一下，鐵鍊就鏗鏗鏘鏘。而他緊張，煩亂，狂躁，沒辦法好好坐著不動。

隆恩坐在第一五旬節聖潔會教堂裡面，呆呆看著母親瘦削的容顏哭泣；這是他幼時作禮拜的教堂，安奈特到那時每一禮拜天都還在教堂裡司琴，他母親更是絕少錯過教堂的聚會。

葬禮過後，教堂的交誼廳裡有午餐會。隆恩再拖著小碎步到交誼廳，身邊的警衛緊跟著他走，只隔著伸手可及的距離。他吃牢飯也有近一年時間了，眼前的百樂餐（potluck）在他簡直是山珍海味。安奈特問負責的警員可否取下他的手銬讓他吃東西。請求遭拒。她再無聲哀求。回應來了，不行。

隆恩的兩個姊姊安奈特和蕾妮便輪流餵他吃，親友看了無不心酸。

到了下葬的墳邊，唸過《聖經》經文、祈禱過後，弔唁的來賓一個個走過安奈特、蕾妮、隆恩跟前，向他們致上哀悼和安慰。有親切的輕摟，有溫暖的擁抱，但都不是隆恩。他沒辦法舉起手臂，所以，遇到女性來賓只能彆扭的輕啄一下對方臉頰為禮，男性則是笨拙的跟人家鏗鏘鏗鏘的握手。那時是九月，還很熱，汗珠不停從他額上滴下，落在頰上。他沒辦法自己擦汗，所以，安奈特和蕾妮不時替他拭去汗珠。

查爾斯‧阿默斯醫生交了一份報告給法院，指隆恩‧威廉森依奧克拉荷馬州的法律算是精神病人，沒辦法理解指控他的罪名，也沒辦法協助律師為自己辯護，唯有經過治療才有辦法達到心智正常的水準。他也說隆恩若未經治療即釋放出獄，可能危害自己暨他人。

米勒法官採用阿默斯醫生的鑑定報告，發布命令，宣布隆恩為「心智失能」。隆恩即從獄中轉送到維尼塔（Vinita）的州立東部醫院（Eastern State Hospital），作進一步的評估治療。他在該醫院由賈西亞（R. D. Garcia）醫生負責診療，他開了當眠多（Dalmane）和替馬西泮（Restoril/Temazepam）治他的失眠，開美力廉（Mellaril）治他的幻覺和妄想，開溫特明（Thorazine）治他的精神分裂、過動、好鬥以及躁鬱症的能量過盛期。幾天後，藥方再經調整，隆恩就開始安靜下來，開始好轉。

兩個禮拜後，賈西亞醫生總結說：「他有反社會人格，也有酗酒的歷史。一定要每天服用四次溫特明，持續不斷。沒有逃亡之虞。」

有一點諷刺！因為他被判入獄就是因為脫逃。

賈西亞醫生在回覆法院問題時說：「(1)他有能力理解指控的罪名，(2)……有能力和律師進行磋商，也可以理性的協助準備辯護事宜，(3)……已經不算精神病人，(4)……即使未經治療、諮商、訓練就出院，尚不致於對自己或他人的人身安全構成嚴重的威脅，除非反社會人格的傾向加重，屆時就可能有危險了，尤其在酗酒的情況下。」

隆恩被送回埃達，撤銷暫緩執行令的庭訊跟著重新開始。不過，米勒法官未再就他的能力再作一次鑑定後檢查，賈西亞醫生怎麼鑑定他就怎麼信。隆恩雖然經法院裁定為心智失能，卻從來沒再被裁定為心智正常。

法院以賈西亞醫生的鑑定為準，隆恩暫緩執刑的裁定乃遭撤銷，隆恩就又要回到獄中服完兩年徒刑所餘的刑期。而他離開州立東部醫院時，醫院開給他兩個禮拜的溫特明。

九月時，湯米・華德和卡爾・方特諾在埃達受審。他們的律師在法庭上極力申辯兩人的案子應該要分開審理，更應該要轉移到龐托托克郡外進行審理。狄妮思・哈若威還是失蹤，也還是鎮民談論的焦點；鎮上曾經發動好幾百人協尋。她的公公是鎮上的牙醫，很受鎮民敬重。華德和方特諾已經關了十一個月。兩人的自白在十月第一次在報上披露，就一直是咖啡店和美容院的熱門話題。

這樣怎麼有辦法為被告找到不會偏頗的陪審團？而全美天天都有喧騰一時的案件轉移到外地審理的。

但是移地審理的聲請遭到駁回。

預審大戰的另一焦點是在自白上面。華德和方特諾的律師抨擊他們的口供有瑕疵，尤其是史密斯和羅傑斯兩位警探取得口供的手法。兩名嫌犯的陳述顯然不實；也沒有一點物證可以作為他們口供的佐證。

彼得森猛烈反擊。沒有錄影帶，他的案子就不成立。經過漫長又激烈的爭辯後，法官裁定自白錄影帶可以放給陪審團看。

檢方叫來了五十一名證人，但沒一個人說得出具體的事證。許多都是狄妮思・哈若威的朋友，被叫上證人席只是要他們幫忙證明她真的失蹤，推定已死。庭訊全程只出現過一次奇襲。一個叫泰莉・霍蘭（Terri Holland）的慣犯被叫上了證人席。她跟陪審團說她十月在郡立監獄裡面時，卡爾・方特諾也被關了進去。兩人偶爾會聊一聊。方特諾跟她坦承，說他、湯米・華德、還有歐戴爾・提茨渥斯綁走了那女孩子，強暴人家，還把人家弄死。

方特諾否認見過這位泰莉。

坐上證人席的監獄抓耙仔不是只有泰莉・霍蘭一人。另有一個小嘍囉，李奧納德・馬丁（Leonard Martin），也關在牢裡。檢方也把他從牢裡拖出來。他在法庭上跟陪審團說他無意間聽到過卡爾・方特諾在牢房裡自言自語，說，「我知道這一次逃不了。我們這一次真的逃不了了。」

檢方的證據就是這樣——要用這樣的證據來說服陪審團排除合理的懷疑，判決被告有罪。沒有物證，自白錄影帶的重要性就非同小可。但兩人的口供到處都是漏洞，一聽就知道不實。檢方不得不採取的立場就更匪夷所思了。他們承認華德和方特諾作的口供不實，但還是要陪審團相信他們的供詞。

但請不要採信提茨渥斯的部分，因為他並未涉案。

請不要理睬那一棟棄屍又被燒掉的房子，因為那房子在案發前十個月就已經失火；這是無關緊要的小事。

放影機推進法庭裡面。燈光打暗。開始播放錄影帶。聽得人毛骨悚然的細節，一一呈現。華德和方特諾注定要加入死囚的行列。

助理地方檢察官克里斯・羅斯（Chris Ross）在他生平處理的第一宗凶殺案裡負責結辯，以極盡刺激之能事為目標。他用歷歷如繪的描述，將錄影帶裡陳述的血淋淋細節一一重講一遍——處處刀傷，血流如注，肚破腸流，殘忍輪暴、刺殺這麼漂亮的女孩，然後棄屍燒掉。

陪審團成員個個義憤填膺。經過短暫商討，陪審團作出有罪和死刑的判決。

不過，真相是屍體沒有刀傷，也沒被燒毀；不管華德和方特諾在他們亂講的口供是怎麼說的，不管比爾．彼得森和克里斯．羅斯跟陪審團是怎麼說的。

狄妮思．哈若威是頭部中彈，一槍斃命。她的屍骨在翌年一月，被一位獵人在休斯郡葛地村（Gerty）附近的林子深處發現。那地方離埃達有二十七哩遠，遠在當初找過的任何地方之外。

光是確實的死因，就可以說服每一位相關人士，華德和方特諾說的荒唐案情真的是他們瞎編出來的，因為脅迫而作出這樣的陳述。但卻沒有。

光是確實的死因，就應該可以督促相關單位承認他們錯了，重新追查真凶。但卻沒有。

審判過後但屍骨還沒找到的時候，湯米．華德關在牢裡，等著要被移送到麥克艾列斯特（McAlester）的死囚牢。麥克艾列斯特是在埃達東方五十五哩的監獄。那時，他對自己居然被一連串事情推到要被毒劑處死，還在震驚期裡，害怕、惶惑又沮喪。一年前，他不過是住在埃達二十郎當的普通年輕人，只想著要找一份好工作、找好玩的派對、找標致的妞兒。

真凶還逍遙法外，他一直在心裡想，逍遙法外，取笑大家。取笑警方。只是，他心裡想，那些真凶有沒有猖狂到跑去看他受審？為什麼不呢？他們又沒事。

有一天，有人來看他——兩個埃達警察。他們現在變作是他的朋友、好兄弟了，很關心他關到麥克艾列斯特來後過得怎樣。他們很細心，很平靜，說話很謹慎——沒有威脅、叫罵、侮辱，也沒有說要送他到毒劑死刑檯。他們真的很想找到狄妮思．哈若威的屍骨，因此，他們來跟他打商量。若是湯米跟他們說她到底埋在哪裡，他們可以到彼得森的檢察官辦公室，極力說服他把死刑改成終生監禁。他們說他們有此權限。實則不然。這件案子根本不是他們決定得了的。

湯米根本不知道屍骨在哪裡。這同一句話他已經一連說了一年——他跟這件案子沒一點關係。如今判了死刑，湯米・華德還是說不出警方要聽的話來。

華德和方特諾被捕後不久，紐約一位很受敬重的記者，羅伯・梅爾（Robert Mayer），注意到他們的事；他那時住在西南部。他是從他那時在追的女士聽到這件事；她哥哥娶了湯米・華德的姊姊。

拿作的夢來當口供，進而引發那麼大的亂子，梅爾覺得實在不可思議。他不懂，怎麼會有人招認犯下恐怖的重案，結果陳述全屬不實？他到埃達一趟，開始調查這案子。拖得很長的預審過程還有正式審理期間，他都待在鎮上作調查，小鎮、鎮民、案件本身、警方、檢方，尤其是華德和方特諾，他都勤加調查。

埃達的鎮民也在盯著他看。少有真正在搖筆桿的人會跑到他們那裡去問東問西，看這看那，天知道他要寫些什麼。但一天天過去，相關人士大部分都覺得他應該可以信任。他找比爾・彼得森作了長時間的訪問，也和被告律師見過好幾次面。他花了好幾個小時跟警方作訪談。有一次訪談的時候，丹尼斯・史密斯講起埃達這樣的小鎮居然有兩件凶殺案件未破，壓力真大。他拿出一張黛比・卡特的照片給梅爾看。「我們都知道隆恩．威廉森是殺她的凶手，」史密斯說，「只是還沒辦法證明。」

梅爾一剛開始調查的時候，覺得那兩個年輕人有罪的機率是一半一半。但是，史密斯、羅傑斯的手段，華德和方特諾的審理程序，很快就看得他寒毛直豎。檢方除了自白沒有別的證據，而且，嚇人的是兩份自白裡面滿是矛盾，根本就不能信。

不過，梅爾還是想辦法將案件和審理作了平衡的勾畫。《埃達的噩夢》（*The Dreams of Ada*）於一九八七年由維京出版社出版，鎮民都引頸期盼。

反應來的很快，也都在預期之中。有些人對這書嗤之以鼻，因為作者對華德家相當友善。有一些人則深信那兩個年輕人有罪，因為他們作了自白，而且，無論如何想法都不會動搖。

但另也有看法覺得警方、檢方搞砸了這件案子，錯抓了人坐牢，反而坐視真凶逍遙法外；而且，這樣的看法還相當普遍。

比爾．彼得森備受批評刺激——少有小鎮檢察官手上有案子被人拿來寫書，而且還被寫得不太好看——因此馬上一頭撞進黛比．卡特的案子裡去。總得證明一下自己的能耐。

偵查已經是陳年往事——可憐那女孩已經死了超過四年——但這時候也該逮人了。

彼得森和警方多年來一直相信凶手是隆恩．威廉森。丹尼斯．佛瑞茲可能也有份吧，但也可能沒有。不過，他們覺得威廉森那天晚上一定在卡特的公寓裡頭。他們沒有證據，有的只是直覺。

隆恩那時已經出獄，回到了埃達。一九八五年八月他母親逝世時，他還在牢裡等心智鑑定的裁決，之後又在牢裡發呆了兩年。一九八六年十月，隆恩獲得假釋從牢裡出來後，由於沒地方住，便搬去和安奈特夫妻還有他們的兒子同住。頭幾天他很努力適應。但老習慣又回來了——半夜才要弄東西吃，很吵；接著看通宵的電視，音量全開，抽菸，喝酒，白天再在沙發上睡到天黑。過了約莫一個月後，安奈特被搞得筋疲力竭，全家也神經緊繃，終於不得不請他搬走。

他的心理健康經過兩年的牢獄生涯，絲毫沒有改善。他是進出過幾家州立醫院，看過幾個醫生，吃過好幾種處方的藥。但他大部分時候根本沒藥吃。他在普通監獄裡是熬過一陣子的時間，但後來一定會有人注意到他不正常，到時，他就又被送進精神病院裡去了。

他出獄時，矯正司指派了一個埃達心理衛生局的社工給他作輔導。十月十五日，隆恩和諾瑪・華克（Norma Walker）見面。她的記載裡說他在服用鋰鹽、耐悶片（Navane）、顫立靜錠（Artane）。她覺得他人很隨和，知道自制，但有一點怪，「有時候會呆呆看著前方，什麼話也不說，一次達一分鐘之久。」他說他想上神學院，可能去當牧師吧。要不然就自己開營造公司。是有雄才大志，華克想，但也未免太大了點。

兩個禮拜後，他還沒停藥，依約到達，看起來不錯。但接下來的兩次他就失約了，等他十二月九日再去的時候，就說要見瑪麗・史諾醫生。他已經自行停藥，因為他遇見一個女孩，說那些藥沒用。史諾醫生勸他按時服藥，但他說主跟他說不可以再喝酒、吃藥。

再來，十二月十八日和一月十四日兩次，他都沒去。二月十六日，安奈特打電話給諾瑪・華克，說他行為失控。安奈特說他「跟瘋子一樣」，說他說要用槍自殺。第二天，他到華克那裡去了，很緊張，但還不失理性。他要求換藥。三天後，華克接到麥考教堂（McCall's Chapel）的電話。隆恩跑到那裡大鬧——喊著要他們給他工作。她建議他們小心，必要時要報警。那天下午，安奈特和她先生一起帶隆恩去見華克。夫妻兩人很煩惱，很需要協助。

華克注意到隆恩沒有吃藥，困惑，錯亂，妄想，和現實脫節，飲食和居住完全沒辦法自理。她怕他就算乖乖服藥也沒辦法一人獨立生活。解決之道，就是「長期住院，治療他減損的心智能力和無法自制的行為。」

三人走時既沒計畫，也沒開藥。隆恩先在埃達四處亂晃，跟著就下落不明。有一天晚上，蓋瑞・席蒙斯正在奇克榭家裡和兩個朋友聊天，門鈴響了。他去應門，門一開，他的小舅子就撞了進來，跌在客廳的地板上面。「幫幫我，」隆恩不住呢喃，「我不正常，要人幫忙。」鬍子沒刮，又髒又臭，頭髮長得很長，糾結成一團，失序，根本不知道他人在哪裡。「我受不了了，」他說。

蓋瑞的朋友不知道隆恩是誰，被他的外表和落魄嚇倒。一個馬上離開，另一個倒是留了下來。隆恩安靜下來後，開始昏昏欲睡。蓋瑞答應他會幫他想辦法找人幫忙，後來終於和朋友一起把他弄上車。他們去的第一站就是最近的醫院，在那裡又轉到當地的心理衛生中心去。他們到了那裡，又被轉到諾曼的州立中部醫院。他們在路上時，隆恩出現近乎僵直的狀況。他後來終於說清楚他很餓。蓋瑞知道有一家店賣的肋排以份量特大知名，只是，等他們把車子停在停車場時，隆恩問了，「我們在哪裡？」

「停下來吃一點東西，」蓋瑞回答。隆恩矢口否認他餓，他們只好再開車上路，朝諾曼去。

「我們為什麼要在那裡停車？」隆恩又再問道。

「因為你說你很餓。」

「我沒有，」隆恩很氣蓋瑞說這樣的話。

往諾曼開去幾哩後，隆恩又說他很餓。蓋瑞看到一家麥當勞，便停車，「我們到這裡來幹嘛？」隆恩再問。

「吃一點東西，」蓋瑞回答。

「為什麼？」

「因為你說你餓。」

「我沒有肚子餓。我們趕快到醫院去好吧？」他們從麥當勞開車離開，終於到了諾曼，那時，隆恩又說他很餓。蓋瑞耐著性子又找到一家麥當勞，只是，想也知道，隆恩又問為什麼要停下來。

到醫院前停的最後一站，是在大街的維克斯（Vickers）加油站加油。蓋瑞回車上時，買了兩大條糖果棒。隆恩一把搶過去，沒幾秒就狼吞虎嚥全吃下肚。蓋瑞和他朋友見他吃得這麼快，驚訝不已。

到了州立中部醫院，隆恩時而恍惚時而清醒。第一個來看診的醫生被他沒辦法配合弄得很洩氣。醫生一走，蓋瑞馬上罵他這位小舅子。

隆恩的反應則是站起來面向一堵空白的牆面，彎起手臂擺出健美先生的姿勢，僵在那裡好幾分鐘沒動。蓋瑞想跟他講理，但他根本心不在焉。十分鐘過去，隆恩還是同樣的姿勢，動也沒動；呆呆看著天花板，不吭一聲，全身的肌肉也一絲不動。二十分鐘過去，蓋瑞很想轉身就走。等漫長的三十分鐘過去，隆恩忽然回過神來，但還是不跟蓋瑞講話。

幸好這時醫院的工作人員來了，把隆恩帶進房間裡去。隆恩跟一個醫生說，「我就是要到這裡來，因為在這節骨眼上，我總要有地方可以去。」醫院給他吃鋰鹽治他的憂鬱症，還有耐悶片，這是治療精神分裂的抗精神病藥物。等他一穩定下來，他不顧醫生的勸阻，自行出院，沒幾天，又出現在埃達。

蓋瑞下一次載他這小舅子上路是到達拉斯，送他到一家收容更生人和毒蟲的基督教中途之家。蓋瑞教會的牧師見過隆恩，願意幫忙。那位牧師私下對蓋瑞說，「隆恩的心燈沒滅，只是沒人在家。」

他們在達拉斯這一家機構裡辦好登記入住。等隆恩安頓好後，蓋瑞就跟隆恩道別。蓋瑞在道別時塞了五十塊的現金給隆恩，這是犯規的，但他們兩個都不知道。蓋瑞前腳才回奧克拉荷馬州，隆恩後腿就跟來了。他才住進去幾小時，就用蓋瑞給的錢買了車票坐車回埃達，抵達的時間沒比蓋瑞晚多少。

隆恩再一次住進州立中部醫院就不是自願的了。三月二十一日，他這一次出院後九天，隆恩吞下二十錠耐悶片意圖自殺。他跟護士講的理由，是他找不到工作，實在很沮喪。院方讓他穩定下來，正確服藥，但第三天，他又不肯吃藥了。他的醫生認定他對自己還有他人會有危險，建議他在州立中部醫院進行二十八天的治療。但在三月二十四日，院方卻讓他出院。

他回到埃達後，在鎮西第十二街的一棟小房子找到一間後面的房間住。沒有廚房，沒有浴室。要洗澡就用屋子後面的一根水管將就一下。安奈特會送東西去給他吃，想辦法照顧他。她有一次去時，注意到他的手腕在流血。他說是他用刮鬍刀割的，這樣他就可以跟因他而受苦的人一樣受苦。他很想死，想去陪他的父母，他讓他們好傷心。安奈特求他去看醫生，但他不肯。他也不肯讓心理衛生中心的人幫忙。那地方他去過那麼多次了。

他已經完全停藥。

那小房子的屋主是一個老人家，對隆恩很好。租金很低，往往還不收。他的車庫裡有一具很老的割草機，掉了一個輪子。隆恩把割草機推出來，在埃達沿街替人割草，一次收五塊錢，再把錢交給房東。

四月四日，埃達警方接到一通電話，是第十街西邊的一戶人家打來的。屋主跟巡邏的員警說他要到外地去，很擔心家人的安危，因為隆恩晚上不管什麼時候都在他們那一帶亂晃。顯然這位屋主知道隆恩是誰，一直在留心他。他跟警察說隆恩去過他們那一帶的OK便利商店四次，去過愛心（Love's）便利商店二或三次，全都在晚上。

警方對他表示同情——沒人不知道隆恩舉止怪異——但法律沒有規定半夜不可以在街上走。他答應多巡一下那一帶。

四月十日，凌晨三點，警方接到一通電話。OK便利商店的店員打來的。隆恩進他們的店裡好幾次，舉止實在很怪。傑夫・史密斯（Jeff Smith）警官才在作紀錄，嫌疑人就又回來了。史密斯要「隆尼」走開，隆恩乖乖走開。

一小時後，隆恩走到拘留所，按下蜂鳴器，說他要自首，他先前犯過幾件案子。警方給他一張自首的單子讓他去寫。他自承四年前在「馬車燈」偷過一個女用皮包，從一戶人家偷過一把槍，摸過兩個女孩的私處，在艾舍打過一個女孩，差一點就強暴人家。但後來他又放棄自首，離開拘留所。瑞克・卡森警官跟上去，走過幾條街口追到了他。隆恩想跟他解釋他那時候在街上是在幹什麼，但腦筋很混亂。最後他終於說清楚他出來是要找割草的活兒。卡森建議隆恩還是回家的好，割草的活兒可能要白天才比較好找。

四月十三日，隆恩跑到心理衛生中心去，嚇到了裡面的工作人員。其中一人形容他「胡言亂語」。他說他要見史諾醫生，就開始沿著走廊往史諾醫生的辦公室走去。等聽到人說醫生不在，他就走了。過程順利。

三天後，《埃達的噩夢》出版。

埃達警方雖然很想把卡特命案安在隆恩・威廉森頭上，但就是沒有足夠的證據。到了一九八七年晚春的時候，他們手上的證據還是沒比一九八三年夏天時多。州鑑識總局的毛髮檢驗終於完成，時間已是命案兩年之後。從隆恩和丹尼斯取得的檢體，有些是和命案現場採集到的一些毛髮「經顯微檢查顯然有一致之處」，但毛髮比對是極不可靠的。

檢方有一大障礙橫在眼前——從黛比・卡特臥室牆上挖下來的那一小塊石膏板上的血掌印。一九八三年初，州鑑識總局的傑瑞・彼得斯仔細檢驗過這個掌印，認定這個掌印既不是隆恩・威廉森的，也不是丹尼斯·佛瑞茲的，也不符合黛比·卡特的掌印。這是凶手留下來的。不過，萬一傑瑞·彼得斯弄錯了呢？或者是太趕了，忽略了什麼呢？若掌印真的是黛比·卡特的，那佛瑞茲和威廉森就沒辦法排除為嫌犯。

彼得森心生一計，決定將黛比開棺驗屍，再取一次掌紋。運氣好的話，她的兩隻手搞不好腐爛得還不嚴重，可以再捺一次指紋。重新取得的指紋若是換個角度重作仔細的檢驗，說不定會有新的發現，而成為檢方的一大助力，終致將凶手繩之以法。

一天，佩姬·史迪威接到丹尼斯·史密斯的電話，要她到警局一趟，但不肯說明理由。她照常是想可能案情有所突破。等她到了警局，比爾·彼得森坐在辦公桌後面，面前放了一張紙。他跟她解釋，他們想開黛比的棺再驗一次，需要她簽名同意。查理·卡特已經先來過，簽了名。

佩姬聞言大駭。再去驚動她女兒，豈有此理！她說不行，但彼得森事前已有準備。他對佩姬施壓，問她想不想破案。當然，但沒別的方法了嗎？沒有。若她真想找到殺害黛比的真凶，將他繩之以法，她就必須同意開棺。過了幾分鐘，佩姬還是潦草簽下名字，接著匆匆從警局離開，趕到她姊姊格蓮娜·魯卡斯家去。

她跟格蓮娜說她和比爾·彼得森見面還有他們要重新開棺的事。其實，她已經有一點興奮了，急著再看女兒一眼。「我一定要再摸摸她，再抱抱她，」她一直重複說這一句話。

格蓮娜沒她那麼興奮，也不覺得母女這樣重逢會有好處。她對負責偵辦案子的人也不無疑慮。命案發生後的四年半裡，她為了案子不得不和比爾·彼得森談過幾次。

佩姬的情緒並不穩定。她從沒接受過黛比已死的事實。格蓮娜一再要求彼得森和警方，偵查一有消息一定要透過她或其他家人過濾給佩姬知道。佩姬沒辦法應付突發狀況，需要家人保護。

格蓮娜馬上打電話給比爾・彼得森，要求知道他準備要幹什麼。他跟她解釋，若他們真的想要隆恩・威廉森和丹尼斯・佛瑞茲為命案受審的話，開棺就勢在必行。那一枚血掌印是擋在中間的大石頭，若掌印真的是黛比的，那他和警方就可以馬上對佛瑞茲和威廉森採取行動。

格蓮娜不太懂。都還沒有開棺，彼得森怎麼會知道再取一次指紋的結果？他怎麼這麼確定開棺就可以將佛瑞茲和威廉森定罪？

佩姬則是念念不忘要再見女兒一面。一度還跟格蓮娜說，「我都想不起來她的聲音了。」比爾・彼得森跟格蓮娜保證，開棺的過程一定很快，神不知鬼不覺就完成了。

佩姬在布洛克威玻璃工廠（Brockway Class）的工作站工作時，一個同事走過她身邊，問她羅思戴爾墓園那邊是在幹什麼啊？就在黛比的墓地附近。她馬上從工廠飛奔出去，穿過小鎮，但只找到空空的墓穴。她的女兒已經被移走了。

黛比・卡特的第一副掌紋，是一九八二年十二月九日由州鑑識總局的幹員傑瑞・彼得斯於驗屍時採集到的。那時，她兩隻手都還完好，彼得斯確信他採集到的指紋完整，沒有遺漏。三個月後他寫報告時，也確認石膏板上的血手印既不是佛瑞茲的，也不是威廉森或死者的。

不過，過了四年半後，命案懸而未破，官方極思突破，他也忽然對他先前做的檢驗起了疑慮。開棺後三天，他寫了一份修正過的報告，裡面說血手印符合黛比·卡特的掌紋。這是傑瑞·彼得斯二十四年的職業生涯裡，頭一回修正看法。

他的這一份報告在比爾·彼得森簡直是大旱之望雲霓。有了這份報告證明血手印非屬不明凶手所有，而是黛比·卡特死前掙扎求生留下來的，他便可以放手去追他的頭號嫌犯。而且，他也需要提醒鎮民一下——他們都可能被選去當陪審團的。

雖然官方聲稱開棺一事及其相關細節都不公開，彼得森卻和《埃達晚報》聊過一回。「我們的發現證實我們懷疑的沒錯。我們手上有證據，正在比對。」報上引述他說過這一句話。

那他們到底找到了什麼？彼得森不肯證實細節，但有「消息來源」願意透露詳情。該消息來源說，「警方開棺，將那女的指紋重新採集一次，和她公寓牆上找到的血掌印作比對。」該消息來源再說，「偵查的焦點在排除該血掌印為死者之外的人所有。」

「這案子我的感覺比較好了，」彼得森說。

他拿到了隆恩·威廉森和丹尼斯·佛瑞茲的拘捕令。

五月八日，禮拜五早上，瑞克·卡森看到隆恩推著一具三個輪子的割草機，在鎮西的一條街上走。兩人談了一下。隆恩那時一頭長髮，打著赤膊，下面穿的是破牛仔褲，腳上是運動鞋。老樣子，不修邊幅。他想跟市政府求職，瑞克答應可以到他住的地方一趟，去拿求職申請書給他。隆恩說他那天晚上會在家裡等他。

卡森馬上通知他的副手，說他知道他們要抓的嫌犯當天晚上會待在他西第十二街的住處。警方規畫好逮人的計畫，瑞克希望參加。隆恩若暴力相向，瑞克還是希望沒人會因此受傷。但後來出任務的卻是另外四個警員，麥克．巴斯金警探也在內。

隆恩被警方收押，過程順利。他身上穿的還是那同樣的牛仔褲和運動鞋，也一樣打赤膊。他進了拘留所後，麥克．巴斯金對他宣讀了〈米蘭達權利〉，問他可有話要說。有啊，怎麼不說。詹姆斯．法克斯警探加入一起問話。

隆恩一再說他從沒見過黛比．卡特，從沒去過她的公寓，就他所知，他也從沒見過她這個人。雖然警方高聲罵他、恐嚇他，一再說警方知道隆恩有罪，但隆恩的說詞始終如一。

隆恩被關在郡看守所裡。那時他已經停藥至少一個月了。

丹尼斯．佛瑞茲那時和他媽媽還有一個阿姨一起住在堪薩斯市，當油漆工，日子過得忙碌。他前幾個月就離開埃達了。他和隆恩．威廉森的交誼，已經是很久以前的事。四年來也一直沒警察找他問話，卡特命案幾乎已經被他扔到腦後。

五月八日晚間，他正自己一個人在看電視。他忙了一整天，身上還穿著髒髒的油漆工白袍。那一天晚上相當暖和，窗戶開著。電話鈴響，傳來女性的聲音，沒說她是誰，問，「丹尼斯．佛瑞茲在嗎？」

「我就是，」他作了回答，那女的馬上掛掉電話。可能是打錯了，要不就是他的前妻還是怎樣。

他再坐回電視前面。他媽媽和阿姨已經在房子後面的房間裡睡了。時間已近十一點半。

十五分鐘過後，他聽到連續幾聲關車門的聲音傳來，就在附近。他站起來，光著腳，正朝前門走過去時，就看到屋外有一小隊作戰部隊似的人，都穿著黑衣，戴著重裝備，走過前院的草坪朝大門前來。搞什麼？他心裡奇怪，心頭閃過報警的念頭。

門鈴響了。他一打開門，兩個便衣警察就抓住他，把他拖出去，厲聲問他，「丹尼斯・佛瑞茲？」

「對，是我。」

「你因一級謀殺罪名被捕，」一個警察大聲咆哮，另一個拿出手銬把他銬住。

「什麼謀殺？」丹尼斯問道，接著心頭閃過一個念頭：堪薩斯市有多少人都叫丹尼斯・佛瑞茲的啊？他們搞錯人啦。

他的阿姨站在門口，看到霹靂小組朝丹尼斯逼近，輕機槍瞄準在他身上，隨時可以開槍，嚇得歇斯底里。他母親從她的臥室衝出來，警方則衝進屋內作「保護」，只是，若問他們，他們都不知道他們要保護的是誰還是什麼東西。丹尼斯又沒有武器。屋內也沒有已知或有嫌疑的凶手。只是，霹靂小組有他們的一定程序要做。

丹尼斯才在想他會在自家的前門被人一槍打死，一抬眼，就看到一頂白色的牛仔帽朝他的方向走來。他過去的兩場噩夢，正在車道朝他走來。丹尼斯・史密斯和蓋瑞・羅傑斯開心的加入亂局，得意得齜牙咧嘴，滿臉「大便笑」。

喔，那件命案！丹尼斯想起來了。這兩個小鎮牛仔居然吉星高照，騙得堪薩斯市的逃犯緝捕局（Fugitive Apprehension Unit）發動刺激但愚蠢的突襲。

「我可以把鞋穿好嗎？」丹尼斯問他們，警方勉強同意。

佛瑞茲被塞進警車後座，丹尼斯・史密斯跟著坐到他旁邊，喜不自勝。堪薩斯市的員警負責開車。臨要走前，丹尼斯看一眼重裝備的霹靂小組，心想，真是蠢！隨便找一個警長副手在附近的雜貨店不就可以逮人了麼。他還沒從忽然被捕的驚愕裡回過神來，但是看到堪薩斯市警方的人洩氣的樣子，還是忍不住發笑。

他母親在他心頭的最後模樣，就是站在前門，雙手蓋在嘴上。

警方把他押到堪薩斯市一處警局的一間小偵訊室裡。史密斯和羅傑斯先對他宣讀〈米蘭達權利〉，緊接著就說要錄他的口供。丹尼斯心裡不住念著華德和方特諾的事，打定主意，沒什麼好招的。史密斯這一次當的是白臉，像是他的好兄弟，真心要幫忙。羅傑斯一開始就一副兇相——不是辱罵就是威脅，好幾次手指頭都戳上了丹尼斯的胸口。

他們上一次找他問話，是四年前的事了。一九八三年六月，佛瑞茲第二次測謊「砸鍋砸得很嚴重」過後，史密斯、羅傑斯和費勒史東把他留在埃達警局的地下室裡，連著三小時逼著要他吐實。他們那時什麼也沒逼出來，這一次也休想。

羅傑斯怒氣沖沖。警方這幾年一直都知道佛瑞茲和威廉森就是強暴、殺害黛比・卡特的人，如今，案子已破。只欠口供。「我沒什麼好招的，」佛瑞茲一再重複這一句話。你們有什麼證據？拿來我看啊。

羅傑斯最愛講的一句是，「你是瞧不起我的智商是吧？」每一次佛瑞茲聽到都很想回他一句，「你也有智商啊？」但他不想挨巴掌。

逼了兩小時，佛瑞茲終於說，「好，我招。」警方大鬆一口氣，因為他們沒有證據，就要靠口供來破案。史密斯衝出去找錄音機，羅傑斯很快把筆記本和筆都擺好。那就招吧。

他們坐定後，佛瑞茲盯著錄音機說，「事實如下：我沒有殺害黛比·卡特，對她遇害之事，一無所知。」

史密斯和羅傑斯登時暴跳如雷——威脅、辱罵如雨打下。佛瑞茲心驚膽戰，但抵死不退，堅稱無辜，警方無法，終於結束偵訊。他拒絕被引渡回奧克拉荷馬州，打定主意要在堪薩斯市的牢裡靜待司法程序走完。

那一天是禮拜六。在那之後，隆恩也被警方從拘留所帶到警局再作一次問話。史密斯和羅傑斯刺激的逮人大戲已了，已經從堪薩斯回到埃達，就等在警局裡面。他們的目標是要隆恩招供。

偵訊早在逮人前一天就已經計畫好了。《埃達的噩夢》已經出版，史密斯和羅傑斯的偵訊手法招來了不少抨擊。他們乃決定由羅斯蒂·費勒史東代史密斯上陣，因為史密斯住在埃達，費勒史東住在奧克拉荷馬市。他們也決定不錄影。

丹尼斯·史密斯那時人就在警局裡面，卻避開偵訊室不進去。主導偵查有四年之久，大部分時候也都相信威廉森有罪，他到頭來還是避開了最重要的一場偵訊。

埃達警局裡面的錄影、錄音設備非常完善，也常常使用。偵訊的過程一般都會錄下來，尤其是自白絕對不會漏掉。警方很清楚自白錄影帶放給陪審團看的效力有多強。問問看華德和方特諾就可以了。隆恩四年前作的第二次測謊，費勒史東在埃達警局就有錄影。

自白就算沒作錄影，通常也會錄音。警方的錄音帶多的是。

但若既沒錄影也沒錄音，警方一般就會要嫌犯親筆寫下他的犯案過程——若嫌犯還能讀能寫的話。若嫌犯不巧是文盲，那就會由警探代筆，讀給嫌犯聽，再讓嫌犯簽名。

只是，五月九日那一天，這些作法沒一樣用上。威廉森的讀寫能力不錯，字彙還比偵訊他的警探都要多，卻只能眼睜睜看著費勒史東寫筆記。他說他知道他的〈米蘭達權利〉，願意作陳述。

警方記的筆錄如下：

威廉森說，「好，一九八二年十二月八日，我常去『馬車燈』那邊，有一天晚上我在那裡看到一個女孩子，很漂亮的女孩子，就想我可以跟她回家。」

威廉森停了一下，好像要說什麼，開頭的字母是F的字，但又住嘴。接著他再說，「我怕那天晚上會有不好的事，就跟她回去。」

威廉森又再停了一下，講他以前偷音響的事。威廉森接著再說，「我和丹尼斯在一起，我們到假日飯店去，說我們車上有棍子，抓她到車子上，但她跳車跑了。」

威廉森講話斷斷續續，連不成句，羅傑斯幹員要威廉森專心一點，回過頭來講黛比・卡特的案子。

威廉森說，「好，我作了一個夢，夢到我殺了黛比，壓在她身上，用一條電線纏在她脖子上，拿刀刺她，很多下，把電線用力纏緊。」

羅傑斯幹員問威廉森他和丹尼斯那一天晚上都在嗎？威廉森回答，「對。」費勒史東幹員問威廉森，「你到那裡去就是要殺她的嗎？」威廉森回答，「可能吧。」

費勒史東幹員問，「爲什麼？」

威廉森回答，「她搞得我很氣。」

費勒史東幹員問，「什麼意思？是指對你怎樣嗎？對你不好？」

威廉森回答，「不是。」

威廉森又再停了短短一下，就說，「喔，天哪，你們不可以要我招。我有家人、我有外甥需要保護。我姊姊她會心碎的。我媽媽是不會怎樣了啦，她已經死了。從出事後，我就一直在想這件事。」

約在晚間七點三十八分，威廉森說，「你們若要拿這件事來審我，那我要找坦納，他在土薩。我要找大衛・莫里斯。」

威廉森提到律師，警探聽得心底發毛。他們馬上中止口供的事，打電話給大衛・莫里斯，他要他們馬上停下來不要再偵訊隆恩。

警方作的筆錄隆恩沒有簽名。他始終沒看到。

警方和檢方拿到了另一份作夢自白後，案情就湊得起來了。他們先前從華德和方特諾的案子就已經學到：若要急著起訴，缺乏物證應不構成障礙。黛比•卡特身上沒有刀傷，也不怎麼要緊。陪審團只要嚇一嚇，就會定嫌犯的罪。

作一次夢若可以讓威廉森定罪，那再作一次夢就讓他沒辦法翻身了。幾天後，一個叫約翰•克里斯欽（John Christian）的獄卒到隆恩的牢房看他。他和隆恩是在同一街區長大的。克里斯欽家裡都是男孩，有一個還跟隆恩同年，隆恩常在他家吃午餐、晚餐。一夥男孩子在街上打棒球，後來再一起打少棒，也一起上賓恩中學讀書。

隆恩沒吃藥也沒治療，所以絕對不會是模範囚犯。龐托托克郡的看守所是沒有窗的水泥碉堡建築，不知何故還蓋在法院草坪的西側。天花板很低，感覺很侷促，會害人患上幽閉恐懼症，有誰放聲大喊，人人都聽得到。隆恩就常放聲大喊。而且，不喊的時候，就唱歌，哭，嗚咽，抱怨，要不就喃喃說他是無辜的，或大罵黛比•卡特的事。他被關在看守所的兩間單人房裡的一間，盡量和擁擠的多人房隔得遠一點。只是，拘留所實在不大，不管隆恩關在哪裡都可以擾人清夢。

而可以安撫他的人，就只有約翰・克里斯欽。警衛一換班，其他的人犯就如釋重負。因為克里斯欽一到，頭一件事就是到隆恩的牢房安撫他。兩個人會聊聊以前的事，一起長大，一起打球，兩人都認識的朋友，等等。他們也聊卡特案，會談隆恩被起訴有多冤枉。隆恩就可以安靜八小時。他的單人房跟老鼠洞差不多，但他還是想辦法要自己睡一下，讀一點東西。克里斯欽打卡要下班時，還是會去看一下隆恩，但隆恩這時就開始踱步，抽菸，蓄積發作的能量，準備等警衛一換班就開始大鬧。

五月二十二日晚上，隆恩還沒睡，知道克里斯欽在坐櫃檯。他把克里斯欽叫過來，想跟他談卡特的案子。他手上有一本《埃達的噩夢》，他說他的自白應該也算是作夢自白。依克里斯欽的說法，隆恩那時跟他講，「現在你這樣想好了，我想事情是這樣的。你就這樣想好了，我住在土薩，成天就愛喝酒，還吃安眠酮（quaalude）。有一天我開車到一家嗡嗡嗡俱樂部（馬車燈俱樂部）。你這樣想嘛。我又再喝了不少酒，有一點醉。接下來就說我跑到黛比・卡特的門前好了，敲她的門，她說等一下，我在講電話。你就說我真的撞開門，強暴她，再殺人滅口好了。」

威廉森再說，「那你說，我若真的殺她滅口，我會不從朋友那邊弄一些錢趕快跑路嗎？」

他這一番話克里斯欽沒有多想，卻還是跟一個同事說過一遍。話就一個傳一個，最後傳到了蓋瑞・羅傑斯的耳朵裡。這位警探馬上就知道他又有機會再在這凶手身上多加一筆罪證。兩個月後，羅傑斯要克里斯欽把隆恩講的那一番話再講一遍。羅傑斯打了一份筆錄，在他覺得該放引號的地方放了引號，就這樣為檢警做好了第二份作夢自白。至於隆恩矢口否認涉案的說法，裡面找不到一個字。

而真相到底如何，照常無關緊要。命案發生之時，隆恩不住在土薩。他也沒車，沒駕照。

7

聽到弟弟被捕，控以謀殺重罪，對安奈特・赫德森和蕾妮・席蒙斯真是莫大的打擊。從他去年十月從牢裡放出來後，她們就很擔心隆恩愈來愈糟的精神狀態和身體健康，但絕沒想到有一天會有謀殺的罪名加身。這些流言已經有好幾年了。但過了這麼久，她們都以為警方在忙著查別的嫌犯或別的案子。兩年前胡安妮妲過世前，還很有信心，認為自己已經給了丹尼斯・史密斯清楚的事證，隆恩絕對沒有涉案。安奈特和蕾妮也都認為如此。

她們兩人生活都過得很節儉——生兒育女，偶爾出外做事，付帳單，存得下來多少就存多少。所以，兩人都沒有閒錢去請刑事律師。安奈特和大衛・莫里斯談過，但他不想接這案子。約翰・坦納人在土薩，距離太遠，價錢也太貴。

雖然隆恩先前拖著她們上法院也有很多次了，但這一次他忽然被捕，控以謀殺罪，她們還是措手不及。朋友一個個退避三舍。開始有人會給她們臉色看，耳語也四處亂竄。一個舊識跟安奈特說，「這不是妳的錯。妳弟弟做的事，妳也沒辦法。」

「我弟弟沒有殺人，」安奈特反擊回去。她和蕾妮不斷跟人說這一句話，只是沒幾個人願意聽。別管那什麼無罪推定了。警方已經抓到了人；隆恩若沒殺人，他們抓他幹嘛？

安奈特的兒子麥可那時是十五歲的高二學生，有一次上課時就碰到很難堪的狀況。班上在討論當時鎮上的大事，最重要的當然就是隆恩・威廉森和丹尼斯・佛瑞茲因謀殺罪被捕。由於麥可姓赫德森，所以班上沒人想到被控的凶手是麥可的舅舅。對於被捕的這兩個人，全班是同仇敵愾、義憤填膺。安奈特第二天早上就到學校一趟，解決這件事。老師連聲跟她道歉，保證會把討論的重點往別的方向帶。

蕾妮和蓋瑞・席蒙斯則是住在奇克榭，離埃達有九十哩；九十哩的距離給了他們不少喘息的空間。不過，安奈特就從沒離開過埃達，雖然現在她很想一走了之，但她必須留下來，幫小弟撐下去。

五月十日，禮拜天，《埃達晚報》刊登了一則頭版新聞，報導黛比・卡特命案逮捕凶嫌的事。大部分的細節都是比爾・彼得森透露出來的。他證實重新開棺驗屍，神祕的掌紋正是死者所留。他說他們鎖定佛瑞茲和威廉森為嫌犯已經超過一年，但沒解釋原因。至於偵辦本身，他說，「我們的偵辦約在六個月前走到了窮途末路，就開始看這些事要怎麼辦。」

這一則新聞特別惹人注意的有一點，是報導裡說聯邦調查局也插手處理這件案子。兩年前埃達警方是曾經向聯邦調查局求援。聯邦調查局研究過案子後，作出凶手的心理剖繪交給埃達警方，只是彼得森沒把這一份資料透露給報社知道。

翌日，該報又登出一則頭版新聞，這一次是隆恩和丹尼斯在警局拍的檔案大頭照。就算是大頭照，他們臉上那一股凶相，看了就足以定罪。

該篇報導把前一天新聞的細節重述一遍，特別指明兩位凶嫌都已經被捕，控以第一級性侵、異物性侵、第一級謀殺等罪名。說也奇怪，「官方」不肯就兩名嫌犯是否已就罪行作下陳述，發表評論。顯然，埃達的記者對自白習以為常，以為這類陳述是所有刑事偵查的常態。

雖然警方壓下隆恩第一次的作夢自白沒透露出去，但據以簽發拘票的切結書，他們就透露了出去。報導裡引述切結書裡說，「從卡特小姐身上、床單採集到的陰毛和頭髮，經顯微檢查顯然和隆納德・基斯・威廉森（Ronald Keith Williamson）還有丹尼斯・佛瑞茲，有一致之處。」

而且，這兩個人都有長長一串前科。隆恩的紀錄是十五項輕罪——酒駕一類——外加一項偽造文書的重罪，害他坐牢。佛瑞茲有兩項酒駕紀錄，幾項交通違規，外加以前那一次持有大麻的定罪紀錄。

比爾・彼得森再次證實黛比・卡特的屍體經重新開棺，再採集一次掌紋作比對，發現與死者符合。他還說，那兩人「成為本案嫌犯已有一年多的時間。」

兩則報導在結尾都提醒大家，「卡特乃因強暴過程被一條毛巾塞在喉嚨裡而窒息死亡。」

禮拜一，隆恩被帶出拘留所，走過法院前面的草坪，路程約是五十步，頭一次出現在約翰・大衛・米勒法官眼前。他是預審的承審法官。隆恩說他沒有律師，也不知道他請得起嗎？事後他就還押看守所。

幾個小時後，一個叫米奇・韋恩・哈洛爾（Mickey Wayne Harrell）的牢友聲稱聽到隆恩哭著說，「對不起，黛比。」這件事馬上呈報予獄卒。據說隆恩還問過哈洛爾可不可以幫他在手臂上畫刺青，寫上：「隆恩愛黛比。」

有這麼一件熱騰騰的新案子排進了審理日程，監所裡謠諑紛傳。抓耙仔的把戲原本就是監所裡面的家常便飯，因為警方最愛跟著配合演出，這時自然馬上開演，演得如火如荼。離開監所重獲自由——要不也起碼減輕一點刑期——最快的途徑就是聽到或者是說自己聽到，明星嫌犯說出他犯下的案子的全部或是部分案情，然後以之和檢方作認罪協議的籌碼。抓耙仔在大部分的監所裡面並不常見，因為人犯怕遭其他牢友報復。但在埃達，抓耙仔盛行，因為效果奇佳。

兩天後，隆恩又被押解出庭，討論他委任律師的事情。他就又見到了約翰・大衛・米勒法官，但事情並不順利。他還是沒吃藥，因此變得好鬥、愛吵鬧，還大喊，「我沒有殺人！你們安給我這罪名我受夠了。我很難過她的家人——」

米勒法官想制止他，但隆恩就是有話要說。「我沒有殺她。誰殺她的我不知道。我媽那時還活著，她知道我那時候人在哪裡。」

米勒法官想跟隆恩解釋那一天的庭訊不是要被告來作辯護的，但隆恩就是一直講。「那些罪名都要撤銷才對，」他一說再說，「太荒謬了！」

米勒法官問他懂不懂他被控的罪名，隆恩對此回答，「我是清白的，從來沒跟她在一起過，從來沒跟她在車裡過。」

法庭宣讀他的權利、作下紀錄時，隆恩還在喊，「我被關過三次，每一次他們都說我和這件案子有關。」

法庭唸到丹尼斯・佛瑞茲的名字時，隆恩打斷人家：「這傢伙和這件事沒一點關係。那時候我是認識他。但他沒到『馬車燈』去。」

法官終於將他無罪的答辯寫入紀錄。隆恩被押解回去的時候，還不住激烈叫罵。安奈特在旁聽席看著他，靜靜哭泣。

她每天都到牢裡看他，獄方准許的話還一天去兩次。他們和她原本就大都認識，他們以前也都認識隆恩，因此，往往會略微曲解一下規定，讓他們的會面可以多幾次。

他很煩躁，還是沒吃藥，實在需要專業協助。他根本沒犯案子卻被抓進牢裡，惹得他滿肚子怒氣、怨氣。他覺得好丟臉。四年半來，他一直活在大家懷疑的陰影下，懷疑他犯下滔天大罪。光是這懷疑就夠他受的了。但埃達還是他的老家，這裡的人是他的同鄉，有以前、現在的朋友，有從小看他到大的教友，有還記得他是運動健將的崇拜者。耳語和臉色讓他好痛苦，但過去這幾年他都熬過來了。他是清白的，真相會還他清白——只要警方找得出來。

只是，猝然被逮關進牢裡，還把他的警局大頭照登在報紙頭版，打擊實在太大。

他連他是不是見過黛比・卡特都不敢確定。

丹尼斯・佛瑞茲在堪薩斯牢裡枯等警方將他引渡回埃達的期間，只覺得自己被捕一事好不諷刺。謀殺？他自己才因為妻子遇害承受了多年的痛苦，不知有多少次他覺得自己才是受害人。

謀殺？他從沒用肢體暴力傷害過誰。他身材矮小，瘦弱，最討厭打架、動粗這類的事。沒錯，他是去過許多酒吧，去過不良場所，但一有吵架的跡象，他向來及早抽身。只要不是隆恩先找人打架，隆恩就一定會耗下去跟對方較勁，絕對不先走人；丹尼斯的性子則不是這樣子的。他會變成嫌犯，純粹因為他和隆恩是朋友。

佛瑞茲寫了一封長信給《埃達晚報》，解釋他為什麼不肯引渡回埃達。他說他不肯和史密斯、羅傑斯一起回埃達來，是因為他沒辦法相信他們居然控告他謀殺。他是無辜的，跟案子沒一點關係，也需要時間把事情好好想清楚。他會請出色的刑事律師來幫他辯護，他的家人正在籌錢。

佛瑞茲就他接受偵訊的過程作過概述。由於他沒有見不得人的事情，也願意跟警方合作，因此警方要求的事情他沒有不答應的：唾液檢體，指紋，筆跡，毛髮（連八字鬍都拔過），兩次測謊，只是丹尼斯・史密斯說他「砸鍋砸得很嚴重」。但佛瑞茲說，他後來發現他的測謊根本沒有砸鍋。

至於警方的調查，佛瑞茲寫道，「過去三年半他們一直有我的指紋、筆跡、毛髮可以比對他們在犯罪現場找到的證據，若有其他證據也是一樣，該抓我早就抓了。只是，依你們的報導來看，六個月前，他們走到了窮途末路，必須決定『這些事』該怎麼辦。我沒那麼笨，會不知道鑑識單位需要耗上三年半的時間才比對得出來我自動送上的證據。」

以前在學校教過科學的丹尼斯，幾年前在他交出毛髮檢體後，就研究過毛髮跡證的事。所以，他寫的信裡有這麼一段：「毛髮的化驗只能分辨出種族，但沒辦法在同一種族裡面再分辨出一個個人的特徵出來。這麼薄弱的證據怎麼可以拿來控告我強暴、殺人？只要是這一領域的專家證人都知道，有同一毛髮特徵的人，可以多達五十萬。」

他在信的末尾極力澄清自己是清白的，還問了這問題：「我是證明清白前都有罪，還是證明有罪前都清白？」

龐托托克郡沒有全職的公設辯護人。請不起律師的罪案被告必須簽署貧困聲明，再由法官指派地方的律師當義務律師。

由於有錢人不太容易惹上重罪，因此，罪行比較嚴重的人大部分用的都是義務律師。搶劫，毒品，威脅，本來就是較低階層的人才會犯的罪行，也由於被告大部分本來就有罪，因此法庭指派給他們的律師就可以先調查、訪談過後，作認罪協商，接著就可以填報告，結案，收取些微的費用了事。其實，費用之低廉，導致大部分的律師對這類案子避之唯恐不及。隨便湊和出來的義務辯護制度，問題重重。法官每每把案子派給沒有刑事法經驗的律師去辦。當然也沒錢請專家證人，或付其他的開銷。

而最能把小鎮律師嚇得鳥獸散的，就屬可以判死刑的凶殺案了。案子一定是眾人矚目，奉命律師在為犯下罪大惡極刑案的下層階級被告捍衛權利時，一定也是眾人矚目。一定會耗上很多時間，小型的律師事務所搞不好還會被拖垮。付出和所得根本不成比例。而且，上訴一定會拖上很久，永無寧日。

大家最怕的就是沒有人願意當被告的律師，這時就要由法官分派案子。大部分的法庭在開庭時都擠滿了人，唯獨一有死刑命案被告被拖進來，還簽了貧困聲明，那就馬上人去樓空。律師全都會跑回辦公室，鎖上門，拔下電話線。

埃達法院的常客裡，最精采的人物可能就是巴尼・華德（Barney Ward）了。這位盲人律師以穿著時髦、日子拉風、事蹟膨風，埃達法律界的八卦都愛參一腳而出名。法庭裡的事好像都逃不過他的法「眼」。

巴尼十幾歲時就失明了；高中時化學實驗出錯害的。他把那一件事看作是人生一時的挫折，還是讀完了高中。之後，他到埃達的東中央大學唸書，由母親當他的伴讀。他畢業後跑到諾曼，進了奧克拉荷馬大學讀法律，還是由母親當伴讀。他順利畢業，考上律師執照，回埃達來，參加地檢署的檢察官競選。他選贏了，連當了幾年的主任檢察官。一九五〇年代中期他自己開業，專接刑事辯護案件，很快就以堅定捍衛客戶建立起口碑。巴尼的手腳很快，檢方的起訴案一有弱點他馬上嗅得出來，遇見敵方的證人也一定如惡虎撲羊毫不留情。

有一件眾口相傳的軼事，就說他有一次真的撲向另一位律師。那時他和大衛・莫里斯正在法庭上爭辯證據的事。兩邊進行得都不順利，氣氛緊張，不巧莫里斯說錯話：「庭上，你看嘛，這連瞎子也看得出來。」巴尼一頭朝他撞過去，或說是朝他的方向撞過去吧，掄起右勾拳就朝莫里斯打，還差一點正中目標。等法庭回復秩序後，莫里斯跟他道歉，但對他始終保持安全距離。

巴尼在埃達無人不識，無人不知，而且人在法院，身邊總會跟著他忠心不貳的助理，琳達。琳達負責幫他唸文書、記筆記。他有時也會讓導盲犬幫他帶路，但他還是喜歡年輕女士。他對誰都很和氣，聽過的聲音從不會忘記。別的律師會選他作律師公會會長絕對不是出諸同情。巴尼人緣之好，連撲克牌俱樂部也少不了他。他自己發明一組點字牌，還昭告天下只有他可以發牌，一上牌桌，沒幾下就把籌碼一掃而空。其他同好見狀，覺得巴尼還是別發牌的好。他的勝率跟著就下降了一點。

一些同行每年都會邀巴尼一起參加獵鹿營，為期一個禮拜，只限男性，遠離塵囂，大口喝啤酒，猛打撲克牌，亂講葷笑話，吃大鍋菜，有時間的話還真的會打一打獵。巴尼的夢想是要打下一頭鹿。有一次，他幾個朋友在林子裡找到一隻很肥的野鴨，悄悄把巴尼弄到瞄準位置，把獵槍塞進他手裡，仔細調整方向，瞄準好了後，在他耳邊輕輕說道，「開槍！」巴尼扣下扳機，雖然離命中目標很遠，但他那些朋友還是說那一頭鹿命大，就差那麼一點就要命喪黃泉。這件事巴尼一連講了幾十年沒停。

巴尼酒喝得很兇，而酒喝得兇的人到後來終究是不戒酒不行。他戒酒的那時候用的導盲犬，後來不得不換掉，因為那一隻導盲犬老是領著他到酒店去。顯然他是忠實的老顧客，因為有關他的一則傳說流傳不休，說他一戒酒，那一家威士忌專賣店就關門大吉了。

巴尼很愛錢，客戶付不出錢來他可沒什麼耐性。他的格言是「證明破產前都無罪」。不過，到了一九八〇年代中期，巴尼已經過了他的盛年。出庭時偶爾會漏掉事情，因為他會打瞌睡。他戴著一副很厚的墨鏡，遮掉他大半張臉，法官和律師都看不出來他是在聽還是在睡。他的對手抓到這一點，耳語相傳——因為他耳朵太尖，什麼聲音都不會漏掉——對付他的策略就是把案子或庭訊拖過午餐，只要拖到下午他一定會打瞌睡。只要拖得過下午三點，你打贏巴尼的勝算就會大幅提升。

兩年前，湯米・華德的家人曾經找過他，沒有真正接觸，只是打探一下他的意願。他認為華德和方特諾無辜，但死刑的案子他不要接比較好。光是文書工作就會壓死人，而這不是他的強項。

如今，有人又找上他了。米勒法官要巴尼當隆恩・威廉森的辯護律師。巴尼是全郡刑事辯護經驗最豐富的律師，現在亟需他的專才出馬。他略猶疑了一下後，答應了下來。他是道地的律師，美國憲法裡裡外外他都摸得熟透，深信再討人厭的被告都有權享有強力的辯護。

一九八七年六月一日，巴尼・華德由法庭指派，出任隆恩的律師，這是他生平第一宗死刑案的客戶。安奈特和蕾妮很高興。她們都知道他是誰，也都知道他的名聲：他是鎮上頂尖的刑事辯護律師之一。

只是律師和被告兩人一開始相處並不順利。隆恩受不了拘留所，拘留所也受不了他。他們兩人在拘留所前門附近的一間小會客室裡會面，而巴尼覺得那裡對他這一位不守規矩的客戶未免太舒服了。他打電話安排隆恩作一次精神檢查。隆恩就又開始吃溫特明了，而巴尼和拘留所上下全都鬆了一大口氣，因為溫特明的藥效真好。其實，藥效還好到警衛要隆恩吃得愈多愈好，這樣所內才安靜得下來。結果隆恩回到了嬰兒期，成天睡覺。

不過，有一次會面時，隆恩連話都沒辦法講。巴尼和所方談了一下，所方調整藥的用量，隆恩才又生龍活虎起來。

他通常不太懂得怎麼和律師合作。給的頂多是幾句喃喃自語，一再否認犯行。他是被濫訴入罪的，根本就跟華德和方特諾一樣。巴尼從奉派接下這案子的第一天開始就已經洩氣了，但他還是勉力而為。

葛倫・高爾那時也在牢裡，被控的罪名是綁架和威脅。法庭派給他的律師是葛瑞格・桑德斯（Greg Saunders），一個剛在埃達開業接民事案的年輕律師。他和高爾有一次在牢裡會面時，兩人差一點就打了起來。桑德斯一轉身馬上進法院，要求米勒法官撤銷他的委任。米勒法官不肯，所以桑德斯就說，願意接下一件死刑案，只要可以讓他扔掉高爾就好。那好，米勒法官說，就由你擔任卡特一案的被告丹尼斯・佛瑞茲的委任律師。

葛瑞格・桑德斯雖然對接下這一件死刑案很擔心，但想到有和巴尼・華德密切合作的機會，還是很興奮。他在東中央大學唸書的時候，就夢想要當訴訟律師，知道巴尼要出庭，還常常蹺課去旁聽。他看過巴尼把說詞不穩的證人大卸八塊，也看過他把檢察官嚇得屁滾尿流。巴尼很敬重法官，但不怕法官。巴尼也很能跟陪審團開講。他從不拿他的殘障作乞憐的藉口，但在關鍵時刻還是會用來勾起同情。在葛瑞格・桑德斯眼裡巴尼是絕頂出色的法庭律師。

兩人獨立作業但也悄悄合作，提起一大落的聲請，很快就把地檢處弄得一團忙亂。六月十一日，米勒法官開庭，處理檢方和被告兩邊提起的問題。巴尼要求檢方提供這案子的證人名單。奧克拉荷馬州的法律明訂這類資訊要公開，但比爾・彼得森對法條有疑問。巴尼把法條解釋給他聽。檢察官只肯公開他要用在預審偵查庭上的證人名單。不可以，米勒法官反駁，命令彼得森一有新證人就必須及時通知辯方。

巴尼那一天情緒暴躁，所提的聲請大部分都贏。但也看得出來他的鬥志不高。他曾經私下悄聲說過，他純粹是奉法庭的命令接這案子，不想耗太多時間在這上面。他表示一定會盡到該盡的責任，但也擔心手上這第一件死刑案會耗盡他的心力。

翌日，巴尼再提起一項聲請，要求法庭多派一位律師給隆恩。檢方沒有反對，六月十六日，法蘭克•巴柏（Frank Baber）被米勒法官指派來協助巴尼。兩方一邊為預審偵查庭作準備，一邊大玩法律角力和文書大戰。

丹尼斯•佛瑞茲就關在離隆恩•威廉森不遠的牢房裡面。他見不到隆恩，但一定聽得到他的聲音。隆恩只要沒有服藥過量，慣常大喊大叫。他可以一連幾個小時站在牢房門口的鐵欄杆邊，一遍又一遍的大喊，「我無罪。我無罪。」低沉、沙啞的嗓音在擁擠的拘留所裡四處迴盪。他像一頭受傷的野獸，關在籠子裡，亟需協助。關在裡面的人本來就已經夠緊張了，隆恩魔音穿腦似的喊叫在所裡的緊張氣氛上面，多加了一層重重的焦慮。

別的人犯也會回嘴，拿他殺了黛比•卡特的事來奚落他。鬥嘴、互罵，一來一往有時也煞是有趣，但還是以頭皮發麻居多。後來獄方把隆恩從單人房移到大間的牢房，和十幾個人同居一室，結果大錯特錯。住在那裡少有隱私可言，擠得簡直可以說是摩肩擦踵。而隆恩是不懂得要尊重別人空間的。所以，所方很快就接到一封請願信，由所裡的牢友聯名，請求所方把隆恩關回單人房。警衛惟恐會有暴動或有人送命，同意所請。

接下來平靜了好長一段時間。所裡不論人犯還是警衛，又都可以喘一口氣了。沒多久，所裡上上下下就都知道，這要不是約翰・克里斯欽上班了，就是警衛又加重了隆恩溫特明的劑量。

溫特明是可以教隆恩安靜下來，但有的時候也不是沒有副作用。吃溫特明害隆恩的兩腿發癢。結果，「溫特明磨蹭」就成了所裡的日課，因為隆恩會站在他牢房門口的鐵柵欄邊，側身在鐵欄杆的縫裡磨來磨去，一連磨上好幾小時不停。

佛瑞茲會找機會跟他講話，安撫他的情緒，但沒多少效果。隆恩大喊無罪的聲音聽起來是一大折磨，尤其是在丹尼斯的耳裡；他最了解他了。顯然隆恩需要的不只是藥罐子而已。

安定劑（Neuroleptic）是鎮定劑和抗精神病藥物的同義詞，主要用來治療精神分裂症。溫特明便是一種安定劑，但有曲折的歷史。安定劑在一九五〇年代開始在州立的精神病院裡面泛濫。這一強效藥劑可以大力抑制病人的知覺和注意力。愛用這種藥的精神科醫生認為這種藥因為可以扭轉或修復病人受損的腦部化學作用，而真正治好病人。

不過，批評這種藥的人數遠大於愛用的人，他們列舉無數研究指出這種藥有一長串很可怕的副作用。鎮靜，嗜睡，乏力，注意力不集中，作噩夢，情緒困擾，沮喪，絕望，對環境沒有自發的興趣，病人的知覺和運動控制都會變得遲鈍或呆滯。溫特明對大部分的腦部功能都有毒害的效果，而且幾乎全都有破壞的效力。

抨擊最力的人說這種藥的效力「頂多就是作化學的前額葉切斷術」。他們說醫生開溫特明真正的目的，只是在替精神病院和監獄省錢，讓病人和人犯比較好管而已。

隆恩吃的溫特明是由關他的監所警衛給的，有的時候還是由他的律師下令。不過，用藥無人監督。他太吵，他們就要他吃藥。

雖然丹尼斯・佛瑞茲在卡特命案後還在埃達住了四年才走，但司法單位卻認為他有逃亡之虞。所以，他跟隆恩一樣，保釋的金額是天價，根本付不出來。他們跟所有的被告一樣，應該都先推定無罪，但卻被關進牢裡，免得兩人逃跑或是橫行鄉里殺害無辜。

他們理當推定無罪，卻在看守所裡等了近一年，才上得了法庭。

丹尼斯在看守所幾天後，一個叫麥克・坦尼（Mike Tenney）的男子忽然出現在他牢房門口。坦尼很胖，禿頭，不善辭令，但臉上始終帶笑，舉止友善，直把丹尼斯當老朋友看。而且，他急著刺探卡特命案一事。

丹尼斯在埃達待的時間不算短，還知道看守所是抓耙仔、大騙子、殺人犯的大糞坑，也知道他跟人講過的話很可能會被人拿到法庭上重講一遍，而且會扭曲得很嚴重，成為對他不利的證據。監所裡的人犯、警衛、警察、模範囚犯、工友、廚子，人人都有可能是抓耙仔，都急著刺探出什麼好向警方邀功。

坦尼說他才剛來這裡當獄卒，但其實他根本還沒開始正式吃公家飯。這個坦尼雖然是自告奮勇來的，既沒見識也沒經驗，但要給丹尼斯的建議倒是不少。依他看啊，丹尼斯的麻煩大囉，死刑檯就在眼前，若要保命就最好要將案情和盤托出，全都招吧，和地檢署的彼得森談交易，就別管隆恩・威廉森那兔崽子了吧。

彼得森不會虧待你的。

丹尼斯光聽不說。

坦尼就是不走。他每天都來，對丹尼斯的困境大搖其頭，心情沉重，不停跟他囉嗦司法系統是怎麼回事，他覺得會怎樣，再給丹尼斯明智的忠告，免費贈送。

丹尼斯光聽不說。

他們的預審偵查排在七月二十日開庭，由約翰・大衛・米勒法官承審。奧克拉荷馬州的預審跟別的地方一樣，都很重要，因為法院要求檢方掀牌，讓院方和其他人都知道檢方的證人有誰，又會說些什麼。

檢方在預審最艱鉅的任務就是：亮出來的證據要足以說服法官他們已經有合理的基礎可以指被告有罪，但又不致把手中的籌碼全讓被告那邊知道。這比的是手段，外加冒一點險。

不過，檢方一般都沒什麼好擔心。地方法院的法官若是駁回檢方的刑事控訴，就不太容易選上連任。

不過，由於指控佛瑞茲和威廉森兩人的證據那麼薄弱，比爾・彼得森在預審時還是要多加一把勁。他手上有的籌碼已經太少，當然不可能再壓著不拿出來。而且，地方的報社一定也會在場，急著要寫下法庭裡的每一句話。《埃達的噩夢》出版已經三個月，依然是鎮民熱烈爭論的話題。這一次的預審，是彼得森在該書出版後的第一場大審的第一幕戲。

法庭裡坐滿了人。佛瑞茲的母親也在座，安奈特•赫德森和蕾妮•席蒙斯也是。佩姬•史迪威，查理•卡特，還有他們另兩名女兒都早早就到了。法庭常見的老面孔──百無聊賴的律師，鎮上的八卦專家，無事忙的法庭書記，退休後沒事幹的老人家──都爭著要第一次親眼看看兩位殺人凶手。正式審判還要好幾個月才會開始，但是真人說的證詞就快要聽得到了。

開庭前，埃達警方可能純粹是鬧著玩吧，居然跟隆恩說丹尼斯•佛瑞茲終於全都招了，供出他們兩個都涉及強暴和殺人。一聽這驚人的消息，隆恩剎時暴怒。

丹尼斯和葛瑞格•桑德斯一起靜靜坐在被告席上，翻閱幾份文件，等著庭訊開始。隆恩坐在附近，手銬和腳鐐都沒拿下來，不時怒目瞪視佛瑞茲，很想要掐死他的樣子。坐著坐著，隆恩忽然從椅子上跳起來，開口狂罵佛瑞茲。佛瑞茲離他只有幾呎遠。一張桌子還飛了起來，砸中巴尼的助理琳達。丹尼斯馬上跳起來，退到證人席邊，讓警衛去抓隆恩。

「丹尼斯你壞人混蛋龜兒子！」隆恩大罵，「我們今天一了百了！」隆恩低沉、沙啞的聲音響徹整間法庭。巴尼挨了一記，從椅子上摔下來。幾個警衛一擁而上抓住隆恩，把他壓在地板上面，想要他平靜下來。隆恩又踢又撞的，跟瘋子沒兩樣，搞得幾個警衛手忙腳亂。丹尼斯、葛瑞格•桑德斯還有法院人員全都趕忙後退，眼見法庭正中央居然疊羅漢般摔成一團，一個個看得目瞪口呆，不敢置信。

他們花了好幾分鐘才制伏隆恩；隆恩的塊頭比警衛都要大。幾個警衛把他拖走的時候，隆恩還一路朝佛瑞茲叫罵、威嚇，全都不堪入耳。

等塵埃落定，一張張桌椅擺回原位，大家再深吸一口氣，鎮定情緒。巴尼看不到混戰的情況，但知道他剛才正夾在中間。他站起來向法官說：「我要庭上記錄，我現在申請退出。那小子根本就不跟我合作。他若付得出錢來，我還根本不會出現在這裡。我沒辦法當他的委任律師，庭上。我沒辦法。我不知道還有誰可以，但我知道我不行。而且——庭上若不肯撤銷我的委任——我會到刑事上訴法院去要求撤銷。這我沒辦法接受。我年紀大了，庭上。我不要和他有一點關係，不管什麼關係都不要。我不知道他犯了什麼罪——這和撤銷沒有關係——但這樣的事我沒辦法處理。你知道接下來他會怎樣吧？他準會捶我；他敢打我當然會有大麻煩，但我的麻煩搞不好還更大。」

米勒法官對此聲請作了明快的回應，「律師的聲請駁回。」

安奈特和蕾妮兩人看到親弟弟像瘋子一樣發狂，到最後被人用鐵鍊綁住拖走，心都碎了。他有病，需要照顧，需要長期住院，找好醫生治好他。他病成這樣，奧克拉荷馬州檢方怎麼還會要他受審？

在走道另一邊，佩姬・史迪威看著隆恩這瘋子，想到不知道他對她女兒是怎麼施暴的，不禁打了一個寒顫。

法庭恢復秩序幾分鐘後，米勒法官下令把隆恩・威廉森帶進來。警衛在拘留室裡已經跟隆恩作過說明，他在司法機構裡這樣子搞是很不好的，若再亂來，絕對不會這麼容易放過他。不過，他們一進法庭，隆恩看到佛瑞茲馬上就又開始大罵。法官只好再把他關回拘留室，法庭旁聽席全部清空，等一個小時再說。

警衛把隆恩關回拘留室後，警告就更嚴厲了，但隆恩根本不理。假口供在龐托托克郡是司空見慣的事，他就是沒辦法相信警方居然也從丹尼斯・佛瑞茲的嘴裡擠了一份出來。隆恩是清白的，也有決心絕對不讓自己跟華德和方特諾一樣被檢方迫害。只要讓他的手碰得到丹尼斯的脖子，他一定掐到他說實話為止。

隆恩第三次回法庭來，跟前兩次如出一轍。他一進法庭就大罵，「佛瑞茲，我們兩個今天一了百了——就你跟我把事情一了百了。」

米勒法官打斷他的話，但隆恩就是不肯稍停一下。「我和你把事情作個了斷，」他朝丹尼斯大喊，「我沒殺過人！」

「把他架在那裡別讓他動，」米勒法官吩咐警衛。「威廉森先生，你若再亂發脾氣，本庭即進行缺席審理。」

「於我沒差！」隆恩頂嘴。

「好，你知道——」

「我才不要待在這裡，麻煩你，我寧願回牢裡去。」

「你要放棄你出席預審的權利？」

「對，我要放棄。」

「沒有人威脅或強迫你放棄，這是出之於你個人——」

「在威脅人的人是我！」隆恩啐了一句，怒視丹尼斯。

「是否有人脅迫你——此乃出之於你個人的決定才放棄——」

「我說在威脅人的人是我！」

「好。你不想出席這一庭訊，對不對？」

「你說對了。」

「好。你們可以把他押回拘留所。法庭紀錄會載明被告隆納德・基斯・威廉森，由於數度暴怒、動粗，造成審理中斷，而自願放棄出席此一法庭審理。本庭也發現——以他目前對本庭所言，暨其人之暴怒——此次審理有他在場即無法進行。」

隆恩被送回牢房，預審即如期進行。

一九五六年，美國聯邦法院於〈畢夏普控訴聯邦政府〉（Bishop v. United States）一案，裁定將心智失能的嫌犯予以定罪，屬於違反正當程序。一人的心智是否正常若有疑義，但未作適當鑑定，等於

剝奪他憲法賦與的權利。

隆恩・威廉森被關兩個月了，檢方或辯方始終沒人問過他的心智是否正常。然而證據昭然若揭。他的就醫史洋洋灑灑一大堆，法院輕易即可取得。他在看守所裡不時叫罵，雖然因為有他的律師和獄卒強行用藥，而致稍有控制，卻是明白的警訊。他的情況在埃達也是人盡皆知，尤其是警方。

他在法庭出的事，以前也有過。兩年前，檢方想要撤銷他脫逃罪的暫緩執刑判決時，他在法庭上也是完全失控，大吵大鬧，最後被送進精神病院作精神鑑定。那時承審的也就是約翰・大衛・米勒法官，跟這一次預審是同一位法官。那時米勒法官裁定隆恩為心智失能。

如今，過了兩年，而且涉及死刑的判決，但這米勒法官照情形看是不覺得需要調查一下隆恩的心智狀態。

奧克拉荷馬州有一則法條，准許法官在被告的心智能力成了問題時，可以暫停審理，正在進行預審也包括在內。辯方還不需要提出聲請。大部分的訴訟律師都會力辯他們的客戶有精神病史，應該進行精神鑑定，但在辯方未提起如此聲請之時，法官依然有責任保障被告憲法賦與的權利。

巴尼・華德應該把米勒法官的裁定撕得粉碎才是。身為辯護律師，他應該要求對他代表的客戶進行完整的精神鑑定才是。他的下一步應該是要求就隆恩的心智能力開審理庭，也就是兩年前大衛・莫里斯採取過的同一作法。最後一步，就是以精神失常作辯護。

隆恩既然被請出了法庭，預審開起來就既平靜又有秩序。庭訊連著開了幾天，隆恩一直沒從看守所裡出來。只是他有沒有能力為他自己的辯護出力，已經少有差別。

佛瑞德‧喬登醫生最先作證，說明驗屍的過程以及死因——窒息，可能是由纏在頸部的腰帶或是由塞在嘴裡的毛巾所造成的，也可能兩者皆有。

謊言從第二位證人嘴裡開始出現。葛倫‧高爾作證在十二月七日晚上，他在「馬車燈」和幾個朋友在一起，其中一個就是黛比‧卡特，她是他以前的同學，從小就認識。那天晚上後來她要高爾「救」她或「幫她脫身」，因為隆恩‧威廉森也在那裡，纏著她不放。

十二月七日那天晚上，他沒看到丹尼斯‧佛瑞茲出現在「馬車燈」。

進行交叉詰問的時候，高爾說他在十二月八日跟警方說過這一件事，但警方的筆錄裡沒有隆恩‧威廉森的名字。警方的這一份筆錄也交給辯方，依照法律規定應該要給。

因此，葛倫‧高爾就此成為唯一直接指控隆恩‧威廉森的證人。他直指隆恩在黛比‧卡特遇害前幾個小時見過她，還和她有衝突，等於是在凶手和死者之間建立起關聯。其他的證據就都是間接的了。

也唯有比爾‧彼得森這般堅決的檢察官，才會大膽讓葛倫‧高爾這樣的罪犯和他的案子靠得這麼近。高爾自己就曾經戴著手銬、腳鐐來開預審庭。他那時正在服他四十年的刑期，罪名是非法入侵、綁架、殺人未遂，而且殺人未遂的對象是一名警官。五個月前，高爾強行闖入他前妻葛文（Gwen）家裡，押了她作人質，他的幼女也跟著遭殃。他那時醉醺醺的，用槍指著前妻、幼女長達五小時。在警方有一人員，瑞克．卡森，從窗口朝裡面看時，高爾瞄準，開槍，正中卡森臉部。幸好傷勢不重。高爾在後來清醒終至投降之前，又再朝另一個警官開過槍。

這不是他第一次對葛文暴力相向。一九八六年，他們失和的婚姻正在解體，高爾就被控侵入葛文住處，用一把切肉刀刺了葛文好幾刀。她逃過死劫，提起控訴，高爾被控兩項第一級強盜的罪名和一項以危險武器威脅、傷害的罪名。

兩個月前，他又被控威脅葛文；他勒住她的脖子。

一九八一年，他被控強行進入另一女子的家中。高爾以前在軍中就有過被控威脅傷害罪名的紀錄，還有一長串定罪的小罪名。

他的名字被加進指證隆恩．威廉森的新證人名單裡去後一個禮拜，一份認罪協議就批准了。同一期間，一項綁架罪名和一項持危險武器威脅的罪名都遭駁回。等高爾要判刑時，他前妻的父母寫了一封信向法庭陳情，要求判他長一點的刑期。他們在信裡寫道：

我們希望您能了解我們覺得這人有多危險。他想殺害我們的女兒、外孫女、還有我們兩老。這是他親口說的。我們費盡心力在我們女兒住處加裝防盜設備，但沒有用。在此無法細述他歷次攻擊我們女兒的詳情，因為罄竹難書。在此懇請法官給我們女兒多一點時間把孩子扶養長大，免得他一出獄又開始製造恐懼，請不要讓小女孩再嚐恐懼的苦果。

多年來，巴尼・華德一直懷疑葛倫・高爾自己就涉及卡特命案。他是前科累累的慣犯，對女人暴力相向的歷史很長，而且，有人看到他是最後一個和死者在一起的人。警方對高爾不起一點疑心，實在費解。

高爾的指紋始終沒送到州鑑識總局作比對。州鑑識總局總共收到四十四人的指紋，就是沒有高爾的。他一度同意作測謊，但從來沒人要他去做。高爾在埃達警局留下的第一組指紋，被埃達警方弄丟了，時間約在命案後的兩年。他後來又留了一組，可能還又留過另一組。沒人記得清楚。

巴尼憑著他在法庭裡對流言蜚語有神奇的聽力和記性，就覺得高爾才是警方該調查的人。

而且，他知道他代表的這小子，隆尼・威廉森，無罪。

高爾之謎在最先的預審過後十四年，終於解開了一部分。斯時，高爾還在獄中，簽署了一份口供，說他在一九八〇年代初期曾在埃達販毒。他提到安非他命。而和他作買賣的人有埃達的警員，還特別指明一個叫丹尼斯・寇爾文（Dennis Corvin）的。高爾說他是他「最大的供應商」，常到他那時工作的哈洛德俱樂部去。

而高爾欠他們錢時，他們就會捏造理由逮捕他，但大部分時候那些警察都會放過他。高爾在切結書裡說，「不過，一九八〇年代初期，那一陣子大部分時候我自己清楚埃達警方會給我特別優待，因為我和他們有毒品交易。」

而且，「他們的特別優待在我不再和埃達警方作毒品買賣後就沒有了。」

他把他四十年的徒刑怪在他「不再販毒給埃達警方」。

至於威廉森，高爾二〇〇一年說，當年他並不知道隆恩在命案那晚有沒有去過「馬車燈」。警方排了一串照片給他看，指著隆恩說他是他們有興趣的人。「接著，他們乾脆直接暗示我出面指認威廉森先生。」

而且，「直到現在我還是不知道隆恩・威廉森在黛比・卡特失蹤那一天晚上有沒有去過『馬車燈』。我作那指認，是因為我知道警方要我作指認。」

高爾的切結書是由一位檢察官起草，再由他自己的律師過目審核，他才簽名。

檢方的下一個證人是湯米・葛洛佛。他是「馬車燈」的常客，也是最後看到黛比・卡特的人。他一開始的回憶是黛比在停車場和葛倫・高爾講話，她把高爾推開，開車離開。

但過了四年又七個月後，他記得的事情有一點不同。葛洛佛在預審裡作證，說他看到高爾和黛比講話，後來黛比坐進車裡，開車走掉。就這樣，沒多也沒少。

再下來是查理・卡特作證，說的是他在一九八二年十二月八日早上找到女兒的狀況。

州鑑識總局的幹員傑瑞・彼得斯，「犯罪現場專家」，也被叫上證人席。沒多久他就有麻煩了。巴尼嗅到有地方不對勁，緊抓著他對石膏板上的掌印說辭前後不一窮追猛打。一九八三年三月的看法很肯定，然後，奇怪喲，一九八七年五月的看法大轉彎。彼得斯原先說掌印不是黛比・卡特的，也不是隆恩・威廉森或是丹尼斯・佛瑞茲的，而他後來怎麼會忽然轉念、改口的呢？是不是因為他原先的說法幫不上檢方的忙呢？

彼得斯承認四年來是都沒有動靜，但在一九八七年初，比爾·彼得森忽然打了一通電話給他，要他重新考慮他原先的判斷。重新開棺、再取指紋之後，他就忽然改變看法，寫了一份報告，寫出檢方要的內容。

葛瑞格·桑德斯也代丹尼斯·佛瑞茲加入戰局，顯然證據經過變造。只不過那時還是預審，不是正式審理，正式審理才需要證據沒有一點合理的懷疑。

彼得斯也作證說在黛比公寓採集到的二十一枚指紋，十九枚屬於黛比所有，一枚屬於麥克·卡本特所有，一枚屬於丹尼斯·史密斯所有，就是沒有佛瑞茲或是威廉森的。

檢方的明星證人是神奇的泰莉·霍蘭。霍蘭從一九八四年十月到一九八五年一月都關在龐托托克郡的牢裡，原因是開空頭支票。就奧克拉荷馬州那些未破的凶殺懸案而言，她那牢裡的四個月建樹還真豐碩。

她先是說她聽到卡爾·方特諾承認犯下狄妮思·哈若威的綁架、謀殺案，所以在一九八五年九月在華德、方特諾案子的一審開庭時作證，跟陪審團一一細述史密斯和羅傑斯警探在湯米·華德作的噩夢自白裡添油加醋的各項恐怖的細節。她作證後，她跳票的罪名獲得輕判——雖然她有兩項重罪前科。華德和方特諾就此送進死刑的行列，而泰莉·霍蘭逃到外地遠走高飛。

她留下幾件未了的事，像法院的罰款之類的，官方一般是不會看得太重的。但是警方卻硬是追到了她，抓回埃達來。眼看又多了幾條罪名，她也忽然又有驚人的大事可以跟辦案的人說。她在牢裡聽到方特諾說犯案的事時，也聽到了隆恩．威廉森把他犯案的事和盤托出。

警方這走的是什麼大運啊！他們不只是逼出了噩夢自白——自白是他們最愛用的偵查利器——現在又再多了一個抓耙仔出來，抓耙仔在他們愛用的偵查利器裡面排名在自白後面。

至於她為什麼先前一直沒把隆恩說的事跟誰說過，直到一九八七年春才開口，霍蘭支吾其辭。這樣的事她藏了兩年都沒吭聲。也沒人問她先前為什麼會跑出來把方特諾說的事跟史密斯和羅傑斯說。

霍蘭在預審的證人席上，拿她虛構的情節好好發揮了一番。隆恩沒有出席，她就可以自由創作，隨便亂講。她說她有一次聽到隆恩在電話裡跟他媽媽大叫，「妳看我不宰了妳！跟我宰那黛比．卡特一樣。」

看守所裡唯一一具電話裝在櫃檯邊的牆上。所方不太准人犯打電話，就算難得可以打上一通，人犯也要把上半身趴在櫃檯上面，伸長了手才搆得著電話，而且不管講什麼，當時坐櫃檯的人都聽得一清二楚。牢友偷聽得到？就算不是天方夜譚，機會也微乎其微。

泰莉．霍蘭作證說隆恩有一次打電話到教堂，問那裡的人要菸，還威脅他們若不幫他送香菸過來就要燒了教堂。

還是一樣，沒人可以證實真有其事。而且，也沒人問她拘留所裡的設計是怎樣的？怎麼會有女性人犯關得離男性人犯那麼近？

彼得森再帶著她往下講：「妳有沒有聽到他說他是怎麼對付黛比．卡特的？」

「有。他在大牢房裡說過，」她回答道，「就在他們把湯米・華德和卡爾・方特諾關進來後的事。」

「關於他說他怎麼對付黛比・卡特，他在大牢房裡是怎麼說的？」

「他只是說——我不知道怎麼說欸。他說她覺得她比他厲害，那他就要那婊子看看是誰厲害。」

「還有嗎？」

「他說他逼她幫他做。他也不是真這樣說的啦。我不記得他到底是怎麼說的。他說他塞了一瓶可樂——一瓶番茄醬到她後面，再把她的內褲塞進她嘴裡，好好給她一場教訓。」

比爾・彼得森再用他誘導式的問題往前進逼。「他有沒有再說什麼，像黛比這下子應該夠爽吧還是什麼的？諸如此類。」彼得森再問。

「有啊，他是想和她來一下，但她怎樣也不肯，他說那時她若是肯好好爽一下也讓他爽一下，她就不會那麼慘了。」

「所以——那他就不會怎樣？」彼得森急著要逼這位前言不對後語的證人講出他要的答案。

「就不會弄死她了。」

這比爾・彼得森還真有能耐，身為司法人員，負有尋找真相的責任，居然誘導出這些不值一哂的廢話。

而當抓耙仔最重要的是要拿到好處。泰莉・霍蘭就用認罪協商擺脫掉麻煩，獲准出獄。她同意按月分期償還欠款，但沒多久就撒手不管。

那時少有人知道泰莉・霍蘭和隆恩・威廉森有過過節。幾年前，隆恩還在埃達四處兜售勞禮用品的時候，有一天巧遇一段露水姻緣。他去敲一戶人家的門，裡面傳來女性的聲音請他進去。他聽話照做，就看到一個叫瑪蓮・丘托（Marlene Keutel）的女子一絲不掛迎向他來。那戶人家看來像是沒別的人在，兩人就此天雷勾動地火。

瑪蓮・丘托精神不穩，在那件事後一個禮拜自殺。隆恩後來又再回去幾次，想再賣一點東西給她，但她一直不在家。隆恩不知道她已經自殺。

她的姊姊就是泰莉・霍蘭。那一次性邂逅之後，瑪蓮跟泰莉提過這件事，還說是隆恩強暴她的。沒有人提起控訴，想都沒想過。雖然泰莉知道她妹妹精神不正常，但她還是認為隆恩應該要為瑪蓮的死負責。隆恩早就忘了幾年前的這一段，也不知道泰莉・霍蘭是何方神聖。

預審的第一天被丹尼斯・史密斯囉嗦的證詞拖得比較長，他把犯罪現場和調查的過程說得很詳細。他的證詞裡唯一在意料之外的，是他把凶手留下來的字拿出來討論——就是用紅色指甲油寫在牆上的字，用番茄醬寫在廚房桌上的「敢找我們就給你好看」，以及黛比肚子和背上寫的不太認得出來的字。史密斯和羅傑斯警探都認為從這些字跡應該追得到寫字的人，所以，四年前，他們要丹尼斯・佛瑞茲和隆恩・威廉森在白色的索引卡上寫過幾個字。

兩個警探根本沒有作過筆跡鑑定的經驗，卻深深覺得二者相符；這不用大驚小怪。佛瑞茲和威廉森用鋼筆寫在索引卡上的字，怎麼會不可疑呢？是有一點像牆上用紅色指甲油寫下的字，還有廚房用番茄醬塗的鬼畫符。

他們把心裡的懷疑跟州鑑識總局一個未指名的幹員說了；而史密斯說，這位幹員覺得他們的看法有理，就在「口頭上」肯定二者相符。

史密斯經葛瑞格·桑德斯交叉詰問，承認，「唔，那筆跡，依那一個我們訪談的對象說，是和我們在公寓牆上找到的字跡有相似之處。」

「那廚房的桌子呢？」

「兩處的都像。」

幾分鐘後，巴尼再拿筆跡鑑定逼問史密斯。他問史密斯是不是接到過州鑑識總局對隆恩的筆跡所作的鑑定報告。

「我們沒把筆跡交給他們，」史密斯招認。

巴尼一臉狐疑。怎麼不交給州鑑識總局呢？他們有的是專家。說不定他們會就此排除隆恩和丹尼斯的嫌疑啊。

史密斯趕忙作辯解。「筆跡是有相似的地方；可是，你也知道，那是我們自己的觀察，沒有真正作過科學鑑定。我是說，我們，你知道，我們看出來二者有類似的地方；可是，你知道，像這樣類型不同的筆跡，要比對幾乎不可能。像若一種是用刷子寫的，一種是鉛筆寫的，這就是兩種不同類型的筆跡。」

巴尼回答，「喔，所以，你是不是在跟法庭裡的人說，有可能，這兩個人，丹尼斯·佛瑞茲和隆尼・威廉森，是輪流拿搽指甲的小刷子，呃，搽指甲油的小刷子，一人一字或是怎樣的合力寫下一行吉姆・史密斯怎樣怎樣還有另一行的字，也就是，你知道嘛，一個人先寫一個字再換另一個人寫下一個字，像這樣的，所以才會讓你們得出這樣的結論？」

「不是，可是我想我們兩個都覺得他們兩個都有寫字，未必是同寫一行字，但，你知道，公寓裡有好幾行字。」

雖然筆跡的證詞出現在預審裡，是要用來把案子往前推的。只是，就連比爾・彼得森也知道太薄弱，沒辦法用在審理上。

等預審的第一天即將結束時，米勒法官開始擔心隆恩缺席的事。他召集兩造律師開席前會議，跟律師表明他擔憂的事。「有關被告缺席的事，我找了一些文獻讀了。我決定要在八點四十五分把威廉森先生先帶進來，再問他一次他要不要出庭。若他要，那他就可以留下來出庭。」

巴尼博士想幫忙，說，「那要不要我讓他吃一百毫克的——」

「我又沒叫你幹嘛，」米勒法官打斷他的話。

翌日早上八點四十五分，隆恩又被帶進法庭，米勒法官招呼他說，「威廉森先生，你昨天表達過不想出席預審的意思。」

「我才不想過來，」隆恩回答法官，「我跟這一件命案又沒一點關係。我根本就沒——我不知道她是誰殺的。我什麼也不知道。」

「好，你的行為，你擾亂法庭的事——你若想出庭，你可以取回你出庭的權利，但你一定要答應，也願意，不再有擾亂的行為，不再破壞秩序。唯有如此，你才可以取回出庭的權利。請問你是否要出庭？」

「不要，我不要來這裡。」

「那你了解你有權出庭，聆聽每一位證人的證詞嗎？」

「我不要來這裡。你們要怎樣我都不管。我受不了老是為這件事發瘋。弄得我好痛苦，我就是不要來這裡。」

「好，你有權作決定。你真的不想出庭？」

「沒錯。」

「所以，你願意放棄依憲法有權和證人對質的權利？」

「對，我願意。反正你們硬就是要把我沒做的事套在我頭上。你們要怎樣就怎樣好了。」隆恩說完轉頭去看蓋瑞・羅傑斯，說，「你真嚇死我了，蓋瑞，過了四年半不斷找我麻煩，老大，你還是要對付我，因為，這些事是你們在控制的，不是我。」

隆恩再被送回看守所，庭訊就再開始，由丹尼斯・史密斯打頭陣上證人席。蓋瑞・羅傑斯排第二，把偵辦過程單調講了一遍，再來是州鑑識總局的幹員梅爾文・海特和瑪麗・隆（Mary Long）就該案的刑事鑑識——指紋、毛髮比對，血液和唾液成分——上台作證。

等檢方陳述完畢之後，巴尼又再叫了十個證人上台——全都是獄卒或以前當過模範囚犯。他們沒一個記得聽到過泰莉．霍蘭說她聽到的話，連略有一點像的也沒有。

舉證完畢，巴尼和葛瑞格．桑德斯要求庭上駁回檢方提的強暴罪名，因為檢方沒有依奧克拉荷馬州的法律在三年內追訴。謀殺罪沒有這樣的法條限制，但其他的罪名都有。米勒法官說他過幾天後再就此聲請作出裁決。

而丹尼斯．佛瑞茲這個人幾乎被這一團混亂給蓋不見了。彼得森起訴的焦點全在隆恩．威廉森，而且他請出來的明星證人──高爾、泰莉．霍蘭、蓋瑞．羅傑斯（還有作夢自白）──指證的也全都是隆恩。唯一略略可以把謀殺案往佛瑞茲身上扯的證據，就是梅爾文．海特的毛髮比對。

葛瑞格．桑德斯花了很長的時間，極力指陳檢方沒有善盡舉證的責任來證明佛瑞茲可能跟凶案有關聯。米勒法官將此納入考慮。

巴尼接著加入混戰，厲聲提起聲請，要求庭上駁回所有的指控，因為證據實在薄弱。葛瑞格．桑德斯馬上跟進。米勒法官沒有立即就此進行裁決，只是，看來還真的像是在考慮辯方聲請的法律意義；這時，警方和檢方就知道他們不提出更多證據不行。

科學專家在陪審團的眼裡都有很重的份量，尤以小鎮為然；而且，這些專家若還是州政府的人，由檢方傳喚上證人席指證被告，他們的看法更會變成絕對可靠。

巴尼和葛瑞格．桑德斯知道州鑑識總局那一群人提出來的毛髮和指紋的證詞有問題，但需要有人幫忙來反駁。他們有權就州政府的專家作交叉詰問，想辦法駁倒他們的看法，但他們也知道在這些事情的論辯上面，很少律師會贏的。專家沒那麼容易被你活逮，陪審團也很快就會被搞混。因此，辯方需要的是自己這邊也有一、兩位專家證人。

被告的兩位律師就提起聲請，要求這方面的協助。這類聲請很常見，但很少獲准。請專家要花錢，許多地方官員一想到要納稅人替沒錢的被告付帳單，金額還太高，就不寒而慄，法官也在內。

法庭就此聲請進行辯論。但有一件事一直壓著沒人說出口來：巴尼是盲人。若有人在毛髮和指紋比對這樣的事上需要別人幫忙，還真非巴尼・華德莫屬。

8

公文開始往返。地檢署就他們提出的罪名作了修正，拿掉強暴的指控。被告律師攻擊檢方提起的新起訴狀。又再需要開一次預審。

承審地方法院法官是龐托托克郡的隆納德‧瓊斯（Ronald Jones），龐托托克和賽密諾、休斯三郡組成第二十二轄區。瓊斯法官在一九八二年當選，而且以對檢方寬厚、對被告嚴苛知名；這不足為奇。他堅決主張要有死刑。他是虔誠的基督徒，在浸信會裡當執事，綽號有「浸信會隆恩」和「照本宣科瓊斯」。不過，他也不是沒有弱點，他對獄中信教皈依特別心軟，有的被告律師就會悄悄建議客戶忽然對追尋上帝很感興趣，在瓊斯法官面前會比較有利。

八月二十日，還沒悔改信上帝的隆恩，被押到了瓊斯法官面前進行提訊，兩人第一次在法庭上見面。瓊斯法官開口問隆恩好嗎？結果聽到一連串如雷貫耳的回答。

「我有事情要說，法官，」隆恩大聲說道，「呃——我對卡特家人很同情，還有他們的親戚也是。」

瓊斯法官要他不要說話。

隆恩沒理，「法官，我知道你沒有意思——這件事我沒做，法官。」

隆恩身邊的警衛捏他一下，隆恩接著閉嘴。提訊就此延後，瓊斯法官要看一下預審的庭訊紀錄。

兩個禮拜後，隆恩因為他的律師又提起幾項聲請，而又回到法庭去了。獄卒把他吃的溫特明略作調整。隆恩人在牢裡而獄卒都想安靜一下的時候，他們就把他的藥量加到最大，皆大歡喜。但他預計要出庭時，他們會減少他的藥量，以致出庭時會嗓門加大，情緒比較激動，也比較容易動怒。心理衛生中心的諾瑪・華克也疑心獄卒在隆恩的藥裡動手腳，在她的檔案裡作過紀錄。

隆恩第二次出庭和瓊斯法官見面就不順利了。隆恩暢所欲言，說他無辜，說大家講他怎樣都是在說謊，一度還說，「我母親知道那天晚上我人在家裡。」

後來他終於被送回牢裡，庭訊繼續下去。巴尼・華德和葛瑞格・桑德斯先前已經要求分開審理，現在抓著這問題施壓。尤其是桑德斯，他要有自己的陪審團，把隆恩・威廉森這樣的共同被告包袱丟掉。

瓊斯法官同意所請，下令分別審理。他另也提起隆恩心智能力的問題，當庭跟巴尼說這件事需要在正式審理前就先處理好。隆恩終於得以提訊，正式提起無罪的答辯，然後再回牢裡去。

之後，佛瑞茲和隆恩的案子分道揚鑣。瓊斯法官下令重開預審庭，因為檢方在先前的預審庭裡提起控告佛瑞茲的證據太少。

檢警那邊的證據不夠。

缺乏起訴的確證的時候，警方一般都會擔心。埃達警方則否。沒人在怕。龐托托克郡的牢裡滿滿都是有抓耙仔潛力的人。他們幫丹尼斯・佛瑞茲找到的第一位，是前科累累的小案慣犯，叫辛蒂・麥金塔（Cindy McIntosh）。

獄方用了一點手腕，故意將丹尼斯移到離隆恩近一點的牢房，這樣兩人就可以講講話。兩人已經不吵架了；丹尼斯已經說得隆恩相信他沒有招供。

辛蒂・麥金塔說她關的牢房離隆恩相當近，聽到得兩人對話，之後再把她聽到的內幕通報給警方。依麥金塔的說法，佛瑞茲和威廉森討論過兩人第一次預審時交到庭上的照片。當然，隆恩那時沒出庭，所以很想知道丹尼斯有沒有看到什麼。那些照片是犯罪現場的照片，所以，隆恩問丹尼斯，「她（黛比・卡特）是在床上還是在地板上？」

「地板上，」丹尼斯回答他。

而警方說，這就清楚證明兩人案發之時都在公寓裡面，犯下了強暴和殺人的罪行。

比爾・彼得森很快就信了這說法。九月二十二日，他提起聲請，要把辛蒂・麥金塔加進檢方的證人名單。

第二位冒出來的抓耙仔是詹姆斯・瑞金斯（James Riggins），不過，他的抓耙仔生涯比較短命。有一天晚上，他剛從龐托托克郡出庭回來，在走回自己牢房時經過另一間牢房門口，聽到裡面有人，可能就是隆恩，在說黛比・卡特是他殺的，他在土薩被告過兩次強暴，這一次這殺人什麼的勞什子他一定也可以過關，跟他在土薩的強暴罪一樣都可以無罪脫身。瑞金斯不太知道隆恩是在跟誰講這些話，不過，既然是抓耙仔，這樣的小事無關緊要。

約一個月後，瑞金斯改口。他在警方的偵訊裡說他先前說的隆恩的事是錯的，他聽到說這話的人，其實是葛倫・高爾。

搞自白在埃達像會傳染似的。九月二十三日，一個年輕的毒蟲，瑞奇・喬・席蒙斯（Ricky Joe Simmons），一走進警局就說黛比・卡特是他殺的，他要跟警方講這件事。丹尼斯・史密斯和蓋瑞・羅傑斯馬上就張羅到了錄影機，席蒙斯開始錄口供。他承認他嗑藥很多年了，最喜歡的是自己調的「快克」（crank），成份很多，有一樣是電池用酸（battery acid）。他說他好不容易戒了毒，找到上帝，從一九八二年十二月的一天冬夜裡開始讀《聖經》——他想是一九八二年吧，他也不敢確定——而且也不知是怎麼回事，只是很怪，他跟著開始徒步在埃達亂晃。路上遇到一個女孩，可能是黛比・卡特吧，他不敢確定。而且，他和那女孩是怎麼會在一起的，他的說法也不一，互有矛盾。他可能強暴了她，但也可能沒有，不過，他覺得他用雙手掐死了她，嚇得他在公寓裡面拚命祈禱，吐得到處都是。

有怪聲音在跟他說要怎麼辦。整件事的細節都很模糊，席蒙斯一度還說，「感覺像在作夢。」

但也奇怪，史密斯和羅傑斯眼見手上又多了一份作夢自白，但卻不怎麼興奮。

他們再逼問他為什麼等了近五年才出面要自首，他才終於說是這一陣子鎮上到處聽得的流言，勾起了他一九八二年那恐怖一天的回憶，但也可能是一九八一年吧。不過，他不記得他是怎麼進黛比的公寓裡去的，也不記得黛比公寓裡有幾間房間，他又是在哪一間房間裡殺人的。接著，他又忽然記起了番茄醬瓶子，還有在牆上亂塗的字。後來，他說是他有一個同事講過這件案子的細節。

席蒙斯說他作口供的時候沒嗑藥，神智清醒，但在史密斯和羅傑斯看來，快克在向他討債。兩人馬上把他的說詞斥作無稽，雖然他的說法和湯米・華德的供述一樣錯誤百出，但兩個警探不為所動。到後來史密斯聽夠了，說，「依我看，黛比・卡特不是你殺的。」之後還說要幫席蒙斯找人作心理諮商。

這下子席蒙斯更糊塗了，一直說人是他殺的。兩個警探則一直說人不是他殺的。

兩人謝謝他前來警局一趟，就送他出門。

龐托托克郡牢裡少有好消息，在十一月初，隆恩接到一封天外飛鴻。一位行政法法官依〈社會安全法案〉（Social Security Act）判他享有傷殘補助。

安奈特在一年前代隆恩向政府申請補助，指他從一九七九年起就沒有工作能力。霍華・歐布萊恩（Howard O'Bryan）法官審閱隆恩的頻繁就醫紀錄，下令在一九八七年十月二十六日作正式庭訊。隆恩就從牢裡轉送該處。

歐布萊恩法官在裁定裡說，「申請人的醫療紀錄顯然足以證明其有酒癮，有服用鋰鹽的憂鬱症病史，也經診斷患有非典型躁鬱症併發非典型人格異常，可能屬邊緣型、偏執狂、反社會。由此可見，申請人若是未能服藥，會出現好鬥、辱罵、肢體暴力、宗教幻覺、思想混亂的症狀。」

還有，「申請人一再出現時間失序的狀況，注意力的持久性受損，抽象思考和意識程度也都受損。」

歐布萊恩法官輕易就得出結論，隆恩「患有嚴重的躁鬱症、人格異常、物質濫用異常。」不止，他的情況還嚴重到無法爭取到有意義的工作。

隆恩自一九八五年三月三十一日起即列為殘障人士，而且，此後都是殘障人士。

行政法法官的職責主要是裁定申請人的生理或是心理是否為殘障，是否每月可以據以領取補助。這是重要的裁判沒錯，但無關乎生死。然則，米勒法官和瓊斯法官的職責，就應該要保障每一個被告都享有公平的審判，尤以面對死刑判決的被告為然。只是，可嘆復可笑，歐布萊恩法官一眼就看出了隆恩的問題，米勒法官和瓊斯法官卻看不出來。

巴尼很擔心，就要隆恩作一次精神鑑定，安排他在龐托托克郡衛生局裡作測驗。衛生局長克勞黛・雷（Claudette Ray）為隆恩作了一連串測驗，寫了一份報告給巴尼。報告的結尾寫道，「隆恩因為情境壓力而有意識焦慮的現象。對於改變處境或改善自己覺得無助。舉止可能不當，例如因為恐慌和思緒混亂，而不願意參加對他有利的預審。大部分人都會要求了解攸關他們生死的資訊和意見

的。」

這一份報告被巴尼收在檔案裡，沒去管。要求作精神鑑定只是例行公事，巴尼以前就做過。他的客戶就關在牢裡，離法院一百呎而已，巴尼幾乎天天都去看他。

而這案子實在需要有人提起心智能力之訴。

丹尼斯・佛瑞茲的起訴，因為一個半文盲的印地安人，詹姆斯・哈悠（James C. Harjo）出面指證，而打了一劑很大的強心針。哈悠才二十二歲就已經因搶劫入獄——而且是因為同一戶人家搶了兩次而被逮。九月和十月的時候，他正等在看守所裡要移監到州立監獄服刑，他的牢友就是丹尼斯・佛瑞茲。

兩人在牢裡處得還不錯。丹尼斯很同情哈悠，會代這年輕人寫信回家，大部分是寫給他的妻子。他也很清楚警方在打什麼主意。警方每隔一天就會沒來由的把哈悠帶出牢房——他跑法院的時候已過——而且，每次他一回來，就開始問丹尼斯卡特命案的事。看守所裡關的滿滿的抓耙仔，道行都還算高深，這位哈悠應該是最遜的一個。

警方的算盤既然打得那麼明顯，丹尼斯就寫了一份一頁的聲明書，每逢警方把哈悠從牢裡帶走，他就要哈悠簽名。這一份聲明書有這樣一句，「丹尼斯・佛瑞茲一直說他是清白的。」

而且，丹尼斯也明白拒絕和哈悠講案子的事。

但哈悠並未死心。十一月十九日，彼得森把詹姆斯・哈悠列入檢方的證人名單。同一天，丹尼斯的預審庭重新開庭，由約翰・大衛・米勒法官承審。

彼得森一說他下一個要傳喚的證人是哈悠，丹尼斯不禁打了一個寒顫。這個笨小子會瞎編什麼啊？

哈悠宣誓作證，卻謊話連篇，跟比爾・彼得森說他和佛瑞茲同一間牢房，雖然一開始兩人處得不錯，但萬聖節晚上兩人講話講壞了。哈悠在問卡特命案的事，丹尼斯講得不清楚，哈悠則很機伶，戳破了丹尼斯話裡的漏洞。他因此相信丹尼斯有罪，還把話說破。丹尼斯就變得很緊張，開始在大牢房裡踱步，像是在內心百般掙扎。等他回到兩人同住的牢房後，他直視哈悠，雙眼噙淚，說，「我們不是故意要弄死她的。」

丹尼斯在法庭聽他胡說八道，根本坐不住。他朝證人大喊，「你說謊！你說謊！」

米勒法官恢復法庭秩序後，哈悠和彼得森再推著他們的說法講下去。依哈悠的說法，丹尼斯很擔心他的幼女。「她爸爸是殺人犯她會怎麼想啊？」他問過這一句。接下來就是更匪夷所思的證詞了，丹尼斯居然對哈悠承認他和隆恩帶了幾罐啤酒到黛比的公寓，兩人在強暴、殺人事後，還拿他們喝光的啤酒罐把公寓抹過一遍，抹掉他們的指紋，才離開。

葛瑞格・桑德斯在交叉詰問時問哈悠，丹尼斯有沒有跟他說，肉眼看不到的指紋，他們是怎麼抹掉他們自己的，然後留下一大堆別人的？哈悠答不上來。他承認萬聖節晚上丹尼斯跟他說這些事時，他們周圍至少還有六個人犯在附近，但沒一個人聽到丹尼斯說這些話。葛瑞格接著拿出丹尼斯寫好由哈悠簽名的那一份又一份聲明書來。

哈悠宣誓作證時看起來就不可信，等葛瑞格作完交叉詰問後，看起來就是十足的笨蛋。但無妨。米勒法官除了還是把丹尼斯綁在審判庭上也別無他法。因為，根據奧克拉荷馬州法律，預審庭的法官不可以裁定證人是否可信。

正式審理的日期定了又改。一九八七到八八年的冬季過得很慢，隆恩和丹尼斯關在牢裡忍受獄中時光，苦盼上法庭的日子可以早一點到來。幾個月的鐵窗生涯過去，他們依然相信正義有可能終得申張，真相會有大白的一天。

辯方在預審的前哨戰裡唯一重大的勝利，就是瓊斯法官裁定兩名被告要分開審理。雖然比爾・彼得森反對分開審理的聲請，但先審一個再審另一個對檢方還是有很大的好處。佛瑞茲先審，報紙就有審判的細節可以報告給焦急又好奇的全鎮鎮民看了。

打從命案那一天起，警方就一直堅持凶手有兩名，而且，他們從一開始就鎖定（也是僅此唯一）的兩人組，就是佛瑞茲和威廉森。他們辦案的每一步——懷疑，偵訊，指控，逮捕，起訴，預審——這兩個人始終綁在一起。他們的警方大頭照也是一起登在地方的報紙上的。新聞的標題寫的也一直都是，「威廉森和佛瑞茲……」

比爾・彼得森只要可以先把佛瑞茲定罪，威廉森的陪審團就座後，就會開始找絞繩了。

埃達檢警覺得所謂公平，就是先審佛瑞茲，馬上再審隆恩・威廉森——同一間法庭，同一個法官，同一批證人，也由同一家報社作鉅細靡遺的報導。

四月一日，離隆恩開庭還有三個禮拜，他由法庭指派的共同律師，法蘭克・巴柏提起聲請，要求退出此案。巴柏在另一轄區找到了檢察官的工作。

瓊斯法官批准聲請，巴柏就此走人，獨留巴尼一人沒有幫手——沒有懂法律的眼睛幫他整理會拿來對付他客戶的文件、證據、照片、圖表。

一九八八年四月六日，黛比・卡特遇害後五年半，丹尼斯・佛瑞茲被押解進擁擠的法庭，地點在龐托托克郡法院的三樓。他鬍子刮得乾乾淨淨，也剛剪了頭髮，身上穿的是他唯一一套西裝，他母親特別為他出庭買的。汪妲・佛瑞茲坐最前面一排，要離她兒子近一點。她身邊坐著她姊姊，威瑪・佛斯（Wilma Foss）。開庭的一字一句，兩人絕不漏掉。

手銬終於拿掉了後，佛瑞茲回頭看向坐得滿滿的人群，心想不知道這麼多、有一百人上下的陪審團候選人裡，到底有哪十二個人會被選上？坐在那裡的那些註冊選民，有誰會來裁判他？

他的長髮已經不見。在悶不通風的牢房裡捱了十一個月，如今終於得以出庭。他有出色的律師，也覺得法官應該會保障審判公平，而他的十二個同胞在審慎評估證據之後，很快就會知道彼得森手上根本沒有證據。

終於開庭審理，是鬆了一大口氣，但也恐怖。畢竟這裡是龐托托克郡，佛瑞茲很清楚無辜的人在龐托托克郡也會被羅織入罪。他和卡爾・方特諾曾經短暫共處一間囚室，那麼單純、困惑的人，卻為了一件他沒做過的命案，而被推進了死囚的行列。

瓊斯法官走進法庭，和滿室的陪審團候選人打招呼。先處理預備事項，再開始挑選陪審團的工作。過程很慢，很繁瑣，一小時又一小時過去，年紀大的，聽不見的，生病的，一一排除。接下來是問話，有些由律師發問，但大部分由瓊斯法官來問。哪個人選要留、哪個人選要剔掉，葛瑞格・桑德斯和比爾・彼得森一概爭論不休。

過程很漫長，瓊斯法官一度還對一個叫西賽・史密斯（Cecil Smith）的陪審團候選人問了這問題，「你前一任工作是什麼？」

西賽・史密斯：「奧克拉荷馬州企業委員會（Oklahoma Corporation Commission）。」

法官和律師都沒再問問題。不過，西賽・史密斯簡潔的答覆裡，沒把這件事加進去：他在執法單位做過很久的事。

過了一下，瓊斯法官問西賽・史密斯，他認識丹尼斯・史密斯警探嗎？兩人有沒有親戚關係？

西賽・史密斯：「沒有關係。」

瓊斯法官：「你怎麼認識他的？」

西賽・史密斯：「喔，我就是知道，跟他說過幾次話，打過幾次交道，或許吧。」

幾個小時後，陪審團宣誓就任。佛瑞茲特別注意陪審團裡出現了這位西賽・史密斯。西賽・史密斯坐進陪審團席時，狠狠瞪了丹尼斯一眼，以後多次的第一次。

真正的審判在第二天開始。南西・秀伊（Nancy Shew）是助理地方檢察官，為陪審團大概說明證據會有哪些，馬上被葛瑞格・桑德斯反駁。桑德斯在開場陳述裡說檢方根本沒什麼證據。

第一位證人是葛倫・高爾，他從他服刑的監獄被帶回埃達。高爾在彼得森詰問己方證人時，把他的怪怪證詞提了出來，他說他在命案那天晚上**沒有**看到丹尼斯・佛瑞茲和黛比・卡特在一起。

大部分的檢察官都喜歡自己這邊傳的第一名證人證詞有力，可以把凶手在命案發生之時和死者放在附近的地方。彼得森卻不如此。高爾說他以前可能在「馬車燈」看過丹尼斯吧，時間不明，但也可能從沒看過他去那裡。

檢方傳第一名證人用的是什麼策略，後來就很清楚了。高爾講的以隆恩・威廉森居多，而非丹尼斯・佛瑞茲。彼得森詰問的問題也以隆恩為多。「牽連入罪」（guilt-by-association）的計謀開始了。葛瑞格・桑德斯還沒有機會就高爾的長串前科質疑他的可信度時，彼得森就決定自己先判他出局。他問起高爾的前科。他定罪的紀錄很多，像綁架、重傷害、槍傷警官等等。

檢方的首要證人不僅沒辦法把命案牽到丹尼斯身上，還暴露出他是惡性不改的重刑犯，正在服四十年的徒刑。

一開始就不穩，但彼得森再傳另一個證人，這名證人一無所知。湯米・葛洛佛跟陪審團描述他在黛比・卡特從「馬車燈」回家前看到她和葛倫・高爾在講話。葛洛佛在證人席上快上快下，很快就結束，始終沒提到丹尼斯・佛瑞茲的名字。

吉娜・維耶塔講的是她在十二月八日凌晨接到一通黛比打來的怪電話。她也作證說她在「馬車燈」看過幾次佛瑞茲，但命案發生那一晚，沒看到。

再下來是查理・卡特回顧他發現女兒屍體的心碎故事，接下來就是丹尼斯・史密斯警探被叫上證人席。史密斯作證的時間很久，一路由彼得森引導，描述命案現場，拿出很多照片列為證據。他描述他領軍的偵查工作，毛髮、唾液採集等等的事。而南西・秀伊問他可能的嫌犯是誰，答案是丹尼斯・佛瑞茲自不意外。

「你在偵辦時找過一個叫隆納德・基斯・威廉森的人問話嗎？」她問他。

「有，我們問過。」史密斯開始滔滔不絕，沒人打斷、沒人反對，口若懸河講起警方查到隆恩・威廉森的事，說明隆恩是怎樣又為什麼會成了嫌犯。最後南西・秀伊終於想起那一天受審的人是誰，問起丹尼斯・佛瑞茲的唾液檢體的事。

史密斯描述他是怎麼採集唾液檢體交給奧克拉荷馬州的州鑑識總局的。秀伊就在這時結束她這邊的己方詰問，把證人交給辯方作交叉詰問。秀伊回座位坐下時，檢方對於丹尼斯・佛瑞茲是怎麼會變成嫌犯的隻字未提。他和死者沒有來往。命案當時也沒人看到他在那一帶，連沾一點邊也沒，唯有史密斯說佛瑞茲住的地方離黛比的公寓很近。至於動機，沒提到。

佛瑞茲終於是在蓋瑞・羅傑斯的證詞裡被連到命案上面。羅傑斯是史密斯後一位證人。羅傑斯說，「我們在偵查隆恩・威廉森的時候，被告丹尼斯・佛瑞茲的名字才出現的；他是隆恩・威廉森的同夥。」

羅傑斯跟陪審團說明他和丹尼斯・史密斯怎麼會機靈得認定這樣的命案沒兩名凶手不行。命案太過凶殘，一個人做不來，而且，一名或多名凶手還用番茄醬寫下一行字，留下了線索：「敢找我們就給你好看」。寫的是「我們」，就表示凶手不只一人，史密斯和羅傑斯很快就想到了。

警方高明的偵查，終於查出來威廉森和佛瑞茲其實是好朋友。這一點，依他們看，就把這兩位凶手給連起來了。

葛瑞格・桑德斯事先教過丹尼斯不要去管陪審團，但他覺得很難。他的命運就在那十二個人手上，搞不好連他的命也是。他就是不時會忍不住朝他們那邊看。西賽・史密斯坐在前排，丹尼斯一朝陪審團看過去，史密斯一定狠狠在瞪他。

他有什麼毛病啊？丹尼斯心裡納悶。他很快就會知道了。

休息的時候，葛瑞格・桑德斯朝法庭走進去時，一個老律師，埃達的老兵之一，問他，「哪個兔崽子這麼聰明，把西賽・史密斯留在陪審團裡？」

葛瑞格說，「喔，看來應該是我。西賽・史密斯是哪一根蔥？」

「以前當過埃達的警察局長而已啦。」

桑德斯為之愕然。他大步朝瓊斯法官辦公室走去，要求法官宣判審判無效，因為陪審團在甄選過程未曾吐實而致顯然偏向警方和檢方。

聲請駁回。

佛瑞德・喬登醫生就他作的驗屍提出證詞，毛骨悚然的細節就一一送進陪審團的耳裡。多張屍體照片也經出示，由陪審席一一過目，將命案審判原本就會暗含的驚駭和怒氣，一股腦兒全數帶出。

喬登醫生無法詰難的可靠證詞言猶在耳，檢方忽然塞進來幾個古怪的證人。一個叫蓋瑞・艾倫（Gary Allen）的男子宣誓作證，坐上了證人席。艾倫和這案子的關係很遠。他跟陪審團說他住的地方離丹尼斯・佛瑞茲很近，一九八二年十二月初，有一天晚上，凌晨約三點半的時候，他聽到有兩個男的在他公寓外面很吵。他不記得確切的日期，但不知怎地卻很確定一定在十二月十日以前。那兩個男的他都沒看清楚，沒辦法指認是誰，他們在院子裡又笑又罵，還拿澆花的水管互相噴水。那時很冷，但那兩個男的都打赤膊。他那時認識佛瑞茲也有一陣子，自認聽得出來他的嗓音。但他不敢確定。他聽他們鬧了約十分鐘，就回床上睡了。

艾倫從證人席上下來時，法庭裡有幾張臉出現狐疑的表情。找他作證講這些是要幹什麼？接下來的證言，東尼・維克（Tony Vick），會讓聽的人更是一頭霧水。

維克住在蓋瑞・艾倫樓下的小公寓裡，他就認識丹尼斯・佛瑞茲。他也認識隆恩・威廉森。他作證說他在丹尼斯家的門廊看過隆恩，也確知他們兩個一九八二年夏天一起去過德州。

陪審團還能要什麼？

不利的證據繼續往上堆；一個便利商店店員，唐娜・華克（Donna Walker），當庭指認丹尼斯，說她以前跟他滿熟的。一九八二年時，丹尼斯是她店裡的常客，一大清早固定去喝咖啡，還愛跟她閒聊幾句。隆恩也是她那邊的主顧，她也確定丹尼斯和隆恩兩人是哥倆好。只是，忽然間，就在命案發生後，他們兩個就不再到她店裡喝咖啡了。就她所知，兩人就這樣不見了。後來，幾個禮拜避不見面後，他們重又出現，好像什麼事也沒有。但兩人的樣子就是跟以前不一樣。怎麼會？

「性子啊，穿著啊。他們以前一定穿得整整齊齊，鬍子刮得乾乾淨淨，但那時他們卻變得很邋遢，衣服髒兮兮，鬍子不刮，頭髮亂七八糟。性子也不一樣了。像是緊張，神經質；我猜吧。」

經葛瑞格・桑德斯施壓，華克卻說不上來她是怎麼會等了五年後才把這麼重要的證據跟警方說。她倒是承認是警方在前一年的八月找上她的，丹尼斯和隆恩被捕之後的事。

證人流水席接下來輪到麗妲・寇德威爾（Letha Caldwell）上場，這位離婚婦當年和隆恩一起在賓恩中學唸書。她跟陪審團說丹尼斯・佛瑞茲和隆恩・威廉森常常三更半夜跑到她家，時間不定，兩人還老是喝酒。她一度很怕他們，要他們不要再來找她。他們不肯，她就買了一把槍，把槍拿給他們看，他們才知道她是來真的。

她的證詞和黛比・卡特遇害沒有一點關係，放在別的法庭裡，往往會因為和案子完全無關而遭辯方提起抗議的。

好不容易，抗議終於在州鑑識總局的羅斯蒂・費勒史東作證時出現了。彼得森再出笨招，為了證明隆恩和丹尼斯在命案前四個月曾在諾曼四處喝酒胡鬧，而把費勒史東請上了證人席。費勒史東在一九八三年幫丹尼斯作過兩次測謊，只是，測謊的結果不予受理，理由很多，而且都很漂亮。丹尼斯在警方問話時說過他有一晚在諾曼逛酒吧喝酒的事。彼得森想從費勒史東嘴裡套出這件事時，葛瑞格・桑德斯大聲反對。瓊斯法官也以和案情無關准許成立。

彼得森在法官的席前會議爭辯時，說，「他（費勒史東）的證詞可以證明隆恩・威廉森和丹尼斯・佛瑞茲在一九八二年八月的時候是在一起混的。」

「那你就跟我說他這證詞有什麼關係？」瓊斯法官下令。

彼得森說不出來，費勒史東很快就被請出法庭。又一個證人對黛比・卡特遇害一案一無所知。

再一個證人一樣白忙一場，只是他的證詞還有一點意思。威廉・馬丁（William Martin）是一九八二年丹尼斯在諾伯鎮任教的那一所初中的校長。他作證說十二月八日，禮拜三，早上，丹尼斯打電話到學校請病假，由代課老師幫他代課。依馬丁帶到法庭的出勤紀錄，丹尼斯在總共九個月的一學年課裡，總共請了七天假。

檢方一連問過十二個證人，卻連丹尼斯・佛瑞茲的一根毫毛都還沒碰到。不過，丹尼斯嗜酒，愛和沒品的人（隆恩・威廉森）廝混，和老母、幼女同住，地點就在黛比・卡特公寓附近，命案隔天沒去上班，這幾件事，檢方倒是證明無誤。

彼得森的作風走的是按部就班派。他相信案情要慢慢建立，一磚一瓦、一位位證人，逐步砌起來，不必要花招，不搞小聰明。只要把證明一步步往上堆，把陪審團心裡的疑慮全都排除即可。不過，佛瑞茲的案子就相當棘手，因為檢方手上沒有實證。

所以需要抓耙仔。

第一位出庭作證的抓耙仔是詹姆斯・哈悠，跟高爾一樣是從牢裡調出來的。這一位哈悠腦筋遲鈍，不怎麼靈光，不僅同一棟房子搶了兩次，兩次還都是從同一處地方進去——同一間臥室的同一窗口。被逮時警方照例要作偵訊。警方用哈悠不太認得的東西，紙和筆，用看圖說話的方式破了案子。

看來哈悠對此大為折服。等關在牢裡和丹尼斯同處一間囚室後，他就在警方的慫恿下決心有樣學樣，也想用紙筆來看圖說話，突破卡特命案。

哈悠把他用的高明策略跟陪審團作了說明。他在擁擠的雜居房裡問丹尼斯命案的事。問來問去，他的是非題問到了高潮，他就跟丹尼斯說，「喔，看起來像是你做的喲。」

丹尼斯擋不下哈悠高明的邏輯思辯，不得不低頭，噙淚跟他說，「我們不是故意要弄死她的。」

哈悠在預審庭第一次掰出這樣的奇譚時，丹尼斯聽得暴跳如雷，大罵，「你說謊！你說謊！」但現在有陪審團在面前冷眼旁觀，丹尼斯也只有忍下去，沒有一點激動的反應。雖然很難，但看到陪審團裡有幾個人聽到哈悠編的蠢話強壓下嘴邊笑意，也算好過一點。

葛瑞格・桑德斯在交叉詰問的時候，確認丹尼斯和哈悠其實是關在牢裡兩間雜居房的一間——都是不太大的開放式區域，連通四間囚室，每一間囚室各有兩個床位。每一間雜居房的設計原只供八人居住，但往往塞得比八個要多。所以，關在雜居房裡的人犯跟「聲氣相通」差不多。說也奇怪，龐托托克郡的看守所裡卻沒人聽到丹尼斯作此驚人的供述。

哈悠作證說他很喜歡拿丹尼斯的事去騙隆恩，也喜歡拿隆恩的事去騙丹尼斯。葛瑞格・桑德斯問他，「你為什麼要騙丹尼斯和隆恩・威廉森？你為什麼要拿他們的事在他們中間騙來騙去？」

「就是要看他們會說什麼啊。你等著瞧，他們準會拿刀互砍。」

「所以，這是不是說，你拿丹尼斯的事去騙隆恩，拿隆恩的事去騙丹尼斯，就是要他們兩個拿刀互砍？」

「對，這樣就可以看啦——看他們會說出什麼話來。」

哈悠後來承認他不懂「偽證」這個詞是什麼意思。

下一個密告的人是麥克・坦尼，他是拘留所裡的實習獄卒，也是警方放在牢裡扒丹尼斯糞的人。坦尼沒多少執法的經驗或訓練，剛到監所來做事，丹尼斯・佛瑞茲就成了他的第一件活兒。為了給長官留下印象以得正式錄用，坦尼花了很多時間在丹尼斯牢房外面跟他天南地北閒聊，重點特別放在卡特的命案上面。他能給的建議可多了。依消息靈通的他來看，丹尼斯的處境很糟，上上策就是談條件，和檢方談認罪協商，保命要緊，作證指證隆恩・威廉森。彼得森不會虧待他的。

丹尼斯順著他的話頭虛與委蛇，小心不露一點口風，免得被他拿到法庭上再說一次。

既然是生手，坦尼在證人席上說的不多，事前練習也不夠。一開始他想拿丹尼斯和隆恩在奧克拉荷馬市逛酒吧的事來作開場，只是這些事和卡特命案怎麼也拉不上關係。桑德斯表示反對。瓊斯法官同意。

接下來坦尼淌的渾水就變成開水：他說他和丹尼斯談到過認罪協商。他認罪協商前後說了兩次，這是極為偏頗的用語，有明白暗指丹尼斯已經在考慮認罪的意思。

葛瑞格・桑德斯大聲表示反對，要求法官裁定審判無效。瓊斯法官駁回律師之請。

坦尼的作證好不容易漸入佳境，沒再惹得律師跳腳。他跟陪審團說他常和丹尼斯聊天，而且，每次聊過之後，就會衝回看守所的櫃檯把兩人講的話全寫下來。依他的訓練員蓋瑞・羅傑斯的說法，事情就應該這麼辦。這是警察的本份。有一次他們閒聊的時候，他說丹尼斯說過這樣的話，「事情可能是這樣的吧。可能就是隆恩走到卡特公寓門前硬闖進去。接下來呢，就說是他霸王硬上弓嚐到了一點苦頭。隆恩有一點氣急了，要給她一點教訓。就這樣弄死她了。事情大概就是這樣的吧。但我沒親眼看到隆恩弄死她，所以，我怎麼跟檢方說我根本沒看到的事？」

坦尼作證完畢，那一天就告休庭，丹尼斯再被送回牢裡。他小心脫下身上的新西裝，掛在衣架上面。一名警衛過來把西裝收到前面去放。他往床位一躺，閉上眼睛，百般無奈，不知道這一場噩夢什麼時候過去。他知道證人說謊，但陪審團知道麼？

第二天早上，比爾・彼得森傳辛蒂・麥金塔作證，她承認她是因為開空頭支票坐牢，才會認識隆恩・威廉森和丹尼斯・佛瑞茲的。她作證說她偷聽兩人講話，聽到隆恩在問丹尼斯黛比・卡特命案現場的照片。

「她是在床上還是在地板上？」隆恩問丹尼斯。

「地板上，」丹尼斯回答。

麥金塔坦承說她的跳票案沒有定罪。「我還清錢，他們就放我出來，」她說。

抓耙仔一個個出籠，彼得森就回頭往比較可信的證據走。也只多一點點的可信吧。他一連傳了四名證人上台，都是州政府鑑識總局的人。他們的證詞對陪審團的衝擊就很大；這種事向來如此。他們都受過高等教育，有專業訓練，有證照，有經驗，都在奧克拉荷馬州政府裡面做事。他們都是專家！

他們一一上台作證，指證被告犯行，希望有助於將被告繩之以法。

第一位是指紋專家，傑瑞．彼得斯。他跟陪審團解釋他逐一比對黛比公寓、車上採集到的二十一枚指紋，發現其中十九枚是黛比的，一枚是丹尼斯．史密斯警探的，一枚是麥克．卡本特的，就是沒有一枚是丹尼斯．佛瑞茲或是隆恩．威廉森的。

怪哉！居然有指紋專家作證說他比對的指紋沒有一枚是被告的。

賴瑞．穆林斯（Larry Mullins）陳述黛比屍體重新開棺後，他重新採集了一次黛比的掌紋。他把重新採集到的掌紋交給傑瑞．彼得斯，彼得斯四年半前沒看出來的，忽然就看出來了。

檢方的說辭是黛比遇襲時間很長也很激烈，因此受傷，流出來的血沾到了她的左掌，而她的左掌又在她臥室地板上方一點的石膏牆面上按了一下。由於這一掌紋既不是隆恩也不是丹尼斯的，而且，當然也不可能是真凶的，那自然就非黛比莫屬了。

瑪麗．隆是犯罪學家，專長在體液。她跟陪審團解釋世上約有百分之二十的人的血型，在他們的體液如唾液、精子、汗水裡面是看不出來的。這一部分的人在這一行叫作「不分泌者」（non-secretor）。依她就隆恩和丹尼斯的血液和唾液檢體作的化驗，她確定這兩人都是「不分泌者」這一類。

在犯罪現場留下精子的那一個人可能也是「不分泌者」，不過無法作確認，因為證據不足。

也因此，世上的人口有百分之八十，已經排除嫌疑。或者是「約莫」百分之八十吧，上下加減幾個百分比。儘管如此，佛瑞茲和威廉森現在套上了「不分泌者」這一頂不祥的大帽子。

不過，葛瑞格‧桑德斯在進行交叉詰問時，逼她承認她化驗的卡特案的血液和唾液檢體大部分都屬於「不分泌者」這一類時，瑪麗‧隆的算術就不及格了。她化驗的二十份檢體裡面，有十二份是「不分泌者」的檢體，佛瑞茲和威廉森就在其中。

她化驗過的嫌犯檢體，有百分之六十是屬於「不分泌者」，有別於全民只有百分之二十的平均數。

無所謂。她的證詞終究排除了許多人，而把嫌犯的帽子拿起來掛在丹尼斯‧佛瑞茲頭頂不遠的地方了。

檢方傳喚的最後一位證人算是最有威力的一個。彼得森把他一拳倒地的重擊，留在最後出手。一待梅爾文‧海特作證完畢，陪審團諸君已經有了定見。

海特就是州鑑識總局那一位毛髮鑑識人員，也是資深的證人，幫過檢方把許多人關進大牢。

人類毛髮的刑事鑑識之路，可以回溯到一八八二年，不過，起步頗為顛躓。該年威斯康辛州有一件案子，檢方有一位「專家」將一根「已知」的毛髮和犯罪現場找到的一根毛髮作比對後，作證說這兩根毛髮是同一人的。該人便遭定罪，但上訴後，威斯康辛最高法院推翻判決，嚴厲指稱「這類證據誠屬最危險的一類。」

這一裁定若蒙留意，數以千計的無辜被告應該得免其刑。只是，警方、調查人員、鑑識中心、檢方還是緊抓著毛髮比對不放，毛髮往往還是犯罪現場僅存的真正的證據。毛髮比對變得很普遍，爭議也很多，對此，二十世紀作過的研究不知繁幾。

多篇研究都指出毛髮比對的錯誤率很高，為了平息爭議，美國的「執法協助局」（Law Enforcement Assistance Administration）在一九七八年開設了刑事鑑識進修營。全美頂尖的刑事鑑識中心總共有兩百四十人參加，匯整他們作過的各種類型證據的化驗和比對結果作比較，毛髮也包括在內。

作出來的評鑑很恐怖。大部分的鑑識中心作出來的結果，五次裡要錯上四次。

其他研究對毛髮證據的爭議，更是火上加油。像有一份研究就指出鑑識人員拿犯罪現場的毛髮去和五個人的毛髮作比對時，若不指明警方覺得哪一個人的嫌疑最大，正確率就會提高。因為非刻意的偏見被排除了。而同一份研究裡還發現鑑識人員若知道誰是真正的「嫌犯」，正確率反而大幅降低。因為可能就此有了預設的結論，以致比對結果倒向嫌犯那一邊。

毛髮專家都是走在很薄的法律薄冰上面的，但是看法都帶著很重的砝碼，像是：「已知毛髮和不明毛髮經顯微顯示一致，可能屬同一人所有。」

但也很有可能**不屬**同一人所有，只是這樣的證詞很少有人自願點破，起碼在主詰問的時候不會。

丹尼斯・史密斯在犯罪現場採集的幾百根毛髮，送到法庭的過程又慢又崎嶇。這些毛髮在州鑑識總局裡面的經手人員至少有三名，他們處理的毛髮還包括幾十根已知毛髮，也就是史密斯和羅傑斯在命案過後沒多久的辦案過程「蒐羅平常嫌犯」時採集來的。

瑪麗・隆最先將收到的毛髮在鑑識中心作過分類整理，但沒多久就和在一起，移交給蘇珊・蘭德。蘇珊・蘭德一九八三年三月收到這些毛髮時，丹尼斯・史密斯和蓋瑞・羅傑斯已經相信凶手就是佛瑞茲和威廉森。不過，蘭德作出來的比對報告看得調查人員很洩氣，因為她報告的結論是這些毛髮經顯微顯示，只和黛比・卡特的毛髮一致。」

佛瑞茲和威廉森就此脫身，很短暫；不過兩人根本無由得知。之後，多年後，也沒人將蘇珊・蘭德的比對結果知會予他們的律師知道。

檢方需要第二意見。

一九八三年九月，蘭德的上司以蘭德工作量太大、忙不過來為由，要她將案子「轉交」給梅爾文・海特。這一轉交的命令極不尋常，加上蘭德和海特分屬奧克拉荷馬州不同區的不同刑事鑑識中心，便更顯蹊蹺。蘭德是在奧克拉荷馬市的中央鑑識中心做事。海特是在艾尼德（Enid）鎮的分支單位做事。他的管區涵蓋十八個郡，龐托托克郡卻根本不在裡面。

海特做事其實還很按部就班。他花了二十七個月比對這些毛髮；而且，這麼長的時間，他全用在佛瑞茲、威廉森、黛比・卡特三人的毛髮上面，就更教人佩服了。其他二十一人的毛髮不重要，可以等。

由於警方知道是誰殺了黛比・卡特，因此特別通知梅爾文・海特此事，幫一下忙。海特從蘇珊・蘭德那裡收到毛髮後，「嫌犯」一詞已經寫上了佛瑞茲和威廉森的名字。

至於葛倫・高爾，則還沒有把檢體給埃達警方。

一九八五年十二月十三日，命案過後三年，梅爾文・海特作出第一份報告，發現不明毛髮裡面有十七件經顯微顯示和佛瑞茲還有威廉森的已知毛髮檢體一致。

花了兩年多的時間，耗掉兩百小時比對第一批檢體後，海特忽然快馬加鞭，以不到一個月的時間，處理完剩下的二十一人的檢體。一九八六年一月九日，他寫出了第二份報告，發現從埃達那些年輕人採集來的檢體，和卡特公寓裡找到的毛髮無一一致。

只是還沒人要葛倫‧高爾提供毛髮檢體。

毛髮比對很繁瑣，也不是沒有模糊的地方。海特埋頭看顯微鏡時，判定也翻來覆去過幾次。他一度覺得有一根毛髮絕對是黛比‧卡特的，但後來改變想法，改判作佛瑞茲的。

毛髮鑑識就是這樣。蘇珊‧蘭德的比對結果，有一些遭海特斷然推翻，而且，海特連自己作的結果也會推翻。他一開始發現總共有十三根陰毛是佛瑞茲的，只有兩根是威廉森的。但他後來更動他的數字——有十二根是佛瑞茲的，兩根是威廉森的。再後來又變成十一根是佛瑞茲的，外加有兩根是頭髮也是他的。

高爾的毛髮不知何故還是在一九八六年七月站上了鑑識的舞台。埃達警局有人忽然大夢初醒，發現居然漏掉了高爾這人。丹尼斯‧史密斯採集了高爾還有自承殺人的瑞奇‧喬‧席蒙斯兩人的頭髮和陰毛，郵寄給梅爾文‧海特。而海特看來實在很忙，他要等到一年後，才開始處理這兩人的毛髮檢體。一九八七年七月，警方又再要高爾再提供一份檢體。為什麼?他問了。因為警方找不到他先前提供的檢體。

一九八八年四月七日，佛瑞茲的案子都已經開庭審理了，梅爾文‧海特終於寫出他第三份、也是最後一份的鑑識報告。高爾的毛髮和不明毛髮不一致。海特花了近兩年時間得到這結論，這時間還巧得不能再巧。又再一次清楚顯示檢方對佛瑞茲和威廉森有罪的信心有多堅定，不必等到毛髮鑑識的工作全部完成，就可以起訴。

儘管毛髮鑑識有這麼大的風險，這麼不可靠，梅爾文・海特還是忠心信奉毛髮比對。他和彼得森成了朋友，海特在佛瑞茲的案子開庭前拿了幾份科學文獻給彼得森，每一篇都在吹噓以不可靠出名的毛髮鑑識有多可靠。至於有那麼多文獻抨擊毛髮比對和毛髮證據，他倒是一篇也沒拿給這位檢察官看。

佛瑞茲一案開庭前兩個月，海特開車到芝加哥把他的比對結果拿到一家私人鑑識中心：麥克隆（McCrone）。麥克隆有一個人，理查・畢斯賓（Richard Bisbing），是海特的舊識，要審查海特的鑑識。畢斯賓是由汪妲・佛瑞茲聘來審查審判要用的毛髮證據，同時出庭作證。為了付這一筆錢，汪妲不得不把丹尼斯的車給賣了。

畢斯賓的工作效率顯然要好得多了，但結果一樣矛盾。

畢斯賓花了不到六小時，就把海特的鑑識幾乎全推翻了。海特用顯微鏡確認和佛瑞茲一致的十一根陰毛，經畢斯賓重新比對，發現只有三根一致。而且是只有三根「可能」是丹尼斯・佛瑞茲的。其他八根海特都弄錯了。

雖然有另一位專家對他的鑑識功夫評價這麼差，海特面不改色，開車回奧克拉荷馬市，準備出庭作證，而且說詞不改。

他在四月八日禮拜五下午作證，一坐上證人席就開始滔滔不絕發表演講，滿嘴科學術語和名詞，用意在震住陪審團，而不在告訴陪審團什麼。丹尼斯有大學學位，也在學校教過科學，連他都聽不懂海特在說什麼，他知道陪審團也一定聽不懂。他幾次朝他們看過去。他們一臉茫然，但顯然真是被這位專家給震住了。他懂得真多！

海特動不動就扔出「形態」（morphology）、「皮質」（cortex）、「立鱗」（scale protrusion）、「淺開口」（shallow gapping）、「皮質梭」（cortical fusi）、「卵形體」（ovoid body），當法庭裡人人聽得懂似的。從頭到尾不太放慢速度多作一點說明。

海特真是明星證人，渾身罩在可靠的光環裡面，還有經驗、術語、信心作加持，外加堅定的結論，認為丹尼斯・佛瑞茲的已知毛髮和犯罪現場找到的幾根毛髮一致。他替檢方作的己方證詞，說過六次佛瑞茲的毛髮和可疑毛髮經顯微顯示一致，可能是同一人所有。他就是沒一次跟陪審團說這些毛髮也可能不是同一人所有。

比爾・彼得森在他作證的時候，提到隆恩和丹尼斯的用語，一直是「被告隆恩・威廉森和被告丹尼斯・佛瑞茲」。那時，隆恩正關在單人房裡彈他的吉他，完全不知道他已經被人缺席審判，而且，情況十分不妙。

海特在作證要結束時，幫陪審團把他的鑑識結果作一歸納。總共有十一根陰毛和兩根頭髮可能是丹尼斯的。而這十一根陰毛就是他自己開車送到芝加哥的麥克隆鑑識中心交由理查・畢斯賓提供第二意見的那十一根。

葛瑞格・桑德斯作的交叉詰問沒什麼建樹。海特是被逼得說出毛髮比對臆測的成份太高，未足以作肯定的確認。但他就跟大部分的專家一樣，就是有辦法用連珠炮般一大堆模糊的科學術語來逃過嚴厲的質疑。

等他從證人席上下來，檢方陳述完畢。

辯方傳來的第一個證人是丹尼斯・佛瑞茲。他作證說明他的過去，他和隆恩的友誼，諸如此類。他承認他在一九七三年是因為栽種大麻被定過罪，七年後向諾伯的學校申請教職時對此沒有說實話。他這樣做的理由很簡單，他需要工作。他再三否認見過黛比・卡特，對她遇害的命案當然也一無所知。

接著辯方就把他交給比爾・彼得森作交叉詰問。

訴訟律師要耍手段時，有一句很老的格言，說你手上若沒有事實可講，那就用喊的。這時彼得森就一個箭步衝向證人席，怒視身上有可疑毛髮的凶手，開始喊。

沒過幾秒，瓊斯法官就把他叫到法官席前，小小斥責了一番。「你就算再討厭這位被告，」法官嚴厲的低聲訓彼得森，「你也不可以在本庭裡發脾氣。」

「我沒發脾氣，」彼得森氣沖沖的頂嘴。

「你在發脾氣。你跟本庭大小聲，這已經不是第一次囉。」

「好。」

彼得森對於佛瑞茲在求職表上沒吐實，氣得七竅生煙。丹尼斯既然都敢這樣，那還可以相信嗎？彼得森還驚爆佛瑞茲說過的另一個謊，他拿出一份文件，是佛瑞茲拿一把槍到奧克拉荷馬州杜蘭市的一家當舖去當的單據。而丹尼斯這一次又再隱瞞他因為種大麻而被判重罪的事。

兩件確鑿的證據，證明公然欺騙，只是兩件事顯然都跟黛比・卡特命案沒有一點關係。彼得森拚命罵他，拿他自己招認的隱瞞一事來罵，罵到罵不下去為止。

真諷刺！若不是情勢那麼緊張，感覺也一定很滑稽；這彼得森居然為了證人沒說實話大發雷霆，罵得口沫橫飛，而他這位檢察官自己的案子卻全是建立在罪犯和抓耙仔的證詞上面。

等彼得森終於決定往前推進，卻發現無處可進。他從檢方這個證人的指控跳到那個證人的指控，一路跳，丹尼斯的說法始終堅定不移，沒有一點矛盾可疑。彼得森作了一小時罵聲不斷的交叉詰問之後，終於坐下。

葛瑞格・桑德斯唯一傳喚作證的另一證人，就是理查・畢斯賓。他跟陪審團說明他對梅爾文・海特作的鑑識結果大部分都不同意。

時間已近禮拜五傍晚，瓊斯法官把庭訊延到周末過後再開。丹尼斯走過法院外短短的那一截路回看守所去，換衣服，然後在囚室悶熱的老鼠洞裡想辦法放鬆心神。他知道檢方沒辦法定他的罪，但對結果卻沒有信心。陪審團在傳閱血腥的犯罪現場照片時，臉上出現的痛惡表情他都看到了。陪審團聽梅爾文・海特作證的神情，他也都看了，知道他們相信海特的鑑識結果。

丹尼斯這周末很難熬。

禮拜一早上開始進行結辯。南西・秀伊替檢方打頭陣，把檢方的證人一一點名一遍，也把他們的說法重說一遍。

葛瑞格・桑德斯進行反駁，指陳檢方根本沒證明什麼；證明丹尼斯無疑有罪的舉證責任，檢方顯然未盡周全；這一件案子怎麼看都只是「牽連入罪」的例子，陪審團應該要判他的客戶無罪。

比爾・彼得森最後上場作壓陣。他花了近一小時口若懸河、嘮叨不休，把他傳過的證人嘴裡說過的話再吐出來反芻一遍，死命要陪審團相信他找來信口雌黃的抓耙仔句句可信。

陪審團在午間退席去開會商討。六小時後，陪審團回到法庭，宣布大家意見不一，十一比一。瓊斯法官再請他們退席開會，附送晚餐。到了晚上約八點的時候，陪審團回到法庭，宣布眾人決議：有罪。

丹尼斯聆判，愕然無語。他惶然無措，因為他是無辜的；他震駭莫名，因為他們居然憑這麼微薄的證據判他有罪。他只想破口大罵，痛斥陪審團、法官、警方、司法制度。只是，審判尚未結束。

不過，說他沒有心理準備也未必盡然。他在陪審團員的臉上看到他們的懷疑。他們是埃達小鎮的代表，而埃達小鎮只想找人定罪。警方和彼得森若深信丹尼斯便是凶手，那他準是凶手。

丹尼斯閉上雙眼想起了女兒。伊麗莎白已經十四歲了，這年紀應該懂得有罪和無辜的差別。如今他被判有罪，他是要如何才能讓她相信父親無辜？

法庭裡的人群魚貫朝門外走去，佩姬•史迪威走到法院前面的草坪就昏厥過去。她筋疲力竭，激動加上傷心壓得她撐不下去。大家趕忙送她到最近的醫院，不久她就出院回家。

有罪無罪的問題既已解決，審判的程序就快步朝量刑邁進。理論上，陪審團應該就檢方提出的加重其刑情節及其指定死刑的這一方，和辯方提出之減輕其刑情節希望救他一命這一方，作一權衡來決定量刑輕重。

佛瑞茲的量刑階段維時很短。彼得森把費勒史東傳上證人席，他也終於可以跟陪審團說丹尼斯跟他說過他和隆恩在命案前四個月曾經在諾曼四處逛酒吧玩。他的證詞就這樣子。這兩位命案嫌犯居然開了七十哩的路到諾曼，在酒吧和夜店狂歡通宵。

接下來的證人也是最後一位證人，再就費勒史東說的深奧故事作引申。這位證人名叫拉薇塔•布魯爾（Lavita Brewer），她說她在諾曼假日飯店的酒吧小酌一杯時，巧遇佛瑞茲和威廉森兩人。三人一起喝了幾杯後，就一起離開。布魯爾坐進後座，丹尼斯負責駕駛，隆恩坐在丹尼斯旁邊，三人一起上路。那時正在下雨。丹尼斯開得很快，闖紅燈什麼的都來。這一段奇遇才開始不久，布魯爾就嚇得受不了了。雖然他們兩個從沒碰過她或威脅到她，但她就是覺得她不想跟他們混下去了。只是，丹尼斯不肯停車。這樣耗了十五或二十分鐘吧，後來車速變慢、她敢跳車了，她就打開車門跳車逃跑。她還找到一具公共電話報警。

沒人受傷。沒有提告。沒人定罪。

不過，這在比爾・彼得森看來卻是清楚的明證，證明丹尼斯・佛瑞茲這人對社會是重大的威脅，非判死刑未足以保護年輕女性免於危害。拉薇塔・布魯爾是他傳喚過的證人裡最好的一個，而且，僅此唯一。

彼得森慷慨激昂向陪審團陳辭，要求判處丹尼斯死刑的時候，還直視丹尼斯，伸手指著他說，「丹尼斯・佛瑞茲，憑你和隆恩・威廉森加害於黛比・卡特的所作所為，就該以死回報。」

丹尼斯這時插嘴，對陪審團說，「黛比・卡特不是我殺的。」

兩小時後，陪審團回到庭內，作出終身監禁的判決。判決一唸出來，丹尼斯馬上站起來，正視陪審團，說，「各位陪審團的先生、女士，我只想跟各位說……」

「對不起，」瓊斯法官出聲喊他。

「丹尼斯，不可以，」葛瑞格・桑德斯也說。

但是丹尼斯不管誰在擋他，再說下去，「我在天上的主耶穌基督知道我沒做這件事，我只想跟各位說，我原諒各位。我會為各位祈禱。」

丹尼斯回到牢房，在拘留所悶熱、黝暗的小角落裡，雖然知道自己逃過一死，卻沒一絲寬慰。他已經三十八歲，沒有犯罪，一生從沒有過暴力的傾向，卻要在牢裡度過餘生，想起來他就痛不欲生。

9

佛瑞茲開庭的審理過程，安奈特‧赫德森一直密切注意，詳讀《埃達晚報》逐日的報導。四月十二日，禮拜二，該報頭版頭條的大標題：「卡特命案佛瑞茲被判有罪」。報導照例不會漏掉她弟弟。「隆恩‧威廉森在卡特一案一併被控以一級謀殺罪，預計要在四月二十一日受審。」其實，該報總共六篇報導，沒有一篇沒提到隆恩同樣涉案，即將開庭審理。

他們這樣是怎麼有希望得到公平的審判?安奈特一再自問。共同被告都已經被判有罪了，身在同一小鎮的另一名被告怎可能得到公平的審判?

她替隆恩帶了一套灰色的新西裝，多配一件海軍藍寬鬆長褲，兩件白襯衫，兩條領帶，一雙新鞋。

四月二十日，開庭前一天，隆恩被押解到法庭和瓊斯法官聊一聊。法官擔心被告出庭可能又會出亂子；從他過去的紀錄來看，法官並非杞人憂天。隆恩一站在法官席前，法官就說，「我想先看看你明天出庭時我們可能會有的狀況；我要確定一下你明天站在這裡的時候不會亂來。你懂我在擔心什麼吧?」

隆恩：「只要他們不要講我殺人就好。」

瓊斯法官：「喔，你知道他們一定會的嘛。」

隆恩：「對，這我知道，但這樣說不對。」

瓊斯法官知道隆恩以前是運動健將，所以，他用運動比賽來作比喻。「法庭上兩方的攻防跟體育比賽有一點像。每一邊都有機會作進攻，也都有機會作防守。兩邊都有攻守的機會，你不可以拿這來吵鬧。這件事的程序就是這樣子走的。」

隆恩：「對，但我是那一顆被人拿來踢的球。」

佛瑞茲一案的審判過程，是檢方大戲上場前很好的暖身操。他們要傳的證人都差不多，連次序也差不多。但接下來的隆恩大審，檢方另有兩項優勢在手。第一，被告心智失常，動不動就會掀桌子或罵髒話，看的人少有不皺眉者，陪審團自不例外。他那樣子怪里怪氣的很恐怖，人見人怕。第二，他的律師是瞎子，還孤軍奮戰。法庭指派的共同律師巴柏在四月一日退出後，便一直沒人接替。巴尼手腳很快，也是交叉詰問的高手，但一遇上指紋、照片、毛髮鑑識這一類的事情，威力就要打折扣了。

至於辯方這邊，則是覺得開庭的時間拖得太久。巴尼實在受不了隆恩・威廉森，也很氣這件案子耗掉太多他接其他案子的時間——其他會付錢的客戶的案子。而且，他也很怕隆恩，怕被他拳腳相向。他安排自己的兒子陪同出庭，要他這位不是當律師的兒子坐在被告席後面，緊挨著隆恩。巴尼自己的座位則離隆恩遠一點；只是，再遠也遠不到哪裡去。隆恩若是又忽然發狂衝著巴尼撞過來，就只有靠他兒子從後面一把抱住，把隆恩壓制下去。

隆恩這邊律師和客戶之間的信任，就是這樣。

不過，四月二十一日開庭時，擠滿人的法庭裡面，沒幾個人知道，巴尼兒子出席是為了保護他的律師老爸免遭客戶毒手。在場的人大部分都是陪審團候選人，對這樣的情景並不熟悉，也不知道誰是誰。法庭裡另也有記者、來湊熱鬧的不相干律師以及小鎮法院開庭必到的常見長舌派。謀殺案開庭最是熱鬧。

安奈特・赫德森和蕾妮・席蒙斯坐在旁聽席第一排，想盡量離隆恩近一點。安奈特有幾個好朋友自願要坐在她旁邊，陪她走完審判的程序，給予精神支持。但安奈特沒答應。她這弟弟精神有病，很難說會做出什麼事來；而且，她也不想要朋友看見他戴著手銬腳鐐的樣子。而且，她也不想要她們聽到露骨又恐怖的證詞。她和蕾妮已經熬過預審，很清楚坐在法庭裡的滋味。

至於隆恩自己，倒沒有朋友出席。

卡特一家人就坐在走道另一邊的第一排，跟他們出席佛瑞茲審判時的位置一樣。原告、被告兩邊都盡量不看向對方那一邊。

那一天是禮拜四，距離死者重新開棺接著隆恩、丹尼斯被捕，快要滿一年。隆恩最近一次好好作過治療，是十三個月前在州立中部醫院的那一次。諾瑪・華克應巴尼的要求，到埃達來看過隆恩一次。那一次華克來去匆匆；而隆恩到鎮上的衛生局去看醫生，也差不多是這樣。他這一年來就算有服藥，也都是由獄卒在處理，而且很不規律。關在拘留所的單人房對他的精神健康沒有一點幫助。

然而，他的精神狀態除了他的家人，沒人關心。檢方、辯方、法官，沒人提起過這問題。

現在要做的是審判。

開庭第一天的興奮，很快就被挑選陪審團的繁瑣枯燥給打消了。一連幾小時只見兩造律師一一詢問陪審團候選人問題，再由瓊斯法官按部就班一個個打回票。

隆恩倒還算守規矩。他那樣子看起來還不錯——剪了頭髮，刮了鬍子，一身新衣。他還拿筆作筆記，不過背後有巴尼兒子虎視眈眈。巴尼兒子雖然跟其他人一樣覺得很煩，但盯著父親客戶一舉一動的責任，倒還不敢懈怠。隆恩自己則是搞不清楚怎麼有人盯他盯得那麼緊。

到了近傍晚的時候，最後十二位陪審團員終於定案——七位男的，五位女的，全都是白人。瓊斯法官叮嚀過注意事項，便讓他們回家。未作隔離。

安奈特和蕾妮滿懷希望。有一位陪審團員是一個鄰居的女婿，就住在安奈特家對街。另一個和五旬會的一個牧師有親戚關係，因此，當然認識胡安妮妲・威廉森，也知道她生前對教會的奉獻。再一個，則是威廉森家姻親的遠親。

陪審團員看起來都滿眼熟的。安奈特和蕾妮在埃達都見過。埃達真的很小。

翌日早上九點，陪審團回到法庭。南西・秀伊代檢方作開場陳述，講的幾乎像逐字照抄她在佛瑞茲受審時講的稿子。巴尼把他的開場陳述延到檢方的證據都講完後才開始。

檢方傳的第一個證人又是葛倫・高爾，只是，情況有一點脫軌。高爾在報上名字後，就不發一言，不願作證。逼得瓊斯法官判他藐視法庭；那又怎樣？反正他就正在服刑，四十年的徒刑。他不肯作證的原因不明，不過，可能跟他在州立監獄裡面服刑脫不了關係。抓耙仔在州立監獄裡面可是備受牢友輕視的，和龐托托克郡的看守所不同。龐托托克郡的看守所裡，抓耙仔猖獗為患。

幾下子混亂過後，瓊斯法官裁定，高爾去年七月在預審作過的證詞，可以讀給陪審團聽。宣讀之後，儘管傷害多少降低一點，陪審團還是聽到了高爾編出來的謊話，說他命案那一晚看到隆恩去過「馬車燈」。

巴尼原本有機會逼問高爾犯過那麼多重罪、又都是怎樣的暴力重罪，就此橫遭剝奪。辯方還進而因此沒辦法再問高爾命案那一天晚上人在哪裡，去過哪裡。

高爾被請出去後，檢方的案子很快就回到正軌。湯米・葛洛佛，吉娜・維耶塔，查理・卡特一一坐上證人席，把同樣的證詞說上第三遍。

蓋瑞・艾倫也把先前說過的事再說一遍：一九八二年十二月有一天凌晨三點半左右，他聽到有兩個男的拿水管互相在沖水，但強調沒辦法指認其中一個就是隆恩・威廉森。另一人可能是佛瑞茲，但也可能不是。

但其實，蓋瑞・艾倫根本沒辦法指認出誰，也說不清楚那一件事到底是在哪一天。他是毒蟲，警方對此心知肚明。他認得丹尼斯・史密斯，是因為他們在鎮上的大學一起上過課。

史密斯是在命案過後不久找上他，問他在十二月八日凌晨有沒有聽到或看到什麼怪事。艾倫便說他看到有兩個男的在隔壁拿水管互相沖水，但不記得是哪一天。丹尼斯・史密斯和蓋瑞・羅傑斯馬上就下結論，說那兩個男的準是佛瑞茲和威廉森，在拿水沖掉沾在身上的黛比・卡特的血漬。他們就逼艾倫再說得詳細一點，甚至將一張命案現場的照片出示給他看。兩位警探暗示這兩人應該就是佛瑞茲和威廉森，但艾倫沒辦法也不願意作這樣的指認。

威廉森的大審快要開庭時，蓋瑞・羅傑斯去過艾倫的公寓一趟，又再把細節跟艾倫提示過一次。那兩個是不是就是佛瑞茲和威廉森？他有沒有在十二月八日前後，凌晨的時候，看到他們兩個在屋外？

沒有。艾倫沒辦法確定。羅傑斯掀開他腰間的衣角，露出腰間的左輪手槍給艾倫看，跟艾倫說他的記憶力若還是那麼差，那他就有鉛中毒的危險。所以，艾倫的記憶力就變得好一點了，但也才好到可以上證人席而已。

丹尼斯・史密斯接下來帶著陪審團把命案現場走過一遭，拍照片，採指紋，蒐集證據等等。照片一一出示供陪審團傳閱，人人看過死者照片，反應一如前一次，都在預期當中。警方的照片，有幾張是用消防車的雲梯，從空中拍下黛比・卡特的公寓照片。彼得森以其中一張為例，要史密斯告訴陪審團威廉森住的地方在哪裡。只在幾條街口之外。

巴尼說，「照片我要看一下，」他們把照片交給他。巴尼依埃達的不成文慣例接過照片，跟著他的助理琳達走到法庭外面，由琳達將每一張照片仔細講給他聽。

檢方作的己方詰問都是事實陳述；但巴尼作的交叉詰問就有火花了。他始終覺得有一件事很怪：這兩個警方說的凶手，居然有辦法不留一枚指紋，就犯下這麼可惡的姦殺案！他要史密斯解釋一下，調查人員採集指紋以哪一種表面最容易採得。平滑、堅硬的表面——玻璃、鏡子、硬塑料，上漆的木頭，諸如此類。巴尼接著帶著史密斯把死者的公寓走過一遭，逼得他承認他漏掉了許多顯而易見的地方——廚房的廚具，敞開的臥室窗戶的玻璃，浴室設備，門的面板，鏡子。單子愈開愈長，到頭來，只襯得史密斯蒐集指紋的工夫很差。

巴尼緊追著證人不放，窮追猛打。問話太兇的時候，比爾・彼得森或是南西・秀伊會出面抗議巴尼的問話手法，而檢方一提出抗議，向來會遭巴尼尖刻反駁。

蓋瑞・羅傑斯是下一個上證人席的，又再就警方的調查作一次仔細的歸納。不過，他對檢方的案子最重要的貢獻，就是把隆恩被捕後作過的那一場夢，再講給陪審團聽一次。他的證詞在己方詰問時聽起來沒有問題，但遇上巴尼就有問題了。

巴尼覺得很奇怪，怎麼隆恩的供述沒有錄下來。羅傑斯承認警方是有錄影設備，也常常用。等巴尼再度進逼，羅傑斯就承認調查人員在不確定證人會說什麼的時候，有的時候並不會用。可能對檢方不利但對被告有利的話，幹嘛要錄。

羅傑斯承認警局有錄音機，他也會用錄音機。但在盤問隆恩時沒用，因為不屬於正常程序。巴尼一樣不吃他這一套。

羅傑斯也承認警局裡面隨時都有紙筆可用，至於他和羅斯蒂・費勒史東為什麼沒讓隆恩親筆寫下供述，就語焉不詳、說不清楚了。不止，問話過後，他們還不讓隆恩看警方的紀錄；巴尼在此把疑點愈堆愈高。巴尼繼續拷問羅傑斯為什麼沒用一般的程序處理，羅傑斯就犯下了大錯。他提到隆恩一九八三年作過一次訊問，也作了錄影，而且，隆恩矢口否認涉案。

巴尼真是不敢相信。怎麼沒人說過有這樣一卷帶子？審前揭示證據不是規定檢方要交出手中有的每一項有利辯護的證據嗎？巴尼也按照時間提起了正當的聲請，好幾個月前的事欸。去年九月法院就已經下令要檢方把跟命案調查有關的隆恩供述，全都提交給被告律師。

警方和檢方怎麼會扣著這麼一卷帶子四年半，不給辯方知道？

巴尼手上能用的證人沒幾個，因為檢方起訴隆恩一案根本就是一件「供認」案（confession case），檢方只用形形色色的證人，來指證隆恩在不同的時間、用不同的方式承認過案子是他做的，而且還拼湊得七零八落。而要打倒這樣的證詞，唯一可行的作法，就是否認作過供認，而唯一可以否認的人，就是隆恩自己。所以，巴尼打算把隆恩放上證人席，由他為自己辯護；只是他一想到隆恩要上證人席就怕。

一九八三年的這一卷帶子正是有力的武器，可以放來給陪審團看。四年半前，早在檢方湊出這麼一支問題重重的證人大隊之前，早在隆恩累積了這麼長一串的前科紀錄要回應前，他就已經坐在錄影機面前，一再否認涉案。

一九六三年有一件著名的判例，〈布雷迪控訴馬里蘭州〉（Brady v. Maryland），聯邦最高法院裁定，「無論檢方是出之於善意或惡意，只要有證據對定罪量刑有重要的作用，經要求，檢方若還隱瞞對辯方有利的證據，都屬違反正當程序。」

調查人員有的是辦法，常常挖得出來對嫌犯或被告有利的證人或證據。但幾十年來，他們硬就是不管是否有這一類有利辯護的證據，逕行起訴。〈布雷迪〉判例一舉將雙方的地位扯平，立即成為刑事訴訟裡的重要一環。「布雷迪要求」（Brady request）也成了刑事辯護律師在接案之初提起的諸多聲請裡面慣見的一項。布雷迪申請。布雷迪庭訊。布雷迪材料。「我用布雷迪釘死他了。」布雷迪一案就這樣融入了刑事法實務的行話裡去。

而現在，巴尼就站在瓊斯法官面前，留羅傑斯坐在證人席上，彼得森低頭看自己的鞋尖；這顯然是「布雷迪違規」嘛。他聲請審判無效，但被駁回。瓊斯法官同意就這一件事另外開庭審理——等這一件案子審理過後！

禮拜五，已經很晚了，大家都很累，瓊斯法官裁定休庭，直到下禮拜一早上八點半再重新開庭。隆恩戴著手銬由一堆警察簇擁，急急被送出法庭。他到目前為止都還守規矩，而且，不是沒有人注意到。

禮拜天《埃達晚報》的頭版標題：「大審第一天威廉森出庭循規蹈矩」。

禮拜一第一個上證人席的是佛瑞德・喬登醫生，他第三次坐上這同一座位，詳細說明驗屍結果和死因。這也是佩姬・史迪威第三次受此煎熬，只是，痛苦的程度未隨次數增加而遞減。幸好她看不到檢方送到陪審團手上傳閱的照片。但她看得到他們的反應；這就夠了。

在喬登醫生後面作證的是佛瑞茲的鄰居東尼・維克，便利商店店員唐娜・華克，說隆恩和丹尼斯半夜會去她家的麗妲・寇德威爾——三人的證詞在佛瑞茲受審時沒有作用，這時一樣沒有作用。

接下來傳喚泰莉・霍蘭作證時，火花就來了。預審時她就已經有辦法在證人席上胡言亂語，一點也不怕被拆穿。不過，如今有隆恩在被告席上瞪著她看，知道她說的不是真的，那可就今非昔比。她編的瞎話開始了——霍蘭在說她說她聽到隆恩在牢裡說的黛比・卡特的事——隆恩顯然聽得怒火中燒。他一直搖頭，緊抿著嘴，瞪著霍蘭，一副要殺人的樣子。最後，霍蘭說，「他說她若是肯好好爽一下也讓他爽一下，他就不會弄死她了。」

隆恩發出一聲，「喔！」很大聲。

南西・秀伊再問，「妳有沒有聽到他講電話時提到黛比・卡特的事？」

霍蘭：「我那時在洗衣部工作；我那時是模範囚犯。隆恩正在跟他媽媽講電話——他要他媽媽幫他送香菸還是什麼的。我不確定是什麼——但是，他們兩個——他在吼他媽媽，說她不照做就要殺掉她，跟他殺掉黛比一樣。」

隆恩聽了大喊，「她騙人！」

南西・秀伊沒停下來：「霍蘭女士，妳有沒有聽他講過或提起過黛比・卡特遇害的詳情？」

霍蘭：「他在說——我想是在雜居房裡吧，男的都關在那邊——他——他說他拿可口可樂的瓶子塞進她後面，也把她的內褲塞進她喉嚨裡去。」

隆恩暴跳如雷，指著霍蘭大喊，「妳騙人！我這輩子從沒說過這樣的話！那女孩不是我殺的，我說妳這人是大騙子！」

巴尼：「不要激動，隆恩。」

隆恩：「我根本不知道妳是——我是說，妳一定會有報應。」

法庭有一陣子悄無聲息，人人屏氣凝神，接著巴尼慢慢站起身來。他知道接下來會是什麼——補破網。檢方的明星證人搞砸了兩大關鍵——內褲和可樂瓶子——捏造的證詞慣見這樣的問題。法庭氣氛緊張，證人的謊言露餡，巴尼蓄勢待發，準備出手重擊；南西・秀伊趕忙補破網。

秀伊：「霍蘭女士，請容我問妳剛才說的事。就妳的記憶所及，妳確定他說的東西是什麼嗎？妳說的是可口可樂的瓶子。」

巴尼：「懇請庭上，懇請庭上——我聽到她說的。我可不要這位檢察官去改她說過的話；我反對。」

霍蘭：「他說可口可樂或番茄醬或——」

巴尼：「知道我在說什麼了吧？庭上請注意。」

隆恩：「對，妳——」

巴尼：「噓。」

秀伊：「霍蘭女士，妳能否——我知道妳在一旁還聽到別的事——」

巴尼：「懇請庭上——」

秀伊：「妳可不可以回想——」

巴尼：「檢察官在做誘導式、暗示性的問話，我抗議！」

法官：「問問題直接問就好，句子前面不要加條件。」

秀伊：「他有沒有說過為什麼——妳說他說他殺死——」

霍蘭：「他要和黛比·卡特上床。」

隆恩：「妳騙人！」

巴尼：「閉嘴！」

隆恩（**已經站了起來**）：「她騙人！我才不要聽她騙人。黛比·卡特不是我殺的，妳騙人！」

巴尼：「隆尼，好了，坐下。」

彼得森：「庭上，我們可不可以暫時休庭，麻煩你。巴尼——我反對辯方律師敲邊鼓，法官大人。」

巴尼：「這不是在敲邊鼓，懇請庭上。」

法官：「等一下。」

巴尼：「我是在跟被告說話。」

法官：「等一下。妳接下去問。威廉森先生，我必須提醒你，你坐在那裡是不可以發言的。」

秀伊：「霍蘭女士，妳記不記得他說過他為什麼要做那樣的事？」
霍蘭：「因為她不肯跟他做。」
隆恩：「妳騙人！可惡，妳要講實話！我這輩子從沒殺過人！」
巴尼：「庭上，我想請求暫時休庭幾分鐘可以嗎？」
法官：「好。別忘了提醒你的事。陪審團可以退席了。」
隆恩：「我可以跟她講一講話嗎？拜託。我要跟她講一講話。她在胡說什麼啊？」

稍事暫停，情勢就冷卻下來了。陪審團既然已經退席，瓊斯法官就和隆恩好好談了一下，隆恩也跟法官大人保證一定會守規矩。等陪審團回來後，法官跟大家解釋，案子只可以憑證據來作裁判，不可以摻雜其他。檢方沒有回應，辯方當然也沒有回應和動作。

不過，隆恩先前「妳一定會有報應」這一句話，聽得人頭皮發麻，陪審團顯然也都聽到了。一個個也都怕他。

秀伊在接下來的混戰裡，始終沒辦法讓她這一位證人的證詞完全起死回生。不過，借助誘導式和暗示性的問話，她還是把可口可樂瓶子變成了番茄醬瓶子，至於塞在黛比嘴裡的內褲這件小事，就沒作糾正。只是泰莉・霍蘭一直沒說過染血的毛巾。

檢方下一個找來幫他們尋找真相的芭樂票金光黨，叫作辛蒂・麥金塔，只是，這倒楣鬼腦筋混亂，竟然不記得她該說哪一件事。她既然腦筋一片空白，自然很快就被請下證人席，無功而返。

接著是麥克・坦尼和約翰・克里斯欽上證人席，講他們在牢裡和隆恩的半夜交心，以及隆恩講過的怪話。兩人也都懶得提隆恩一再否認涉案，在牢裡常常大喊自己清白，一喊幾個小時。

短暫用過午餐後，彼得森再把州鑑識總局幹員請出來，順序跟佛瑞茲開庭時一模一樣。傑瑞・彼得斯打頭陣，說他因為不確定黛比・卡特的左手掌紋到底如何，而開棺重新採集黛比指紋。巴尼想一下子釘死他，追問他為什麼這件事在驗屍過後四年半才變成問題，但彼得斯十分滑溜。怎麼他會過了這麼久才福至心靈，擔心起他一剛開始作的鑑識會有問題？抑或是因為比爾・彼得森在一九八七年初有一天打電話找他，給了他一點提示？彼得斯的回覆模稜兩可。

賴瑞・穆林斯說出來的看法和彼得斯一樣——石膏板上的血印子是黛比・卡特的掌紋，而非神祕凶手所有。

瑪麗・隆作證說隆恩・威廉森屬於「不分泌者」，因此穩穩的落在約百分之二十的這一塊人口群裡。而強姦黛比的人，可能就在這一人口群裡。巴尼費了一番手腳，還是抓到了她證詞的漏洞。他問她到底鑑識過幾個人的檢體，得到的總數是二十，連死者在內。這其中有十二人是「不分泌者」，依她的總人數來算就是百分之六十。巴尼就跟她玩了玩算術遊戲。

蘇珊・蘭德作證的時間很短。卡特一案的毛髮鑑識一開始是她在做的，但後來轉給了梅爾文・海特。巴尼逼問她為什麼，她說：「那時我手上的凶殺案多得數不清，壓力很大，工作很趕。我只是覺得可能會不夠客觀，我不想出錯之類的。」

梅爾文・海特接著宣誓作證，很快就又開始發表他幾天前在佛瑞茲審判庭上說過的那同一份學術演講稿。他就已知毛髮和可疑毛髮作顯微比對的繁鉅工作，作了一番說明，表現不錯，讓人覺得毛髮鑑識完全可靠無誤。不這樣還不行，因為這一場刑事訴訟一直在用毛髮鑑識作證據。海特跟陪審團說他做過「好幾千件」毛髮鑑識；還拿出幾張圖表，根據上面畫的不同類型毛髮，向陪審團解釋毛髮可以劃分出二十五到三十種不同的特徵。

等他終於把演講拉回到隆恩・威廉森身上時，他作證說在床上找到的兩根陰毛，經顯微比對一致，可能是同一人的——隆恩・威廉森。另外，在染血毛巾上面找到的兩根頭髮，經顯微比對也一致，可能也是同一人的——隆恩・威廉森。

這四根毛髮也很可能**不是**隆恩的，但他就是不提。

但海特也不是沒說溜嘴，越了界。他在作證說那兩根頭髮時，說，「頭髮裡面就只有這兩根和隆恩・威廉森的毛髮符合（matched）或是一致（consistent）。」

「符合」一詞在毛髮鑑識裡是禁忌用語，因為極可能造成誤導。陪審團都是外行人，對於顯微顯示一致這樣的說法或許有一點費解，但「符合」就一點也沒有問題。這樣的說法直截了當，簡單明瞭。跟指紋一樣，一旦符合，就不再有一絲懷疑。

海特一說出「符合」兩個字，巴尼馬上揚聲表示反對。瓊斯法官駁回，說他可以在交叉詰問時處理這問題。

不過，海特最離譜的表現，還在他作證時的態度。他不是拿他的專業知識去教陪審團，他是把他的專業知識硬灌進陪審團的腦子裡。

毛髮鑑識專家大部分會拿與案情相關的毛髮放大照片到法庭，以利陪審團評估證據。他們會把已知毛髮的照片擺在可疑毛髮旁邊，再就二者的同、異之處作詳細的說明。海特自己就說過，毛髮可以分出約二十五種特徵，優秀的鑑識專家就應該對陪審團說清楚他指的到底是什麼。

海特卻不然。他在卡特一案耗了近五年時間，用掉好幾百個工作時，寫了三份不同的報告，卻連一張放大照片都沒拿給陪審團看。他沒拿過一根隆恩・威廉森的毛髮，和黛比・卡特公寓採集到的任何一根毛髮作比對。

海特做的，不過就是勸陪審團光是聽他的話就可以了。別跟他要證據，他怎麼說他們怎麼信就好。

海特在證詞裡明確暗示卡特公寓採集到的毛髮，有四根是隆恩・威廉森的毛髮。其實，檢方要海特上證人席的目的，也只在於此。

貧困被告既然無力聘請鑑識專家替他作證，又怎麼可望獲得公平的審判？海特坐上證人席說出這樣的證詞，正凸顯出此中的不公。巴尼幾個月前就已經要求這方面的協助，遭瓊斯法官拒絕。

瓊斯法官不該不知道。三年前，奧克拉荷馬州有一件大案子上訴到了聯邦最高法院，裁決的結果在全美的刑事庭裡引起一陣大譁。聯邦最高法院就〈艾克控訴奧克拉荷馬州〉（Ake v. Oklahoma）裁定：「檢方於刑事訴訟過程對貧困被告行使司法權時，一定要以實際行動去保障被告有公平的機會提出他的辯護……被告若單單因為貧困，以致沒有機會在攸關自由的司法程序作實質的參與，就談不上正義、公平。」

〈艾克〉判例明令檢方要提供貧困被告進行充分辯護的基本工具。佛瑞茲和威廉森兩人受審的時候，瓊斯法官都忽略了這一點。

刑事鑑識證據是起訴的關鍵一環。傑瑞・彼得斯、賴瑞・穆林斯、瑪麗・隆、蘇珊・蘭德、梅爾文・海特都是鑑識專家。隆恩卻只有巴尼一人，他是很能幹的「法庭代言人」沒錯，只可惜他看不到證據。

梅爾文・海特作證過後，檢方的陳述就告結束。審判一開始時，巴尼放棄作開場陳述，保留到他要開始作辯護時才說。這出的可是險招。大部分的辯護律師無不急著跟陪審團作陳述，早一點在檢方的證據裡種下懷疑的籽。審判就以開場陳述和結辯是律師可以直接對著陪審團說話的時候，大好的機會怎可錯過？

巴尼卻在檢方陳述結束之後，再有驚人之舉，自動放棄他作開場陳述的權利。沒說明理由，也不必說明理由，但就是極其罕見的戰術。

巴尼一口氣連傳了七名獄卒上證人席。他們全都否認隆恩・威廉森說過什麼話可以把他和卡特命案連在一起。韋恩・喬普林（Wayne Joplin）是龐托托克郡法院的書記。巴尼傳他上證人席作證，檢閱泰莉・霍蘭的紀錄。她一九八四年十月在新墨西哥州被捕，送回埃達入獄，很快就幫埃達警方破了兩件轟動的命案。卻等了兩年才跟警方透露隆恩跟她作過的刺激告白。她對她開芭樂票的案子認罪，被判五年徒期，三年暫緩執行，同時支付七十美元的開庭費、五百二十七塊九分的賠償費，每個月五十元分期償還二百二十五美元律師費，償還矯正司每個月十美元，償還犯罪受害人基金會（Crime Victims Compensation Fund）每個月五十美元。

她在一九八六年五月付了一期五十美元後，剩下的就全都免了。

巴尼傳喚他最後一個證人：被告。讓隆恩上證人席的風險很大。他的情緒極不穩定——那一天先前才對泰莉・霍蘭發過飆——陪審團已經在怕他了。他有犯罪前科，彼得森一定會拿來窮追猛打，攻擊隆恩的可信度。而且，就算他那天吃過藥，也沒人確知他吃的藥量。他一肚子怒火，性情變幻莫測，但最糟的還是他的律師事先沒跟他預習過。

巴尼要求席前會議，跟瓊斯法官說：「好啦，好戲要上場了。我要求暫時休庭，看我有沒有辦法盡量安撫他一下。他看起來——嗯，他現在是沒有大喊大鬧。反正我也要喊休庭。」

「你只剩一個證人？」瓊斯法官問他。

「我只剩一個？對，我想你這樣說也沒錯，庭上。」

大家中午休庭的時候，隆恩被帶往樓下回看守所去，看到死者的父親還大喊，「查理・卡特，你女兒不是我殺的！」押解他的警察趕忙推著他加快腳步離開。

下午一點，隆恩宣誓作證。在回答過幾則初步的問題後，他否認和泰莉・霍蘭講過話，也否認見過黛比・卡特。

他是什麼時候知道卡特的命案的？巴尼問他。「十二月八日知道的，我姊姊安奈特・赫德森打電話到家裡來，我母親接的電話。我聽到媽媽說，『喔，我知道絕不是隆尼，因為他在家裡。』我問媽媽什麼事。她說安奈特打電話來說我們家附近有女孩子被殺。」

幾分鐘過後，沒作過預習的跡象就更明顯了；那時巴尼詢問證人第一次見到蓋瑞・羅傑斯的事。

隆恩說：「在那過後沒多久，我就到警局去作測謊了。」

巴尼倒抽一口氣：「隆尼，這不要講——不是要你說這些。」

在陪審團面前不可以提測謊的事。若是檢方提起，就可能會判審判無效。卻沒人想要提醒隆恩一下。幾秒過後，他又再越界，講起他和丹尼斯・佛瑞茲的一件事。「我和丹尼斯・佛瑞茲在一起。我們開車在路上走。我跟他說丹尼斯・史密斯叫我回去，跟我說測謊的結果無法確定。」

巴尼繼續再問，把話題岔開。兩人略談了一下隆恩偽造文書的前科。接下來幾個問題問的是他在命案那一天晚上的行蹤。巴尼最後是用有氣無力的這一句作收尾：「黛比・卡特是你殺的嗎？」

「不是，黛比・卡特不是我殺的。」

「那我想這樣就可以了。」

巴尼急著把他的客戶送上證人席又急著把他拉下來，盡量降低傷害，結果檢方證人所作的指證他大部分都忘了反駁。隆恩原本可以把他被捕後那一晚對羅傑斯和費勒史東作的「作夢自白」，作一番解釋。他原本可以就他和約翰・克里斯欽、麥克・坦尼說過的話，作一番解釋。他原本可以把看守所的設計畫出來，跟陪審團解釋泰莉・霍蘭聽得到的話別人不可能沒聽到。他原本可以把葛倫・高爾、東尼·維克、唐娜·華克、麗妲·寇德威爾等人的證詞一一反駁。

彼得森跟天下的檢察官一樣，急著要上場作交叉詰問。但卻怎樣也沒想到被告了無懼色。他一開始是用隆恩和丹尼斯·佛瑞茲的交情作文章；佛瑞茲那時已經是定罪的殺人犯。

「請問是不是真是這樣？威廉森先生，你和丹尼斯·佛瑞茲兩人約當就是彼此唯一的朋友？這樣說對不對？」

「喔，這要這樣說，」隆恩回得很冷靜，「你們先陷害他，現在又要來陷害我。」他說的這幾個字在法庭裡迴盪，聽得彼得森一時氣結。

他便改變話題，問隆恩記不記得見過黛比·卡特；他一直說他沒見過她。彼得森再問一次，隆恩猝然回嘴，「彼得森，我就再跟你好好講一次。」

瓊斯法官插嘴，要證人回答問題就好。隆恩便再次否認見過黛比·卡特。

彼得森猛地一蹬，四下大步走動，再連刺幾劍，全都落空。等他回頭再把他羅織的說詞拿出來，就又碰到麻煩了：「你知道十二月七日晚上十點過後你在哪裡嗎？」

隆恩：「在家裡。」

彼得森：「在家裡幹嘛？」

隆恩：「五年前十點過後，我應該都在看電視或者睡覺。」

彼得森：「是不是這樣？你從門口出去，走過小巷——」

隆恩：「喔—哦，老兄，我沒有。」

彼得森：「……走過小巷。」
隆恩：「我沒有。」
彼得森：「你和丹尼斯・佛瑞茲。」
隆恩：「你這是——我沒有。我沒有。」
彼得森：「走到那一棟公寓。」
隆恩：「我沒有。」
彼得森：「你知道丹尼斯・佛瑞茲那一天晚上人在哪裡嗎？」
隆恩：「我知道他不在黛比・卡特的公寓裡；你真要我說的話。」
彼得森：「你怎麼知道他不在黛比・卡特的公寓裡面？」
隆恩：「因為你們陷害他。」
彼得森：「你怎麼知道他不在黛比・卡特的公寓裡面？」
隆恩：「騙你我會死。你真要我說的話。」
彼得森：「跟我們說說你是怎麼知道的。」
隆恩：「我就是沒——你別再問了。我這就下去，隨便你怎麼跟陪審團說。但我跟你說，你陷害他，現在又要陷害我。」
巴尼：「隆尼。」
隆恩：「我母親知道我人在家裡。你們纏著我有五年了。現在，你要對我怎樣隨你的便。我才不怕。」

彼得森交出證人，坐下。

巴尼在他的結辯裡，努力抨擊警方和警方的偵查工作——偵訊時間過長，搞丟高爾的毛髮採樣，對高爾也有嫌疑似是視而不見，丹尼斯・史密斯在犯罪現場採集指紋做得馬馬虎虎，跟隆恩要過無數採樣，拿隆恩作的夢作自白的手法可議，沒有把隆恩先前做過的筆錄提供給辯方律師，州鑑識總局一夥人看法變來變去。一條條問題又長又多樣，巴尼還不只一次說警方簡直就是「基石笨警」[1]。

巴尼跟天下優秀的律師一樣，也力辯這案子裡有極多合理的懷疑，懇請陪審團諸君善用常識判斷。

彼得森力辯此案沒有一絲可以懷疑的地方。警方當然都是出色的專業人員，所做的偵查工作足堪表率，彼得森率他的團隊已然將清楚明白的證據和罪責，攤在陪審團面前。

彼得森拿他從梅爾文・海特的證詞聽來的話，用他自己的話略作引申。他講到毛髮鑑識時說，「所以，海特先生在那麼多年的時間裡，鑑識再排除、鑑識再排除，同時還要處理他手上的其他案子。到了一九八五年，終於有符合的毛髮出現了。」

不過，巴尼不是沒準備。他一聽，馬上揚聲抗議，說，「懇請庭上，從立州以來，就從來沒有比對符合的。我們反對他用這樣的詞彙。」

抗議獲准。

彼得森再往前推進，把他傳過的證人的證詞一一作過摘要概述。而他一提到泰莉・霍蘭，隆恩馬上神經緊繃。

彼得森：「泰莉・霍蘭跟你們說過她在事隔兩年後想起了什麼，她作證說她聽到這一位被告跟他母親說她若不拿東西——」

隆恩一躍而起，大喝，「閉嘴！」

彼得森：「……說他就要殺掉她，跟他殺掉黛比一樣。」

隆恩：「喂！閉上你的嘴，我從沒講過這樣的話。」

巴尼：「坐下，現在不要講話。」

法官：「威廉森先生。」

隆恩：「我沒跟我媽媽講過那樣的話。」

巴尼：「隆尼。」

法官：「你要聽你律師的話。」

隆恩氣呼呼坐了下來。彼得森再接下去講，把檢方證人的證詞再朝對檢方有利的方向推去，逼得巴尼數度揚聲反對，要求瓊斯法官提醒檢方講話要忠於事實。

註1：基石笨警（Keystone Kops）一九一〇年代麥克・塞內特（Mack Sennett）為基石電影（Keystone Film Company）拍的一系列滑稽默片裡的笨警察，穿著邋遢，笨手笨腳，也常在卓別林（Charlie Chaplin）裡的電影當配角。日後成為笨警察的代稱。

陪審團在禮拜三早上十點十五分退席。安奈特和蕾妮又多留在法庭裡面一會兒，才走出去吃午餐。只是食不下嚥。聽了一字一句的證詞，只教她們更加相信自己的弟弟無辜，但法庭卻被彼得森抓在掌心裡面。大部分的裁決都偏向他那一邊。他湊出來的這同一批證人，雖然提出來的證據少之又少，卻還是讓佛瑞茲判決有罪。

兩姊妹好看不起他。大言不慚，傲慢自負，擺布別人。他那樣對她們的弟弟，她們萬分不齒。

時間分秒過去。到了四點半，有話傳來，陪審團已經作下判決，法庭裡面馬上就又擠滿了人。瓊斯法官就座後，在嘈雜的人聲裡和旁聽席的人講話。安奈特和蕾妮兩手交握，在心裡祈禱。

隔著走道，卡特家的人一樣兩手交握，也在祈禱。他們的煎熬終於快要結束。

四點四十，陪審團主席將判決交給書記，他看了一眼，就把判決交給瓊斯法官。法官宣讀判決——每一項起訴都有罪。卡特的家人無聲朝空中揮拳，祝賀勝利。安奈特和蕾妮靜靜垂淚；佩姬・史迪威也是。

隆恩低下頭，震撼，但不意外。在龐托托克郡看守所裡關了十一個月，他已然陷在腐敗的體制裡面無法脫身。他知道丹尼斯・佛瑞茲是無辜的，卻被同一批警察、同一位檢察官在同一間法庭裡被判有罪。

瓊斯法官急著結束審判。他停也不停，馬上就要檢方開始進入量刑階段。南西・秀伊就再對陪審團作陳述，解釋由於本案特別可惡，凶殘，冷酷，而且，由於凶手犯案的目的是要避免被捕，由於隆恩再犯的機會很高，也因此對社會的威脅始終不除，所以，應該判他死刑。

為了證明此一點，檢方傳了四名證人。四名隆恩以前邂逅的婦女，四名都懶得對他提起刑事控訴。第一位是比佛莉・賽特里夫（Beverly Setliff），她作證說一九八一年六月十四日，也就是七年前，夜深時她正在舖床準備睡覺，看到隆恩・威廉森在她屋子外面。他喊她，「嘿！」，還說，「我知道妳在裡面，我要進去抓妳。」她以前從沒見過他。她趕快鎖上門，他就走了。

她沒報警，想也沒想過，真的，也沒想到要去備案，直到第二天，她在一家便利商店看到一個警察，才想起來跟他提一下。但若有正式的紀錄，那她也從沒看過。

三個禮拜後，她又看到了隆恩。她一個朋友跟她說他叫什麼。六年過去。等隆恩被捕後，她打電話給警方，重提這一件窺伺的舊事。

下一位證人是拉薇塔・布魯爾，也在丹尼斯・佛瑞茲開庭時作證的那一位。她再把她的事重講一遍——在諾曼的一家酒吧裡遇到了隆恩和丹尼斯，和他們上了車，害怕，跳車，報警。依她的說法，隆恩從沒碰過她或嚇過她，怎樣都沒有。她在丹尼斯車子後座會嚇得要死，是因為丹尼斯不肯停車讓她下車。隆恩在這一整件事裡做過的事，就只是大聲要她閉嘴不要叫。

她終於跳車逃走，打電話報警，但沒有提起控訴。

麗妲・寇德威爾再次坐上證人席。她在賓恩初中唸書時就認識隆恩・威廉森，和他的關係一直都不錯。一九八〇年代初期，隆恩和丹尼斯・佛瑞茲開始會在半夜在她住處附近晃盪，每次都在喝酒。有一天，她在整理花圃，隆恩跑了出來。兩人寒暄的時候她沒停下手上的事，惹惱了隆恩。他一度抓住她的手腕。她掙脫後走進屋裡，這才想起她的孩子都在屋子裡。隆恩跟著她進來，但沒再碰她，很快就走了。她跟警方報案。

最後一位證人的證詞，殺傷力也是目前最強的一位。這位離婚婦人叫安卓雅•哈德凱索（Andrea Hardcastle），她講的悲慘經歷前後有四小時。一九八一年，隆恩和一個朋友在她住處哄她跟他們一起出去玩。他們要到「馬車燈」去。安卓雅有自己的三個孩子和別人的兩個孩子要照顧，沒辦法跟他們去。兩人就走了，但隆恩很快就又回來拿菸。他問也沒問就逕自進屋，勾搭安卓雅。那時已經過了晚上十點，幾個孩子都已經睡了。她沒有興趣。他就發火，朝她的臉和頭打了幾拳，要她幫他口交。她不肯，而且發現她多講一點話他就少打她幾拳。

所以，兩人就講話。他講他的職棒夢，他破裂的婚姻，他彈吉他的事，上帝和信仰，他母親。他是她前夫的高中同學，她前夫在「馬車燈」兼差當保鏢。隆恩有的時候也會沉默不語，很平和，甚至眼眶含淚，有的時候卻胡言亂語、大聲嚷嚷，氣沖沖的。安卓雅擔心孩子的安全，房裡總共有五個。他講話時，她便不停在想要怎樣脫困。但這惹得他又爆發幾陣怒氣，又再出手打她，還想扯掉她的衣服。但他爛醉到不舉。

據稱隆恩一度還說他覺得不殺她不行。安卓雅拚命祈禱，覺得還是順著他的意思好。她就請他隔天下午再來，那時孩子都不會在家，兩人愛怎麼玩就怎麼玩。聽到她這提議，他很高興，就走了。

她接著打電話給她前夫和她父親，他們兩人一起沿街尋找隆恩的身影。兩人都帶了武器，也不惜就在路邊就地正法。

安卓雅被打得鼻青臉腫——多處割傷、瘀傷，兩眼腫大。隆恩手上戴著一只刻著馬頭的戒指，在她眼睛周圍打出許多小傷口。翌日警方被叫了來，但她怎樣就是不肯提起控告。隆恩就住在附近，她很怕他。

巴尼對她作的指證毫無準備，只得將就著胡亂交叉詰問過去。

安卓雅從證人席上下來時，法庭裡鴉雀無聲。陪審團個個怒目看向被告。問絞的時間到了。

接下來的事就費解了，巴尼居然一個證人也不傳喚來抵銷控方的不利指控，救隆恩的命。安奈特和蕾妮就坐在法庭裡，等著上證人席作證。關於隆恩心智失能的問題，開庭期間從頭到尾都沒人說過一個字。也沒有人提出他的就醫紀錄。

陪審團聽到的最後一句話，是安卓雅・哈德凱索坐在證人席上說的話。

比爾・彼得森在他作的結辯裡，請求陪審團判處隆恩死刑。他還提出新的證據，審判時沒檢證過的一、兩件事證。隆恩戴的馬頭戒指直到安卓雅・哈德凱索作證時才出現。彼得森馬上抓住這一件事，推出幾點結論，拿證據再作發揮，說隆恩把黛比・卡特活活打死的時候，一定就戴著這一戒指；因此，黛比・卡特臉上的傷十之八九跟安卓雅・哈德凱索一九八一年一月的傷勢差不多。真是天馬行空。根本沒有證據。只不過，也不需要證據。

彼得森以激昂的神情對陪審團說，「他在安卓雅・哈德凱索身上留下犯案記號，後來再在黛比・卡特身上強調一次。」他在結尾說，「等各位回這裡來時，各位先生、各位女士，我要求你們說：隆恩・威廉森，以你對黛博拉・蘇・卡特做的事，死有餘辜。」

這時隆恩大聲回嘴，「黛比・卡特不是我殺的！」時間抓得很準。

陪審團退席，但很快就得出量刑的共識。不到兩小時，他們就回到法庭，判處隆恩死刑。

瓊斯法官翌日卻做出斷案猶疑的怪異之舉，再度開庭考慮檢方是否違反了布雷迪判例。雖然巴尼已經筋疲力竭，受夠了這一件案子，但還是很氣警方和彼得森耍小手段，故意扣住一九八三年隆恩測謊時錄的錄影帶沒作揭示。

但這時節煩這幹嘛？審判都已經結束。錄影帶在事後已經於事無補。

而瓊斯法官的判決也屬意料中事，他裁定檢警扣住錄影帶沒作揭示，一點也不違反布雷迪判例。

隆恩・威廉森就此即將前往F房舍，這是奧克拉荷馬州設在麥克艾列斯特的州立監獄裡面惡名遠播的死囚房舍。

10

奧克拉荷馬州把死刑看得很認真。美國最高法院一九七六年裁定恢復死刑，奧克拉荷馬州議會就忙不迭加開特別會議，單獨審議死刑執行條例。翌年，議會諸公又再針對該州是要改用新的處決創意：注射毒劑，還是回過頭再去用他們忠實可靠的「老史帕基」：電椅，進行過辯論。結論是化學藥劑比較仁慈，因此比較不會招致慘無人道的違憲非議，也因此執行起來的效率會比較快一點。他們討論到興頭上時，還在媒體密切注目、民眾群起慫恿之下，辯論起取人性命的各式手法。有的死硬派還提起絞刑、槍決之類的作法，不過，到最後還是毒劑注射爭取到一面倒的支持，奧克拉荷馬州就此拔得頭籌，成為全美最早採用毒劑注射處決死囚的一州。

但在付諸執行上面，該州就沒搶到第一，很快就落後在其他執行死刑的諸州後面，頗教議員、警方、檢方還有廣大群眾洩氣。一連十三年過去，沒處死過一個人。好不容易到了一九九〇年，漫長的等待結束，死刑室又再開始使用。

而閘門一開，洪水就狂洩而下。奧克拉荷馬州從一九九〇年起處死的人犯，依人口平均計算，比其他各州都要多。各州都難望項背，連德州也是。

奧克拉荷馬州執行死刑的地點在麥克艾列斯特，位於奧克拉荷馬市東南方一百二十哩處，是一座最高戒護的監獄。奧克拉荷馬州的死刑犯都會送到哪裡去，關進惡名遠播的H監舍。

熟能生巧。麥克艾列斯特的行刑手法極為精準。死囚的時間一到，在世的最後一天全會用在會面——家人，朋友，一般還有律師。會面的過程當然痛苦，還因為沒辦法作肢體接觸而痛上加痛。雙方只能隔著厚厚的玻璃透過電話講話、痛哭。沒有家人道別的擁抱或親吻，只有從黑色的話筒聽得到揪心的「我愛你」。死囚和訪客一般會把嘴貼在玻璃上作勢吻別，也一樣會把手貼在玻璃上面作勢交握。

法律並無明文規定不准死囚在行刑前和人有肢體接觸。各州各有規矩。奧克拉荷馬州就要行刑的儀式愈嚴酷愈好。

死囚若有幸遇上典獄長心情不錯，就有可能獲准打幾通電話。訪客時間截止，就是吃最後一餐的時候，不過，菜色有十五塊美金的上限，典獄長也有權否決菜色。起司堡，炸雞，鯰魚，冰淇淋，是死囚點的菜色裡最常見的。

到了行刑前一小時，死囚就該為上路作準備了。更衣，換上很像手術袍的淺藍色衣服，就要被押送到一具有尼龍搭扣帶的輪床那邊去。死囚一踏上在世的最後一段旅程，一同落難的同志都會替他加油打氣，不是用力搖牢房的門就是用腳去踢，金屬欄杆嘩啦啦作響。他們群起出聲喊叫，吵鬧不休，但是，一過了行刑時間，馬上戛然而止。

死囚在準備上路時，行刑室已經一切就緒，就等著人來。行刑證人沉著臉，陸續坐進兩間觀刑室——遇害者家屬坐一間，凶手家屬坐另一間。遇害者家屬坐的那一間有二十四張摺椅，不過，有幾張是為記者準備的，一般是四或五張，另有兩張是為律師準備的，再有幾張是給典獄長和下屬坐的。地方的警長和檢察官也不太會錯過。

這一間房間後面隔著一層單面鏡，就是凶手家屬坐的見證室。裡面擺了十二張摺椅，不過，一般會有好幾張空著。有的死囚不願家屬來看他行刑。也有死囚沒有家屬。

而有的遇害者也沒有家屬。遇害者那邊的見證室偶爾也會有半空的情況。

兩間房間是隔開的，兩批人一樣要小心隔開。行刑證人就座後，一般都呆呆看著前方——行刑室的窗口有百葉窗簾遮著。

輪床推進行刑室內。技術人員等在一旁，靜脈注射器已經準備好了，一隻手臂一支。要等到注射器都插好、調整好，窗口的百葉窗簾才會拉起來，證人才看得到死囚。死囚隔著單面鏡看不到遇害者家屬，但看得到自己的家屬，往往還可以向他們致意。他頭頂的牆上約兩呎高的地方，裝了一支麥克風。

會有一個醫生替他裝上心跳監測器，副典獄長則是站在牆角的一具小小的白色台子上面，把過程一一記載下來。副典獄長旁邊的牆上有一具電話，準備萬一在司法最前線有千鈞一髮的最新戰況或州長辦公室忽一轉念的時候，可以一用。多年前還有牧師站在另一牆角，於行刑時全程誦念《聖經》，但他退休了。

再下來，典獄長會往前走上一步，問死囚可有遺言。一般都沒有，不過，偶爾會有人祈求原諒，或自稱無辜，或者祈禱，或者大罵。有一個曾經唱了一首聖詩。還有一個是和典獄長握手，謝謝他，還有他的下屬以及每一位獄友，謝謝他們在他寄居這裡這麼久的時間，一直那麼照顧他。

留遺言規定以兩分鐘為限，但從沒真的用過。

死囚一般都不緊張，低調以對。已然認命，也有人多年來都在準備這一刻到來。許多還如釋重負。也就是寧可一死也不願在H監舍再住上二、三十年。

輪床後面有一間小房間，三個行刑手就藏身其中。沒人看得到。監獄裡沒人會知道他們的身份。他們不是州政府的公務員，而算是某種兼差的自由工作者吧，是老典獄長多年前聘下來的。他們在麥克艾列斯特來無影、去無蹤，進出都很神祕。唯有典獄長知道他們是誰，是從哪裡來的，化學藥劑又是從哪裡取得的。他們每行刑一次，典獄長要付他們每人三百美金。

插在死囚手臂上的注射器有管子伸到牆上兩個兩吋大的洞裡，伸進這三個行刑手藏身的小房間裡。

待一切程序一一完成，典獄長也確定不會有緊急電話打來，就會點一下頭，開始注射毒劑。

首先是把生理食鹽水打進死囚的靜脈，擴張血管。第一劑藥是巴比妥鹽類麻醉藥物（sodium thiopental），死囚很快就會昏迷。接著再打一次生理食鹽水，之後才施打第二劑藥：維庫溴胺（vecuronium bromide），這時死囚會停止呼吸。接著又再打一劑生理食鹽水，之後便是第三劑藥：氯化鉀（potassium chloride），這時死囚就會停止心跳。

醫生接著上場，先作過簡單的檢查，再行宣告死亡。這時百葉窗馬上拉下來，證人旋即起身，靜靜離開，許多都還激動難抑。死囚的屍體接著送上救護車，由家屬按照規定領回，要不然就會送進監獄墓園下葬。

監獄大門外面，照例會有兩批人馬各自在作守望。「凶殺倖存者」（Homicide Survivors）的人會坐在他們幾輛休旅車前面，等待行刑完畢的好消息傳來。他們附近都會擺著他們的展示品，三大張板子做成的紀念碑，上面貼滿了遭人殺害的死者照片。一張張小孩子、滿臉是笑的學生照片，悼念死者的詩文，影印放大的新聞標題寫著雙屍命案的慘劇；好多、好多照片，一個個慘遭死囚大牢住客毒手的人的照片。他們的紀念碑叫作「毋忘死者」。

而隔著不遠的地方，則有一個天主教的神父帶著另一批人，圍成圓圈在祈禱，吟唱聖詩。有些反對死刑的人一有死囚伏法一定到場，不僅為死囚祈禱，也為遇害的死者祈禱。

兩支團體彼此認識，也彼此尊重，但看法南轅北轍。

待監獄裡傳話出來，行刑完畢，監獄外面又再揚起祈禱的聲浪。之後，蠟燭一一熄滅，聖詩歌本一一闔上。

人人彼此擁抱，互道珍重。下一次執行死刑再見。

隆恩・威廉森在一九八八年四月二十九日押送到麥克艾列斯特監獄時，H舍還在紙上談兵的階段，連蓋也沒蓋。獄方的主管想要蓋全新的死囚大牢來容納與日俱增的死刑犯，但議院不肯花錢。

所以，隆恩被送進F舍，裡面已經關了八十一名被判死刑的囚犯。F舍一般人也叫它「死牢」，指的是舊監舍一側的最下面兩層樓。舊監舍也叫作「大牢」，是一棟很大的四層樓建築，建於一九三五年，在用了五十年後終於棄置不用。歷經五十年人滿為患、暴力衝突、訴訟爭端、暴動騷亂的歷史，到後來不關也不行。

又大、又空的破敗「大牢」裡面，就只剩F舍還在用，目的只有一個：可以把被判死刑的人犯關在隔離的環境裡面。

隆恩被送進F舍通關，領了兩件卡其長褲，兩件藍色的短袖襯衫，兩件白色的T恤，兩雙白色的短襪，兩件白色的四角內褲。全都穿得很舊了。雖然乾淨，但有洗不掉的污漬。尤其是內褲。鞋子是黑色的皮製工作鞋，一樣穿得很舊。他也領到一個枕頭，一條毯子，衛生紙，牙刷，牙膏。獄方對他做過短短的迎新指導，指點他其他的衛生用品還有一些吃的、喝的等等，販賣部買得到；也就是所謂的「福利社」，但那地方他不准去。從外面寄來給他的錢都會存進他在獄裡的戶頭，他可以透過他這戶頭去買他要的「福利」。人犯的福利是他私人的「甜頭」小收藏，在囚室裡向來會誓死保護。

等他換上囚衣，該辦的手續一一辦完，警衛就押著他到要住的廂樓——或說是「樓廊」；隆恩會在那裡度過餘生，等待處決。他上了手銬腳鐐，領到的枕頭、毯子、衣物等等東西捧在胸口，等獄警打開大大的鐵柵門，遊行示眾就此開始。

他頭頂上面有油漆寫了幾個黑色的大字，此後就是他的住址：死刑房舍。

那一條長廊有一百英呎長，但只有十二英呎寬，兩側都是一間間囚室櫛比鱗次。天花板有八英呎高。

隆恩和他身邊的兩個獄警慢慢沿著長廊走下去。這像是儀式，短短的歡迎儀式。左鄰右舍知道他要進來了，都開始叫陣。「新人進來囉！」「新鮮貨喲！」「嘿！寶貝啊！」

一隻隻手臂掛在囚室的門上，伸手幾可觸及。白的，黑的，棕的。一隻隻都是刺青。挺住！隆恩在心裡給自己打氣，再怕也不可以讓人看出來。他那些牢友踢門、叫罵，滿嘴猥褻的髒話。絕對要挺住！

監獄他又不是沒見識過；他不才剛在龐托托克郡的看守所待了十一個月麼。所以他想，再慘又會慘到哪裡去？

一行人在十六號牢房門口停住，叫囂遠去。歡迎住進死牢。一個警衛打開門鎖，隆恩走進他的新家。

奧克拉荷馬州有一句老話形容被關在麥克艾列斯特的人是——「在大麥克裡蹲苦窯」。隆恩往他窄窄的舖位一躺，伸長手腳，閉上眼睛，不敢相信他居然被關進大麥克裡來了。

每一間牢房裡面都有兩張鐵架床位，一張鐵製書桌和一張鐵製圓凳，圓凳銲死在水泥地上，還有一具不鏽鋼馬桶附加洗滌槽，一面鏡子，一具鐵製書架，一盞燈泡。長十六呎，寬七呎，高八呎。地板舖的是黑白花瓷磚。粗磚牆是白色的，反覆上漆多次，變得很平滑。

謝天謝地，有窗；他在心裡喟嘆一聲，雖然沒有風景，但有光就好。埃達的看守所是沒有窗的。

他朝門口走去。房門不過是一排鐵柵欄，中間有一個「豆子洞」，供餐盤和小包裹進出。他朝長廊看過去，看到了三個人——一個就在他牢房的正對面，九號；另兩個就是他的左鄰和右舍。隆恩沒講話，他們也沒講話。

大部分的人剛關進來頭幾天，都不太講話。關進這裡表示要在這裡先待上幾年等著處決，這樣的震撼一時很難承受。滿心都是恐懼：害怕未來，害怕再也看不到自己失去的一切，害怕撐不過去，害怕挨刀子、被強暴，幾呎開外就有冷血凶手，呼吸的聲氣聽得一清二楚。

隆恩把床鋪好，把東西放好。得以保有隱私，他很慶幸——大部分的死囚都是關在單人房，但若選擇要和別人同囚一室，也可以。樓廊一直很吵——聽得到有人犯在閒聊，有警衛在笑，有電視聲音開得很大，有收音機，有一個人犯在喊後面的朋友名字。隆恩從門邊退開，想離吵鬧遠一點。他一人在囚室裡睡覺，讀書，抽菸。死牢裡沒人不抽菸，新、舊菸味瀰漫在長廊裡像又濃、又嗆的霧氣。雖然有通風設備，但太老舊，沒什麼用。窗戶當然沒辦法開，就算裝著很粗的柵欄也不給你開。百無聊賴的苦悶重重襲來。這裡無所謂日常生活。無事可做。有的時候是可以出去放風，短短一小時。那種悶啊，悶得死人。

成天在囚室裡關上二十三小時，沒有什麼事可以打發時間，唯一的大事，當然非吃莫屬。一天三次，推車沿著長廊送來餐盤，從豆子口送進來。人人的三餐都以囚室為限，而且獨享。早餐七點送來，一般都是炒蛋、玉米粥加兩、三片吐司，許多時候會再多幾片培根。咖啡又冷又稀，但有就很感謝了。午餐是三明治加豆子。晚餐是最難吃的——亂煮一通、看不出名堂的肉塊，加上半生不熟的蔬菜。每人分到的量少得可憐，送到時都已經冷了。他們的伙食是在另一棟大樓裡先煮好，再用手推車慢慢送過來。誰管啊？反正這些人總得一死。吃的是很慘沒錯，但卻是一天的大事。

安奈特和蕾妮會寄錢來，隆恩就可以向福利社買吃的、香菸、衛生用品、飲料等等。手續是先填申請表，表上列了有福利社買得到的東西，再把填好的表交給死牢裡的ＶＩＰ。這位死牢的「廊爺」也是人犯，和警衛的關係打點得特別好，特蒙恩准不必成天關在他囚室裡面，而可以在樓廊裡幫其他人犯跑腿辦事。像替人傳八卦、紙條，送洗衣物、買雜貨，兼給一點指點提攜，偶爾順便賣賣毒品。

操場在他們是聖地——四面圍著鐵絲網，約有兩個籃球場大小，就在Ｆ舍旁邊。一周五天，一天一小時，人犯可以到操場上曬曬太陽，和獄友搭搭訕，打籃球或玩撲克牌、骨牌的。人數不多，通常一次以五、六人為限，而且人犯彼此就管得很嚴。唯有朋友才可以一起到操場放風。新人若非受邀，難以安心。打架、鬥毆是常事，警衛盯操場盯得很緊。隆恩進去後的頭一個月，一直都是一個人放風。死牢裡都是殺人兇手，他和他們八竿子打不著。

人犯和人來往的另一地點，就是澡間。他們一個禮拜可以洗三次澡，一次至多十五分鐘，一次以兩人為限。人犯若不願意或不放心和別人共浴，也可以單獨入浴。隆恩就單獨入浴。冷、熱水都很充裕，但各行其是。不是燙死你，就是冷死你。

龐托托克郡司法系統裡面另還有兩名受害者，在隆恩關進死牢之時也正身在死牢當中。只是隆恩一開始並不知道。湯米・華德和卡爾・方特諾已經在牢裡熬了近三年時間，枯等他們的上訴在法院裡慢慢往上爬。

「廊爺」有一天遞了一張小紙頭給隆恩；這要叫作「口信」，不合法，但警衛一概睜一隻眼閉一隻眼。紙條是湯米・華德寫的，來跟隆恩打一聲招呼、祝好之類的。隆恩回了一張紙條，還跟他要菸。雖然他很同情湯米和卡爾，但是知道死牢裡關的未必全都是殺人魔，還是放下不少的心。他一直覺得他們兩個無辜，自己雖然備受折磨，但心裡常念著他們兩個。

湯米在埃達的牢裡和隆恩一起關過一陣子，知道隆恩精神不穩。那裡的警衛和其他獄友會把他們兩個掛在嘴上叫罵。多年前，半夜時會有聲音從黝暗的長廊底端傳來，大喊，「喂，湯米，我是狄妮思・哈若威，麻煩你跟他們說你把我棄屍在哪裡好吧？」接著就是警衛低聲說了不知什麼，其他人犯跟著壓低聲音在笑。湯米從來不甩他們耍的這鬼把戲，時間一久，他們玩不下去就停了。

隆恩就學不會。「隆恩，你為什麼要弄死黛比・卡特？」埃達看守所也會有聲音衝著他喊，在長廊裡迴盪。隆恩一聽一定跳起來，開始狂叫。

而湯米在死牢裡也日日都在奮鬥，努力維持神智清楚。這裡的恐怖日子，真正的凶神惡煞未必受得了，何況是無辜的人，真的會被逼瘋。而隆恩一關進來，他就在擔心隆恩的狀態。

死牢裡有一個警衛知道卡特命案的細節。隆恩關進來後不久，湯米就聽到一個警衛大喊，「喂，隆恩，我是黛比・卡特。你幹嘛弄死我啊？」

原本安安靜靜的隆恩一聽，馬上大喊大叫，高聲說他無辜。警衛見狀很興奮，開始朝隆恩叫罵。其他獄友也覺得好玩，一般也會跟著鬧一鬧。

隆恩關進死牢後幾天，湯米忽然被幾個重裝備的警衛，沉著臉從囚室裡拖出去，戴上手銬、腳鐐。有大事，但他不知道要押他到哪裡去。他們從來不會說的。

他們押著他走出去；一個又矮、又瘦的年輕人身邊簇擁著一堆警衛，活像在保護總統。「要去哪裡？」湯米問道，但事關重大，無可奉告。他拖著腳過長廊，走出F舍，走過大樓很像教堂圓頂的圓形大廳。大廳裡除了鴿子，空無一人。接著，他們走進行政大樓的一間會議室。

典獄長在會議室裡等他；有壞消息。

他們沒取下他的手銬、腳鐐，要他去坐「電椅」：長條會議桌的尾端。會議桌邊已經坐滿了一群人，助理、書記、祕書、管他是誰，都是不想錯過這一次死期宣告的人。警衛站在湯米身後，面無表情，像站哨兵，準備壞消息一出他若發作，可以馬上出手壓制。桌邊圍坐的人一個個手上都拿著一隻筆，準備記下緊接著要來的一刻。

典獄長一臉嚴肅開始講話。壞消息是他沒收到暫緩執行死刑的命令，因此，湯米的時間已到。沒錯，看起來是還早——他提起上訴還沒滿三年，但有的時候事情就是這樣。

典獄長很難過，但他只是在做他該做的事。那一天就訂在兩個禮拜後。

湯米深吸幾口氣，想把這些話消化掉。他有律師在幫他處理上訴的事，他們跟他說過不知多少次，上訴向來要拖上好幾年才會結束。他的案子大有機會回埃達進行重審。

那時是一九八八年。奧克拉荷馬州已經有二十多年沒執行過死刑了。可能是因此生鏽，搞不清楚自己在幹什麼。

典獄長再說下去。他們馬上就會開始準備。其中一件要項，就是遺體要如何處理。

遺體，湯米心想，我的遺體嗎？

幾個書記、助理、祕書之類的人都皺著眉看自己的筆記振筆疾書，寫的是同一件事。這些人在這裡幹嘛？湯米在心裡自問。

交給我母親就好，我想是吧，湯米說——或是想說吧。

他站起來時覺得兩膝發軟。幾個警衛抓住他，再把他押回F舍。他爬上床，痛哭失聲，不是為他自己，而是為他的家人，尤其是他的母親。

兩天後，獄方通知他，弄錯了。有公文不知在哪一段旅行途中沒弄好。是有暫緩執行的命令沒錯，華德女士還要再等一等才需要領回兒子的遺體。

這種錯誤的開始，並不罕見。安奈特在弟弟從埃達被送走後幾個禮拜，收到過典獄長的一封信。她原想是一般的通知。說是「一般」也沒錯；看看麥克艾列斯特急著扣扳機的氣氛就好。

> 敬愛的赫德森女士：
>
> 在此特別抱憾敬告，令弟隆納德・基斯・威廉森，編號134846，預訂於一九八八年七月十八日，於奧克拉荷馬州立監獄執行死刑。
>
> 死刑執行前一天早上，令弟將會從他目前居住之房舍移監至另一房舍，屆時訪客時間即會更動。更動時間如下：早上九點到中午十二點；下午一點到下午四點；晚上六點到晚上八

點。

行刑前二十四小時的訪客，僅限教士、登錄律師，以及獄方批准的另兩位訪客。令弟有權指定五位證人出席行刑過程。然此五位證人須經典獄長核示許可。

值此艱難時刻，仍須提醒您考慮喪葬事宜。此之責任全歸家屬。若家屬無力負擔，即由州政府負責安葬。尚祈事先告知您的決定。

若有未盡事宜或有我可以略盡棉薄者，尚祈不吝告知。

典獄長　詹姆斯・薩佛（James L. Saffle）　敬上

這一封信標明的時間是一九八八年六月二十一日，離隆尼移監到麥克艾列斯特還不到兩個月。安奈特知道死刑判決依法會自動上訴。可能該有人去通知負責執行死刑的相關單位吧。

接到這一封信雖然讓人心頭大亂，但她還是壓了下去不想。她弟弟是無辜的，有朝一日得以重審，就一定可以還他清白。她對此堅信不移，自始至終從來沒有動搖過分毫。她依然讀經、禱告，照常和牧師見面。

不過，她還是忍不住要在心裡面問，麥克艾列斯特那邊的監獄是哪些人在管的啊？

隆恩移監到死牢約一個禮拜後，有一天走向他的房門，跟九號房的那個人說了一聲「你好」。對方就在長廊的那一邊，相隔十二英呎而已。葛瑞格・威爾霍伊（Greg Wilhoit）也回了一聲「你好」，兩人寒暄幾句，但都沒有長談的意思。第二天，隆恩又跟對面說了一聲「你好」，兩人又稍微聊了一下。再下一天，葛瑞格提起他是土薩來的。隆恩在那裡和一個叫史坦•威金斯的人住過一陣子。

「他是鐵工嗎？」葛瑞格問。

對，是鐵工沒錯。葛瑞格認識他。這一份機緣還滿讓人開心的，兩人就此破冰，聊起土薩的舊識和地方。

葛瑞格也是三十四歲，也愛棒球，也有兩個姊姊始終作他最堅定的後盾。

而且，他一樣是清白的。

兩人就此發展出深厚的友情，讓兩個人得以熬過人生的劫難。葛瑞格邀隆恩一起去教堂作禮拜，死牢一周作一次禮拜，許多死囚都會參加。一個個人犯戴著手銬、腳鐐被趕進一間小房間，由一個聖潔的牧師查爾斯•史托瑞（Charles Story）帶領大家作禮拜。隆恩和葛瑞格很少錯過禮拜，每一次也都坐在一起。

葛瑞格•威爾霍伊關在麥克艾列斯特已經九個月。他是做鐵工的，很強悍的工會成員，有持有大麻的前科，但沒有暴力紀錄。

一九八五年，葛瑞格和妻子凱西（Kathy）分居。他們有兩個還在襁褓的女兒，和一大堆問題。葛瑞格幫凱西搬進一間公寓，也幾乎每天晚上都會過去一趟，看看兩個女兒。他們夫妻倆都還希望有復合的一天，但雙方也都需要時間。兩人還是會上床，對彼此也忠實，從來未曾在外面亂搞。

六月一日，他們分居後三個禮拜，凱西公寓有鄰居聽到兩個小女孩不住啼哭，覺得有異。那位鄰居過來敲門，沒人應門，便打電話報警。警方進門後在樓下找到凱西的屍體，樓上兩個還在蹣跚學步的孩子都在自己的搖籃裡，又餓又怕。

凱西是遭強暴勒死。死亡時間介於凌晨一點到六點之間。警方找葛瑞格去問話時，他說他那時在自己家裡睡覺，因此沒有人可以作他的不在場證明。他堅決否認和他妻子遇害有任何關係，對警方的質問也很不滿。

警方的蒐證找到一枚指紋，是在從牆上扯下來掉在凱西附近地板上的一具電話上面採集到的。指紋既不符合葛瑞格也不符合凱西的。警方也找到陰毛，最重要的是凱西的一邊乳房上有印子，像是齒痕。一位刑事鑑識專家證實凶手在攻擊凱西時朝她的乳房重重咬了一口。

葛瑞格既然是死者失和的配偶，儘管指紋不合，也很快就成了警方的頭號嫌犯。梅爾文・海特和州鑑識總局認為那一根陰毛經顯微顯示和葛瑞格的檢體並不一致。警方也要葛瑞格提供齒模和死者身上的齒痕作比對。

葛瑞格可不喜歡被人當嫌犯看待。他完全清白，也不信任警方。他經由父母幫忙，用二萬五千美元聘了一位律師。

警方也不喜歡葛瑞格聘用律師。他們申請到法院傳票，要葛瑞格提供齒模。葛瑞格照做了，之後一連五個月沒有警方的消息。他以鐵工的全職獨力扶養兩個女兒，只希望警方就此可以丟到腦後，誰知道一九八六年一月，有一天，警方上門來了，拿了一張拘票，以一級謀殺罪將他逮捕，這是可以判死刑的。

他先前聘的律師雖然收了高額的費用，名聲也很好，卻老想著要和檢方談認罪協議。葛瑞格在開庭前一個月將他開除，之後就犯下大錯，改聘喬治•布里格茲（George Briggs）。布里格茲是一個快要完蛋的老律師，又長又精采的職業生涯已經走到盡頭。他的收費是二千五百美元。只是，便宜沒好貨。

布里格茲出身老派的鄉下律師。你有證人？我也有。我們法院見，好好打一場。才不管什麼審前揭示證據。有問題？在法庭上只管相信直覺，摸著石頭過河就好。

布里格茲還是酒鬼，也有藥癮，幾年前他因為摩托車禍腦部局部受損，而有了吃止痛藥的習慣。情況好的時候，就算酒氣沖天還是有辦法把一項項聲請給搞定。但若情況不好，大家都知道他曾在法庭上鼾聲大作、尿褲子，也有過在法官休息室裡大吐的紀錄。不少人都見過他在法院長廊走得歪歪倒倒。布里格茲有一次午餐時就連灌了好幾杯啤酒，以致葛瑞格和他父母那時就有所警覺。

布里格茲酗酒、藥癮的問題，承審法官、奧克拉荷馬州律師公會同都心知肚明，但就是不見有誰出面嚇阻或協助布里格茲，抑或保護布里格茲的客戶。

葛瑞格的家人在堪薩斯市找到一個極受推崇的咬痕專家，但布里格茲要嘛太忙、要嘛太醉，沒去找人家聊一聊。布里格茲一個證人也沒作過訪談；依葛瑞格自己觀察，布里格茲沒像在為他的案子作準備的樣子。

開庭審理的過程慘不忍睹。檢方傳了兩名咬痕專家，其中一人才剛從口腔醫學院畢業不到一年。

布里格茲卻拿不出丁點能耐反駁他們的證詞。陪審團花了兩小時就討論完畢，判定葛瑞格有罪。布里格茲沒有傳喚反面證人，陪審團討論一小時後，判處葛瑞格死刑。

三十天後，葛瑞格被送回法庭，聽法官判他死刑。

葛瑞格在他九號房的牢門鐵欄杆掛上報紙，這樣別人就看不到他了。他要自己相信他住的不是死牢，而是在自己小小的蝸居裡面，根本不是在牢裡面，鎮日拚命讀書或看他的小電視。他誰也不講話，「廊爺」除外；「廊爺」第一次找他搭訕的時候，就問他要不要來一點大麻。要，葛瑞格要。

葛瑞格一開始想也沒想過，雖然被打入死牢，但還是有人命大，真的從死牢裡逃出生天。上訴不是全然沒用，有律師真的功夫了得，有法官真的眾醉獨醒，就此寫下奇蹟。只是，沒人跟他說過這些。他只知道自己死路一條，而且，老實說，他還覺得早死得好。

他關在死牢的前六個月，只有一件事可以讓他走出牢門：洗澡，而且都是單人的戰鬥澡。不過，他還是慢慢就認識了一、兩個人，也獲邀一起到操場放風一小時，活動筋骨，聊聊天。只是他一開口，馬上就惹人討厭。葛瑞格在死牢裡是稀有動物，因為他大力支持死刑。犯下死罪就判死刑；這是他高聲力辯的主張。真是前所未聞。

他在死牢另也養成了一樣習慣很討人厭：他愛用最大的音量看「賴特曼脫口秀」（David Letterman）。睡覺在死牢裡是大事，許多關在死牢裡的人犯一天有一半的時間都用在夢遊另一世界。睡覺的時候，才騙得過外界。睡覺的時候，時間全是你的，不是政府單位的。

被判死刑的殺人犯自然不怕恐嚇要再殺人，葛瑞格很快就聽到流言，說他被人盯上了。每一處死牢至少都有一個老大，另還有幾個爭著要當老大。也分派別，會搶地盤。弱肉強食算是通則，要在死牢裡「活下去」，往往都要付保護費才行。葛瑞格要付「租金」的話傳到他耳朵裡時，他嗤之以鼻，還放話回去，說住在這樣的老鼠洞裡，他半毛錢也不付。

死牢的老大叫「索列達」（Soledad），這是一個殺人犯的綽號，他在加州一座著名監獄坐過牢。索列達既不欣賞葛瑞格贊成死刑的立場，也實在討厭大衛・賴特曼；既然老大的身價就在隨時可以動手殺人，葛瑞格自然就成了目標。

死牢裡沒有人沒有敵人。隨便什麼事馬上就可以結下樑子，既深且重。一包菸就可以害你在操場或浴室被人痛打一頓。兩包就可以要你的命。

葛瑞格需要朋友幫他盯著點。

安奈特第一次到麥克艾列斯特看隆恩，結果是既傷心、又害怕；倒不是她沒想到會這樣。若能不去她才不想去，只是，隆尼除了他這兩個姊姊，沒有別的親人了。

先有警衛把她從頭到腳摸過一遍：搜身，再翻她的皮包，然後就領著她走過大樓的層層關卡，一路像在朝怪獸無底洞的臟腑陷沒。一道道門哐哐啷啷，一根根鑰匙鏗鏗鏘鏘，警衛看她的眼神也很兇狠，好像在罵她來這裡幹嘛。安奈特一路昏昏沉沉，像在夢遊，胸口堵著一顆大石頭，心頭怦怦亂跳。

他們是出身好人家的孩子，是在林蔭蔽天的街邊的幽靜房子裡長大的。每逢禮拜天必上教堂。隆尼小時候還打過上千場棒球賽。這是怎麼回事，會淪落至此？

習慣就好，安奈特強自鎮定。這樣的聲音，這些警衛，她還要再看很多次的。她問他們她可以帶東西來嗎？——餅乾，衣物，錢。不行；回得俐落、乾脆。只能帶銅板。所以，安奈特拿了一袋兩毛五的硬幣，希望他真的會交給隆尼。

會客室又長、又窄，一道厚厚的透明壓克力板沿著中線把房間一分為二，兩邊又再隔出一格格小隔間，提供最起碼的隱私。會客雙方一概隔著小窗口用電話交談。誰也碰不到誰。

隆尼終於來了。監獄裡沒什麼事好趕的。他看起來健康不錯，搞不好還胖了一點，不過，他的體重向來起伏很大。

他謝謝姊姊來看他，說他過得還可以，但需要錢。伙食很糟，想在福利社買東西吃。他也很想要一把吉他，幾本書和雜誌，一具小電視，這些福利社都買得到。

「趕快把我弄出去，」他一再哀求，「黛比・卡特不是我殺的，妳也知道。」

她對弟弟無辜的信心從未動搖，只不過，家裡已經有人開始心生疑慮。她和她丈夫馬龍（Marlon）都要工作、養家，同時想辦法存一點錢。手頭很緊。這是要她怎麼辦呢？國家出錢的義務律師已經有幾個人聯手在處理上訴的事了。

把房子賣掉去請大律師，他說，能賣的全賣掉，就是想辦法把我弄出去就是了。

兩人的對話很緊張，夾著淚。另一位人犯走進隆尼旁邊的小隔間，也要會客。安奈特隔著玻璃不太看得見他，但很想知道他是誰，殺的又是誰。

那是羅傑·戴爾·史塔福（Roger Dale Stafford），隆尼跟安奈特說，那個很有名的「牛排屋殺人魔」。被判九次死刑，是死牢目前的最高紀錄。他在奧克拉荷馬市一家牛排屋搶劫失風，先在牛排屋後面用處決的方式殺害六個人，其中五人未成年，接著又再把一家三口給殺了。

他們都是殺人犯，隆恩一再說這一句，成天講的都是殺人的事。死牢沒地方不是這樣。我要出去！

他在牢裡安全嗎？安奈特問道。

才怪，跟一群殺人犯住在一起會安全才怪。他以前就一直支持死刑，現在更是誓死捍衛。不過，這樣的看法他藏著沒說。因為有這樣的新鄰居啊！

會客時間沒有限制。但姊弟倆終究要道別，衷心應允會多寫信、打電話。安奈特離開麥克艾列斯特時，只覺得自己油盡燈枯。

電話還真是馬上就開始打。死牢的獄方有一具電話推車，可以推到各牢房門口，由警衛替人犯撥號，再把話筒從門口遞給人犯。由於電話都是對方付費，人犯打多少通電話，警衛自然全不在乎。隆恩一來無聊，二來絕望，很快就成了最愛喊電話推車來的人犯。

他打電話一般都以要錢作開始，二十塊或三十塊的，要拿來買菸或吃的。安奈特和蕾妮想辦法每個月各湊四十塊錢給他，但她們自己就有開銷要顧，少有閒錢。隆尼老是嫌她們寄來的錢不夠，每一次打電話都不忘提醒她們這一點。他常生氣，說她們不愛他，沒在想辦法把他弄出去。他是清白的，大家都知道，但除了他兩個姊姊，外面沒人會幫他重獲自由的。

雖然他兩個姊姊都盡量克制，不和他吵架，但雙方通話沒幾次愉快的。隆尼就是有辦法講著講著就要他姊姊不要忘記他有多愛她們兩個。

安奈特的丈夫替他訂了《國家地理雜誌》（*National Geographic*）和《埃達晚報》，寄到牢裡給他。隆尼想知道家鄉的動靜。

隆恩關進麥克艾列斯特沒多久，就聽到瑞奇・喬・席蒙斯作的離奇自白。巴尼知道有這一卷自白錄影帶，開庭時卻不拿出來用，也沒跟他的客戶說。義務辯護司（Indigent Defense System）有一個調查員，把這一卷自白錄影帶拿到麥克艾列斯特給隆恩看。隆恩一看暴跳如雷。已經另外有人自己承認黛比・卡特是他殺的，陪審團居然什麼也不知道！

這消息當然很快就會在埃達傳開，他要親眼看到地方報紙作的報導。

瑞奇・喬・席蒙斯就這樣成了隆恩另一項迷障，可能還是最大的一項，此後多年隆恩一直卡在裡面擺脫不掉。

隆恩要打電話給大家，要大家都知道瑞奇・喬・席蒙斯的事。席蒙斯的自白是隆恩脫身的無罪券，他要大家都站出來把這人繩之以法。他打電話給巴尼，打電話給其他律師，打電話給郡政府的官員，他連老朋友也沒放過，只是，大部分人都不肯接他打過來的對方付費電話。

後來打電話的規矩改了，加了限制，因為死牢有幾名人犯打電話給受害者家屬戲弄人家，被抓到。一個人平均一個禮拜可以打兩通電話，而且打的電話號碼必須事先申請核准。

「廊爺」每一個禮拜會推一具推車在F舍走上一圈，兜售很舊的平裝本文學著作。葛瑞格・威爾霍伊來者不拒，全都弄來讀——傳記、推理小說、西部小說。他很愛看史蒂芬・金（Stephen King），但最愛的還是約翰・史坦貝克（John Steinbeck）。

葛瑞格鼓勵隆恩多讀書，這是很好的逃避。兩人很快就開始爭辯起《怒火之花》（*The Grapes of Wrath*）和《伊甸園東》（*East of Eden*）的優劣；這在死牢可是難得一聞的對話。他們兩個可以靠在各自的牢門鐵欄杆上，一連幾小時講了又講。聊書，聊棒球，聊女人，聊各自的審判。

兩人發現死牢裡的人犯大部分都不說自己無辜，反而喜歡在彼此閒聊時把自己犯的案子加油添醋一番，都覺得驚訝。死，是死牢裡揮之不去的話題——殺過誰，殺過誰而致受審，準備要殺誰，等等。

而隆恩一再說他無辜，說個不停，聽得葛瑞格開始覺得他說的是真的。牢裡的人犯手邊都有審判紀錄，葛瑞格把隆恩的讀過一遍——全長兩千頁，對埃達的審理過程大感驚駭。隆恩也把葛瑞格的審理紀錄讀過一遍，一樣對他在奧塞治郡（Osage County）的受審過程大感驚駭。

他們都相信對方說的是真的，不把左鄰右舍不信的眼光看在眼裡。

隆恩剛關進死牢的頭幾個禮拜，他和葛瑞格的友誼對他有治療作用。終於有人相信他說的話了，終於有人可以跟他一聊就是幾小時，終於有人願意用理性和同情聽他講話。離開埃達老鼠洞一樣的牢房，又再有朋友可以傾吐心事，隆恩的行為開始穩定下來。不再怒聲咆哮，不再來回亂走，不再尖聲大喊他沒有罪。喜怒無常的情緒變化也比較緩和。睡得比較多，可以連著幾小時都在讀書，一根根菸抽個不停，會找葛瑞格講話。他們一起到操場放風，一起替彼此留意身邊的動靜。安奈特寄來的錢增多，隆恩就從福利社買了一具小電視。她知道吉他對隆尼有多重要，始終沒放棄要幫他弄一具吉他送進牢裡。福利社沒賣吉他，安奈特一直打電話、寫信，終於說動獄方批准麥克艾列斯特的一家樂器行賣一把吉他給隆尼，送進獄中。

而吉他送進死牢，麻煩跟著就來。隆恩急著要讓大家見識他的天份，用盡力氣、扯著嗓子自彈自唱；很吵。抱怨紛至沓來，隆恩不管。他就是愛彈吉他，他就是愛唱歌，尤其愛唱漢克・威廉斯[1]的歌。〈欺瞞的心〉（Your Cheatin, Heart）就常在走廊裡迴響。其他人犯用粗口大罵，他也馬上回敬。後來隆恩的自彈自唱索列達實在聽不下去了，就威脅說要殺了他。那又怎樣？隆恩說，我不是已經被判死刑了嗎？

F舍沒有空調設備。夏天來時，裡面熱得像三溫暖。人犯會脫得只剩內褲，縮在他們向福利社買的小電風扇前面。常常天還沒亮就熱醒，整個人泡在汗濕的床單裡。有的人甚至全身脫光過日子。

也不知為什麼，獄方有開放死牢供人參觀的措施。來參觀的人一般都是高中生，因為父母和老師想嚇他們不敢做壞事。天氣熱時，遇上有人要來參觀，警衛會要人犯穿好衣服。有人會聽，有人不聽。

註1：漢克・威廉斯（Hank Williams, 1923-1953）美國早逝的鄉村音樂歌手。

牢裡有一個印地安人綽號叫「赤條男」（Buck Naked），他就酷愛天體，從來不穿衣服。而且天賦異稟，愛放屁就放屁，隨心所欲。一有觀光團走近他的牢房，他就愛把光屁股湊在房門的鐵欄杆上，用勁放出大響屁。每每把來參觀的年輕學生嚇得四處走避，亂成一團。

警衛喝令他不准再來。但他不聽。獄友則是慫恿他多來幾次，但以有人參觀為限就好。警衛到後來只好在有人來參觀時，先把他拖走。也有人想如法炮製，但沒他那天份。

隆恩遇上參觀團，只會自彈自唱供人欣賞。

一九八八年七月四日，隆恩醒來心情亂糟糟的，此後始終沒好轉。那天是美國獨立紀念日，是慶祝、遊行的日子，他卻因為他根本沒做的案子被關在死牢裡面。他的獨立在哪裡？

他開始鬧，又叫、又罵，高聲喊他沒有罪，這一鬧激得走廊沿邊跟著一陣叫罵此起彼落，惹得隆恩更加激動。他開始砸東西，找得到什麼就砸——書，雜誌，衛生用品，他的小收音機，《聖經》，衣物。警衛過來查看，喝令他安靜下來。他反唇相譏，叫罵得更大聲。鉛筆，紙張，福利社買的吃的又再亂丟一通。他還拿起他的電視機往磚牆上砸，砸得稀爛。最後，他拿起最心愛的吉他往牢門的鐵欄杆上敲，敲個不停。

死牢裡的人犯大部分天天都要吃一種藥效溫和的抗憂鬱劑，神寧健（Sinequan）。這種藥可以穩定情緒，利於入眠。

這一次，警衛終於說服隆恩改吃藥效比較強的藥，他吃了後就變得嗜睡，不再講話。過後，他動手清理自己的牢房。

之後，他再打電話給安奈特，含著淚跟她說先前出的事。她過去看他，只見情況不妙。隆恩在話筒裡大聲罵她，罵她沒盡力救他出去，又再要她變賣一切籌錢幫他請大牌律師，替他洗刷冤屈。安奈特要他安靜下來，不要大喊大叫，他不聽，她就嚇他說她要走。

過了一陣子，安奈特和蕾妮還是花錢替他買新的電視、收音機和吉他。

一九八八年九月，諾曼來了一個律師，叫馬克・拜瑞特（Mark Barrett），開車到麥克艾列斯特和他的新客戶見面。馬克是負責處理死刑案貧困被告上訴事宜的四個律師之一。威廉森的案子被分到他的手上，巴尼・華德已經不在其位。

死刑判決會自動上訴。必要的公文已經準備好了，牛步的旅行也已經開始。馬克將這些解釋給隆恩・威廉森聽，也耐心聽他滔滔不絕講自己無辜。馬克對這些話習以為常，也還沒好好讀過審理紀錄。

為了幫他這位新上任的律師，隆恩把開庭時撒謊的證人名單全寫給他，還不厭其煩對馬克・拜瑞特詳細說明他們是怎樣撒謊。

馬克發現隆恩這人聰明、理性，很清楚自己的困境和周遭的情況。他口齒清晰，把警方、檢方用來構陷他的謊言講得很周詳、仔細。他是有一點慌亂，但這也是可想而知的事。馬克那時不知道隆恩的病史。

馬克的父親是基督會（Disciples of Christ）教派的牧師，這一點背景就又打開隆恩的話匣子，談起了宗教，談了很久。他要馬克知道他是虔誠的基督徒，是由敬畏上帝的父母帶大的，有讀《聖經》的習慣。他引了許多《聖經》裡的金句，馬克很是驚嘆。而有一句隆恩不懂，還問馬克有何解釋。兩人就拿這一句經文討論個夠。隆恩很看重這件事，想弄懂這一句經文，抓不到這一句經文的意思顯然教他很洩氣。律師訪談沒有時間的限制，而客戶一般都想多待在牢房外面久一點不要回去。兩人這一談超過一小時。

馬克・拜瑞特對隆恩的第一印象，是他是基本教義派，很健談，搞不好還太健談了點。他照例對客戶自稱無辜有所存疑，不過，要下定論還早得很。他手上也正在處理葛瑞格・威爾霍伊的死刑案，他就完全相信葛瑞格沒有殺他太太。

馬克原本就知道死牢裡有人是無辜的，而他對隆恩的了解愈多，就愈覺得隆恩講的是真的。

11

雖然丹尼斯·佛瑞茲自己並不知道，但在地方看守所的地牢關了十二個月，讓他對嚴酷的鐵窗生涯有很好的心理準備。

他在六月移監到康諾感化中心（Conner Correctional Center），全程都和其他新來人犯一起關在一輛廂型車裡面，到的時候頭昏腦脹，還處於不願面對、驚懼莫名的心理狀態。這時候特別要給人無懼的感覺，這一點很重要，他也很注意要做到。康諾有中級戒護監獄「棄置場」的名號。是很險惡的地方，比大部分監所都要險惡。丹尼斯忍不住在心裡反覆自問，他這是什麼命，居然隨便一放就被人放到這裡來？

他一路被人像趕牛一樣辦好報到手續，聽過所方標準的訓話，講解所裡面的規矩和守則後，就被送進一間雙人房。房裡有兩張鋪位，一扇窗，從窗口看得到戶外。他和隆恩一樣，看見有窗，無限感激。他關在埃達的時候，可是連著幾個禮拜都看不到陽光的。

他的室友是一個墨西哥人，不太會講英語；這在丹尼斯倒是還好。他不會講西班牙話，也沒心情去學。他的當務之急是要想辦法在身邊有另一個大男人隨時伸手可及的處境裡，怎樣擠出片刻的隱私。

丹尼斯立誓他此後的每一分、每一秒，都要用來為自己翻案。放棄才是比較好走的路沒錯，司法體制對囚犯是不堪負荷的重擔，但他決心要戰勝一切。

康諾關的人犯過多，也以殘暴出名。有幫派，會被殺，會被打、被強暴，毒品泛濫，外加警衛會收錢。他很快就發現哪裡比較安全，也看出哪些人是瘟神應該敬而遠之。他把恐懼當作是資產。大部分的人犯在關進來幾個月後，不知不覺就會習慣獄裡的日常作習；一旦安之若素，戒備隨之降低，就會變得比較隨便，以為安全不是問題。

這樣最容易出事。所以，丹尼斯發誓他絕對不可以把戒慎恐懼丟掉。

收容人早上七點就要起床，一間間囚室的門隨之打開。全體集合在大餐廳裡用餐，可以隨意就座。一般是白人坐一邊，黑人坐另一邊，印地安人、西班牙裔就夾在中間，但略偏向膚色偏黑的那一邊。早餐的菜色不算糟——蛋，玉米粥，培根。交談堪稱熱絡——終於有機會和別人接觸，在這些人是一大解放。

收容人大部分都願意工作；只要能讓他們離開囚室所在的這塊地方，什麼都好。丹尼斯以前教過書，因此被獄方叫去教其他收容人，在「同等學歷進修班」裡面當老師。每天他一吃過早餐，便進教室教書，直到中午。薪水是一個月七・二美元。

他母親和阿姨每個月會寄五十美元給他，都是兩人東拼西湊省下來的，但是這是她們的優先事項。有了這一筆錢，他才有辦法在福利社買菸、鮪魚罐頭、餅乾、甜點。監獄裡幾乎沒人不抽菸，獄裡最大的通貨就是香菸。一包萬寶路抵得上滿滿一皮夾的鈔票。

丹尼斯很快就發現獄裡有法學藏書，也很高興知道他每天下午一點到四點都可以在圖書室裡唸書，沒人打擾。他以前從沒讀過法學方面的書籍，但下定決心要自己摸索，自修成功。有兩個「法務專員」——就是自命監獄律師的兩名人犯，而且還真的頗有一點法律知識——和他交上了朋友，教他怎麼查閱厚厚的論文和摘要。他們的專業諮詢照例不可能免費。收費以香菸計。

丹尼斯就開始自學法律知識，把好幾百則奧克拉荷馬州的判例一一讀過，尋找和他的案子相似之處，看他的案子哪裡可能出錯。他的上訴很快就開始往上走。他對自己案子的關心，不亞於他的律師。他又找到聯邦審判摘要，一樣把全美好幾千件案子全都看過，作下筆記。

禁閉時間是在下午四點到五點；獄方在這時候要數人頭，作報告。七點半是晚餐時間，從這時候到十點十五的下一次禁閉，人犯都可以在監舍裡自由行走、運動、玩撲克牌或骨牌，要嘛打籃球。但這時候許多人犯寧願用來閒晃，成群坐在一起聊天、抽菸、殺時間。

丹尼斯則是回圖書室去。

他的女兒伊麗莎白那時十五歲，兩人通信頻繁。她住在外婆家，由外婆扶養，不再住拖車，很得關愛。她相信父親清白，但丹尼斯始終擔心她對父親的清白還有疑慮。父女除了魚雁往返，每一個禮拜也至少要打一次電話。但是丹尼斯不准她來看他。他不要女兒靠近監獄一步。他不要女兒看到父親身穿囚服，住在刀片鐵絲網裡面。

他母親汪妲・佛瑞茲在丹尼斯移監到康諾沒多久就到康諾來看他。會面時間是在禮拜天早上十點到下午四點，地點是在放了好幾排摺疊桌椅的會客室裡。像動物園。每一次准許二十名左右的收容人會客，他們的家人就成群等在那裡——妻、兒、父、母。一個個情緒都很亢奮。孩子一般都很吵、很鬧。收容人會客時不戴手銬，也可以作肢體接觸。

而肢體接觸正是這些收容人最想要的，不過，親吻和撫摸都必須止乎禮。這時，收容人用的技倆就是找別的收容人來作「牽制」，轉移警衛的注意力，一下子也好，以便猴急辦事。也因此，若不巧撞見一對儷人居然鑽進兩具飲料販賣機中間的縫隙裡面翻雲覆雨，並不稀奇。也有原本端莊坐在桌邊的賢妻一轉眼就不見了：人在桌子底下緊急吹簫。

幸好丹尼斯還有辦法在兵荒馬亂裡面抓住他母親的注意力。只是，這樣的會客時間真是一個禮拜裡最緊張的時候。他勸母親還是少來的好。

隆恩很快就開始在他的囚室裡面走來走去，大喊大罵。就算本來精神正常的人，關進死牢沒多久也會關得發瘋的。隆恩會站在囚室門口大喊，「我沒有罪！我沒有罪！」一連喊上好幾小時，喊到聲音嘶啞。不過，到後來，他倒是嗓子愈練愈好，喊的時間跟著愈來愈長。「黛比・卡特不是我殺的！黛比・卡特不是我殺的！」

他還把瑞奇・喬・席蒙斯的自白唸得滾瓜爛熟，倒背如流，也愛一字一句背給警衛和同舍的獄友聽，嘉惠眾人。他也可以一連幾小時把他自己的審判紀錄，一頁又一頁指證他作案而把他送進死牢的證詞，全背給別人聽。同舍的獄友是很想掐死他沒錯，但又對他過人的記憶力咋咋稱奇。

只是，半夜兩點，要想佩服也難。

蕾妮就接到一封隆恩獄友寫來的怪信。裡面有這樣的段落：

蕾妮您好：

讚美上帝！我是傑・尼爾（Jay Neill），編號141128。我寫這一封信給您，是應您的弟弟隆恩的要求而幫他寫的。隆恩就住在我的斜對面。有的時候隆恩過得很不好，而且天天都是。我有一種感覺，覺得他像在吃藥，想要穩定他的情緒還有矯正行爲。不過，他們這裡用的藥的種類有限制，最多也只有一點點效而已。隆恩最大的打擊是自尊心太低。而我相信州立監獄這裡的人跟他說他的智商比正常人要低。他最糟糕的時候都是在半夜十二點到四點的時候。

有的時候，他會把時間分配好，輪流講事情，而且是扯開喉嚨大聲喊。這就害得住在他附近的許多人都很煩。一開始，他們想跟他講道理，後來只好忍下來。但他身邊有很多人到後來都忍不下去了。（當然是跟晚上沒辦法睡覺有關係。）

我是基督徒，每一天都在爲隆恩跟上帝祈禱。我願意跟他講話，聽他講話。他很愛您和安奈特。我是他的朋友。我一直在隆恩和被他喊得很氣的人中間當擋箭牌，我會起來跟他講話，勸他安靜下來。

願主保佑您和您的家人。

誠摯祝福

傑・尼爾

尼爾在死牢裡若說和誰是朋友，向來不可盡信，而他皈依基督，更每每是眾人談論的話題。他說的「朋友」，都要打上問號才行。他入獄前和男友很想搬到舊金山去住；那裡的生活型態比較開放。由於兩人沒錢，便決定去搶銀行。而這勾當在兩人都是第一次做，沒有經驗。他們挑中哲若尼默（Geronimo）一家銀行，一等兩個人衝去大聲吆喝，說明來意，馬上就天下大亂。結果，混亂中，尼爾和同夥刺殺了三名銀行行員致死，射中一名顧客致死，又傷及三人。就在血污四濺之際，尼爾發現子彈用罄，而且是在他拿著左輪手槍抵在一個小孩子頭上正要扣扳機時發現的。啥也沒有──那小孩沒受傷，至少沒有皮肉傷。兩名凶手匆匆逃走，搶走兩萬美元的現金，很快就到了舊金山，開始瘋狂大採購──買長貂皮大衣，漂亮的圍巾，諸如此類。兩人再跑到同志酒吧當散財童子，花天酒地約莫二十四小時多一點後，就被拖回奧克拉荷馬州，尼爾最後就是要在奧克拉荷馬州伏法。

尼爾在死牢裡很愛引用《聖經》的經文，也愛對獄友作小型佈道，但沒幾個人要聽。

人在死牢，醫療並不優先。每一位收容人都說你進了死牢最先丟的不是性命，而是健康，再下來就是心智。隆恩在牢裡有監獄醫生幫他治療，醫生有隆恩先前的監所紀錄和精神病歷作參考。病歷上有隆恩長期濫用藥物、酒精的記載；這在F舍是司空見慣的事。病歷上面也寫隆恩有憂鬱症，罹患躁鬱症至少有十年了。他也有一點精神分裂和人格異常的症狀。

醫生又再開美力廉給他，他就安靜下來了。

其他獄友大部分都覺得隆恩只是在「裝肖維」，假裝發瘋，看能不能騙過大家從死牢脫身。

葛瑞格・威爾霍伊的囚室再過去兩間的那一間，住的是一個老獄友，叫作桑尼・海斯（Sonny Hays）。沒人說得清楚桑尼等死有多久的時間了，不過，他比誰都先住進這裡來。他快要七十歲了，健康狀況很糟，而且，誰也不見，誰也不講話。他拿報紙和毯子把自己的牢房門口封起來，不開燈，不太吃東西，不餓死就好。從不洗澡，不刮鬍子，不剪頭髮，也從沒有誰來看過他，他連他的律師也不見。他不寫信，也沒收過信，不打電話，不到福利社買東西，不洗衣服，沒有電視，沒有收音機。他從未由他那一間黑鴉鴉的小囚室裡出來過，還可以連著幾天沒人聽到裡面有一丁點聲音。

桑尼就是徹頭徹尾的瘋子，由於心智失常的人是不可以處決的，他就被監獄這樣放著任他爛，隨他壽終正寢去也。而現在死牢又多出來了一個瘋子，只不過，大家不太相信隆恩是真瘋；認為他是在裝瘋。

不過，有一件事倒是真惹得他們不管不行。隆恩居然把他的馬桶給堵住，弄得牢房積了兩吋高的水。接著，他把自己脫個精光，爬到上鋪往下跳，表演肚皮跳水，往下跳時還要大喊一句沒人聽得懂的話。警衛好不容易才制住他，用藥讓他鎮靜下來。

F舍雖然沒有冷氣設備，但有暖氣設備。冬天到時，理應會有暖氣從年代古老的通風管送出來。但卻沒有。牢房裡凍得像冰庫。入夜窗口常會結冰，這時節，全身裹得嚴嚴的收容人就常待在床上，

能不下來就不下來。

收容人若要入睡，唯一的辦法就是把自己所有的衣物全都層層疊疊裹在身上——兩雙襪子，兩件內褲，兩件T恤，兩條卡其褲，兩件襯衫全都穿起來，另外就再看收容人從福利社買得到什麼衣物，也全穿上身。毛毯之類的奢侈品，州政府才不會供應。伙食在夏天就已經是冷的了，到了冬天，根本無法下嚥。

湯米・華德和卡爾・方特諾的有罪判決，被奧克拉荷馬州刑事上訴法院駁回更審，因為他們的自白在審理時被用來指證彼此入罪，也由於兩人都沒有上證人席作證，以致被剝奪了彼此對質的權利。

當初若是兩人分開審理，違憲的問題就可以避免。

當初若是兩人的自白被裁判禁制，當然也就沒有定罪的判決。

他們兩人就從死牢移監回到埃達。湯米在波塔渥塔米郡（Pottawatomie County）的紹尼鎮重新受審。起訴的檢察官還是比爾・彼得森和克里斯・羅斯，法官也還是裁定陪審團可以看自白錄影帶，湯米就再度被判有罪，也再度被判死刑。他在重審期間，他母親天天都是由安奈特・赫德森開車載到法院去旁聽。卡爾則是在休斯郡的霍登維爾（Holdenville）重審。而他也一樣，還是被判有罪，還是被判死刑。

他們的判決被駁回更審時，隆恩狂喜，等他們再被定罪，隆尼大悲。他自己的上訴才剛送進司法體系裡面在一吋吋慢慢往上爬。案子被改分到上訴公設辯護局（Appellate Public Defender's Office）。

由於死刑案件愈來愈多，局裡聘的律師跟著增加。馬克・拜瑞特工作量太大，需要把一、兩件案子分出去。他也急著在等刑事上訴法院對葛瑞格・威爾霍伊一案的判決下來。該院對被告以嚴苛出名，但馬克有信心，葛瑞格一定有重審的機會。

隆恩的新律師叫作比爾・路克（Bill Luker），他在訴狀裡極力主張隆恩未獲公平審判。他抨擊巴尼・華德訴訟不力，指隆恩「未能獲得律師有效的協助」；這是死刑上訴一般會用的第一條理由。巴尼的過失裡面，首條就是他沒有提起隆恩心智失能這一件事。證據裡看不到一點隆恩的就醫紀錄。路克一耙梳起巴尼的過失，清單就變長了。

他再指責警方和檢方用的方法和手段，上訴狀就又開始變長。他也質疑瓊斯法官的裁定：准許陪審團聽取隆恩的作夢自白，檢方做出那麼多違反布雷迪原則的事置之不理，整體而言，都未善盡保障隆恩享有公平審判的權利。

比爾・路克接的客戶絕大部分明顯有罪。他的責任是要保障他們在上訴時享有公平的審判。只是，隆恩的案子不同。他挖得愈深，問的問題愈多，就愈相信隆恩是他打得贏的上訴案。

隆恩這一位客戶非常合作，也有很強的定見，不吝和律師分享。他常打電話找他的律師，也寫雜亂無章的信給律師看。他的看法、心得一般都還幫得上忙。有的時候，他想起來的就醫史還很嚇人。

他念念不忘瑞奇・喬・席蒙斯的自白，認為他案子的審理沒用到席蒙斯的自白，是很嚴重的歪曲。他在寫給路克的信裡說：

親愛的比爾：

你知道我覺得黛比・卡特是瑞奇・席蒙斯殺的。一定是他，要不然他幹嘛作這樣的自白。現在，比爾，我正身陷煉獄。我想只有席蒙斯爲他做的事付出代價，放我自由，才算公平。他們不肯把他的自白給你，是因爲他們知道你一把他的自白放進我的上訴狀裡，我的案子馬上就可以重審。所以，看在上帝的份上，你就去跟那些龜兒子說你要席蒙斯的自白。

你的朋友，隆恩

隆恩手上有的是時間，因此養成勤於通信的習慣，尤其是寫信給他的兩個姊姊。她們也知道這些信對他有多重要，一定想辦法掐時間回信。一般都會提到錢。監獄的伙食隆恩吃不下去，喜歡到福利社買東西吃。他有一次寫信給蕾妮，有一段說：

我知道安奈特已經寄了一點錢給我。但我的苦處比以前要多了。我這裡有卡爾・方特諾，他沒有親人寄東西給他。所以，妳能不能再多寄一點錢給我？就算十塊錢也好。

愛妳的隆尼

他關進死牢過的第一年耶誕節，他寫信給蕾妮，有一段是這樣的：

蕾妮：

嘿，謝謝妳寄錢給我。有特定用途。主要是要買吉他的琴弦和咖啡。

我今天收到五張賀卡，包括妳寄的。耶誕節還是可以帶來好心情的。

蕾妮，妳寄的二十塊錢來得正是時候。我才剛借了一點錢買吉他的琴弦，跟我一個朋友借的，本來要用安奈特每個月寄來的五十塊錢還人家，但這樣我就不夠用了。我知道五十塊聽起來不少，但我這五十塊要和這裡一個人合著用，他媽媽沒辦法寄東西給他。她是寄過十塊錢給他，但這也是從九月我剛搬到他附近來他收到的第一筆錢。我分給他一點咖啡、菸等等。可憐的傢伙。

今天是禮拜五，所以，你們要在明天拆禮物。希望大家收到的禮物都是心裡想要的。小孩子一定長得很快。我再不穩住情緒一定又要哭了。

跟大家說我愛他們，隆尼

很難想像隆尼在節日怎麼會有「好心情」的。死牢枯燥沉悶的生活已經夠慘了，家人再被隔絕在外，那種痛苦、孤絕，更教他難以承受。一九八九年初春，他的情況開始惡化，而且很嚴重。死牢裡的壓力、沉悶，還有他根本沒殺人卻被送進死牢的灰心絕望，一天天啃噬掉他的心靈，他終於崩潰。他開始割腕，想要自殺。他很沮喪，不想活了。割腕的傷口不深，但留下疤痕。他割過好幾次，警衛盯他盯得很緊。而他一看割腕沒用，就改用火燒；他火燒床墊，再用火舌燒自己的四肢。燒傷經過治療，終究痊癒。他就這樣數度被獄方放進自殺監控的名單。

一九八九年七月十二日，他寫信給蕾妮：

> 親愛的蕾妮：
>
> 我好痛苦。我燒掉一點東西，身上有幾處二度和三度燒傷。這裡的壓力好大。痛苦壓得我受不了，卻沒有地方可以去，蕾妮，我會頭痛，我就用頭撞水泥地，我趴在地板用頭撞水泥地。我會用手打自己的臉，打到第二天手覺得好痠。這裡的每一個人都像沙丁魚一樣困在這裡。我知道這絕對是我有生以來挨過最大的痛苦。而問題還是有解決的方法的，那就在錢的法力。我說的是這裡從來沒有可以下嚥的東西吃。這裡的伙食像在不知哪裡的惡魔島吃的野戰口糧。這裡的人都很窮，但我餓得要人家分我一口才壓得下嘴饞的勁兒。我又瘦了。這裡眞苦。
>
> 拜託妳要幫我，隆尼

隆恩有一次憂鬱症發作，時間相當長，期間不和任何人溝通，整個人徹底退縮，後來警衛發現他在床上縮成胚胎狀。對什麼都沒反應。

之後，九月二十九日，隆恩又再割腕。他那時服藥的狀況時斷時續，嘴裡不停講著要自殺，最後終於被判定會危害自己的安全。他被移出F舍，送進維尼塔的州立東部醫院。他入院時，他的主訴是：「我被不公不義虐待。」

他在州立東部醫院一開始是由一個住院主治醫師李扎拉加醫生（Dr. Lizarraga）診治，他看到的是一個三十六歲的男子，有藥癮和酒癮病史，不修邊幅，沒刮鬍子，留了一頭灰白的長髮和鬍子，穿的是襤褸的囚服，兩條腿上有燒傷的疤痕，手臂也有傷疤，隆恩特別要醫生看到這些傷疤。他對自己做的壞事一概大方承認，就是堅決否認殺害黛比・卡特。他坐的冤獄已經夠苦了，不再懷抱希望，一心求死。

接下來三個月，隆恩都住在州立東部醫院裡面。用藥的情況因之穩定下來。看過他的醫生有好幾個——有一個神經科醫生，一個心理學家，好幾個精神科醫生。這些醫生不止一次在病歷上面註明他情緒不穩，對挫折的忍耐力很低，自我中心，自尊心低，有的時候很疏離，有很快就情緒爆發的傾向。情緒變化很猛也很明顯。

他要求很多，到後來變得會攻擊醫護人員還有其他病人。這樣醫院就沒辦法容忍了，隆恩被送出醫院，關回死牢。李扎拉加醫生幫他開了碳酸鋰片（lithium carbonate）、耐悶片、可捷（Cogentin）給他吃。可捷這種藥主要是用來治療帕金森氏症（Parkinson's disease）的，但有的時候也用來減輕鎮定劑引發的顫抖、不安等副作用。

至於在大麥克這邊，則有一個叫薩維奇（Savage）的獄警慘遭米凱・派屈克・史密斯（Mikell Patrick Smith）的毒手。這位史密斯在死牢公認是最危險的一名殺人凶手。史密斯把一把刀，或說是利器吧，插在掃把的柄裡面，在警衛替他送餐時從豆子洞一把刺過去。利器直接插進警衛的胸口，刺中心臟，但是這位薩維奇警官居然命大沒死。

兩年前，史密斯也刺傷過一名獄友。

這一起攻擊事件不是發生在死牢，而是在D舍，史密斯因為被罰而改關到那裡。儘管如此，獄方還是覺得需要蓋一棟新的、先進的死囚房舍。這一起攻擊事件經大幅報導，新的房舍就有了興建的經費。

H舍的藍圖從一開始的構想，目標就在「提供最高的戒護和管控，同時給與收容人和工作人員安全、現代的環境可以生活、工作。」總共有兩層樓，兩百間囚室，分布在四邊。

H舍的設計從一開始就是由獄方人員在主導。薩維奇警官遇襲後，獄裡的氣氛變得緊張，工作人員紛紛獻策，一心要蓋一棟「零接觸」的牢舍。設計之初，總共有三十五位監獄工作人員和矯正司聘的土薩建築師會商，提供意見。

麥克艾列斯特雖然還沒有過死囚越獄的事，但H舍的設計師還是採用了極端的作法，把整棟牢舍都蓋在地下。

隆恩在死牢裡住了兩年後，精神狀況嚴重惡化。吵鬧的情況——大喊大罵，日夜不停——跟著愈來愈糟。行為也更激烈。會無緣無故大發脾氣，會沒來由就開始大罵，亂丟東西。有的時候發作起來，會一人對著走廊不停吐口水。有一次還吐到一個警衛身上。但等到他開始拿自己的糞便朝門外亂扔的時候，就不得不把他弄走了。

「他又丟大便了！」警衛一大喊，大家便趕忙找東西掩蔽。等糞便落定之後，再趕忙抓住他拖走，送回維尼塔再作一回合的精神鑑定。

一九九〇年七月到八月，他在維尼塔的州立東部醫院住了一個月的時間，還是由李扎拉加醫生主治，他診斷出來的問題跟先前那一次一樣。過了三個禮拜，隆恩開始吵著要回死牢。他很關心他的上訴案，覺得回麥克艾列斯特才有辦法處理得好一點，至少牢裡有圖書室可以用。他的藥量經過調整，看起來已經穩定，因此，他們准他出院回麥克艾列斯特去。

12

奧克拉荷馬州在歷經十三年的挫折後，終於解開了上訴程序裡的結，排出執行的時間表。而這第一位倒楣鬼叫作查爾斯・特洛伊・寇曼（Charles Troy Coleman），白人，殺了三個人，關在死牢裡有十一年。他是死牢裡一小群人的頭頭，常帶頭鼓譟鬧事，許多獄友對他們這位查克（Chuck）終於要挨毒針，並不覺得難過。不過，大部分的人還是知道死刑的機器一旦啟動，就不可能停下來了。

寇曼執行死刑可是媒體大事，記者蜂擁而來，齊集大麥克門外。有人在作燭光守夜，有人在訪問受害者、抗議民眾、牧師，不管是誰走過，一律會被攔下來問一問。時間一分一秒過去，興奮的情緒一點一點升高。

葛瑞格・威爾霍伊和寇曼雖然常為死刑存廢吵得很兇，但兩人還是成了朋友。至於隆恩，他還是贊成死刑，但態度已經時有搖擺。他不喜歡寇曼這個人，寇曼呢，想也知道，很受不了隆恩的吵鬧。

寇曼要處決的那一晚，死牢裡很安靜，戒護特別嚴密。監獄外面則是熱鬧滾滾，人潮洶湧，記者還在倒數計時，好像迎接新年。葛瑞格在他的囚室裡看電視上的全程轉播。過了午夜，消息傳來——查爾斯・特洛伊・寇曼已死。

有幾位收容人鼓掌、歡呼，但大部分都是靜靜坐在自己的囚室裡面。有幾位還在祈禱。

葛瑞格的反應則是完全出乎意料之外。他突然變得很激動，對於有人居然鼓掌歡呼，憤憤不平。

他的朋友死了。這世界不再安全。將來再也沒有可以嚇阻凶手的了；他知道會殺人的人是怎麼回事，他知道是什麼促使一個人去殺人。若是死者的家屬很高興凶手終於伏法，那麼事情才不會了結。葛瑞格是在衛理公會（Methodist）長大的，現在還每一天都研讀《聖經》。耶穌不是教導世人要原諒的嗎？殺人若不對，為什麼州政府就可以殺人？是誰有權說要將他人處決？這些論點以前不是沒衝擊過他，還很多次；但現在，是從不同的方向傳來共振。

查爾斯・寇曼之死，刺激葛瑞格幡然醒悟，當下倒轉一百八十度，此後未曾再回到他先前以眼還眼的信念。

後來，他把他這一番心得跟隆恩說了，隆恩也跟他承認，很多事他也有同感。不過，第二天，隆恩卻又回頭大力支持死刑，一心要把瑞奇・喬・史密斯拖到埃達街上當眾一槍斃命。

隆恩・威廉森的死刑判決在一九九一年五月十五日由奧克拉荷馬州刑事上訴法院裁定維持原判，該院法官一致支持隆恩有罪、判處死刑的裁判。法院的判決書由蓋瑞・隆普金（Gary Lumpkin）法官執筆，指出本案之審理雖有數項瑕疵，但被告有罪的「確鑿證據」遠遠壓過巴尼、警方、彼得森、瓊斯法官等人所犯的微不足道的小錯。至於到底哪些證據「確鑿」至此，法院卻幾乎未曾作過討論。

比爾・路克打電話給隆恩，跟他說這壞消息；隆恩倒還能平靜以對。隆恩先前讀過上訴狀，也跟比爾・路克談過多次，比爾一再提醒他不要太樂觀。

那同一天，丹尼斯・佛瑞茲也收到同一法院的同樣裁定。法院還是一樣，雖然在他案子的審理過程是有幾項瑕疵，但是顯然難抵不利於丹尼斯的「確鑿證據」。

丹尼斯覺得他的上訴律師寫的上訴狀不甚了了，對於維持原判的裁定也不感驚訝。在監獄的圖書室裡泡了三年，丹尼斯深信他自己對案例和法條的了解，都比他的律師高明。

他是失望沒錯，但沒有絕望。他和隆恩一樣，還有別的論證可以再到別的法院去說。放棄，免談。不過，丹尼斯和隆恩有一點不一樣；丹尼斯現在必須獨力作戰。由於他沒被判進死牢，因此沒有義務律師可以幫他的忙。

不過，刑事上訴法院未必盡是檢方的橡皮圖章。馬克・拜瑞特就很高興在一九九一年四月十六日獲知，法院下令重審葛瑞格・威爾霍伊的案子。法院發現葛瑞格的律師喬治・布里格茲辯護不力，實難視而不見，因此裁定葛瑞格未獲適當的代理訴訟。

你若是提著腦袋上法院受審的人，你，要嘛聘最好的律師，要嘛就聘最爛的。葛瑞格迷迷糊糊聘了一個最爛的，所以，現在要重審。

死牢裡的收容人要移出牢房帶到別的地方去時，不管理由是什麼，獄方向來一聲不吭。你只見忽然就有幾個警衛冒了出來，要你穿好衣服，而且要快。

不過，葛瑞格知道他的上訴案打贏了，因此，一見警衛站在他的牢房門口，心裡就知道大日子來了。「東西收一收，」一名警衛開口跟他說，該走了。沒幾分鐘，他就把全副家當全收進一個硬紙箱，跟著警衛走了出去。隆恩那時已經被移到走廊另一頭的牢房，兩人沒有機會道別。葛瑞格走出麥克艾列斯特時，心裡還掛念著他留在身後的這一位朋友。

葛瑞格移監到奧塞治郡的看守所後，馬克•拜瑞特馬上就替他安排開交保庭。由於有死刑案尚待審理，而開庭日也有待決定，葛瑞格怎樣也不算是自由之身。不過，法官沒有依慣例判他天價保金，讓他籌不出錢來，而是裁處五萬美元交保。這一筆錢葛瑞格的父母和姊姊很快就湊齊了。

五年的牢，其中四年還是死牢，葛瑞格終於重獲自由，此後未曾再重回牢房。

H舍的興建工程在一九九〇年開始。全棟用的幾乎全是鋼筋水泥——地板，牆壁，天花板，鋪位，書架。為了避免再有人犯自製利器，建築藍圖裡看不到金屬。雖然有很多鐵欄杆，也有些許玻璃，但都不在牢房裡面。牢房裡面一概都是水泥。

完工的時候，只見一片塵土。節能是監獄的官方說法。自然光和通風一概排除在外。

H舍在一九九一年十一月啟用的時候，獄方開了一場盛會，慶祝新建的先進死牢落成。邀請重要人物出席，到處張燈結綵。監獄人犯自組的樂隊還不得不演奏幾曲助興。牢舍也開放外界參觀——未來的房客還都關在大樓裡面，離那裡有四分之一哩的距離。賓客也有機會花錢在嶄新的水泥鋪位睡上一晚，鋪位自選。

盛會過後，為了抓出使用上的小問題，獄方先把一部分中級戒護的收容人移到新房舍裡去，看看他們變得出來什麼花樣沒有。等證明H舍安全無虞、功能健全、脫逃無門之後，就是該把F舍的大壞蛋移到那裡去的時候了。

抱怨和破壞馬上開始。沒有窗戶，看不到屋外的天光，牢房擠兩個人太小。水泥鋪位太硬，間隔還只有三十六吋。不鏽鋼馬桶／洗滌槽硬夾在鋪位中間，結果，上大號變成兩人同享。囚室的配置，還把收容人日常能作的閒聊——這是監獄生活的生命之源——給切斷了。H舍既然標榜零接觸，在設計上就不僅要把警衛和收容人隔開，也要把收容人彼此也都隔開。伙食還比F舍要更糟。在舊牢舍原本是大家最寶貴的操場，在新牢舍裡變成一塊小小的水泥盒子，沒比網球場大。牆面高達十八呎，全區罩在粗粗的鐵柵欄下面，就算有天光可以穿過天窗也會被擋下。當然，綠草連一根也看不到。

新蓋好的鋼筋水泥牢舍還沒加裝牆板或上漆，水泥灰到處亂飛，積在囚室的各個角落。牆上也沾得都是，地板鋪滿一層，還在空氣裡面四處游移，人犯關在裡面當然全都吸了進去。律師來和客戶見面，走的時候每每咳得咻咻直喘；被水泥灰害的。

萊思莉・戴爾克（Leslie Delk）那時是法院指派給隆恩・威廉森的義務律師。那時有一個律師控告獄方，他在寫給該律師的信裡就有這樣一段話：

> 伙食眞是糟糕，我的客户幾乎沒有一個不變瘦的。有一個還在十個月内瘦了九十磅。我和獄方談過這一件事情，獄方的回答當然是一切都好，等等，等等。我最近才剛去過他們的醫務室，發現那裡的伙食居然是在老監獄裡面做的。等送到H舍時，就由牢舍裡的人犯負責送餐——我想是坐「震撼監」（shock incarceration）的人吧。獄方跟這些人說剩下的伙食可以讓他

們留著，結果死牢裡的人現在吃的伙食份量只有其他人犯的一半。就我所知，獄方對於死牢人犯盤子上的東西，不太或根本不作監督。我的客戶全都說他們吃的東西現在都是冷的，而且亂來一通，害他們吃了會生病，份量還都太少，大部分人若不額外再向福利社買東西，根本沒辦法填飽肚子。福利社是監獄開的店，賣的東西要訂什麼價錢，當然就看他們高興。（一般都比我們在普通雜貨店賣的要高很多。）不止，我有許多客戶還沒有親人幫忙，連到福利社去買東西也沒辦法。

搬到H舍的收容人對新牢房都感到震驚。聽了兩年傳言說新蓋的現代化監獄耗資一千一百萬後，他們一搬進去新蓋好的地下監獄，只見牢房比F舍還要小，限制比F舍要大，一個個無不錯愕。

隆恩恨死了H舍。他的室友叫作瑞克・羅珍（Rick Rojem），從一九八五年就關進死牢了，但有辦法安撫隆恩。瑞克信佛，每天花好幾小時打坐冥想，也跟隆恩一樣喜歡彈吉他。牢房擠成那樣，絕對沒有隱私可言。他們兩個就拿一條毯子掛在天花板上，垂在兩人舖位中間，勉強裝作各自擁有自己的世界。

羅珍很擔心隆恩。他已經沒興趣讀書了。心思和談話沒辦法在同一主題上面停得久一點。他有的時候會服藥，但離適當的治療還遠得很。他可以一連睡上幾小時，接下來在兩人小小的牢房裡來來回回亂走一通，一走就是一整夜，嘴裡胡言亂語，沒人聽得懂，要不就喃喃講他出現的譫妄和妄想。再下來，他就會站在門口開始大喊，無限痛苦。由於兩人一天有二十三小時關在一起，瑞克眼看著同房的獄友精神失常，卻無能為力。

隆恩搬到H舍後瘦了九十磅。頭髮轉成灰白，樣子活像是鬼。有一天，安奈特在會客室裡等著跟他會面，卻看到警衛帶著一個瘦骨嶙峋的老頭子，滿頭長長的灰白亂髮，滿臉大鬍子，朝她走來。這誰啊？她在心裡自問。是她弟弟。

她說，「我一看到他們送來這樣一個人，皮包骨、好可怕、好憔悴的男人，來跟我會客，我若在街上遇到我還認不出來。我回到家後寫了一封信給典獄長，求他讓隆恩作愛滋病檢驗，因為他瘦得不像樣，而我也聽說過監獄裡的事，所以就要他們幫他作愛滋病的檢驗。」

典獄長回信給安奈特，保證隆尼絕對沒染上愛滋病。安奈特便再火速寫一封信，抱怨監獄裡的伙食太差，福利社賣的東西太貴，賺來的錢還都拿去幫警衛買健身器材。

一九九二年，獄方雇了一個叫肯・佛斯特（Ken Foster）的精神科醫生，隆恩・威廉森很快就和他見了面。佛斯特發現隆恩披頭散髮，神智昏亂，和現實脫節，骨瘦如柴，滿頭灰髮，弱不禁風，健康狀況不佳。佛斯特醫生一眼就看出隆恩情況不對，獄方照理也應該看得出來才對。

隆恩的心理狀況比他的生理狀況還要糟。他爆發的猛烈情緒和激烈的吵鬧，遠遠超過監獄正常的吵鬧標準。監獄裡的警衛和職員也都知道他已經和現實脫節。佛斯特醫生看過隆恩幾次發狂尖叫，記下隆恩尖叫的三大共同要點：(1)隆恩沒有罪，(2)瑞奇・喬・席蒙斯作過自白說人是他殺的，因此該被起訴的人是他，(3)隆恩身上很痛，尤其是胸部，他很怕他就要死了。

隆恩的症狀雖然很明顯，也很強烈，佛斯特醫生看他先前的病歷，卻發現隆恩有很長一段時間沒接受過精神治療了。隆恩病成這樣卻沒有服藥，一般都會引發精神病的症狀。

佛斯特醫生在病歷上寫道：「身受多重壓力，加上關在死牢這樣的環境裡面，還知道自己即將會被處死，導致病人的精神病反應和隨之而來的惡化趨勢都更嚴重。權威的心理衛生手冊裡的『整體功能評估』（GAF scale）量表，把監禁劃歸為『重大』壓力源。」

至於這「重大」，在原本無辜的人身上又會加重到什麼程度，就無從推測了。

佛斯特醫生認定隆恩需要轉到比較好的環境作比較好的治療。隆恩的精神病可能不會痊癒，但可以改善，即使是死牢裡的死囚也一樣。不過，佛斯特醫生很快就知道，協助生病的死刑犯，在監獄裡是排在很後面的事。

他找詹姆斯・薩佛談過，他已經是矯正司的地區主管，也跟丹・雷諾茲（Dan Reynolds）談過，那時是麥克艾列斯特的典獄長。兩人都知道隆恩・威廉森是誰，也知道他的問題，但兩人也都有更重要的事要忙。

結果，看來肯・佛斯特這人相當固執、獨立，不喜歡官僚習氣，也真心要幫助他的病人。他不停把隆恩的狀況呈報到薩佛和雷諾茲那邊，一定要他們兩人知道隆恩嚴重的心理、生理問題。他還每一個禮拜固定跑去見雷諾茲一次，跟他討論他治療的病人有何進展，而且，絕對不會漏掉隆恩的病情。副典獄長更是他每一天一定要去聊一聊的對象，跟他報告每一天的最新動態，也要他一定把他作的每日彙報往上呈報到典獄長那邊。

佛斯特醫生一再向監獄管理階層說明隆恩該吃的藥都吃不到，因為未獲適當治療，以致心理和生理的病情惡化得很快。他對於隆恩一直沒辦法轉到加護醫療中心（Special Care Unit; SCU）尤其生氣；該中心所在的大樓就在H舍看得到的地方。

監獄裡的收容人若出現嚴重的精神問題，照例都要送到加護中心的，那裡是麥克艾列斯特唯一可以進行治療的單位。不過，矯正司歷來的政策是不准死刑犯送進加護中心作治療。官方給的理由很模糊，不過，許多死刑犯辯護律師都私下懷疑，這政策是為了加快死刑的執行。死牢裡的死囚若有嚴重的精神問題，經適當的鑑定，很可能會被判定心智失常。這時，送他進死刑房的路上就有路障了。

這政策雖經多人作過多次質疑，卻始終屹立不搖。

肯・佛斯特便又再質疑一次。他跟薩佛和雷諾茲解釋，不把威廉森移送到加護中心，他沒辦法對他作適當的治療。病人唯有在那裡，醫生才有辦法觀察病情，調節用藥。佛斯特和獄方溝通時，每每措辭尖銳，情緒火爆，氣氛緊張。但是，丹・雷諾茲這人一樣固執，堅決不肯把隆恩送出去，也不覺得隆恩的治療需要改善。幹嘛為死牢裡的人犯搞這些麻煩？雷諾茲說，反正他們怎樣都是死路一條。

佛斯特醫生代隆恩請命變得好討厭，雷諾茲典獄長後來不准他再進監獄。

等禁令取消，佛斯特醫生便又開始為隆恩移監加護中心請命。這耗掉他四年的時間。

隆恩的直接上訴結束後，他的案子就進入「定罪後救濟」（post-conviction relief）的階段，他在這階段可以提起他在先前審判沒有提起的證據。

比爾・路克依當時的慣例，把資料移交給上訴公設辯護局裡的萊思莉・戴爾克。她的第一要務，就是要為客戶爭取到比較好的醫療。她先前去過F舍和隆恩會面，知道他病得很嚴重。等他移監到H舍後，她對隆恩惡化的狀況更感憂心。

雖然戴爾克不是精神科醫生或心理學家，但有多方面的訓練，看得出來精神病的症狀和類型。她身為死刑辯護律師的責任，有一部分就是要看出客戶是否有這方面的問題，為客戶爭取到適當的醫療。但她需要有心理衛生專家的意見，只是，這在隆恩身上很難辦到，因為，根本沒辦法作該有的檢查。H舍既然是零接觸的監獄，因此沒有誰可以和收容人一起同在一間房間裡面，連收容人自己的律師也不可以。以致精神科醫生要檢查隆恩的時候，還必須隔著一層玻璃用話筒和他講話。

戴爾克安排派特・弗萊明（Pat Fleming）醫生替隆恩作心理鑑定，這是定罪後訴訟的必要程序。弗萊明醫生試過三次，都沒辦法完成鑑定的工作。她的病人一直都很激動，會妄想，不合作，有幻覺。獄方人員跟弗萊明醫生說隆恩這樣的情況平常得很。顯而易見，隆恩的問題很嚴重，根本沒辦法協助他的律師或做有意義的事。她連要評估隆恩的病情都有很大的限制，因為，獄方不准她和隆恩會面時保有隱私，讓她可以和隆恩同坐在一間房間裡面，問隆恩問題，觀察隆恩，對隆恩作測驗。

弗萊明醫生去找H舍的監獄醫生，把她擔心的事一一對他詳述。後來，該名醫生跟她保證，隆恩已經有監獄自己的心理衛生專家在作治療，只是，弗萊明醫生看不出來隆恩有一點進步。她極力建議隆恩要送進州立東部醫院作長期的住院治療，讓他的病情可以穩定下來，也才能作適當的評估。

她的建議遭到否決。

萊思莉・戴爾克盯著獄方管理階層窮追猛打。她去找戒護科的人，找醫護科的人，也找過幾個主管，提起她的申訴，要求給隆恩比較好的治療。一一獲得承諾，但也一一置之不理。是有過些微善意的表示——隆恩的用藥情況略有改變——但還是看不到明確的治療。戴爾克寫過好幾封信給獄政官員，在信裡把她受挫的過程一一作了詳述。她盡可能找時間去看隆恩，等她覺得他的情況應該不會再惡化後，隆恩的情況卻惡化了。萊思莉很擔心隆恩隨時會死。

有醫護人員奮力在為隆恩爭取治療的機會，卻有戒護人員專愛拿隆恩來胡鬧。監獄裡的警衛有些人很喜歡用H舍的新對講機來取樂。H舍的每一間牢房都有雙向對講機，連到主控室。這是他們用的機巧玩意兒，這樣就可以把收容人和警衛隔得遠遠的了。

但也不夠遠。

「隆恩，我是上帝，」半夜會有淒厲的聲音傳進隆恩的牢房，「你為什麼要殺黛比・卡特？」頓一下，接著，隆恩在牢房門裡大喊，「我沒殺人！我沒有罪！」聽得那幾個警衛紛紛竊笑，樂不可支。隆恩低沉、嘶啞的叫聲穿過西南區的監舍，打破暗夜的寂靜。這一陣鬧可以持續一小時左右，吵得其他收容人不得安寧，警衛卻開心得很。

等一切回復平靜，又會有聲音傳來。「隆恩，我是黛比・卡特。你為什麼要殺我？」

隆恩痛苦的喊叫就再度開始。

別的收容人會求警衛住手，但那些警衛玩得實在太高興。瑞克・羅珍就覺得那些有虐待狂的警衛裡面，有兩個特別以虐待隆恩為樂。他們就這樣一連鬧了他好幾個月。

「你別理他們就好，」瑞克求他這位室友，「你不理他們，他們就玩不下去了。」

但隆恩聽不懂這道理。他一心要身邊的人都相信他是冤枉的，而扯開喉嚨放聲大喊，看起來應該可以。等他喊到喊不下去了，等他沒力氣或嗓子喊啞沒聲音時，他就改站在對講機前，臉湊在對講機上喃喃叨唸，不成字句，一連唸上好幾小時。

獄警捉弄隆恩取樂的事，終於傳到了萊思莉・戴爾克的耳裡，她在一九九二年十月十二月發了一封信給H舍的主管。信裡有一部分的內容如下：

> 還有，我先前已經跟你提過，我從幾個人那邊聽說有些警衛會用對講機騷擾隆恩，那些警衛顯然覺得捉弄「瘋子」、惹「瘋子」發瘋，是很好玩的事。我最近一直聽到有這樣的問題，最近一次聽到的是馬丁警官（Officer Martin）走到隆恩的牢房門口，朝他叫罵、嘲弄（我相信他講的話一般都繞著「瑞奇・喬・席蒙斯」和「黛比・卡特」打轉）。就我所了解，瑞丁警官（Officer Reading）曾經介入，要求馬丁警官不要這樣，但也是經過多次勸說，馬丁警官才終於停止。
>
> 馬丁警官的名字我從好幾個人那邊都聽說過，都說他平常就愛騷擾隆恩，所以，在此我想

知道貴所是否有意調查此一事件，做適當的處置。說不定貴所針對警衛如何對待罹患精神疾病的收容人開設訓練課程，對於貴所會有所［幫助］……

警衛倒也不是人人都很殘酷。像有一名女性警衛，有一天晚上經過隆恩的牢房，就停下來和他聊了聊。隆恩看起來不太好，他說他餓得要死，說他好幾天沒吃過東西。她相信他的話，轉身走開，幾分鐘後回來，拿了一罐花生醬和一條不太新鮮的麵包給隆恩。

隆恩在寫給蕾妮的一封信裡，說他覺得這一頓「大餐」真是好吃，吃得連渣都不剩。

金姆•馬克斯（Kim Marks）是奧克拉荷馬州義務辯護司的調查員，後來成了和隆恩在H舍相處最久的人。隆恩的案子一分到她手上，她就先把審判紀錄、報告、證物等都檢視過一遍。她以前當過報社記者；憑她那好奇心，別的不講，隆恩是否真的有罪在她就是一大問號。

她列出一張可能嫌犯的名單，總共有十二人，大部分都有犯罪背景。葛倫•高爾排名第一，理由很明顯。黛比遇害那一晚是和他在一起的。兩人認識多年，因此，他應該不必硬闖就進得去黛比的公寓。他先前對女性動粗的紀錄很惡劣。而指證隆恩為凶手的人也就是他。

只是，警方為什麼對這一位高爾沒什麼興趣呢？金姆在警方的報告和審判紀錄裡挖得愈深，就愈覺得隆恩喊冤喊得應該是理直氣壯。

她到H舍去看過他很多次，也跟萊思莉•戴爾克一樣，眼睜睜看著隆恩在她眼前徹底崩潰。她每一次要去看隆恩，都是好奇裡夾著驚懼。她以前從沒看過有收容人跟隆恩一樣在牢裡老得那麼快的。她每看過他一次，他的暗棕色頭髮就又多了一層灰白，而他還不到四十歲。整個人形銷骨立，不成人形；這有不小的一部分要歸咎於照不到陽光。他穿的衣服都很髒，很不合身。眼睛是兩個凹陷的大洞，眼神十分狂亂。

她的責任有很重要的一項，是要評估客戶的心智有沒有問題，接著再替客戶爭取適當的醫療，同時尋找專家證人。隆恩在她看來，明顯精神失常，而且極為痛苦；其實連再外行的人也看得出來的。一開始，她因為矯正司不准死囚進加護中心的政策，吃了不少拐子。她跟佛斯特醫生一樣，這一場仗一打就是好幾年。

她找到一九八三年隆恩作第二次測謊時的錄影帶，重新看過。雖然那時隆恩已經由醫生診斷有憂鬱和躁鬱症的症狀，可能也有精神分裂，但講話還是條理分明，懂得自制，看起來一切正常。不過九年時間，他身上的正常已經一絲不剩。他有妄想，和現實脫節，滿腦子強迫症的想法——瑞奇・喬・席蒙斯，宗教，開庭時那一堆騙子，缺錢，黛比・卡特，法律，他的音樂，他總有一天要上法庭把檢方告到倒，他的職棒夢，加在他身上的不公和不義，等等。

她找獄方的人員談過，聽他們說過他有辦法扯著喉嚨喊上一整天不停。接著，她自己就領教到了。由於H舍的設計很特別，女廁有通風口聽得到西南區的動靜；隆恩就關在西南區。因此，她有一次到女廁去，就聽到隆恩發狂的咆哮，備感震撼。

這就催著她加快腳步，和萊思莉一起加大力道，逼獄方提供更好的治療。她們要獄方破例把隆恩移監到加護中心，要獄方送他到州立東部醫院作精神鑑定。

徒勞一場。

一九九二年六月，萊思莉・戴爾克依定罪後程序的規矩，向龐托托克郡地方法院聲請開庭審理裁定隆恩的心智能力。比爾・彼得森提起抗辯，法院駁回聲請。

地方法院一駁回，她馬上就再上訴到刑事上訴法院，但是維持原判。

七月，她再提起大規模的定罪後救濟聲請。她以隆恩厚厚的精神就醫紀錄為準，主張先前的審判應該要處理隆恩的心智能力問題才對。兩個月後，定罪後救濟遭法院駁回，萊思莉再度向奧克拉荷馬州刑事上訴法院提起上訴。

不出所料，上訴又遭駁回。再下一步就是依照慣例向聯邦最高法院作無望的上訴。一年後，聯邦最高法院將上訴駁回，敷衍了事。萊思莉・戴爾克再依其他慣例提起各式聲請，一一都遭駁回，到了一九九四年八月二十六日，各式救濟手段都告用罄，隆恩・威廉森的死刑執行日期，就由刑事上訴法院核定在一九九四年九月二十七日執行。

隆恩關在死牢已達六年又四個月。

葛瑞格・威爾霍伊重獲自由兩年之後，又被檢方拖回法院，再度以殺害妻子的罪名受審。

他從麥克艾列斯特放出來後，就回到土薩，努力想重建正常的生活。但不容易。先前的折磨在他的情緒和心理等方面都劃下了傷痕。他的兩個女兒已經八歲和九歲了，先前一直由教會的朋友代為扶養；這兩個朋友都是教師，為他女兒建立起穩固的家庭生活。他的父母和姊姊的支持始終未曾稍減。

他的案子又再惹來不少矚目。他先前的律師喬治・布里格茲幸好已經過世，但也沒趕在執照被政府撤銷前過世。有幾位著名的刑事律師都出面，表示願意替葛瑞格打官司。律師看到攝影機就像螞蟻嗅到糖；葛瑞格眼看這麼多人對他的案子有興趣，自己都覺得有趣。

但不容易作決定。不過，他的好兄弟馬克・拜瑞特既然都已經為他爭取到出獄的機會，現在，他相信他應該也有辦法幫他要回清白。

他第一次受審時，殺傷力最大的證據就是檢方找來的兩個咬痕證人。兩人都跟陪審團說凱西・威爾霍伊胸部的咬痕是她失和的丈夫留下來的。威爾霍伊他們自己也找了一個頂尖的咬痕專家來作證，堪薩斯市的湯瑪斯・克勞斯（Thomas Krauss）醫生。克勞斯醫生對於葛瑞格的齒模和凱西傷口的咬痕差距那麼明顯，頗覺不可思議；兩者完全不同。

馬克・拜瑞特就再把咬痕分送給全美十一位著名專家作鑑識，其中多人常為檢方作證。這些專家裡還有一位是聯邦調查局最好的咬痕顧問，曾在泰德・邦迪[1]案中出庭替檢方作證。結果得出來的結果完全一致——十二位咬痕專家同都判定葛瑞格・威爾霍伊的咬痕不符。兩相比對連近似都談不上。

開庭詢的時候，辯方傳的專家證人指出葛瑞格的牙印和死者身上的咬痕總共有二十處重大差異，

註1：泰德・邦迪（Ted Bundy, 1946-1989），連續殺人狂，一九七四到七八年間橫行全美犯下三十起姦殺案。

也作證說每一處差異都可以判定二者不符。

不過，檢方一意孤行，就是要進行審判，結果很快淪為鬧劇一場。馬克・拜瑞特把檢方傳喚的咬痕專家證人排除在戰局之外，接著一舉摧毀檢方傳喚的DNA專家證人的可信度。

等到檢方陳述完畢，馬克・拜瑞特提起有力的聲請，要求法庭裁定檢方提起的證據無效，命令陪審團作出有利葛瑞格・威爾霍伊的判決。法官接著裁示暫時休庭，大夥兒全出去吃午餐。等吃完飯回來，陪審團也回到法庭就座，一切就緒之後，主審法官採取罕見的作法，逕行宣布辯方的聲請獲得准許。審判撤銷。

「威爾霍伊先生，」法官說，「你現在是自由之身了。」

葛瑞格・威爾霍伊先和家人、朋友共度一晚，慶祝勝利，翌日一早馬上搭機飛往加州，此後除非探望家人或是為反對死刑，他從來不回奧克拉荷馬州。凱西被殺後八年，他終於重獲自由。

只是，警方和檢方弄錯嫌犯還窮追猛打，結果，追緝真凶之路就此荒蕪。真凶至今仍逍遙法外。

H舍新蓋的死牢倒是一切順利。一九九二年三月十日，羅賓・李洛・帕克斯（Robyn Leroy Parks），黑人，男性，四十三歲，因為一九七八年殺害一名加油站員工而被處決。他關在死牢裡有十三年。

三天後，歐蘭・蘭道爾・羅賓森（Olan Randle Robison），白人，男性，四十六歲，因為一九八〇年闖入一戶郊區民宅搶劫進而殺害一對夫妻，而遭處決。

隆恩・威廉森預計是第三位在H舍被綁上輪床，然後說幾句遺言的人。

一九九四年八月三十日，隆恩的牢房衝進來一批警衛，來勢洶洶，滿臉陰沉，要把他送到別的地方。他被戴上手銬、腳鐐，腰間再拴上一條腰鍊把手銬、腳鐐全連在一起。看來事態嚴重。

隆恩還是消瘦憔悴，渾身骯髒，披頭散髮，情緒不穩，簇擁在側的警衛盡量和他拉開距離。馬丁警官也在押送的警衛之列。

隆恩被帶出H舍，送進一輛廂型車，由車子載送到監獄前端的行政大樓，路程很短。到了後還是由警衛簇擁，送到典獄長的辦公室，裡面有一張長條會議桌，桌邊已經坐滿一堆人，等著見證大事發生。隆恩手銬、腳鐐皆未取下，身邊也還是簇擁著一批警衛，坐到了桌尾的位置。典獄長坐在長條桌的另一頭，開場白是向隆恩一一介紹桌邊在座那一堆人。他們一個個臉色一樣陰沉。

三生有幸和大夥兒見面。

有人把一張「通知書」遞給隆恩，典獄長便開始唸：

> 威廉森君因爲殺人罪，被判於一九九四年九月二十七日星期二午夜十二點零一分執行死刑。
>
> 本次會議的目的在告知此後三十天的規定和程序，討論威廉森君可能享有的優待。

隆恩聽了大為不悅，說他沒殺人。他這輩子或許是做過一點壞事，但他絕對沒有殺人。

典獄長再唸下去；隆恩還是堅決表示黛比・卡特不是他殺的。

典獄長和H舍的主管和隆恩閒話家常一下，安撫他的情緒。他們說他們不是來審判他的，他們只是在按照規定和程序處理事情。

不過隆恩有瑞奇・喬・席蒙斯自承殺人的錄影帶，他要把錄影帶放給典獄長看。他還是說他沒殺黛比・卡特，喃喃唸著要上埃達的電視證明自己清白。還提到他姊姊到埃達的大學去。

典獄長再唸下去：

> 執行死刑的前一天早上，收容人會移到一間特別房去，在那裡等待行刑的時刻到來。從移在特別房到行刑期間，一直會有戒護科的人員隨時監視。

隆恩又再打斷典獄長，大喊他沒殺黛比・卡特。

典獄長沒管他繼續唸下去，接下來好幾頁都是有關會客、私人物品、葬禮等事宜的規定。隆恩沒理他在唸什麼，開始氣弱聲嘶。

「你的遺體我們該怎麼處理？」典獄長問他。

隆恩情緒激動，混亂，沒料到會有這問題。後來他還是勉強說就送回去給安奈特就好。

等他表示沒有問題，對典獄長說的一切也都理解之後，他就再被一群警衛簇擁回他的牢房。倒數計時開始。

他忘記打電話給安奈特。兩天後，安奈特收信時，看到一封麥克艾列斯特矯正司寄來的信。裡面是副典獄長寫來的信：

赫德森女士：

謹以無限同情特此通知，令弟隆納德・基斯・威廉森（編號134846）預訂於一九九四年九月二十七日星期二午夜十二點零一分執行死刑。

執行死刑前一天的會客只限牧師、登錄在案的律師，以及另兩位典獄長批准的人員。

儘管艱難，但也勿忘喪葬事宜，此等事宜概由家屬負責。若是家屬無力負責，即由州政府代理。您若有何決定，務請告知。

謹以赤誠，肯・克令格（Ken Klingler）

安奈特打電話給蕾妮，告訴她這天大的壞消息。兩人心痛如絞，但還是相互打氣；不可能是真的。兩人又再談了談，決定要把弟弟的遺體帶回埃達。但不會在克里斯威爾葬儀社裡開棺讓全鎮的人去看好戲。只會在麥克艾列斯特舉行家祭，只限受邀人士參加。只會有一些親近的朋友和家人參加。她們接到獄方通知，說她們可以參加死刑的見證。蕾妮說她沒辦法。安奈特則是決心挺到最後。

消息傳遍埃達小鎮。佩姬・史迪威是在看電視時聽到新聞播報這一相當意外的消息，說隆恩・威廉森的處決日期已定。雖然這在她是好消息，但她還是很氣沒人通知她。先前他們答應過她，說她可以見證死刑的過程，她當然不會錯過。可能過幾天會有人打電話來吧。

安奈特故作堅強，極力在心裡否認有這樣的事。她去探監的次數變少，時間也變短。隆恩已經完全失常，不是衝著她大喊大罵，就是當她不存在。有好幾次她去看他，不到五分鐘就走了。

13

隆恩的案子在奧克拉荷馬州的法院一走完上訴的程序，處決的日期也訂下來後，他的幾個律師馬上就往聯邦法院衝，準備展開下一階段的上訴。這一階段的程序叫作人身保護（habeas corpus）——這是拉丁文，意思是「你應該擁有身體」。聲請人身保護令，收容人必須到法院出庭，由法官裁定羈押是否合法。

隆恩的案子分給了珍妮・徹斯利（Janet Chesley），她是諾曼義務辯護司的律師。珍妮在處理人身保護令方面經驗豐富，很習慣在處決倒數計時的時候和時間賽跑。她火速提起緊急聲請和上訴，和隆恩見面，將程序解釋給他聽，跟他保證一定會為他爭取到暫緩執行的命令。這類談話在她的工作算是稀鬆平常，而她的客戶雖然想當然都會緊張，但還都能信任她。訂下處決的日期是很嚴重的事，但是，人身保護的上訴未達窮盡之時，沒有人會被送去處決。

不過，隆恩跟其他人不同。處決日期一經正式宣布，就把他朝瘋狂的深淵裡面推得更深。他自己在數日子，不相信珍妮的承諾。時鐘一刻也不會停。死刑室已經準備就緒。

一個禮拜過去，兩個禮拜過去，隆恩大部分時間都在祈禱，讀《聖經》。他也常睡覺，而且不再大喊大叫。獄方配給他吃的藥，用量都很大方。死牢變得很安靜，靜待那一刻到來。其他人犯也都屏氣凝神，一個個都在注意政府真的會把像隆恩・威廉森這樣的瘋子給處決嗎？

三個禮拜過去。

奧克拉荷馬州東區的聯邦地方法院位於穆斯柯基（Muskogee）。一九九四年，該法院共有兩位法官，兩人對人身保護令或是監所訴訟都不怎麼喜歡。一送來就是一卡車。每個被關的人都有爭點、訴願要說；絕大部分不外是無罪、濫權。死牢裡的人請的都是貨真價實的律師，有的還是大型律師事務所的人在做公眾服務，訴狀一份份都好厚，寫的也有創意，不可等閒視之。其他普通的囚犯一般就自己當自己的律師，訴狀裡面當然少不了代寫狀紙的「法律代書」的寶貴意見，他們在法律圖書室裡佔地為王，拿貢獻換香菸。若有收容人要的不是人身保護令，那就會是投訴伙食太差，洗澡水不熱，警衛太兇，手銬太緊，陽光不足。族繁不及備載。

收容人提起的告訴大部分都無甚可觀之處，直接駁回，轉送位在丹佛的第十上訴巡迴法院即可。丹佛的這一處聯邦法院轄區很廣，奧克拉荷馬州就包括在內。

珍妮・徹斯利提起的人身保護令，經隨機分派，分到了法蘭克・賽伊法官手中。他是吉米・卡特（Jimmy Carter）於其總統任內任命的，一九七九年到任。賽伊法官是賽密諾郡人氏，獲聯邦任命之前在二十二區當了十一年的主審法官，龐托托克郡就在這一區內。他對龐托托克郡的法院和該地的小鎮、鎮民知之甚詳。

一九七一年五月，賽伊法官曾經開車到艾舍小村去過，在那裡的高中畢業典禮上演講。那一屆的十七名畢業生裡有一位就是隆恩・威廉森。

賽伊法官的法官席也坐了有十五年之久，對送到他桌上來的人身保護令沒多大耐性。威廉森的請願書在一九九四年九月送達，就在處決日前幾天。他老是在猜——應該可以說是很確定——死刑犯的律師就愛拖到不能再拖的時候才把訴願書狀送到，這樣，他，還有其他聯邦法官，就不得不先裁定暫緩執行不可，因為公文旅行還沒走完。他每每也想知道那可憐的死囚在這時候是要怎麼熬日子：待在死牢裡冷汗直流，乾等他的律師和聯邦法官玩千鈞一髮的遊戲。

不過，這是很好的法律手段，賽伊法官也懂，只是怎樣也不喜歡。他是裁定過幾次暫緩執行，但從來沒有因為人身保護令的訴願而裁定過重審。

威廉森的訴願狀照慣例先由吉姆・佩恩（Jim Payne）審閱，他在聯邦法院裡面當推事。大家都知道佩恩傾向保守，和賽伊法官一樣不喜歡人身保護令，但也以公正不阿而極受敬重。他多年來的工作一直就是耙梳每一件人身保護的訴願，找出是否有訴願正當者。訴願正當的雖然不多，但也沒少到讓他的審閱工作枯燥乏味。

吉姆・佩恩知道他這工作關係重大。他若在成堆的訴狀、紀錄裡漏掉了什麼，很可能就有無辜的人會誤遭處決。

而珍妮・徹斯利的訴狀寫得之好，才讀到第一段就抓住了他的注意力，再等到他全讀完，他對隆恩的審判是否公平已經心生懷疑。珍妮的論證集中在律師辯護不力、心智失常、以及毛髮證據不可靠等幾項上面。

吉姆・佩恩把訴狀帶回家，夜裡又再讀過一遍。翌日上午他回法院上班後，就去見賽伊法官，建議裁定暫緩執行。賽伊法官很尊敬他這一位推事，兩人就威廉森的訴願經過長時間的討論後，他就同意下達暫緩執行的命令。

隆恩在盯著時間倒數、熱切向上帝祈禱二十三小時後，接獲通知，他的處決經法院裁定無限期延後。他就此和死神擦身而過，那時離挨針的時間已經不到五天。

吉姆・佩恩把人身保護令的訴願狀轉給他的法官助理，蓋兒・席華德（Gail Seward）。她看過後，同意這一件案子需要再作深入的審閱。佩恩就把狀子交給法官助理室的一個新進人員，薇琪・希爾布蘭德（Vicky Hildebrand）。她由於資歷太淺，故私下被辦公室裡的人封為「死刑案助理」。薇琪在去唸法學院前當過社工，很快就悄悄當上了賽伊法官中間偏右的辦公室裡仁慈心腸的象徵。

威廉森是她接到的第一宗死刑案的人身保護令。而她在讀訴狀時，同樣是開頭第一段就抓住了她的注意力：

本案實屬怪異，原本是一場夢，最後卻變成隆納德・基斯・威廉森揮之不去的噩夢。他在案發後近五年才被捕——在威廉森先生的不在場證明已經過世之後——根據的幾乎全是他說他自己作過的一場夢的「自白」，而且，這一位隆恩・威廉森患有嚴重的精神病。

薇琪再讀下去，很快就發現審判時的可靠證據極為薄弱，辯護律師所用的策略也很隨便，就更覺得匪夷所思。等她讀完了，她也對隆恩是否真屬有罪，有了強烈的懷疑。

但她也馬上自問，以她這副軟心腸，她真的適合做這工作嗎？會不會以後每一件人身保護令的案子，在她看起來都有這麼強的說服力？每一個死牢裡的死囚的話，她是不是都會相信？她把心底的疑慮說給吉姆・佩恩聽，他便想了一個辦法。他要把蓋兒・席華德也叫進來提供意見；她那人是中立派。薇琪禮拜五一整天都在忙著謄寫長長的審判紀錄——總共要一式三份，這項計謀裡的每一個人都要有一份。他們三人那個周末就都在一字一句詳讀隆恩的審判紀錄。禮拜一早上他們碰頭時，三人的看法全都一致。不管是右派，左派，中立派，都覺得這一件案子審判不公。他們不僅認定本案違憲，也相信隆恩很可能根本就是無辜的。

他們也對珍妮・徹斯利在訴狀裡提到《埃達的噩夢》一書很有興趣，訴狀裡指隆恩所作的夢境自白，有很多都是從這一本書來的。隆恩在被捕後沒多久，就在讀這一本書，他對約翰・克里斯欽說出他的夢境自白時，這一本書就在他的囚室裡。這一本書是七年前出版的，已經絕版，但薇琪還是在圖書館和舊書店找到了幾本。三人很快把書讀完，讀完後，對埃達檢警的疑慮也就更深。

由於大家都知道賽伊法官處理起人身保護令的案子向來不假辭色，因此，三人商量由吉姆・佩恩去找賽伊法官，由他來替威廉森的案子破冰。賽伊法官仔細聽他詳述，接著再聽薇琪和蓋兒接力進言。三人都認為應該要重審才對，等到聽完三人的說法，賽伊法官同意研究本案。

比爾・彼得森、巴尼・華德兩人他都認識，埃達警方那一幫人他大部分也都認識。他把巴尼當老朋友看，但從沒喜歡過彼得森。老實說，這案子審得亂七八糟、證據弱得離譜，他並不驚訝。埃達什麼怪事沒有？賽伊法官那麼多年來一直知道埃達的警方名聲不好。他對瓊斯法官在審判過程沒有一點決斷力，特別覺得厭惡。警方辦案不力、檢方立場不公，都不是罕見的事，但承審法官就該有責任維持審判的公平。

而他也奇怪，怎麼刑事上訴法院居然看不出來這樣的審判有什麼問題。

等他確信這一件案子不公之後，便率領屬下開始徹底檢討這一件案子。

丹尼斯・佛瑞茲和隆恩已經沒有聯絡。他寫過一封信給老朋友，但沒接到回音。金姆・馬克斯和萊思莉・戴爾克開車到康諾去見丹尼斯，談她們調查的事。她們把瑞奇・喬・席蒙斯的錄影帶帶了去，把席蒙斯的自白放給丹尼斯看。丹尼斯看了跟隆恩一樣火冒三丈，有人自己招認犯下他們被判有罪的凶殺案，這樣的事，在他開庭的時候卻沒拿出來。他和金姆・馬克斯開始通信，金姆把隆恩的案子有何進展讓他知道。

由於丹尼斯幾乎像是法學圖書室裡的家具，什麼樣的司法流言或是全美最新的判決他都聽得到。他和其他幾位監獄法律專家對刑事訴訟有何最新發展，絕對不會漏掉絲毫。DNA檢驗在一九九〇年代首度問世，有關這方面的文獻，他找得到就無一遺漏，全都讀過。

一九九三年，「唐納休時間」（Donahue）[1]有一節訪問的是四位靠DNA檢驗而重獲清白的人。播出後收視率極高，尤其是在監獄裡面，進而催化出一場平反運動，橫掃全美。

有一支團體那時已經頗受矚目，叫作「平反工程」（Innocence Project）。一九九二年由紐約律師彼得・紐菲爾（Peter Neufeld）和拜瑞・榭克（Barry Scheck）共同創立。他們在卡多索法學院（Benjamin N. Cardozo School of Law）開設據點，從事非營利的法律諮詢服務，由法學院的學生在律師監督下處理案件。紐菲爾在布魯克林從事司法改革運動已有多年，榭克則是刑事鑑識DNA的專家，也因為當過辛普森（O. J. Simpson）[2]的辯護律師而聲名大噪。

丹尼斯緊盯辛普森一案的發展，待該案審判落幕，他也在考慮是否要和拜瑞・榭克聯絡。

國際特赦組織（Amnesty International）在接到無數有關H舍的投訴後，終於在一九九四年就該處監舍進行徹底的評鑑。該組織發現H舍有多項違反國際標準之處，即連美國本身簽署的協議以及聯合國採行的最低標準，皆未達標準。違反的標準包括牢房太小，設施不全，照明不足，沒有通風設備，沒有窗戶，沒有自然光。而且操場限制過當，太過狹隘；這不稀奇。有許多收容人便自願放棄一天一小時的放風時間，以便利用室友不在的這時間享有隱私。而且，除了高中文憑進修班，沒有別的進修課程，收容人也不准工作。宗教禮拜設有限制。就個別囚犯所作的隔絕太過嚴苛。伙食需要通盤檢討。

國際特赦組織於其評鑑結論裡，指出H舍給與人犯的待遇，直逼殘酷、不人道、可恥的程度，違反國際標準。以該處監舍的狀況，「長久居住下去，對囚犯的生理和心理健康都會有害。」

報告雖經發表，但對獄方沒有一點約束力；不過，倒是為提出訴訟的囚犯添加了柴火。

沉寂三年之後，死刑室的機器又再開始轉動。一九九五年三月二十日，湯瑪斯・葛瑞索（Thomas Grasso），白人，男性，三十二歲，在坐了兩年死囚牢後，遭到處決。雖然心中百般掙扎，但葛瑞索還是中止了他的上訴，一了百了。

下一個就輪到了羅傑・戴爾・史塔福，這一位惡名昭彰的「牛排屋殺人魔」。他遭處決一事，是比較受人矚目的幾件處決案之一。大城市裡的大屠殺比較容易引來新聞媒體，史塔福就這樣戴著眾人矚目的光環赴死。他在死牢裡關了十五年，案子是警方、檢方、尤其是政客最愛拿來指責上訴程序有瑕疵的例證。

一九九五年八月十一日又有處決案，但卻十分怪異。羅伯・布里勤（Robert Brecheen），四十歲的白人男性，差一點就進不了死刑室。他在前一天吞了一大把止痛藥下肚；這是他偷偷弄進死牢慢慢存起來的。他吞藥自殺是要給州政府好看的最後一擊，但贏的還是州政府。警衛發現布里勤昏迷不醒，趕忙將他送醫，經過洗胃，情況穩定下來後，他就又被獄方拖回H舍再死一次。

賽伊法官指揮所屬就威廉森的案子作鉅細靡遺的繁瑣檢討。每一份紀錄都要抽絲剝繭，預審和每

註1：菲爾・唐納休（Phil Donahue, 1935-）是美國談話節目的先驅，多次獲得艾美獎，他這節目始於一九六七年，一九七〇年登上全國聯播舞台，歷時二十六年方休。

註2：辛普森（O. J. Simpson, 1947-）原是美國美式足球明星球員，後來轉往影劇界發展，但最出名的是一九九四年的殺妻疑案。

一次出庭的紀錄都包括在內。隆恩歷史悠久的就醫紀錄，他們也一一作過整理。警方的檔案和州鑑識總局的鑑識報告，一概詳加剖析。

工作由薇琪・希爾布蘭德、吉姆・佩恩、蓋兒・席華德三人均分。三人協力合作，理念和熱忱始終不虞匱乏。隆恩的審判十分糟糕，司法不公昭然若揭，他們決心要進行糾正。

賽伊法官本人從來就不相信毛髮證據。他以前主審過一件聯邦死刑案，該案的明星證人就是聯邦調查局的頭號毛髮專家。他的資格沒有問題，本人也有多次作證的經驗，但賽伊法官就是信不過他。該名專家後來沒有坐上證人席就被請出法庭之外。

薇琪・希爾布蘭德自願負責檢視毛髮證據。一連幾個月，她詳讀過幾十件案例和研究文獻，開始相信毛髮證據根本就是垃圾科學。一點都不可靠，根本就不應該呈上法庭當證據。而這樣的結論，賽伊法官多年前其實就已經瞭然於胸。

蓋兒・席華德的工作集中在巴尼・華德以及他在審理過程犯下的錯誤。吉姆・佩恩則是負責處理布雷迪問題。一連幾個月，他們這一小組幾乎把全部的精力都放在這一件案子上面，只有遇上十萬火急的事，才會暫時擱下威廉森的案子。他們不設期限，不過，賽伊法官這位監工向來見不得人偷懶。他們日以繼夜工作，檢討、修訂彼此做出來的成績。案子一層層剝開來後，露出來的錯誤跟著變多，審理過程的瑕疵愈堆愈多，他們的幹勁跟著拉高。

吉姆・佩恩每天都會向賽伊法官報告工作進展，賽伊法官當然也不時給與指點。他們寫的草稿他也會一一讀過，作修訂後送回去給他們再繼續努力。

隨著重審看來勢在必行，賽伊法官也開始煩心。巴尼是他的老朋友，雖是榮光不再的沙場老將，但是橫遭批評一定也會備感傷心。而且，埃達的鎮民對於以前的法官居然站在惡名遠播的殺人凶手隆恩・威廉森那一邊，不知會作何感想？

三人小組知道，他們做出來的成績接下來就要放進丹佛市的第十上訴巡迴法院接受仔細的檢驗了。萬一被推翻呢？他們對自己做的事的信心有多牢固？他們的論證真的可以說服第十上訴巡迴法院嗎？

在賽伊法官的指導下，三人小組拚了近一年的時間，終於在一九九五年九月十九日，隆恩的死刑暫緩執行令下達一年後，由賽伊法官下達人身保護令，批准重審。

賽伊法官裁定重審的判決書極其詳盡，厚達一百頁，而且堪稱司法分析和論理的傑作。賽伊法官用清晰但不脫學究氣的語言，把巴尼・華德、比爾・彼得森、埃達警方、州鑑識總局都好好教訓了一頓。不過，他的火力還是集中在那時正好當差的倒楣鬼：瓊斯法官頭上；他把他對這位法官的看法作了清楚的表達，語少保留。

隆恩一案應該重審，理由有好幾項，但最主要的是律師辯護不力。巴尼犯下的錯誤很多，傷害也大。包括未能提起客戶心智失常的問題；未就不利於葛倫・高爾的證據作徹底的調查和舉證；未就泰莉・霍蘭同時也是指證卡爾・方特諾和湯米・華德的證人一事作補強；瑞奇・喬・席蒙斯自承犯下該案，而且，錄下自白錄影帶就在巴尼手上，未能告知陪審團；未就隆恩的供述作攻擊且在審前予以禁制；量刑階段沒有傳喚反面證人。

比爾・彼得森和警方的錯，則是隱瞞一九八三年隆恩第二次測謊時的錄影帶；取得供述的手段有問題，隆恩的夢境供述即在內；用牢裡的抓耙子當證人送上證人席宣誓作證；幾乎沒有實證就予以起訴；隱藏辯護證據。

賽伊法官分析毛髮證據的歷史，作了一項頗為驚人的裁定：毛髮證據太不可靠，應該永遠禁止作為呈堂證物。他批評州鑑識總局的專家處理佛瑞茲和威廉森偵辦所得的檢體有所疏失。

比爾・彼得森、瓊斯法官、約翰・大衛・米勒法官等人也都有錯：沒有中止審判的程序，調查隆恩的精神狀態。

瓊斯法官另外犯下：**居然在審判過後**才就辯護證據開布雷迪庭！他駁回巴尼聲請刑事鑑識專家反駁州鑑識總局那一幫人的證詞，本身就是一項可以糾正的錯誤。

賽伊法官以外科醫生的精準，一一剖析隆恩一案的各個層面，把隆恩被判有罪之荒唐拙劣，全部攤在陽光之下。雖然奧克拉荷馬州刑事上訴法院也審過這一件案子兩次，但賽伊法官看出他們沒看見的：定罪有誤，問題處處。

賽伊法官在他寫的意見書結尾，又加寫了一段罕見的文字。他寫道：

> 我在思考本案該作何裁決時，曾經跟一個朋友談過，他是法律門外漢。我說我相信事實，因此依法必須裁定一個被判有罪而且裁處死刑的人要重新審判。
>
> 我這朋友問我，「他眞的有殺人嗎？」

我回答他，「沒有經過公平審判，我們無從得知。」

天主在上，在這偉大的國家有人未得公平審判即遭處決，吾人豈可坐視不管。而這件案子差不多就是這樣的情形。

賽伊法官也把他寫的判決書送了一份給巴尼・華德，以示禮貌，還附上一句話，說他很抱歉，但他沒辦法。巴尼就此和他絕交。

雖然薇琪・希爾布蘭德、蓋兒・席華德和吉姆・佩恩三人對他們做出來的成績信心十足，但要公諸於世，還是不免有一點擔心。讓關在死牢裡的死囚有機會重審，在奧克拉荷馬州是不會贏得民心的。隆恩的案子耗掉他們一年的心力，雖然對自己所做的一切沒有一絲懷疑，但還是不願意賽伊法官還有他的辦公室受到批評。

「裁定重審檢方誓言抗告到底！」一九九五年九月二十七日《埃達晚報》斗大的標題如是。標題一邊放的是隆恩・威廉森的高中照片，另一邊是比爾・彼得森的照片。報導內文寫道：

比爾・彼得森怒氣沖沖，說必要時他要再到聯邦最高法院去出庭，他「再高興不過」，這樣才能推翻最近聯邦法院法官就龐托托克郡一名定罪人犯隆納德・基斯・威廉森一案所作的重新審理的裁決。

幸好，他沒必要到華府去吵這一件案子，至少對彼得森是如此吧。他又表示奧克拉荷馬州的檢察長已經跟他保證，他本人會到丹佛市的第十上訴巡迴法庭親自處理本案的「直接」上訴。報上引述他的話說：

我感到驚駭，錯愕，生氣，不解，百味雜陳。這一件案子經過那麼多次上訴，檢視過那麼多遍，始終沒人質疑過有罪的判決，接著，卻平空冒出來這樣的判決，根本就沒有道理。

他沒提這一點，而記者也沒指出這一點：只要是死刑判決，一定會走上聲請人身保護令的這一條路的，也因此一定會送進聯邦法院。既然都送進聯邦法院了，那就遲早要有人寫一份判決書出來的。

不過，彼得森停不下來，再說：

聯邦最高法院先前已經審閱過這一件案子兩次，而且法院兩次都維持有罪的判決，駁回重審的要求。

未必盡然。聯邦最高法院從來沒審理過隆恩的案子，而是以調閱案卷被拒為由，不肯審理這一件案子，把它打回奧克拉荷馬州。這是標準程序。

彼得森還把漫天大謊留在最後面才說。賽伊法官在他判決書的註釋裡面，曾經引用羅伯．梅爾寫的《埃達的噩夢》一書，指出有同一法庭出現過幾次以夢境自白定人於罪。彼得森很氣這一本書居然出現在法院的判決書裡，就說——而且一副義正辭嚴的模樣：

說這三個人，威廉森、方特諾、華德，是根據作夢的自白而被定罪，純屬不實。

奧克拉荷馬州檢方向丹佛市的第十上訴巡迴法院就賽伊法官的裁判提起上訴。雖然隆恩對審判大逆轉，他有可能要重審，很是高興，但他還關在牢裡，熬過一天又一天，等著訴訟程序牛步前進。

不過，他已經不是孤軍奮戰了。他的調查員金姆・馬克斯，他的律師珍妮・徹斯利，還有佛斯特醫生一直沒放棄，始終在為他爭取好一點的治療。獄方有近四年的時間都不肯將隆恩移監到加護醫療中心；那裡的醫藥和環境都比較好。該中心就在H舍看得到的地方，走路一下就到，但在官方就是死牢囚犯的禁地。

金姆・馬克斯就她的客戶寫過一段報告：

我好害怕，不是怕他，而是替他怕。我認爲我們一定要往矯正司裡面朝上走去找人幫忙，因爲他的頭髮都已經長過肩膀了，還夾著一綹綹黃色的，都是他扯頭髮時弄的，因爲尼古丁不僅完全滲進他的手指頭，也滲進他一整隻手，而不是只在指尖上面；他那一口牙幾乎全沒有了，我想是他自己亂搖弄掉的。他的皮膚泛灰，顯然是因爲好幾個禮拜不洗澡；他全身只剩皮包骨；穿的襯衫看起來也像有好幾個月沒洗過，更別講掛起來或燙了。他在牢房裡胡亂走來走去，不太講話，而且眞要開口講話，口水就亂噴。講什麼也聽不懂。我眞的很擔心會失去他，擔心他會因爲心理問題引發生理問題而病死在牢裡。

麥克艾列斯特監獄換過幾個典獄長，珍妮・徹斯利、金姆・馬克斯、肯・佛斯特三人一個都不放過，一定去找人家作疲勞轟炸；副典獄長、助理等人也逃不過。蘇珊・奧圖（Susan Otto）是聯邦公共辯護司的司長，也是珍妮的主管；而她後來終於在矯正司裡逼得對方不動不行了。好不容易，一九九六年二月，詹姆斯・薩佛，那時已在矯正司裡爬到比較高的位置，同意接見金姆和珍妮。雙方的會議一開始，薩佛就表明他已經授權隆恩・華德（Ron Ward），也就是麥克艾列斯特那時的典獄長，破例准許隆恩・威廉森立即移監到加護中心。

隆恩・華德在寫給加護中心的公文裡，承認該單位是死牢裡死囚的禁地。公文裡有一段說：

我特此批准破例，不依奧克拉荷馬監獄加護醫療中心的標準作業程序處理。該標準作業程序規定：「奧克拉荷馬州立監獄的任一收容人，都有權接受加護醫療中心的照顧，死牢除外。」

是什麼讓他改變心意的？兩個禮拜前，一位監獄的心理醫生寫了一封保密的公文給副典獄長，表示很擔心隆恩・威廉森的狀況。該心理醫生的意見裡面有一項，給了他們把隆恩移監到加護中心的充分理由：

我們在團體討論裡都同意威廉森先生是精神病人，若是用藥情況可以作大幅度的調整，可能對他會有幫助。我們也注意到他怎樣也不願意作調整，連考慮一下或討論也不肯。

如你所知，加護醫療中心有權視需要強行用藥。

H舍的工作人員也受夠了隆恩，很想擺脫掉他。公文裡還寫：

> 威廉森先生的情況無疑是一個禮拜、一個禮拜一直在惡化。我自己已經注意到了，H舍的工作人員也時常提起。今天麥克・穆蘭斯（Mike Mullens）才再度強調他的情況惡化，而且，收容人精神病發對我們西南區也有不良的影響。

不過，隆恩終於可以移監最好的理由，卻是要加快他處決的流程。該公文在結尾寫道：

> 依我看，照威廉森先生目前的處境，他的精神病可能已達心智失常無法處決的地步。移監到加護中心一陣子，應該有助改善到心智正常的地步。

隆恩是徒步押解到加護中心去的，入院後，就關進一間比較好的牢房，有窗。佛斯特醫生改了他的處方，監督用藥。雖然隆恩離健康還差得遠，但他不再吵鬧，也不再老是喊痛。

他另也極度脆弱，躁狂不算獲得控制。是有進展，但四月二十五日，就在隆恩住進加護中心三個月後，忽然間，隆恩又被拖出加護中心，送回H舍關了兩個禮拜。獄方把他弄回H舍並未獲得醫生准許；佛斯特醫生根本就不知道。獄方也沒給任何理由。等他再被送回加護中心時，他的病況已經大幅倒退。佛斯特醫生又發了一份公文給典獄長，說明這一次忽然移監對病人有何傷害。

好巧不巧，隆恩四月二十五日忽然移監，剛好就是有人要被處決的前一天。四月二十六日，班傑明‧布魯爾（Benjamin Brewer）因為一九七八年在土薩刺死一名二十歲的女大學生而被處死。布魯爾關在死牢裡超過十七年。

隆恩雖然住在加護中心，但還是死牢裡的死囚。不宜錯過H舍的殺人儀式。

珍妮‧徹斯利懷疑隆恩忽然移監玩的是司法操縱。關於賽伊法官的裁定，奧克拉荷馬州檢方已經向丹佛市的第十巡迴法院提起上訴，口頭論辯已經排定時間。因為不想讓她有機會說她的客戶心智失常，都已經住進了加護醫療中心，所以才要把隆恩再送回H舍去。她一聽到隆恩被送回H舍，大發雷霆，痛罵監獄人員還有代檢方處理上訴案的律師。不過，她最後還是同意在口頭論辯時不提隆恩住在加護中心裡面的事。

他是被送回加護中心，但傷害已經清晰可見。

丹尼斯‧佛瑞茲聽到了好消息：隆恩的案子在聯邦法院裡打贏了，可以重審。丹尼斯自己就沒這麼幸運。由於他不在死刑之列，因此沒有律師，不得不自己提起人身保護令的請求。他的請求一九九五年在地方法院打輸了，但他上訴到聯邦的第十巡迴法院。

隆恩獲得重審，丹尼斯是苦樂參半。他苦的是他是被同一批證人、同一套事證定罪的，但他的人身保護令卻被駁回。但他還是很高興隆尼終於有了重回法庭的一天。

一九九六年三月，他終於寫信給「平反工程」，尋求協助。一名學生志工回信給他，附上一份問卷。六月，該名學生要求丹尼斯寄上他的案子的鑑識資料——毛髮、血液、唾液的鑑識報告。這些資料丹尼斯全都整整齊齊收在他的牢房裡面，很快就可以寄到紐約去。八月，他再寄去他的上訴狀，十一月，他寄去他全本的審判紀錄。後來，他在該月收到了「平反工程」的回音，好消息，他們已經正式接下他的案子。

兩邊信件往返，幾個禮拜、幾個月過去。第十巡迴法院駁回他的上訴，等到了一九九七年五月聯邦最高法院拒絕審理他的案子，丹尼斯自己也陷入了憂鬱的谷底。他的上訴程序已經走完。那些大智慧的法官大人，穿著一身黑袍，翻遍他們厚厚的法學書籍，卻看不出來他的審判過程有問題。那麼明顯的事——有無辜的人冤枉被定罪——居然沒一個人看得出來。

他一直強迫自己不去相信的牢獄生涯，如今幾乎就要成真。

五月，他再寄了四封信去「平反工程」。

一九七九年，奧克拉荷馬市北邊的一處小鎮，奧卡奇（Okarche），兩名男子：史蒂芬・海契（Steven Hatch）和葛倫・艾克（Glen Ake），闖進理查・道格拉斯（Richard Douglass）牧師家中。接下來的慘劇是道格拉斯夫婦遭射殺，兩名年幼的子女也遭槍擊，留著等死，卻居然存活。凶手是葛倫・艾克，他被判決有罪，處以死刑，但因為主審法官不准他看心理衛生專家，而獲得重審。他的上訴案，〈艾克控訴奧克拉荷馬州〉，是司法里程碑。艾克經過重審，獲判終身監禁，目前仍在監服刑。

史蒂芬・海契是否也有殺人，有很大的疑慮，也經熱烈爭辯，但他終究還是被判死刑。一九九六年八月九日，海契被綁在輪床上，推進H舍的死刑室。見證室裡的證人有兩位是道格拉斯家的那兩個孩子，那時都已經成年。

葛倫・艾克，證據確鑿的持槍真凶，獲判終身監禁。史蒂芬・海契，誰也沒殺，卻遭處決。

一九九四年，一名二十歲的美國印地安人，史考特・唐恩・卡本特（Scott Dawn Carpenter），在尤法拉湖（Lake Eufaula）搶了一家商店，殺死老闆。他在死牢裡只關了兩年，但就自己放棄上訴，挨針身亡。

一九九七年四月十日，丹佛市的第十上訴巡迴法院，維持賽伊法官的裁定。法院雖然不同意賽伊法官禁絕毛髮證據的主張，但同意隆恩・威廉森的定罪確實有誤。

重審在即，隆恩的案子就被轉到義務辯護司所屬的死刑審判局（Capital Trial Division）去。該局的新任局長馬克・拜瑞特，手下有八位律師。由於隆恩的案子相當複雜，也由於他先前和隆恩有過相處的經驗，因此，他把案子分給自己接。他接到的資料，最先送達的那一堆就裝滿了十六大箱。

一九九七年五月，馬克和珍妮・徹斯利開車到麥克艾列斯特去看他們的客戶。珍妮的角色是要把馬克再向隆恩介紹一次。他們兩個上一次見面是一九八八年，那時是隆恩被送進F舍後不久，馬克接到他的第一次上訴案。

雖然馬克認識珍妮和金姆・馬克斯，還有大部分的義務上訴律師，也聽到許多有關隆恩在死牢裡的傳言和出過的事情，但他一看到隆恩，還是被他的狀況給嚇著了。一九八八年時，隆恩三十五歲，重二百二十磅，有一副運動健將的體格，走路有風，髮色深黑，一張娃娃臉。九年過後，他四十三歲，但說六十五歲也沒人會懷疑。雖然已經在加護中心療養一年，但還是消瘦憔悴，蒼白如紙，披頭散髮，沒有人樣，分明就是病得很重。

不過，他倒是還有辦法就自己的案子跟人作長時間的討論。他有的時候是會喃喃自語，說些什麼沒人聽得懂，但他大部分時候還知道狀況，也知道他的案子走到了什麼地步。馬克跟他解釋DNA化驗會把他的血液、毛髮和唾液檢體與犯罪現場找到的毛髮、精液作比對，得出來的結果會是明確無誤、簡單明瞭的，因為DNA騙不了人。

隆恩毫不遲疑就答應了，其實，他還急著要作檢驗。

「我無罪，」他一再說他無罪，「我沒有事情不敢讓人知道。」

馬克．拜瑞特和比爾．彼得森達成協議，隆恩應該作精神鑑定，由這來判定他是否心智正常。他們也就DNA鑑定達成協議。彼得森對DNA鑑定的態度很積極，因為，他相信經由DNA鑑定，最後一定可以將隆恩定罪。

不過，鑑定要等一等，因為馬克．拜瑞特的預算很緊，一時沒辦法做。花費一開始以為是約五千美元就好，但不等幾個月沒辦法核發下來。結果，後來發現費用比當初的估計要多得多。

所以，馬克改從開庭鑑定隆恩是否心智正常入手。他率領他寥寥無幾的人馬，把隆恩的就醫紀錄蒐集齊全，找了一位心理醫生審閱隆恩的病歷，對隆恩作訪談，而他也願意跑到埃達去出庭作證。

走過兩趟奧克拉荷馬州的刑事上訴法院，放在賽伊法官辦公室裡孵了一年，送進丹佛市的第十巡迴法院兩年，再送華府的聯邦最高法院走過沒用但必要的兩趟，汗牛充棟的例行文書在各處法院裡送來送去，奧克拉荷馬州控告隆納德・基斯・威廉森的案子，終於回到了原點。

又回到了埃達，時隔十年，十年前四個警察把他圍住，以謀殺的罪名逮捕了他；那時，他打著赤膊，一身破爛，還推著一具哐啷亂響的三輪除草機。

14

湯姆・蘭德瑞斯（Tom Landrith）是他們家族在龐托托克郡的第三代，讀的是埃達中學，打過兩支全州美式足球冠軍隊。大學和法學院是在奧克拉荷馬州立大學唸的，通過律師資格考後，就回到家鄉小鎮定居，加入一家小律師事務所做事。一九九四年，他參選地方法院法官選舉，輕鬆就擊敗了梅休（G. C. Mayhue）。梅休在一九九〇年擊敗隆納德・瓊斯。

隆恩・威廉森和卡特命案，蘭德瑞斯法官都很熟悉，第十巡迴法院支持賽伊法官的裁判時，他就知道這一件案子要回埃達來了，要回他的法庭裡來。就跟一般的小鎮一樣，他在一九八〇年代初期還當過隆恩的律師，幫他處理酒駕的起訴；兩人也在同一支壘球隊裡一起打過球，時間不長；蘭德瑞斯高中時則是和黛比的叔叔強尼・卡特（Johnny Carter）一起踢美式足球；蘭德瑞斯和比爾・彼得森一樣是老朋友。一九八八年，隆恩以殺人案受審的時候，蘭德瑞斯還偷偷溜進法庭旁聽過幾次，好奇啦。至於巴尼，他當然也認識。

這裡是埃達，沒有誰不認識誰。

蘭德瑞斯是人緣很好的法官，夠本土也夠風趣，但在法庭上很嚴格。雖然他自己從沒真的相信隆恩有罪，但也不覺得他無罪。他跟埃達大部分的鄉親一樣，老覺得這傢伙的腦袋裡有螺絲釘鬆了一、兩根。不過，他還是急著要見隆恩，確定他的重審真的可以公平進行。

這一件凶案是十五年前的事了，到現在還沒真正破案。蘭德瑞斯法官很同情卡特一家承受的苦楚。也該是了結一切的時候了。

一九九七年七月十三日，禮拜天，隆恩・威廉森離開麥克艾列斯特，就此未曾再回去過。他由兩位龐托托克郡的警察開車送到維尼塔的州立東部醫院。警長傑夫・葛雷斯（Jeff Glase）跟報社記者說人犯一直很守規矩。

「他們沒說他惹過什麼麻煩，」葛雷斯說，「不過，話說回來，你身上有手銬、腳鐐還有束身衣，就算要鬧也鬧不起來。」

這是隆恩第四次住進州立東部醫院。他被放進「審前專案」（pretrial program），要作精神鑑定和治療，以備有一天可以出庭受審。

蘭德瑞斯法官把開庭日訂在七月二十八日，但為了要等州立東部醫院的醫生做完隆恩的精神鑑定，再將時間延後。雖然比爾・彼得森沒反對隆恩作精神鑑定，但他明白表示隆恩心智正常應該沒有什麼疑慮。在寫給馬克・拜瑞特的一封信裡，說，「我個人的意見是他依奧克拉荷馬州的法律，心智完全正常，他在法庭裡發作，純粹是因為受審又被定罪而氣急攻心罷了。」還有，「他在牢裡心智功能算得上正常。」

比爾・彼得森倒是很高興要作DNA鑑定。他始終相信隆恩・威廉森就是凶手，從未動搖，如今，終於有機會用真正的科學來作證明。怎麼鑑定？他和馬克・拜瑞特在信裡很有得吵——要選那一家鑑識中心，由誰付帳，什麼時候開始等等——但是，雙方都同意鑑定勢在必行。

隆恩已經穩定下來，有所好轉。不管在哪裡，即使是在精神病院，比起麥克艾列斯特都會是莫大的進步。州立東部醫院有好幾棟病房，他被安置在戒護最嚴密的一棟裡面，窗口裝了鐵柵欄，往外看，到處是刀片鐵絲網。病房很小，很舊，不算好，戒護區裡還擠得到處都是病人。隆恩運氣不錯，分到了房間，有的病人是睡在走廊的病床上的。

他入院後，馬上由寇蒂斯・葛倫迪（Curtis Grundy）醫生作檢查，醫生也判定他心智失常。隆恩知道檢方控訴他的罪名，但沒辦法協助他的律師處理審判事宜。葛倫迪醫生寫信給蘭德瑞斯法官，說隆恩若經治療，可能還是可以好轉到可以受審的正常狀態。

兩個月過後，葛倫迪醫生再對隆恩作了一次鑑定。他寫了一份四頁長的詳細報告給蘭德瑞斯法官，判定隆恩(1)明瞭檢方控訴他的罪名，(2)有能力和律師商談，理性的協助律師進行辯護工作，(3)還是精神病人，需要進一步治療——「在審理期間他必須持續接受精神治療，以維持他可以受審的心智狀態。」

另外，葛倫迪醫生判定隆恩不致造成危害，他說，「威廉森先生若是出院，中斷住院治療，看起來也不致於對他自己或是他人帶來立即、重大的危險。他目前否認自己還有想要自殺或是殺人的想法或意圖。他在住院期間對自己或是他人，也未曾出現攻擊性的行為。目前就他的危險性所作的評估，是以安置在有組織、穩固的環境裡為準，並不適用於沒組織的環境。」

蘭德瑞斯法官把開精神鑑定庭的時間訂在十二月十日，隆恩就被送回埃達，關進龐托托克郡看守所，跟老朋友約翰・克里斯欽重逢，也住進了以前住過的囚室。安奈特很快就去看他，帶了吃的，發現他精神不錯，滿懷希望，也很高興回「家」了。有機會重審，證明他的清白，讓他很高興。他一直喃喃唸著瑞奇・喬・席蒙斯的事，安奈特一直要他換話題。但他就是沒辦法。

開庭前一天，隆恩有四小時都和莎莉・丘池（Sally Church）醫生在一起。她是馬克・拜瑞特聘的一名心理醫生，要為隆恩的心智能力出庭作證。丘池醫生先前已經見過隆恩兩次，也看過隆恩厚厚的就醫紀錄。她很確定隆恩的狀況無法出庭受審。

不過，隆恩一心要出庭證明自己清白。九年來，他一直夢想有機會再度和比爾・彼得森、丹尼斯・史密斯、蓋瑞・羅傑斯，還有那一批騙子、抓耙仔等等，當面對質。他沒有殺人，迫不及待要向大家證明。他很喜歡馬克・拜瑞特，卻也很氣自己的律師居然要證明自己是瘋子。

隆恩就是要出庭。

蘭德瑞斯法官把庭訊排在小法庭裡，在長廊尾端，就在大法庭旁邊，隆恩就是在那一間大法庭裡被定罪的。十號那一天早上，法庭裡坐滿了人，安奈特到了現場旁聽，另還有幾位記者也在。珍妮・徹斯利和金姆・馬克斯等在一旁要作證。巴尼・華德倒是不見人影。

隆恩上一次從看守所走那短短的一截路到法院時，是戴著手銬去聽自己被判死刑的。那時他三十五歲，還是一頭黑髮、體格壯碩、穿著體面的年輕男子。九年過後，他再度踏上這一截短短的路程，已經滿頭白髮、不成人形、老態龍鍾、一身破爛的囚服、走路踉蹌。他一踏上法庭，湯姆・蘭德瑞斯一見他這模樣，就倒抽了一口氣。隆恩倒是很高興看到「湯米」穿著黑袍坐在法官席上。

隆恩朝他點頭微笑時，法官看到他嘴裡的牙大部分都已經掉了。他的頭髮裡夾著一綹綹黃色的髮絲，被他手上的尼古丁染的。

代表檢方出庭就隆恩心智失常提起抗辯的是比爾・彼得森；他對隆恩心智失常之說很是惱怒，很不屑要開這樣的庭。馬克・拜瑞特由莎拉・邦奈爾（Sara Bonnell）輔佐，她是普塞爾（Purcell）來的律師，要在隆恩的重審裡當「二席」。莎拉是經驗豐富的刑事律師，馬克極為倚重她。

他們沒花多少力氣就證明他們有理。隆恩排第一個上證人席作證。沒幾秒，就把眾人搞得糊里糊塗。馬克先問他叫什麼名字，接著是這樣的對話：

馬克：「威廉森，你是否相信犯下本案非你本人而是另有其人？」

隆恩：「對，他叫瑞奇・喬・席蒙斯，住在西第三街三二三號，時間是一九八七年九月二十四日，向埃達警局作下自白。那就是他作自白時登記的住址。我查證過，有幾個叫席蒙斯的人是住在那個住址，瑞奇・喬・席蒙斯就是其一個。還有叫寇蒂和黛比・席蒙斯的人也住在那裡。」

馬克：「而你想要大家知道瑞奇・席蒙斯的事？」

隆恩：「我跟很多人都說過席蒙斯先生的事。我寫信給喬・吉佛（Joe Gifford），也寫信給葬儀社的湯姆和傑瑞・克里斯威爾，我知道他們若是在埃達這邊買墓碑，他們就一定是向喬・吉佛買的，因為這裡就他在做墓碑。花藝布置則是毋忘我花藝社在做的。我都有寫信給他們。我也寫信給索羅公司，他以前，他以前的老闆。我寫信給玻璃工廠，他以前的老闆，寫給死者以前的老闆。」

馬克：「我們先倒回去一分鐘。你為什麼覺得寫信給墓碑公司很重要？」

隆恩：「因為我認識喬・吉佛。我以前年輕的時候幫他的院子除過草，小時候，跟勃特・羅斯（Burt Rose）一起，他是我隔壁的鄰居。我知道，若是卡特先生和史迪威女士在奧克拉荷馬州的埃達買墓碑，他們一定會到喬・吉佛那裡去買，因為這裡就他在做墓碑。我是在吉佛墓碑工場旁邊長大的。」

馬克：「那你為什麼要寫信給毋忘我花藝社？」

隆恩：「因為，我知道，他們若是在埃達買花的話，史迪威女士是從奧克拉荷馬州石牆鎮（Stonewall）來的，我知道他們若是要買的話，在埃達買，可能會去毋忘我花藝社買。」

馬克：「那葬儀社呢？」

隆恩：「葬儀社是，克里斯威爾葬儀社是葬儀社，我從比爾・路克的訴狀裡讀到，說他們是負責處理死者告別式和葬禮的人。」

馬克：「所以，你覺得你應該要讓他們知道瑞奇——」

隆恩：「對，他是很危險的人，我要求大家支持，去抓他。」

馬克：「那是因為他們是幫卡特女士處理喪葬事宜的人？」

隆恩：「沒有錯。」

馬克：「你也寫信給佛羅里達州馬林魚隊（Marlins）是不是？」

隆恩：「對，我寫給奧克蘭運動家隊的三壘教練，他後來跑去，對，跑去佛羅里達州的馬林魚隊當總教練。」

馬克：「你要他不要把他跟你說的事跟別人說？」

隆恩：「沒有，我跟他說那個台爾蒙番茄醬罐子的事，席蒙斯說丹尼斯・史密斯，他拿了一罐台爾蒙番茄醬，拿在右手，就在證人席上，而且那個瑞奇・喬・席蒙斯說他是用番茄醬罐子強暴死者的。我寫信給雷納（Rene），跟他說這是最驚人的證據；我活到四十四歲還沒見過。」

馬克：「那你知道佛羅里達馬林魚隊的總教練跟其他人說過這件事吧，對不對？」

隆恩：「可能吧，因為雷納・萊克曼（Rene Lachemann）跟我是好朋友。」

馬克：「所以，你是不是聽過什麼，所以才會這樣子想？」

隆恩：「喔，對，因為我以前會聽禮拜一晚上的美式足球比賽轉播，會聽世界大賽。我也會聽電視上的新聞報導，透過媒體，那個台爾蒙番茄醬變得很有名。」

馬克：「好，你聽到他們說——」

隆恩：「喔，對，一定是。」

馬克：「禮拜一晚上——」

隆恩：「對，一定是。」

馬克：「在世界大賽期間——」

隆恩：「這是啦啦隊噁心死了好痛苦的一件事，但我不做不行，不過，再怎樣，我還是有必要要席蒙斯老實說他，其實是他，用異物強暴她，強迫做雞姦，而在一九八二年十二月八日在東第八街一〇二二又二分之一號，殺了黛博拉・蘇・卡特。」

馬克：「你聽到黛博拉・卡特的名字也是在——」

隆恩：「對，沒錯。」

馬克：「也是在禮拜一晚上的足球轉播？」

隆恩：「我一直聽到黛博拉・蘇・卡特的名字。」

馬克：「你的牢房裡沒有電視，對不對？」

隆恩：「我是從別人的電視裡聽到的。我在維尼塔就聽到了。我在死牢裡有電視。我當然聽到我的名字和這件可怕的案子連在一起，我一定死也要把這些黏在我身上的髒東西全洗刷掉。」

馬克在這裡停了一下，讓大家喘一口氣。旁聽席有不少人面面相覷，也有人蹙著眉頭，盡量不和別人作眼神接觸。蘭德瑞斯法官在他的拍紙簿上記筆記。兩邊的幾個律師也忙著在寫東西，不過，一時間要整理出有條理的內容，不太容易。

從律師這邊來看，詰問心智失常的證人是極其困難的事，因為沒有人猜得出來證人會說出什麼怪話，連證人自己也不知道。但馬克決定隨隆恩去講。

卡特家那邊的親屬有一位是克莉斯蒂・榭帕德（Christy Shepherd），她是黛比的外甥女，長大的地方離威廉森家不遠。她是領有執照的健康顧問，需要接觸罹患嚴重精神病的成人，有多年的經驗。她才聽了隆恩的作證幾分鐘，就相信隆恩真的有病。那一天後來她跟她母親還有佩姬・史迪威說，隆恩・威廉森的精神病很嚴重。

席間另有一人也在看，但理由不同；他是寇蒂斯・葛倫迪醫生，比爾・彼得森最重要的證人。詰問還沒停，但再多問已經沒有必要。隆恩不是根本不理別人問的問題，就是順口亂答一通就再急著回到瑞奇・喬・席蒙斯身上，喃喃叨唸，直到下一道問題打斷他為止。他在證人席上坐了十分鐘，馬克・拜瑞特就已經聽夠了。

安奈特是跟在弟弟後面作證的人，指證弟弟有諸多不穩定的狀況，想法老繞著瑞奇・喬・席蒙斯打轉。

珍妮・徹斯利作證時，詳細說明她當隆恩律師的整個過程，還有她為了讓隆恩可以移監到麥克艾列斯特的加護醫療中心，費了多大力氣。她也說了隆恩就愛繞著瑞奇・喬・席蒙斯一直講，講個不停，說他根本沒辦法協助他的辯護律師，因為他除了瑞奇・喬・席蒙斯，別的一概不提。她是覺得隆恩的情況有所好轉，她也希望他終有一天可以出庭重審。但那一天應該還相當遙遠。

金姆・馬克斯的證詞也大同小異。她有好幾個月沒見到隆恩了，看到他有所好轉很高興。她作證時把隆恩關在H舍的狀況作了詳細而且生動的描述，說她老是擔心他會死在那裡。他的精神狀況有所進步，但還是沒辦法專心在一件事情上面，瑞奇・喬・席蒙斯除外。他還沒辦法出庭受審。

莎莉・丘池醫生是最後一位為隆恩出庭作證的人。打從隆恩多年前捲入這一場漫長又精采的官司後，真難想像，她居然是第一位坐上證人席為隆恩的心理健康作證的專家證人。

隆恩有躁鬱症和精神分裂的症狀，二者都是精神異常的疾病裡最難治療的，因為病人未必搞得清楚他吃藥是為了什麼。隆恩老是自行停藥，這在有這兩種精神病的病人身上司空見慣。丘池醫生也將躁鬱症和精神分裂的症狀、治療、可能成因作了一番說明。

她前一天在看守所對隆恩作檢查時，隆恩問她有沒有聽到外面傳來的電視聲音。她不確定。但隆恩說有，而且電視上面就正在講黛比・卡特的案子，還有那個番茄醬罐子。事情是這樣的：他寫信給雷納・萊克曼，他當過職棒球手，現在是奧克蘭運動家的教練，跟他說瑞奇・席蒙斯和黛比・卡特和番茄醬罐子的事。隆恩相信雷納・萊克曼不知為什麼和幾個運動播報員提了這件事，這些播報員就開始在播報球賽時說這些事。話很快就傳開了——「星期一夜間足球大賽」（Monday Night Football），世界大賽等等——現在在電視裡傳得沸沸湯湯。

「妳沒聽到啊？」隆恩大聲問丘池醫生。「他們在喊番茄醬！番茄醬！番茄醬！」

她在作證末尾時說隆恩目前沒有能力協助律師辯護，為審判作準備。

中午休庭的時候，葛倫迪醫生問馬克・拜瑞特，他是不是可以單獨和隆恩見面。馬克信得過葛倫迪醫生，沒有表示反對。這一位精神科醫生就和這一位囚犯病人在拘留所的證人室裡作了會面。

等午餐過後，重新開庭，比爾・彼得森站起來，不太好意思，作了如下的宣布：

> 呃，庭上，我和我方的證人［葛倫迪醫生］在午休時見面談過，我想，奧克拉荷馬州檢方在此願意保證……心智正常之抗告是可以成功的，但在目前這時間點上，威廉森先生是心智失常的狀態。

葛倫迪看到隆恩在法庭裡的表現，接著在午休時和他談了十五分鐘後，態度有了一百八十度的轉變，看法整個改觀。隆恩根本沒辦法受審。

蘭德瑞斯法官便裁定隆恩心智失常，要他在三十天過後再回法庭重作一次裁定。庭訊已到尾聲，隆恩說，「我可以問一個問題嗎？」

蘭德瑞斯法官：「可以，請說。」

隆恩：「湯米，我認識你，我認識你爹，保羅，我跟你說的話千真萬確。我不知道這個杜克・葛蘭姆，還有這個吉姆・史密斯，你也知道，是怎麼跟瑞奇・喬・席蒙斯扯上關係的。這我是不知道。但若事情是跟我心智是不是正常有關，那你就讓我從這裡出去三十天，我們去抓席蒙斯來，要他上證人席，放錄影帶，要他老實招來，說他到底做了什麼事。」

蘭德瑞斯法官：「我知道你的意思。」

若這一位「湯米」真的知道，那他還是法庭裡唯一聽得懂隆恩意思的人。

但隆恩未能如願，而是被送回州立東部醫院再作進一步的觀察和治療。他是想留在埃達，這樣才能讓他加速他的重審過程，所以對於自己的律師要他回維尼塔，很不高興。馬克・拜瑞特則是急著要把他弄出龐托托克郡看守所，免得又再有一堆抓耙仔跑出來。

接著，一位牙醫在州立東部醫院替隆恩檢查他口腔上顎的一個傷口，作切片檢查，發現是癌症。

註1：番茄醬（catsup）發音類似catchup（追上）。

腫瘤形成囊腫，輕易即可割除，手術成功，醫生跟隆恩說他若沒作治療，像是還關在看守所或麥克艾列斯特的話，腫瘤很可能會擴散到他的腦部。

隆恩打電話給馬克，謝謝他讓他留在州立東部醫院。「你救了我一命，」隆恩說，兩人和好如初。

一九九五年，奧克拉荷馬州政府要境內監獄裡的每一位收容人都進行抽血、檢驗，再將結果輸入他們新成立的DNA資料庫裡建檔。

卡特一案的偵查證據，還鎖在奧克拉荷馬市的州鑑識總局大樓裡面。犯罪現場採集到的血液、指紋、精液、毛髮樣本，還有從證人、嫌犯身上採得的血液、毛髮、唾液檢體，全都還放在那裡。

檢方什麼都不缺，丹尼斯・佛瑞茲未必就可以高枕無憂。他不信任比爾・彼得森和埃達警方，他當然也不信任他們在州鑑識總局的同黨。見鬼了，蓋瑞・羅傑斯可是州鑑識總局的幹員。

佛瑞茲耐心等待。一九九八年全年他做的就是和「平反工程」通信，強迫自己忍耐，耐心等待。十年的鐵窗生涯，磨出了他的耐性和毅力，但也備嚐希望破滅的苦楚。

隆恩寄來的一封信倒是有幫助。七頁長的信，寫在州立東部醫院的信頭下面，叨叨唸唸雜亂無章，看得丹尼斯不時輕笑出聲。他這一位老友的機智和鬥志，並未消磨殆盡。瑞奇・喬・席蒙斯還是逍遙法外，而且，要命啊，隆恩要去抓他。

為了維持頭腦清明，丹尼斯多半待在法律圖書室鑽研案例。而他真也挖出了一絲希望——他的人身保護令是被送到奧克拉荷馬州西區的聯邦最高法院。而龐托托克郡是在東區。他拿其他幾個「法務專員」的筆記作一下比較，彙整了大家的意見，得出的結論是：西區的最高法院對他的案子沒有審理權。他便重寫一份訴願和訴狀，向他該投遞的東區最高法院再遞狀一次。雖然機會不大，但終究是為他的生命再注入了活力，讓他可以重返戰場再奮鬥一次。

一九九九年一月，他打電話給拜瑞・榭克。榭克那時一次要打好幾處戰場，「平反工程」幾乎要被潮湧而來的冤案投訴給淹沒。丹尼斯說他擔心案子的證據全都掌握在檢方的手裡。拜瑞跟他解釋，一般皆是如此。你不要緊張，他說，那些採樣、檢體不會怎樣的。他知道該怎樣保護證據免遭竄改。

榭克會對丹尼斯的案子那麼有興趣，原因很簡單：警方居然一直沒去調查目擊證人看到最後和死者在一起的那一個人。這一面紅旗還真惹眼；光憑這一點，榭克就管定了這案子。

一九九九年一月二十六和二十七日兩天，北卡羅萊納州萊禮市（Raleigh）附近有一家公司，美利堅實驗室（Laboratory Corporation of America; LabCorp），有人員將命案現場採集到的精液採樣——撕破的內褲，床單，陰道檢體——和隆恩・威廉森、丹尼斯・佛瑞茲兩人的DNA圖譜作比對。隆恩和丹尼斯的律師聘了一位加州的DNA專家，布萊恩・萊克索（Brian Wraxall），負責監督鑑定的過程。

兩天後，蘭德瑞斯法官發布消息，馬克・拜瑞特等很多人翹首以待的好消息。DNA經美利堅實驗室鑑定過後，證實犯罪現場的精液不是隆恩・威廉森和丹尼斯・佛瑞茲所有。

安奈特跟以前一樣，一直和馬克・拜瑞特維持密切的聯繫，也知道不知在哪裡有鑑定這麼一回事正在進行。電話鈴響的時候，她正在家裡。是馬克打來的，他說的第一句話是：「安奈特，隆恩是清白的。」安奈特一聽，只覺得雙膝發軟，差一點昏倒。「你確定嗎？馬克？」

「隆恩是清白的，」他再說一遍，「我們剛才拿到了鑑定結果。」

安奈特哭到口不能言，便說稍後再回他電話。安奈特坐下，有好長一段時間不停哭泣，祈禱。她感謝上帝，一遍又一遍，感謝祂的恩典。她的基督信仰支持她熬過隆恩蒙冤受難的噩夢，如今，她的祈禱上帝終於給了回應。她輕聲唱了幾首聖詩，又再哭了哭，然後才拿起電話打給親朋好友。蕾妮的反應和她一樣。

第二天，她們開了四小時的車到維尼塔去。馬克・拜瑞特和莎拉・邦奈爾已經等在那裡——是需要稍稍慶祝一下。隆恩被帶進會客室時，寇蒂斯・葛倫迪醫生正巧走過，他們便邀他一起聽這好消息。隆恩是他的病人，兩人間已經有了很好的交情。隆恩在維尼塔住了十八個月，情況已經穩定，略有進步，體重也開始增加。

「我們有大好的消息要說，」馬克開口和他的客戶說，「實驗室的鑑定結果已經回來了。DNA證明你和丹尼斯都是清白的。」

隆恩一聽，激動不能自已，伸手投向兩個姊姊懷裡。三人相擁而泣，接著忽然又異口同聲唱起了〈我將高飛〉（I'll Fly Away），三人小時候就會唱的一首很流行的福音歌曲。

馬克・拜瑞特馬上提起聲請，要求撤銷控訴，釋放隆恩，蘭德瑞斯法官也急著處理這問題。比爾・彼得森提出反對，要求再就毛髮作鑑識。開庭排在二月三日。

比爾・彼得森反對辯方律師提出的聲請，但沒辦法閉嘴不談。開庭前，《埃達晚報》引述他的話說，「就毛髮採樣作DNA鑑定，就可以證明卡特命案是他們兩個人做的，這一項鑑定技術在一九八二年還沒有出現。」

這樣的說法聽得馬克・拜瑞特和拜瑞・榭克心頭發毛。彼得森居然理直氣壯到這地步，緊要關頭還公開作這樣的發言，是不是因為有一些事他知道而他們不知道？他是不是拿到了命案現場的毛髮採樣會不會被掉包？

二月三日，大法庭裡座無虛席。安・凱利（Ann Kelley）是《埃達晚報》記者，對這一件案子很有興趣，報導得鉅細靡遺；由她寫的頭版新聞大家都在看。蘭德瑞斯法官坐進法官席後，法庭裡面已經擠滿了警察、法院職員、家屬和地方律師。

巴尼也來了，雖然什麼都看不見，但聽得比誰都要多。他還真厚臉皮，一九九五年被賽伊法官的判決書狠狠批過一頓後，還是趾高氣昂捱到現在。賽伊法官的指責他絕難接受，但也無力改變。巴尼以前就相信他的客戶是被警方和彼得森羅織入罪的，如今，檢警一戳就破的案子被攤在聚光燈下面，他還是很高興。

兩邊的律師激辯四十五分鐘，之後，蘭德瑞斯法官作下明智的裁定，先作毛髮鑑定再下最後的裁決。他跟兩邊律師表明，要做就要快。

比爾・彼得森倒也不是一無是處，他公開在法庭作下承諾，而且寫進紀錄裡去：命案現場的毛髮鑑定若證明不是威廉森和佛瑞茲所有，他一定會撤銷控訴。

一九九九年二月十日，馬克・拜瑞特和莎拉・邦奈爾開車到萊辛頓矯正中心（Lexington Correctional Center）去看葛倫・高爾，日常的會客。雖然隆恩的案子重審還沒排定日期，他們還是要預作準備。

但高爾嚇他們一跳。高爾說他在等他們來找他。他每天讀報，掌握事情的發展。他也讀過一九九五年賽伊法官的判決書，知道後來一定會重新開庭審理。雙方閒聊了一下重審的事，對話就轉移到比爾・彼得森身上，這人高爾恨得牙癢癢的，因為他害他要坐四十年的牢。

拜瑞特問高爾他為什麼要作證指認威廉森和佛瑞茲。

都是彼得森害的，他說。彼得森威脅他，說他不幫他們咬死威廉森和佛瑞茲，他就要辦他。

「你願不願意作測謊？」馬克問他。

高爾說要他作測謊沒有問題，還說他以前就跟警方說他可以作測謊，但警方一直沒來找他做。

兩位律師問高爾可不可以給他們唾液檢體作DNA鑑定，高爾說沒必要。州政府已經有他的DNA了——監獄裡的囚犯人人都要給的。他們在談DNA時，馬克・拜瑞特跟高爾說，威廉森和佛瑞茲已經作過鑑定。高爾也早就知道。

「你的DNA會不會在她身上？」拜瑞特問。

可能吧，高爾回答，因為他那一天晚上和黛比・卡特跳過五支舞。跳舞不會留下DNA，馬克跟他說，接下來就跟他解釋要留下DNA跡證要有那些基本條件。血液，唾液，毛髮，汗水，精液。「他們有精液的DNA，」馬克說。

高爾一聽，臉色大變，看來頗為不安。他叫暫停，先去找他的法律顧問；再回來時，身邊多了一位叫魯本（Reuben）的人，監獄律師。高爾離開期間，莎拉・邦奈爾向一名警衛要了棉花棒。

「葛倫，你願不願意提供唾液檢體？」莎拉問他，手裡就拿著一根棉花棒。葛倫把棉花棒一把抓過去，扯成兩半，用來清耳朵，接著把斷成兩半的棉花棒扔進他的襯衫口袋。

「你和她有過性交嗎？」馬克問他。

葛倫不回答。

「你這是表示你從沒跟她有過性交？」馬克再問。

「我沒說啊。」

「若有的話，那精液的鑑識就會和你的DNA符合。」

「我什麼事也沒做，」葛倫說，「你們的事我幫不上忙。」

他和魯本站了起來，會客就此結束。他們要走時，馬克・拜瑞特問高爾可不可以再度會面。沒問題，高爾說，但最好是在他工作的地方。

工作的地方？馬克還以為他要坐四十年的牢。

高爾解釋說他白天在普塞爾的工務局做事，莎拉・邦奈爾的家就在普塞爾。到那裡去找他，他們就可以聊得久一點。

馬克和莎拉表示同意，不過，兩人對高爾居然可以服外役監頗為吃驚。

那天下午，馬克打電話給瑪麗・隆，她那時正主管州鑑識總局的DNA鑑定業務。他跟她說，他們發現高爾的DNA已輸入監督資料庫，希望她可以將之和犯罪現場的精液採樣作比對。她同意了。

丹尼斯・佛瑞茲在牢房裡等著四點十五分要數人頭。這時，他聽到走廊傳來他很熟的聲音，是監獄裡的輔導員，就在他牢房的鐵門外，在喊，「喂，佛瑞茲，你自由啦！」之後說了DNA什麼的。丹尼斯沒辦法出牢房去，而那輔導員說完就走了。他的室友也聽到了，接下來，兩人整晚就都在猜那輔導員講的到底是什麼意思。

那時打電話到紐約太晚。丹尼斯一整晚都很不好過，輾轉難眠，拚命想壓下心頭的興奮始終未果。等他第二天早上終於打電話到「平反工程」去時，消息得到證實。DNA鑑定已經將犯罪現場採集到的精液排除為丹尼斯和隆恩所有。

丹尼斯興奮莫名。從他被捕已經過了近十二年，真相終於大白。鐵證如山，不容辯駁。他終於可以證明清白，洗刷冤屈，重獲自由。他打電話給他母親，她激動不已。他打電話給他女兒伊麗莎白，兩人先行慶祝。他們父女兩人有十二年沒見過面了，如今終於可以談一談久別重逢的喜悅。

馬克・拜瑞特為了保全犯罪現場的毛髮和佛瑞茲、威廉森兩人提供的毛髮檢體，安排了一位專家去檢查毛髮，還用紅外線攝影機拍下毛髮的顯微影像。

撤銷控訴的庭訊過後不到三個禮拜，美利堅實驗室完成了第一階段的鑑定，送回一份結論未定的報告。馬克・拜瑞特和莎拉・邦奈爾開車到埃達，和法官開會。湯姆・蘭德瑞斯也急著要看到唯有DNA可以給的答案。

由於DNA鑑定很複雜，一根根毛髮要送到一家家不同的實驗室去做鑑定。而且，由於檢方和辯方互不信任，送到不同的實驗室也有其必要。到最後，總共有五家實驗室一起進行鑑定。兩邊的律師就此事和蘭德瑞斯法官進行討論，法官還是要他們盡快處理為要。

開庭過後，馬克和莎拉走下法院的樓梯到比爾・彼得森的辦公室去。彼得森在雙方的通信，還有在開庭的時候，已經變得愈來愈兇。來一次友善的會晤，說不定可以化解一下。

結果，聽到的卻是破口大罵。彼得森還是認為隆恩・威廉森就是強暴、殺害黛比・卡特的人，他的證據始終如一。別管什麼DNA，別管州鑑識總局的那些專家。威廉森就是壞人，以前在土薩就強暴過女人，愛混酒吧，拿著吉他在街頭鬼混，住得還離黛比・卡特很近。彼得森硬就是相信蓋瑞・艾倫，也就是佛瑞茲的那位鄰居，真的看過隆恩・威廉森和丹尼斯・佛瑞茲命案那天晚上在院子裡用水管沖洗身上的血漬，還邊笑邊罵。他們兩人一定有罪！彼得森罵個不停，只是，與其說是要罵得馬克和莎拉相信他的話，還不如說是罵給自己心安。

馬克和莎拉聽得目瞪口呆。這人完全沒辦法認錯，也沒辦法看清楚現況。

三月這一個月在丹尼斯・佛瑞茲像是一整年。興奮過後，每一天就很難熬了。他腦子裡不停在想他們的毛髮檢體會被彼得森或是州鑑識總局的什麼人給掉包；怎樣就是停不下來。精液的問題已定，這下子檢方一定急著要用手上僅剩的證據來救他們的案子。他和隆恩的毛髮DNA鑑定若是過關，他們兩個就可以堂而皇之走出監獄的大門，濫行起訴一事就會被揭發。有人的名聲危在旦夕。

但一切都不在他控制當中，丹尼斯覺得快要被壓力壓垮了。他很怕自己會心臟病發，跑去監獄裡的保健室看醫生，說他心悸。但醫生開的藥沒多大的效用。

日子一天天都是煎熬，四月終於來了。

隆恩這邊的興奮一樣很快就消退了。極度興奮未幾換成了嚴重的憂鬱和焦慮，而出現自殺的傾向。他常打電話給馬克・拜瑞特，他的律師也一再給他打氣。每一通電話馬克一定親自接聽，若他要出去，也會要他的辦公室裡一定有人接聽這一位客戶的電話。

隆恩跟丹尼斯一樣，很怕檢警那邊會拿他們的鑑定結果動手腳。兩人之所以會入獄，就是因為檢方的那些專家，而那些專家還都拿得到證據啊。這不難想像嘛；為了保護某些人，遮掩冤獄的真相，拿證據動手腳絕對不是不可能。隆恩自己也明白表示過，一旦重獲自由，一定要把每一個人都告到底。身居高位的人是有理由緊張。

只要可以打電話，隆恩一定打電話。通常一天一通。他變得很神經質，什麼稀奇古怪的恐怖情節也想得出來。

後來，馬克・拜瑞特做了一件他以前從沒做過、以後可能也絕對不會再做的事。他向隆恩保證，他一定會讓他重獲自由。就算DNA的鑑定不過，他們就再上法庭重新開庭審理，馬克保證一定讓隆恩無罪開釋。

經驗老到的律師講的安慰話，是讓隆恩安靜了幾天。

「毛髮檢體不符」，這是四月十一日那一天埃達報紙的星期日頭條標題。安・凱利報導美利堅實驗室鑑識犯罪現場採集到十七根毛髮裡的十四根，判定這十四根毛髮「和佛瑞茲或是威廉森兩人的DNA組成完全不符。」而比爾・彼得森說：

值此之際，我們並不知道這些毛髮是誰的。這些毛髮我們只拿來和佛瑞茲、威廉森的毛髮作過比對。一開始進行DNA鑑定時，我心裡對這兩人有罪，從沒有過懷疑。我送［這些檢體］出去時，是要用這項技術將這兩人定罪。但一接到精液檢體的鑑識結果時，我大吃一驚，下巴都要掉下來了。

禮拜三，四月十四日，實驗室的報告定本送到了。蘭德瑞斯法官排定四月十五日開庭，傳言四起，都在說這兩人會當庭開釋。佛瑞茲和威廉森在十五日當天都會親自出庭。

而且，拜瑞・榭克也會來。榭克的名聲隨著「平反工程」經由DNA鑑定洗刷一件又一件冤獄，已經聲名大噪。等話一傳出去，說他又要到埃達來平反另一件冤獄，媒體馬上蜂擁而至。州內和全國的新聞媒體紛紛打電話給馬克・拜瑞特、蘭德瑞斯法官、比爾・彼得森、「平反工程」、卡特家人作訪問；這件案子相關的重要人士，無一漏掉。情勢漸漸沸騰。

隆恩・威廉森和丹尼斯・佛瑞茲真的可以在禮拜四的時候重獲自由嗎？

丹尼斯・佛瑞茲還沒聽到毛髮鑑定的消息。四月十三日，禮拜二，他在牢房裡，忽然冒出來一個警衛大喊，「東西收一收，你要走了。」

丹尼斯知道他這是要回埃達，也希望可以獲釋。他很快收拾好東西，和一、兩位朋友道別，就急著走了。開車送他回埃達的人，就是約翰・克里斯欽，龐托托克郡看守所的老面孔。

十二年看守所加監獄的鐵窗生涯，磨得丹尼斯很懂得珍惜隱私和自由，很懂得欣賞稀鬆平常的小事，像是空曠的地方，森林，小花。到處春意盎然。他在搭車回埃達途中，不時隔著車窗看著農舍和池邐的丘陵、野地微笑。

他腦子裡思緒亂飛，他還不知道剛出爐的鑑定結果，他連他是不是真要回埃達去也不確定。他有可能獲釋，但也有可能在最後關頭又跑出來一個抓耙仔壞事。十二年前，他不就差一點在預審時獲釋的嗎？那時，米勒法官發現檢方手上的證據少之又少。但警方和彼得森居然弄來了一個詹姆斯・哈悠，丹尼斯就這樣進了看守所，最後進了監獄。

他想起女兒伊麗莎白，能夠和女兒重逢，再次擁她入懷，何其美好！他等不及要離開奧克拉荷馬州這地方。

但他又忽然怕了起來。他離自由已經那麼近了，但還是戴著手銬要往另一處看守所去。

安・凱利帶著一個攝影師在看守所前等他。他走進看守所時，面露微笑，也很願意回答記者的問題。「這一件案子一開始根本就不應該起訴，」他跟報社的記者說，「他們用來指控我的證據根本不足，警方當初若是把所有可能的嫌犯都好好做過調查，就根本不會有這樣的事。」他也把義務辯護司的問題說明了一下。「你沒錢請律師替你辯護時，你就只有任由司法系統宰割。一旦掉進司法系統的羅網，就幾乎沒辦法脫身，就算你是無辜的也一樣。」

他在他以前待過的囚室裡靜靜過了一夜，夢想自由來到。

翌日，四月十四日，看守所的平靜再被打破，因為隆恩・威廉森從維尼塔被送回來了。他穿著條紋囚衣，衝著攝影鏡頭咧嘴猛笑。話已經傳開，他們兩個第二天就會獲釋，他們的事也引來了全國的媒體。

隆恩和丹尼斯兩人有十一年沒有見面。通信也只有過一次。但再重逢，兩人還是熱情相擁，對視而笑，想辦法釐清兩人身在何處，事態又有何進展。兩人的律師到了，和他們談了一小時之久。NBC的「日期欄」（Dateline）也在場作全程的攝影紀錄。《紐約每日新聞報》的吉姆・杜埃爾（Jim Dwyer）也跟著拜瑞・榭克一起到達。

他們都擠在看守所東邊的狹小會客室裡；會客室對面就是法院。期間隆恩一度趴在地板上面，眼睛看著玻璃窗外，頭抵在手上。後來終於有人開口問他，「嘿，隆恩，你在幹嘛？」

「等彼得森，」他回答。

法院前的草坪擠滿記者和攝影機。一名記者正好逮到了比爾‧彼得森，彼得森同意接受訪問。隆恩一看到那個檢察官站在法院前面，馬上隔著門大喊，「你這個死胖子大壞蛋！我們打敗你，彼得森！」

丹尼斯的母親和女兒到看守所來看他，教他喜出望外。雖然他和女兒時常通信，她也寄了許多照片給他，但眼前所見，還是怎樣也想像不到。他的女兒已經長成美麗、優雅、成熟的二十五歲年輕女子。他把女兒摟在懷裡時，哭得不能自已。

看守所那一天下午，有許多淚。

隆恩和丹尼斯在看守所裡是分別關在兩間牢房裡面的，為的是要避免兩人自相殘殺。

警長葛雷斯說，「我要把他們兩個分開來關。想到要把兩個定罪的殺人犯關在同一間小小的牢房裡面，我就覺得不對勁——在法官還沒作下裁判之前，他們還是殺人犯。」

他們的牢房只有一牆之隔，因此，兩人可以說一說話。丹尼斯的室友有一架小電視，他從新聞裡第一次親耳聽到兩人第二天就會獲釋。丹尼斯把這些都轉述給隆恩聽。

而泰莉‧霍蘭又關回看守所來了；這沒人會大驚小怪，不過是在她小罪不斷、罄竹難書的輝煌慣犯生涯裡多加一筆就是了。她和隆恩還互虧了幾句，沒有人口出惡言。夜深之後，隆恩的老毛病就犯了。他開始大喊大叫，喊著還他自由，司法不公，拿髒話罵同所的女性囚犯，大聲和天上的主說話。

15

隆恩・威廉森和丹尼斯・佛瑞茲兩人獲得平反，即將無罪開釋，讓埃達小鎮成為全美聚焦之地。四月十五日，天剛破曉，法院周遭就被新聞採訪車、衛星直播車、攝影師、攝影記者、文字記者圍得水洩不通。鎮民紛紛圍攏過來，既好奇這番騷動是怎麼回事，又想看得清楚一點。太多人要搶法庭的旁聽席座位，逼得蘭德瑞斯法官不得不臨時發明小樂透，供記者抽籤，也特准一線的現場直播從他的辦公室窗口傳送出去。

看守所外面一樣圍了一圈圈攝影機，兩名被告一出現在大門口，就被人群團團圍住。隆恩穿了一件西裝外套，打了領帶，裡面是西裝襯衫，加上安奈特臨時趕去替他買來的休閒長褲。只是腳上的鞋子太小，會咬他的腳。丹尼斯的母親也替他買了新西裝，但他寧願穿他近幾年在牢裡獄方特准他穿的「街頭裝」。兩人戴著手銬快步走完此生最後一段被囚的時光，臉上帶笑，不時和記者打趣開玩笑。

安奈特和蕾妮提早到達法院，坐在她們的老位子上，也就是被告席後面的那一排。兩人手握著手，在心裡祈禱，忍不住哭泣，偶爾也硬擠出一抹笑容來。要慶祝還太早。她們身邊圍著兩家人的孩子、親戚、幾位好友。汪妲和伊麗莎白・佛瑞茲兩人也坐在附近，一樣手握著手，興奮得不時低聲細語。法庭很快就擠滿了人。卡特家的人坐在走道的另一邊，又再一次硬生生被拖進法庭，還得再熬過一次檢方無力破案、無法還被害人公道的苦楚。黛比遇害至今已經十七年了，一開始被控殺人且已定罪的凶手，即將以自由之身大步走出法庭。

法庭的座位很快就坐滿了人，人群開始沿著牆邊一層堆上一層。蘭德瑞斯法官同意讓攝影機進場，還把攝影師和記者趕進陪審團的包廂，裡面已經擺上摺椅，擠得密密麻麻。警察和副警長站得到處都是。保安十分嚴格。有匿名電話揚言要對隆恩和丹尼斯不利。法庭裡很擠，氣氛緊張。

許多警察都到了現場，不過，丹尼斯・史密斯和蓋瑞・羅傑斯兩人卻到了別的地方。

兩邊的律師都到了——被告這邊的馬克、莎拉和拜瑞・榭克，檢方那邊的比爾・彼得森、南西・秀伊、克里斯・羅斯。雙方微笑，握手。檢方已經「加入」撤銷控訴的聲請裡面，一樣願意放兩名被告自由。檢、辯兩方難得攜手合作，糾正錯誤，堪稱社會罕見的典範，大家在重要關頭一起齊心合力解決司法不公的難題。法庭裡面像是快樂的大家庭。人人都應該慶賀，以司法漂亮出擊為榮。

隆恩和丹尼斯被帶進法庭，兩人的手銬這時終於解下；永遠解下。他們坐進律師身後，離家人不過幾呎。隆恩兩眼發直，呆呆看著前方。不過，丹尼斯倒是回頭看了看旁聽席，也看到了陰沉、不悅的臉色。旁聽席上的人好像大部分都不樂見他們兩人即將獲釋。

蘭德瑞斯法官坐進法官席，歡迎眾人蒞臨，很快言歸正傳。他要彼得森傳喚他的第一名證人。瑪麗・隆，現任州鑑識總局的ＤＮＡ鑑識組組長，坐上證人席，開始扼要說明鑑識的程序，也提到犯罪現場的採樣和嫌犯的毛髮、精液檢體是分送到不同的鑑識中心去作鑑定的。

隆尼和丹尼斯開始冒冷汗。他們原以為庭訊只要幾分鐘就好，只是讓蘭德瑞斯法官宣布控訴撤銷，還他們自由之身而已。隨著時間一分一秒過去，兩人忍不住擔心起來。隆恩開始在座位上動來動去，低聲咕噥，「這是在幹什麼？」莎拉・邦奈爾飛快在紙條上寫下幾個字，安撫他沒事。

丹尼斯一樣緊張得不得了。這樣子作證是要幹嘛？會不會又要橫生枝節？先前每一次出庭，都像噩夢。如今又坐進了老位子，證人撒謊、陪審團面無表情、彼得森要求判處死刑的痛苦往事，紛至沓來，湧上心頭。丹尼斯又做了不該做的事：他再回頭去看旁聽席；這一次，一樣沒看到幾張臉有支持的表情。

瑪麗・隆的證詞走到了重要的部分。從犯罪現場採集到的十七根毛髮，一一作過鑑定——十三根陰毛，四根頭髮。其中十根是在床上或是床單上面找到的。兩根是從撕破的內褲上面找到的，三根是從塞在死者嘴裡的毛巾上面找到的，兩根是從死者身體下面找到的。

十七根毛髮裡面，只有四根可以作DNA比對。兩根是黛比的，但是沒一根是隆恩或丹尼斯的。沒一根。

隆接著再指證從床單、撕破的內褲、死者身上採集到的精液採樣，先前已經做過鑑定，而且，一樣不是隆尼和丹尼斯的。她作證至此，從證人席退下。

一九八八年，梅爾文・海特鑑定過這十七根毛髮，說其中十三根「經顯微顯示」和丹尼斯的毛髮一致，四根和隆恩的毛髮檢體一致。甚至還說出「符合」這樣的字眼。另外，他寫的第三份和最後一份報告，還把葛倫・高爾排除在毛髮的主人之外，而那時丹尼斯的審判已經開始。他作的專家證詞，是檢方呈到法庭上面指控隆恩和丹尼斯有罪的唯一「可靠的」直接證據，而且，和隆恩、丹尼斯被陪審團定罪大有關係。

DNA鑑定顯示在死者身體下面找到的一根毛髮，還有在床單上找到的一根陰毛，是屬於葛倫・高爾所有。另外，驗屍時在死者陰道裡的精液採樣，也作過了鑑定。是葛倫・高爾所有。

蘭德瑞斯法官先前已經知道這些，但一直保密，要等開庭時再作處理。而比爾・彼得森就經由法官許可，當庭宣布新發現的高爾事證，滿座驚愕大譁。

彼得森說：「庭上，這時候對刑事司法系統誠乃重大的考驗。這一件命案發生於一九八二年，於一九八八年開庭審理。在那時候，我們將偵辦所得的證據呈交與陪審團，由陪審團據此將丹尼斯・佛瑞茲和隆恩・威廉森判定有罪；當時之證據，依本人之見，實屬確鑿。」

他沒有幫大家複習十一年前確鑿的證據到底是些什麼證據，逕自就目前的DNA鑑定推翻了先前他相信的大部分事證。而他手上現下僅剩的證據，也無法再行起訴兩位被告。因此，他向法庭提起聲請，請庭上同意他撤銷控訴。說完就一屁股坐下。

彼得森從頭到尾沒說任何一個有示好意思的字，或是表示遺憾，或是認錯，或是道歉。

別的不論，隆恩和丹尼斯終究希望有人道歉。他們這一生總共有十二年因為有人瀆職、犯錯、傲慢，而平白消失。他們承受的不公不義，原本輕易即可避免，撿方別的不給，簡簡單單一句道歉總該有吧？

但他們始終沒有等到，而在他們這一生留下了永遠無法癒合的傷口。

蘭德瑞斯法官就這一件案子從頭到尾司法不公的狀況，略作評論，就要隆恩和丹尼斯從被告席上站起來，鄭重宣布兩人身上揹負的一切控訴就此撤銷。兩人重獲自由。可以自由離去。旁聽席是有掌聲和歡呼傳來，但寥寥可數；到底，大部分的人對此結果還是無心慶賀。安奈特和蕾妮和孩子、親友相擁慶賀，又再好好哭了一場。

隆恩則是從被告席上一躍而起，衝過陪審團包廂，衝過一扇邊門，衝下樓梯，衝到法院大門前面的台階，站在那裡深吸幾口氣，讓肺部灌滿新鮮的空氣。之後，他點起一根菸，此後他在自由世界抽的千百萬根菸的第一根。他拿著菸朝攝影機興奮揮舞。這一張照片登上了全美的幾十家報紙。

幾分鐘過後，他回到法庭，和丹尼斯、雙方的家人、律師會合，大家擠在一起讓攝影師拍照，回答大批記者的提問。馬克・拜瑞特先前已經打電話給葛瑞格・威爾霍伊，要他搭飛機趕到奧克拉荷馬州來迎接這個大日子。隆恩一見葛瑞格，兩人相擁而笑，往日的兄弟情誼未滅。

「你現在有什麼感覺？威廉森先生？」一個記者問他。

「什麼什麼感覺？」隆恩頂回去一句，接著才說，「我覺得腳痛得要命。鞋子太小。」雖然原本稍後預訂要開記者會，但記者的問話還是長達一小時。

佩姬・史迪威由她女兒和姊姊扶著從法庭裡走出去。事態的發展，她實在受不了，驚愕不已。怎麼會忽然冒出來一個葛倫・高爾？她們一家人事先一點也不知道。現在，他們等於又回到了犯罪現場，等下一場審判開始，離司法還他們公道的時候還早得很。而且，事態的發展讓他們如墜五里霧；他們多半都還相信佛瑞茲和威廉森有罪，如今多出一個高爾，那是要拿這個高爾怎麼辦？

隆恩和丹尼斯終於開始朝法庭外走去，每走一步，都有身邊簇擁的記者盡責的作下紀錄和保存。人群朝樓梯慢慢移動，走出法院的大門。一群人在大門口暫停一秒；終於自由了，全身沐浴在陽光和清冷的空氣裡。

兩人終於獲釋，自由，平反，但卻沒一個人出面道歉，出面解釋，甚至連一毛錢的賠償也沒有——沒有一絲一毫任何形式的協助。

午餐時間。隆恩最喜歡去的餐館叫作「鮑伯燒烤」，位在小鎮北邊。安奈特先前打過電話，訂了幾張桌子；沒幾張桌子還真是不夠，因為，他們的隊伍每隔一分鐘就會壯盛一點。

雖然隆恩嘴裡只剩幾顆牙在，而且，眼前還有那麼多攝影鏡頭對著他拍，但他還是把一整盤的豬肋排全都吃個精光，還多要了一盤。他以前不是懂得品嚐美食的人，但那一刻，每一口的滋味，他都點滴留在心頭。他對每一個人都很客氣，有不認識的人走過來恭喜他，他一定謝謝人家，要和他擁抱，他也一定回禮，要作訪問的記者他也一一應答。

他和丹尼斯臉上的笑從沒停過，就算嘴裡塞滿了烤肉亦然。

那一天的前一天，《紐約每日新聞報》的吉姆•杜埃爾和NBC「日期欄」的亞歷山德拉•斐洛西（Alexandra Pelosi），就已經開車到普塞爾找到了葛倫・高爾，問他一些問題。高爾知道埃達那邊已經在加溫了，沒多久他就會變成頭號嫌犯。不過，說也奇怪，獄方倒是沒有反應。

高爾聽說有鎮外的人在找他，還以為是律師或是執法人員，是他應該要躲的人。所以，中午的時候，他便擅自離開他在普塞爾的工作崗位，丟下該清的水溝不理，跑了。他摸進附近的林子，走了好幾哩，接著撞上高速公路，搭上便車，往埃達那方向去。

等隆恩和丹尼斯聽說高爾跑了，兩人爆發一陣哄笑。準是畏罪潛逃。

佛瑞茲和威廉森一群人吃過長長的一頓午餐之後，就驅車回埃達溫特史密斯公園（Wintersmith Park）的旅館開記者會。隆恩和丹尼斯由律師陪同，坐在一張長桌後面，面對大批攝影機。榭克談了談「平反工程」這一組織，以及他們致力於平反冤獄的工作。馬克・拜瑞特則被問到這一件冤案是怎麼起來的，他便把歷時良久但方向錯誤的偵查過程，細數道來——五年的延宕，警方胡亂潦草又漏洞處處的偵查，一堆抓耙仔，垃圾科學，等等，等等。不過，大部分的問題都集中在兩位剛獲得平反的人身上。丹尼斯說他計畫離開奧克拉荷馬州，搬回堪薩斯市去，盡量多陪一陪女兒，等他想清楚未來要往哪裡去，才會再展開人生的新頁。隆恩一時還沒有計畫，只想離開埃達。

葛瑞格・威爾霍伊和提姆・竇蘭（Tim Durham）後來加入他們的記者會，竇蘭是奧克拉荷馬州土薩市另一位獲得平反的人。提姆因為被控強暴坐了四年牢，靠「平反工程」以DNA鑑定而洗刷冤屈。

回到穆斯柯基的聯邦法院，吉姆・佩恩、薇琪・希爾布蘭德、蓋兒・席華德三人靜靜把得意壓在心底。他們沒有慶祝——他們為威廉森的案子下的工夫，已經是四年前的事了，現在，他們早就又埋首在別的案子裡面——不過，他們還是暫停一下手邊的事，安享勝利的滋味。早在DNA鑑定技術一舉掃除這一件案子的疑雲之前，他們就已經靠老式的腦力和體力，挖掘出了真相，而且，因此救了一名無辜的人的命。

賽伊法官一樣沒有因為這一件案子而洋洋自得。眼見冤獄平反，滋味是很甜美沒錯，但他手上有太多的事要忙。這一件案子，他不過是在盡他的本份罷了，如此而已。雖然，在他之前的法官都虧欠了隆恩・威廉森，但法蘭克・賽伊知道司法系統是怎麼回事，知道問題出在哪裡。真相每每不易挖掘，但他願意費心去挖，也知道往哪裡去挖。

馬克・拜瑞特事前曾經要安奈特找地方辦記者會，可能順便辦一下歡迎會之類的，用溫馨的方式，好好歡迎隆恩和丹尼斯回家。安奈特知道哪裡最好——她上的教堂的交誼廳；那教堂也是隆尼從小就上的教堂，她過去四十年也一直在那教堂裡為大家彈鋼琴、風琴。

安奈特前一天就已經打過電話給牧師，徵求許可，安排事情。牧師沒有馬上回答，吞吞吐吐的，最後才說他需要問一問長老們的意見。安奈特感覺得出來事情有了麻煩，便趕往教堂。她到時，牧師告訴她，教會的長老，還有他本人，都覺得教堂不是辦這種活動的適當場所。安奈特很驚訝，問他為什麼。

可能會有暴力事件，牧師跟她解釋。已經有新聞在說隆恩和丹尼斯接到威脅，情況可能無法控制。鎮上的人對他們兩人無罪開釋議論紛紛，大部分的人都心有未甘。有些站在卡特家那邊的人還撂下了狠話；而且，不管怎樣，不適合就是不適合。

「但教會裡的人為隆尼祈禱了十二年啊，」她提醒牧師。

沒錯，是這樣，以後也還會再祈禱下去，牧師說，但有許多人還是認定隆恩有罪。爭議太大。教會會被拖累。答案是不可以。

安奈特一時控制不住，從牧師的辦公室裡衝出來。牧師想安慰她，但她不接受。她離開教堂，打電話給蕾妮。沒幾分鐘，蓋瑞・席蒙斯就開車往埃達來；從他們達拉斯附近的家裡開到埃達，要三小時。蓋瑞直駛教堂，找牧師理論，牧師不為所動。兩人吵得相當久，但沒吵出結果。教堂就是堅持不讓步；風險太大。

「隆恩禮拜天早上會到教會來作禮拜，」蓋瑞說，「到時候你會跟他打招呼嗎？」

「不會，」牧師回答。

歡迎會在安奈特家裡舉行，大家共進晚餐，親友進進出出。等餐點都撤了，大家齊集光廊，自動開始老式的福音歌曲清唱。拜瑞・榭克這位紐約客是猶太人，聽到的歌曲都是他以前從沒聽過的，但也開心得跟著哼哼唱唱。馬克・拜瑞特也在，這在他是自豪又難忘的一刻，他不想離開。莎拉・邦奈爾、珍妮・徹斯利、金姆・馬克斯，全都開口跟著他們一起唱。葛瑞格・威爾霍伊和她姊姊南西也在場。佛瑞茲一家人——丹尼斯、伊麗莎白、汪妲，三人緊緊坐在一起，和大家一起同歡。

「那一天晚上，大家都留在安奈特家裡慶祝，」蕾妮說，「一直吃東西，唱歌，笑個不停；安奈特幫大家彈鋼琴，隆尼彈吉他，我們其他人就跟著一起唱，唱了好多、好多歌。大家一起唱，一起拍手，真開心。到了十點的時候，又全都安靜下來，要聽電視上的新聞報導。我們都坐在光廊裡面，擠得滿滿都是人，等著收看我們等了那麼多年的消息，聽他們跟埃達鎮上的人宣布我的小弟，隆納德・基斯・威廉森，不僅重獲自由，而且是清白的人！雖然那時候好快樂，我們心上的重擔全都放下來了，但還是看得到隆尼的眼睛裡面寫的都是那麼多年來他承受的折磨和痛苦。」

他們一邊聽電視的新聞報導，一邊再慶祝一遍。等新聞播報完畢，馬克・拜瑞特和拜瑞・榭克，連同幾個賓客，都道了晚安。明天還有得忙呢。

那一天晚上後來來了一通電話，安奈特去接，聽到的是一個匿名的人說三K黨就在她家那一帶，準備找隆尼算帳。那一天的傳聞很多，有一則就是卡特家那邊有人找了職業殺手要取隆恩和丹尼斯的性命，而且三K黨人就是接下這一份差事的人。奧克拉荷馬州東南部那時還有三K黨的餘孽在活動，但那一批人會幹殺人的勾當，也是幾十年前的事了。而且，他們一般不會拿白人作目標。不過，依當時劍拔弩張的氣氛，三K黨是大家心目中最有可能進行狙擊的人。

接到這樣的電話，是真的會害人頭皮發麻；安奈特把事情低聲跟蕾妮和蓋瑞說了。三人決定把這威脅當真的來看，但不要讓隆尼知道。

「我們生平最高興的一天，很快就變成了最恐怖的一天，」蕾妮說，「我們決定打電話向埃達的警察局報案。結果，他們跟我們說，他們沒辦法派人過來，除非真的出事，他們也沒辦法怎樣。我們那時候怎麼會天真到以為他們會保護我們啊？我們一時慌了手腳，幾個人在屋子裡亂跑，把窗簾全都拉下來，窗戶和門一一鎖牢。看來是沒人晚上睡得著了，因為大家都很緊張。我們的女婿很擔心自己的妻子和出生不久的孩子會有危險。我們聚在一起祈禱，要求上帝平靜我們的心，祈求天使聚攏在我們家的四周，保護我們。那一天晚上是熬過來了，沒人受傷。上帝再一次回應我們的祈禱。現在再回想起來，那一天晚上我們第一個念頭居然是打電話到埃達的警察局去，自己都覺得好笑。」

《埃達晚報》的安・凱利一整天都在報導這一件事情。那一天晚上，她接到克里斯・羅斯的電話，就是那一位助理地方檢察官。羅斯很不高興，跟她抱怨檢方和警方被貶得一文不值。

沒人要報導他們那邊的說法。

第二天早上，重獲自由後的第一天，隆恩和丹尼斯和兩人的律師馬克・拜瑞特、拜瑞・榭克，一起開車到鎮上的假日飯店，NBC的採訪小組正等在那裡。他們上了「今天」（Today）的現場報導，接受麥特・勞爾（Matt Lauer）訪問。

這一件新聞還在加溫，大部分的記者都還留在埃達，拚命找人訪問，只要和這一件案子或是相關人士扯得上一點關係的人，都可以。高爾潛逃則是絕妙的節外生枝。

他們一行人——隆恩，丹尼斯，家屬，律師——再開車到諾曼的奧克拉荷馬州義務辯護司去，再作一次慶祝。隆恩致辭，說了幾句話，謝謝大家努力保護他，最後為他爭取到了自由。之後，他們再趕到奧克拉荷馬市為「內幕報導」（Inside Edition）錄一段訪問，然後再上另一節目：「舉證責任」（Burden of Proof）。

榭克和拜瑞特兩位律師那時已經在想辦法，要和州長還有州議會的重要人士會面，遊說立法推動DNA鑑定，同時制訂冤獄賠償法。一行人到了奧克拉荷馬州的首府，又再握手或是施壓，也又舉行了一場記者會。時機抓得正好，全國性的大媒體都跟在他們屁股後面。州長工作太勤奮，太忙了，所以派出他的首席助理來會面。這傢伙還很會動腦筋，居然硬是要隆恩和丹尼斯去奧克拉荷馬州刑事上訴法院走一趟。這一次見面，是要幹什麼呢？目的不明，但怨氣大概是少不了的。不過，那時已經是禮拜五下午，那些法官也都是工作很勤奮的人，忙不開。只有一位女法官有膽子出面來打一聲招呼，而且，事後毫髮無傷啊。奧克拉荷馬州刑事上訴法院審理隆恩他們的案子、裁定維持原判的那時候，這位女法官還沒來這裡。

拜瑞・榭克離開埃達，回紐約市去。馬克留在諾曼家裡，莎拉開車回普塞爾。這一陣子的興奮忙亂，搞得人人昏頭昏腦，需要休息一下。丹尼斯和他母親留在奧克拉荷馬市，住在女兒家裡。

隆恩則是坐安奈特開的車回埃達，不過，這一回改坐前座，換一下位置。沒有手銬，沒有條紋囚衣，沒有武裝的警長副手緊盯他的一舉一動。他沉浸在鄉野的風景裡，觀賞錯落的農舍，四散的油井，池邐起伏的奧克拉荷馬州東南部的山巒。

他等不及要離開這裡。

「那感覺好像我們都必須重新去認識他這一個人似的，他從我們的生活裡脫離了那麼久的時間，」蕾妮說，「他獲釋後第二天，我們好好聚了一下。我要他忍耐一下，因為我們有好多問題，很想知道他關在死牢那麼多年過的都是什麼樣的日子。他很貼心，耐著性子回答問題，一連好幾小時。我問他的問題裡有一條是，『你手臂上的疤是怎麼回事？』而他說，『我有的時候實在很沮喪，就會坐下來拿刀劃自己。』我們問他住的牢房是怎樣的？伙食還可以吃嗎？等等，等等。但等問題愈來愈多，他終於定定看著我們大家，說，『這些事我不想再提起，我們談別的事吧。』我們就順著他的意思。他愛坐在安奈特家的露台抱著吉他自彈自唱。有的時候，我們坐在屋裡也聽得到，每一次聽他自彈自唱，想到他經歷過的這些事，我就忍不住要落淚。他會走到冰箱前，打開門，呆呆站在那裡看裡面的東西，拿不定主意要吃什麼。他覺得好神奇，屋子裡居然有那麼多東西可以吃，而且，他還可以愛吃什麼就吃什麼。他也會站在廚房的窗口，看著外面我們的車，說那些車有多棒，有些他還都沒聽過呢。有一天，他坐在車裡，忽然說他可以看到那些人到處跑，去辦他們的事情，去過他們的日子，他覺得好奇怪。」

可以重回教堂作禮拜，隆恩很興奮。安奈特沒把她先前和牧師有過的過節跟隆恩說，她永遠都不會說。馬克‧拜瑞特和莎拉‧邦奈爾也受邀來作禮拜；隆恩要他們陪著他。威廉森一大家子人，那一天到教堂作禮拜時有一點趕，趕到時，全衝到最前面一排入座。安奈特跟平常一樣負責司琴。她一彈出第一首喧鬧的聖詩時，隆恩馬上從座位上站起來，拍手高唱，臉上滿是笑容，真的是聖靈滿溢。

牧師宣道時，隻字未提隆恩重返教會一事，只在領大家作晨禱時，勉強說出主愛世人，隆尼也包括在內。

安奈特和蕾妮一肚子火。

五旬教會作的禮拜儀式，膽子不大還消受不了，所以，就在音樂愈來愈激昂，詩班開始搖晃身體，會眾愈唱愈大聲的時候，開始有教友朝隆恩走過去，打招呼，擁抱一下，歡迎他回來。只是人數少得可憐。其他好基督徒則是睜大眼睛，狠狠瞪著殺人凶手夾在他們中間。

那一禮拜天，安奈特離開教堂後，就再也沒有回去那邊過。

埃達報紙的周日版在頭版登了一篇報導，標題是「檢察官為他在轟動案件的行事作辯護」。還登了一張比爾・彼得森的照片，站在法庭的台子上，正在執行檢察官的職權。

他在隆恩他們的案子平反過後看起來不太好，像是不跟埃達鎮民一吐胸中塊壘不行的樣子；這理由也很簡單。他認為他也善盡了保障隆恩和丹尼斯權益的責任，但這方面，大家都沒給他公道；而安・凱利寫的這一篇長篇報導，怎樣也不過是一位被打得很慘的檢察官在鬧脾氣；而他其實還是該對媒體敬而遠之才好。

報導一開始寫道：

龐托托克郡地方檢察官比爾・彼得森，指丹尼斯・佛瑞茲和隆恩・威廉森因DNA鑑定而從獄中獲釋，居首功者，並非二人之辯護律師。

那情況就好像安・凱利一直在把繩子遞給他，愈遞愈長，弄到他都可以上吊了。彼得森對卡特一案的DNA鑑定過程，作了一番詳細的說明。他想盡辦法見縫插針，厚著臉皮抨擊馬克・拜瑞特和拜瑞・榭克，但又無時或忘要給自己褒獎一下。作DNA鑑定居然是他的建議！昭然若揭的漏洞，他倒是拚命迴避。他始終沒有承認他答應作DNA鑑定，為的是要敲下隆恩和丹尼斯棺材上的釘子。他認定他們有罪，所以樂得要作鑑定。如今，鑑定結果走的是反方向，他卻說大家應該認可他公平辦案的精神。

他小孩子鬧脾氣似的指桑罵槐，一段接著一段。他也不忘隨時丟幾句包藏禍心的模糊暗示，說還有其他嫌犯，正在蒐集證據。報導裡說：

> 他〔彼得森〕說若找到新的證據，又再把佛瑞茲和威廉森連上卡特命案的話，一罪不兩罰的原則並不適用；他們還是要再度受審。
>
> 彼得森說卡特命案的調查早就已經開始一陣子了，葛倫・高爾並非唯一的嫌犯。

報導末尾引述兩段彼得森說的話，很嚇人的話。第一段是：

> 我在一九八八年起訴他們並沒做錯。而建議撤銷他們的起訴，是合乎法律、合乎道德、合乎倫理的事，是依我目前擁有的證據該做的正確的事。

當然，他壓著沒說的是：他是在隆恩差一點就被送進死刑室冤死的五年後，他是在公開駁斥賽伊法官裁定重審的四年後，才做了這一件極為合乎道德、倫理的事：同意撤銷起訴。死到臨頭，他才忽然站上道德高台，彼得森的功勞，就是委委曲曲的保障隆恩和丹尼斯這兩位無辜的人只坐了十二年的冤獄而已。

而該一篇報導裡面最讓人髮指的是下一段引述。報社也將之放在頭版的正中央，特別強調。彼得森說：

對於威廉森和佛瑞茲兩人，我絕對不會說他們是無辜的。這一次，並沒有證明他們無辜。這一次只表示依我手上有的證據，我沒有辦法起訴他們。

隆恩和丹尼斯才剛獲釋四天，情緒還很激動，不太穩定，看見這樣一篇報導，嚇得魂飛魄散。彼得森為什麼要再重審他們？他已經將他們定罪一次了，他們兩個相信他若真要來第二次，絕對沒有問題。

新證據，舊證據，沒證據。都無所謂。沒有殺人，他們卻過了十二年的鐵窗生涯。但在龐托托克郡，證據不算什麼。

這一篇報導看得馬克•拜瑞特和拜瑞•榭克火冒三丈，兩人馬上草擬了一份很長的信作反駁，準備投書報社。不過，他們很聰明，等了等。等過了幾天，他們就知道根本沒幾個人在聽彼得森的鬼話。

禮拜天下午，隆恩和丹尼斯應馬克・拜瑞特之請，和他們的支持者一起開車到諾曼去。時間還真巧，國際特赦組織要舉行他們一年一度的戶外搖滾音樂會募款。露天的圓形劇場已經聚集了不少人潮。天氣暖和，陽光普照。

馬克・拜瑞特在演唱的中場，上台發言，介紹隆恩、丹尼斯、葛瑞格、提姆・竇蘭四人上台，每人都用幾分鐘時間和大家分享他們的經歷。雖然都很緊張，也不習慣對著大眾講話，但他們還是鼓起勇氣，把心底的話說出來，贏得了聽眾的愛戴。

這四個人，四位好人家出身的普通白人男子，全遭司法體系欺壓、凌辱，四人合起來，總共被關了三十三年。他們要傳遞的訊息很簡單：司法若不改革，人人都可能遭殃。

四人發言過後，就在圓形劇場裡面盤桓，聽音樂，吃冰淇淋，曬太陽，享受自由。布魯斯・李貝這時不知從哪裡冒了出來，給他以前的好兄弟大大的擁抱。布魯斯沒去旁聽隆尼的審判，隆尼坐牢時他也沒寫信給他。他對自己的疏忽很感內疚，對此向他高中最好的朋友道歉。隆恩馬上就原諒了他。

隆恩誰都願意原諒。自由薰人欲醉，把他心裡的怨恨和報仇的想法全都抹除盡淨。雖然，過去十二年來，他一直在想要告一大堆人，如今都已經過去。他不想重拾噩夢。

只是，他們的事媒體怎樣報導也嫌不夠。隆恩尤其是聚光的焦點。他是出身白人小鎮的白人，又是被白人警察抓去，被白人檢察官起訴，再被全是白人的陪審團定罪，以致讓他成為記者追逐的大目標，他自己也願意配合。他這樣的遭遇，一般是以窮人或是少數族裔才比較容易碰到，而不是小鎮出身的運動健將。

原本前途無量的職棒生涯，卻一頭栽進精神失常的深淵關進死牢，和處決擦身而過，凶手呼之欲出，笨蛋警察卻看不出來——這故事的質地，厚實又複雜。

馬克·拜瑞特的辦公室接到無數訪問的要求，世界各地來的都有。

葛倫·高爾在林子裡躲了六天之後，終於出面自首。他和埃達一位律師接頭，由他出面打電話給獄方，安排投案。而他在準備投案時，還特別表明，他投案的事不可以由埃達警方處理。他才不用擔心。那一幫準頭從來就沒準過的警察，才不想把高爾拖回埃達再來一場審判。受傷慘重的自尊心，需要時間療養。彼得森和警方對外擺出來的姿態，雖然是已經重新開始偵辦卡特的命案，正在全力緝凶，但也只是惺惺作態。高爾不過是這一場戲的一顆棋子。

檢方和警方絕對不可能認錯，所以才會緊抱著他們虛幻的奢望不放：搞不好最後還是會證明他們根本沒弄錯過。說不定，哪一天又會有一個毒蟲跑進警察局作出自白，又再把隆恩和丹尼斯給扯進來。說不定，哪一天又會有一個道行高深的抓耙仔再冒出來。說不定，哪一天警方又會從某一個證人或是嫌犯身上擠出作夢的自白。

這裡是埃達。正是，這裡辦案老到的警方，隨時可能挖出新的線索。

隆恩和丹尼斯還沒有完全排除嫌疑。

16

洋基球場在主隊不在的時候，日常的儀式就略有一點不同。沒有球迷、攝影機要照顧，也不必管場地要整理得跟新的一樣，老建築吱吱嘎嘎慢慢活了過來。近中午時，場地管理人員才一身卡其長褲加T恤在整理場地，模樣還有氣無力的。格蘭特利負責草地，正在對付手上那一具蜘蛛一樣的「拖樂」（Toro）割草機，負責紅土地的湯米正在本壘板後面填土打平。丹推著一具小一點的割草機沿著一壘邊線對付那一帶的早熟禾草。外野紅土警戒區沿邊的灑水器，一具具依規律的間隔啟動，開始灑水。三壘球員休息區後面那邊，有一個導遊擠在一群觀光客裡面，指著遠處記分板後面的地方在講話。

五萬七千張座位空無一人。球場裡有聲音在輕輕迴盪——小型割草機悶悶的嗡嗡嗡，場地整理人員的談笑聲，噴射除塵器在上層看台清洗座椅，遙遙嘶嘶作響，右外野牆外正好一列四線電聯車隆隆駛過，媒體包廂也有錘子在敲。這些負責維護貝比・魯斯（George Herman "Babe" Ruth）蓋的球場的人，特別覺得沒球賽的日子尤其珍貴，這樣的日子就夾在緬懷洋基榮光、期待未來賡續當中。

隆恩・威廉森，這位二十五年前該來沒來的人，從洋基隊球員休息室的長凳站起來，走到外野邊緣的褐色碎殼警戒區那邊。他停下腳，環顧偌大的球場，體會一下棒球最神聖的殿堂的氣氛。燦爛、晴朗、蔚藍的春日。空氣清爽，艷陽高照，草地平整、碧綠，感覺像細密的地毯。陽光灑在他蒼白的皮膚上面，一片溫暖。剛割過的草地飄來新鮮的氣味，讓他想起了別的球場，別的球賽，別的夢想。

他頭上戴著一頂洋基的球帽，剛才球場管理部送的紀念品。由於他那時也算是個名人，到紐約來是要上「早安美國」（Good Morning America），準備接受黛安・索耶（Diane Sawyer）的專訪，因此，穿了他僅此唯一的一件休閒外套，安奈特兩個禮拜前趕忙替他買的一件海軍藍運動外套，外加他僅此唯一的一條領帶、僅此唯一的一件休閒長褲。鞋子倒是換了。他對衣著已經不再講究。雖然以前在男士精品店做過事，每天都要跟人家說怎麼穿才好，但他現在已經全放棄了。穿了十二年的囚服，就是會變成這樣。

壓在那一頂棒球帽下面是剪成西瓜皮的髮型，蓬蓬的一頭灰白，又厚又亂。隆恩已經四十六歲，但看起來比實際年齡要老得多。他調整一下帽子，才走上草地。他身高有六呎，雖然二十年的荼毒和忽略，在他身上留下明顯痕跡，但運動健將的身型還在。他在界外區閒散亂逛，跨過紅土壘線，朝投手丘走過去。他在那裡站了一會兒，遠望眼前不計其數的一排排鮮藍色的座椅。他輕輕把腳踩上投手板，搖了搖頭。唐・拉森（Don Larsen）就是站在這裡投出完全比賽的。懷蒂・福特，他也是他的偶像，也站過這一塊投手丘。他轉頭朝左肩的方向看過去，看向右外野，那邊的牆好像太近了，羅傑・馬立斯就是朝那邊打出不知多少支高飛球，正好就飛過了圍牆。而遠遠的中外野那邊，圍牆外面，他也看得到洋基巨星的塑像。

米奇就在那裡。

馬克・拜瑞特站在本壘板上，一樣戴著洋基的球帽，才在納悶他這一位客戶心裡是在想什麼。把人從牢裡放出來，而且，這人還是無緣無故硬被關了十二年之久；沒道歉，因為沒人有膽子認錯；沒道別，你趕快給我滾，拜託別出聲。沒有賠償，沒有心理諮商，沒有州長或其他官員來信；沒人要傳公職人員去問話。結果，兩個禮拜過去，這人身陷媒體追逐的風暴，每一個人都要搶來分一杯羹。

但也奇怪，隆恩竟然沒有一絲怨懟。他和丹尼斯忙著沉浸在獲釋的美好、豐饒裡面，無暇他顧。真要怨懟，稍後再來；等媒體散去很久之後再來吧。

拜瑞・榭克站在球員休息室附近，一邊看著隆恩的動靜，一邊和人閒話家常。他是死忠的洋基球迷，打電話安排隆恩到球場作特別訪問的人就是他。他是隆恩他們在紐約這幾天的東道主。

先拍幾張照片，一組攝影人員接著拍下隆恩站在投手丘的身影。接著，一小群人開始沿著一壘壘線慢慢走開，一邊聽導遊喃喃在說洋基這樣、洋基那樣。導遊說的數據和事蹟，許多隆恩都知道。到現在，那個導遊在說，還沒有一顆球真的飛到洋基球場外面過；曼托有一次是差一點就做到了。他打出一記中外野的飛球，直飛過那一堵高牆，導遊一邊說，一邊指向球飛去的方向，離本壘約五百三十五呎。「不過，華盛頓那邊的那一次還要更遠，」隆恩說，「五百六十五呎。投手是查克・史托布茲（Chuck Stobbs）。」導遊就此對他刮目相看。

安奈特一直跟在隆恩身後幾步的地方，跟平常一樣寸步不離，幫他張羅小事，作重要的決定，善後等等。她不是棒球迷，而且，那時節她最關心的是幫弟弟維持頭腦清醒。有她在，他還可以清醒，因為，她不會准他前一晚喝酒。

他們這一行人有丹尼斯、葛瑞格・威爾霍伊，和提姆・竇蘭。這四名平反獲釋的人剛上過「早安美國」。旅費由ABC負責。《紐約每日新聞報》的吉姆・杜埃爾也在場。

他們走到中外野時停下腳步，站在警戒區上。另一邊就是紀念公園，有一尊尊大大的胸像，魯斯、賈里格（Gehrig）、曼托、狄馬喬（DiMaggio），另外還有幾十塊牌匾，嵌著其他的洋基名人。導遊跟他們說，球場翻新之前，這一塊半神聖的角落其實是在界內區的。這時，一扇門開了，一行人相繼走過圍欄，走進一塊磚砌的露台區，一時間還真會忘了他們是在球場裡面。

隆恩朝曼托的胸像走過去，仔細端詳上面刻的曼托生平簡歷。他小時候就背得滾瓜爛熟的那些數據，他現在還是背得出來。

隆恩待在洋基的最後一年是一九七七年，在勞德岱堡（Fort Lauderdale），1A，和這紀念公園的距離，和任何一位在職棒奮力向上的球員一樣。安奈特手上還有幾張他身穿洋基球衣照片，貨真價實的洋基球衣。沒騙人，那一套球衣是真的有一個貨真價實的洋基正牌球員在這球場裡面穿著上陣。大聯盟都會把球衣往下送，等穿過的舊球衣一路往下送，到了小聯盟那一級時，已經滿是前哨戰役留下的痕跡。沒有一條長褲沒在膝蓋或是後面有補過的。沒有一條彈性束腰沒有改小或是放大過，內側也都有奇異筆留下的污漬，這是當初防護員留下來作記號免得弄錯的。每一件上衣也都沾著青草和汗水的污漬。

一九七七年，隆恩在勞德岱堡洋基隊出場十四次，投了三十三局，贏二輸四，老是被打爆，洋基在球季謝天謝地終於結束時，想也不想就把他給砍了。

一行人繼續參觀的行程。隆恩在雷吉・傑克森的牌匾前站了一秒，輕輕一笑。導遊正在說球場面積的變化，現在的球場比貝比・魯斯在這裡打球的時候要大，比馬立斯和曼托在這裡打球時要小。攝影小組一路跟拍，只是拍下的場景沒一幕後來沒被剪掉。

真好玩，安奈特在心裡想，這麼多人搶著要看他。隆尼還是小孩子、青少年的時候，就一直在追逐聚光燈，要大家把注意力都放在他身上。如今，四十年過去，還真的有攝影機在拍下他的一舉一動。

就好好享受這一刻吧，安奈特一直在心裡提醒自己。一個月前，他還被關在精神病院裡面，沒人有把握他這輩子還出得來嗎？

一行人再慢慢走回洋基的球員休息室，再在裡面盤桓一下。隆恩又再好好體會一下這地方的魔力，最後的幾分鐘體會。接著隆恩跟馬克・拜瑞特說，「我現在真的感覺得到他們在這裡的樂趣！」

馬克點一點頭，但不知道該怎麼回答。

「我這一輩子就只想打棒球，」隆恩說，「我就這麼一點人生的樂趣。」

他頓了一下，四下看一看，再說，「你知道嗎？這些啊，過一陣子就都像是你身上漆的油漆罷了。我現在只想喝冰啤酒。」

酒宴在紐約開始。

這一支隊伍的凱旋之旅從洋基球場沿伸到迪士尼樂園，有一家德國電視台付費讓一行人可以在園內痛快玩上三天。隆恩和丹尼斯只需要跟人家說他們的經歷就好，而這些德國人跟典型的歐洲人一樣，對死刑好關心，什麼都錄下來。

迪士尼樂園裡面，隆恩最喜歡的就是德國村裡面的「未來世界」，他在那裡發現巴伐利亞啤酒，一壺接著一壺猛灌下肚。

一行人後來搭飛機到洛杉磯，去上「麗莎」（Leeza）的現場秀。就在臨開場前，隆恩偷溜去灌了一品脫的伏特加。原本因為牙都掉得差不多以致口齒不清，所以，喝成大舌頭也沒人覺得奇怪。

一天天過去，他們的事的新鮮感也一天天在消滅，他們一行人——隆恩、安奈特、馬克、丹尼斯、伊麗莎白、莎拉・邦奈爾——就打道回府。

但隆恩最不想待的地方，就是埃達。

隆恩住進安奈特家裡，開始適應，但很困難。記者終於走了。

隆恩有安奈特密切監督，服藥變得很勤快，情況堪稱穩定。睡得多，彈彈吉他，開始夢想要當歌手。安奈特是不准家裡有人喝酒的，隆恩則不太出門。

由於他老是怕會再被抓回牢裡去關，搞得他變得疑神疑鬼，經常不由自主就要看一下背後，聲音大一點馬上就嚇得魂飛魄散。隆恩知道警方還沒有放過他；他知道埃達警方還是相信黛比的命案說什麼他都脫不了干係。埃達鎮上大部分的人也是。

他想走，但沒有錢。他沒辦法做事，也從沒講過要去找工作的話。他已經近二十年沒有駕照了，也沒什麼興趣要讀駕駛手冊參加考試。

安奈特和社會安全局吵過，希望他們支付積欠的殘障補助。隆恩的殘障補助在他入獄後就停發了。安奈特最後吵贏了，一口氣拿到補發的六萬美元。隆恩每個月六百美元的補助也告恢復，可以一直領到殘障撤銷為止；而撤銷看起來是遙遙無期。

一夕間，他覺得自己變成了大富翁，想要自己獨力過活。他等不及要離開埃達，離開奧克拉荷馬州。安奈特的獨子麥可那時住在密蘇里州的春田市（Springfield），母子倆就商量讓隆恩搬到那裡去住。他們花了兩萬美元買下一戶全新、設備齊全、兩間臥室的活動房屋，讓隆恩搬了進去。

雖然有這一刻應該自豪，但安奈特還是擔心隆恩獨力生活。等她不得不離開時，只見他坐在新買的躺椅上面看電視，很快樂的一個人。但她過了三個禮拜再回去看他時，卻看到他還是坐在躺椅上面，身邊一堆空啤酒罐到處亂丟，看得她心頭發涼。

隆恩不睡覺、不喝酒、不講電話、不彈吉他的時候，就會跑到附近的沃爾瑪去亂晃，他的啤酒和香菸都是從那裡買來的。不過，後來出事了，有一點狀況，人家就要他到別的地方去晃。

他獨力生活的那一陣子，樂昏了頭，便執意要把以前凡是借過的錢都還回去。存錢，在他看來像是滑天下之大稽，因此當起了散財童子。他一在電視上看到有可憐人需要幫忙——像餓肚子的小孩，教會即將不保的福音傳教士，諸如此類的，他也會寄錢給人家。

他的電話費帳單奇高無比。安奈特、蕾妮、馬克・拜瑞特、莎拉・邦奈爾、葛瑞格・威爾霍伊、義務辯護司的律師、蘭德瑞斯法官、布魯斯・李貝，甚至以前監獄的主管，都是他打電話的對象。他打電話時一般情緒都還不錯，當自由人是很開心的。但講到最後，卻一定會回到瑞奇・喬・席蒙斯這人的身上，大罵一通。葛倫・高爾留下的DNA跡證他才不看在眼裡，他要席蒙斯「因為在一九八二年十二月八日，在東第八街一〇二二又二分之一號，性侵，異物性侵，強迫雞姦，殺害黛博拉・蘇・卡特」，而立即予以逮捕！他每一通電話至少要把這長長的一句話講上兩遍才行。

另也有事情很怪：隆恩也會打電話給佩姬・史迪威，兩人透過電話還發展出滿熱絡的交情。他一再跟她保證，他絕沒見過黛比，佩姬也相信他說的話。失去女兒已經十八年了，她還是沒有辦法跟女兒道別。她跟隆恩老實承認，多年來，她心底其實就一直在嘀咕，覺得案子根本就沒有真的破案。

隆恩對於酒吧和豪放女一般是以敬而遠之為大原則，不過，還是出了一件事害他倒楣。有一天，他在街上走，只顧著自己的事，但有一輛車在他身邊停了下來，裡面坐了兩名女子。他跳上車，三人就這樣到處逛酒吧，玩到很晚，然後一起回他住的拖車屋，其中一名女子在他的床底下找到了他藏的錢。等他後來發現被偷了一千塊時，罵盡了天下的女子。

麥可・赫德森是他在春田市唯一的朋友，他還慫恿他這一位外甥去買一把吉他，教了他幾種和弦。麥可會定期去看舅舅，向母親報告。但他酒喝得愈來愈兇了。

酒精和他吃的藥，不太合得來，導致他的偏執狂變得很嚴重。只要一看到警車，就會引發嚴重的焦慮。他連擅自穿越馬路都不敢，就怕有警察在旁邊盯著看。彼得森和埃達那些警察一定在搞什麼鬼！他把窗戶用報紙黏得牢牢的，房門也都裝上掛鎖，鎖住後還要用膠帶從裡面黏起來。睡覺時身邊還一定放著一把切肉刀。

馬克‧拜瑞特去看過他兩次，還借宿在他那裡。他看到隆恩的狀況，看到隆恩的偏執狂、酗酒，驚覺不妙，尤其是他身旁的那一把刀更是糟糕。

隆恩過得很寂寞，很害怕。

丹尼斯‧佛瑞茲也不敢擅自穿越馬路。他回到堪薩斯市後，搬進他母親位在李斯特大道（Lister Avenue）的小房子同住。這一棟房子他上一次看到時，四周是被霹靂小組團團圍住的。

隆恩和丹尼斯兩人獲釋都幾個月了，檢方依然沒有起訴葛倫‧高爾。案件的調查走上了新的方向，依丹尼斯的理解是如此；而他和隆尼也還在嫌犯名單之列。一有警車映入眼簾，丹尼斯一樣膽戰心驚。他從家裡出門，一樣不時就會不由自主朝背後看，電話鈴響也會嚇得他跳起來。

他曾經開車到春田市去看過隆尼，看到他酒喝那麼兇，心知有異。兩人勉強說笑，回憶往日時光，不過，隆尼的酒喝得實在太多。那時他的酒品倒還可以，不會胡鬧，不會發酒瘋，只是嗓門會變得很大，心情也不好。他可以一直睡到中午，一醒來就啪一下開一罐啤酒，然後早餐、午餐喝的還是啤酒，之後開始抱著吉他自彈自唱。

有一天下午，他們兩個開車去兜風，一邊喝啤酒，一邊享受自由。隆恩在車裡彈吉他，丹尼斯開車，開得很小心。他不認得春田市的路，所以，再怎樣就是不要招惹到警察。隆恩忽然說要到一家夜店去，說他有辦法說動店家讓他上台演奏幾曲。丹尼斯覺得這樣子不好，尤其是隆恩跟這一家店還根本不熟，也不認識老闆還是保鏢什麼人的。兩人為此吵得很兇，最後兩人還是回隆恩的拖車去了。

隆恩老是夢想可以上台表演，要為成千上萬的聽眾演唱，要揚名立萬。丹尼斯不忍心跟他說：憑他刺耳的嗓音，聲帶已經受損，彈吉他的技巧又不怎麼高明，他的夢想就只是夢想而已。不過，他倒還是真的要逼隆恩少喝一點酒。他要隆恩不妨在他天天拿來當水喝的百威啤酒裡面混進非酒精飲料，稀釋一下，烈酒則都不要再入口了。隆恩也愈來愈胖，丹尼斯一樣勸他要多運動，戒菸。

隆恩聽歸聽，酒還是照喝；而且是喝沒摻水的啤酒。三天後，丹尼斯回堪薩斯市去。幾個禮拜後，他又跟馬克・拜瑞特一起來看隆恩，馬克是正巧路過春田市。他們開車載隆恩到一家咖啡屋去，讓他真的抱吉他上台唱了幾首鮑伯・狄倫（Bob Dylan）的歌，讓人打賞。雖然聽眾不多，而且，吃的興致比聽歌要大，但是隆恩還是高高興興在台上表演。

丹尼斯為了找事情給自己忙，兼賺一點錢，便在一家燒烤漢堡店裡找了一份半職的差，拿的是最低的薪水。由於過去十二年鼻尖一直湊在法學書裡面，這習慣要戒很難。拜瑞・榭克便鼓勵他不妨去讀法學院，甚至願意幫忙付學費。密蘇里—堪薩斯市大學（University of Missouri Kansas City）離他家不遠，有法學院，課程還很靈活。丹尼斯便開始為入學考試作準備，但沒多久就讀不下去了。

他有創傷後壓力症候群，有的時候壓力會大到身心俱疲。鐵窗生涯的恐懼——一場場噩夢、往事重上心頭，也害怕又再被捕——始終盤桓不去。命案的調查還在進行，埃達的警察到處亂跑，誰也不知道什麼時候又會有警察半夜跑來敲門，或是有霹靂小組群集攻堅。丹尼斯後來還是尋求專業協助，漸漸才將生活導回正軌。拜瑞・榭克那時已經在說要提起訴訟的事了，而且是大規模的訴訟，要把一手造成他們冤獄的一干人等，全都告進去。丹尼斯便改將心思集中在這件事上面。

眼看即將要有一場大戰，他要嚴陣以待。

隆恩的生活走的則是反方向。他舉止怪異，鄰居也注意到了。接著，他開始隨身帶著那一把切肉刀在活動房屋的營地裡四處走動，說是彼得森和埃達警方又在纏著他不放。他一定要自衛，他絕對不再回牢裡去。

安奈特就這樣接到了一封驅逐令。隆尼不肯接她的電話，她只好申請法庭命令，強行將他帶去作精神鑑定。

那時，他正待在他的拖車裡面，門、窗全都黏上膠帶，貼得嚴嚴的，一邊喝啤酒看電視。忽然間，他聽到有人用擴音器大喊，「舉起雙手從屋裡出來！」他朝外偷看一眼，看到了警察，以為這下子他又要完蛋了，又要被抓回死牢裡去。

他怕警察，警察也怕他。不過，雙方最後還是找到了交集。隆恩不回死牢，而是進精神病院作鑑定。

他住的拖車就此賣掉；雖然買進不到一年，卻已經被他弄得一塌糊塗。等他要從精神病院出院時，安奈特到處找地方安置他。找來找去，只在春田市郊的一家療養院裡找到一張床位。她開車回醫院，替他打包好行李，便帶他住進「達拉斯郡療養中心」（Dallas County Care Center）。

療養院裡的日常作習和定時照顧，一開始他都覺得不錯。由於要按時吃藥，也不准喝酒，因此，他的情況有所好轉。只不過，沒多久，他就對身邊老是一堆耄耋、虛弱的老人家坐著輪椅四處繞，覺得很煩。他開始抱怨，到後來，連院方也受不了他。安奈特只好在密蘇里州的馬士斐德（Marshfield）再找一家療養院讓他住。但還是一樣，那裡住的都是可憐的老人家。隆恩只有四十七歲。以他這樣的年紀住在老人療養院裡，是在幹什麼？這問題他問了再問，問到安奈特沒辦法，只好帶他回奧克拉荷馬州。

他不肯回埃達住，不過，也沒有誰真的要他回那裡去住。安奈特在奧克拉荷馬市的一處庇護之家幫他找到床位。那裡是老汽車旅館改裝成的地方，專供人生面臨過渡轉型的人暫住。不准喝酒，而隆恩那時也已經好幾個月滴酒不沾。

馬克・拜瑞特曾經到那庇護之家去看過他幾次，知道隆恩是沒辦法在那裡住多久的。誰也沒辦法。那裡的房客大部分都像行屍走肉，每個人的身心創傷，都比隆恩還要嚴重。

幾個月過去，葛倫・高爾一直沒有被檢方以謀殺罪起訴。檢警重新做的調查，成績和十八年前一樣。

埃達警方、檢方、州鑑識總局手上有無懈可擊的DNA證據，證明犯罪現場採集到的精液和毛髮屬葛倫・高爾所有，但他們就是沒辦法認定破案。他們硬就是需要更多的證據。

隆恩和丹尼斯並沒有被排除在嫌犯名單之外。雖然，他們都已經是自由之身，也很高興重獲自由，但兩人的頭頂上方，老是好像烏雲罩頂。兩人每個禮拜都會聊一次，有的時候一天就要聊上一次；也常和各自的律師談。過了一年心驚膽戰的日子後，他們終於決定提起告訴。比爾・彼得森、埃達警方、奧克拉荷馬州政府當初若是對他們的冤獄好好道歉，闔上隆恩・威廉森和丹尼斯・佛瑞茲的調查資料歸檔，那走的絕對是比較有面子的路，也可以了斷一則悲慘的故事。

但他們沒有，結果挨告。

二〇〇〇年四月，丹尼斯・佛瑞茲和隆恩・威廉森兩位共同原告，提起訴訟，把奧克拉荷馬州政府一半的人都告上了法院。被告有埃達鎮公所、龐托托克郡、比爾・彼得森、丹尼斯・史密斯、約翰・克里斯欽、麥可・坦尼、葛倫・高爾、泰莉・霍蘭、詹姆斯・哈悠、奧克拉荷馬州政府、州鑑識總局、州鑑識總局幹員蓋瑞・羅傑斯、羅斯蒂・費勒史東、梅爾文・海特、傑瑞・彼得斯、賴瑞・穆林斯、矯正司官員蓋瑞・梅納德（Gary Maynard）、丹・雷諾茲、詹姆斯・薩佛、賴瑞・費爾茲（Larry Fields）。

他們是向聯邦法院提起告訴的，屬民事訴訟，指憲法第四、第五、第六、第八、第十四修正案所保障的權利受到侵犯。經隨機分案，居然又分到了法蘭克・賽伊法官手中，他後來自請迴避。

他們的告訴狀裡指被告 (1) 以偽造的證據、扣住辯護證據，以致未能提供原告公平的審判，(2) 共謀以錯誤的逮捕，惡意起訴原告，(3) 詐欺，(4) 故意製造情緒困擾，(5) 起訴原告有所疏忽，(6) 主動進行惡意起訴，未曾糾正。

控告獄政的部分，指隆恩關在死牢裡的時候，遭獄方虐待，獄方官員雖然數度接獲報告，但對隆恩的精神疾病置之不理。

本訴訟案要求一億美元的損害賠償。

埃達的報紙引述比爾・彼得森的話說，「依我看，這根本就是無謂的濫訴，為的是要引人注意而已。我才不擔心。」

他另也再一次證實黛比命案的調查「依然在進行」。

此訴訟案由拜瑞・榭克的律師事務所和堪薩斯市的一名律師，雪瑞兒・畢拉特（Cheryl Pilate）共同提起。馬克・拜瑞特後來在離開義務辯護司自行開業後，也會加入。

冤獄的民事訴訟要打贏極為困難，而且，大部分冤獄平反的人，都會被擋在法院外面。冤獄平反不等於有權利告人。

若要提起告訴，必須先要能夠證明他的民權遭受侵犯，憲法給與他的保障遭受破壞，以致形成冤獄。在這之後，才是最難的：司法程序裡面造成冤獄的人，幾乎個個都有免責權作保護。法官就有冤獄訴訟免責權，不管他主持的審判有多糟糕。檢察官也有免責權——只要他盡到本份——也就是起訴嫌犯。不過，調查的過程他若涉入太深，那就可能有責任了。警方一樣有免責權，除非原告可以證明警方的指控錯得離譜，離譜到有腦筋的執法人員一看就知道違反了憲法。

這樣的訴訟一般都很花錢，壓得死人。原告的律師不得不先代墊好幾萬或好幾十萬，甚至好幾百萬的訴訟費用，也是常事。而且，提起這樣的訴訟，風險實在太大，因為勝訴的機會渺茫。

而大部分無辜被定罪的人，像葛瑞格・威爾霍伊，從來就沒拿到過一毛賠償。

隆恩的下一站，是在二〇〇一年七月住進諾曼的中途之家（Transition House）；那裡的設備完善，有管理良好的環境、心理諮詢和訓練。目的在協助病人復健，在有心理諮商師作輔導的情況下，可以獨力生活。最終的目標，則是希望病人可以重新融入社會，成為有生產力、生活穩定的公民。第一級為期十二個月，病人要住在宿舍裡面，有室友相伴，規矩也很多。先期的訓練有一項是教他們搭公車，知道怎麼出門行動。烹飪、洗衣、個人衛生也是教導的項目，還很強調。因此，隆恩就學會了自己炒蛋，做花生醬三明治。

他比較喜歡待在自己房間的附近，只有要抽菸時才會到屋外。學了四個月，他還是搞不清楚公車路線。

隆恩小時候交過一個小女友叫黛比・基斯（Debbie Keith）。她的父親是牧師，希望她也能嫁一個牧師，所以，隆恩的條件就差多了。她有一個兄弟米奇・基斯（Mickey Keith），接下父親的衣缽，在「福音堂」（Evangelistic Temple）裡當牧師。安奈特在埃達就是改到這福音堂作禮拜。基斯牧師就在隆恩請求、安奈特催促之下，開車到諾曼的中途之家去看過隆恩。

隆恩在認真考慮要重回教會，洗淨自己的生活。他在心底深處對上帝和耶穌基督的信仰還是很牢固。他從沒忘記他小時候背下來的《聖經》篇章，也沒忘記他愛唱的福音詩歌。雖然犯下錯誤，也有缺點，但他迫不及待要重回他的根源。他對自己過的日子有很深的罪惡感，十分苦惱，但他相信耶穌會給世人神聖、永恆、徹底的寬恕。

基斯牧師和隆恩深談，祈禱，討論一些文件的事。他跟隆恩解釋，若他真的想重回教會，就必須填申請書，聲明他是重生的基督徒，願以什一的奉獻支持教會，只要可以就一定上教堂作禮拜，也絕對不會做出害教會丟臉的事。隆恩很快就填好申請書，簽下名字。申請書送回教會的行政執事會，經過討論，獲得批准。

隆恩心滿意足，維時幾個月。戒了酒，沒再喝過，決心靠上帝的協助徹底杜絕惡習。他加入戒酒無名會，聚會很少缺席。他服的藥，處方平衡，和朋友家人相處得以重拾歡笑。他風趣，吵鬧，隨時可以和人機伶頂嘴或幽默以對。他也愛嚇一嚇不認識的人，最愛跟人家劈頭就說：「以前我關在死牢裡的時候……」兩個姊姊的家人也都和他來往密切，發現他連以前鬧失心瘋時候的小事，也記得清清楚楚，每每感到驚訝。

中途之家位於諾曼市中心附近，走路到馬克．拜瑞特的事務所很近。隆恩常過去看看。律師和客戶兩人一起喝喝咖啡，聊音樂，聊他們的控訴案。隆恩對他們的案子，最關心的當然便是什麼時候會有結果，又可以拿到多少賠償。馬克邀隆恩到他的教會作禮拜，馬克的教會是諾曼的「基督會」（Disciples of Christ）。隆恩和馬克的妻子一起去參加主日學，迷上了該會討論《聖經》和基督信仰的坦白和自由。沒有什麼不可以質疑。這一點跟五旬會很不一樣。上帝的話在五旬會絕對明確無誤，不容有相左的看法。

隆恩平常大部分的時間都用在彈吉他上面，練一練鮑伯．迪倫或是艾力克．克萊普頓（Eric

Clapton）的歌曲，練到唱得幾乎一模一樣。然後，他找到了工作。在諾曼和奧克拉荷馬市的幾家咖啡館和餐廳作現場演唱，由觀眾點歌，以小費作收入，不過，觀眾不多。他一無所懼。他的音域不廣，但他不在乎。隆恩就是努力以赴，什麼歌都唱。

「奧克拉荷馬州廢除死刑聯盟」（Oklahoma Coalition to Abolish the Death Penalty）有一次邀他到「火屋」（Firehouse）的募款餐會上獻唱、演講。「火屋」是奧克拉荷馬州立大學附近一家很紅的餐廳。那一天有兩百位觀眾，遠比隆恩平常演唱時的觀眾要多，隆恩一時怯場，站得離麥克風又太遠。觀眾幾乎聽不見他在唱什麼，不過還是熱烈鼓掌。那一天晚上，他和蘇珊‧夏普（Susan Sharp）博士見面，她是奧克拉荷馬州立大學的犯罪學教授，積極從事廢除死刑的運動。她邀請隆恩到她的課去，隆恩欣然答應。

兩人成了好友，只不過，隆恩沒多久就把夏普博士想作是自己的女友。夏普教授則是把兩人的關係維持在朋友、專業的層次上。她在隆恩身上看到一名受傷深重、疤痕處處的男子，決心幫助他。至於男女情愛，絕對不在考慮之列；至於隆恩，也沒有侵略性。

他在中途之家順利通過第一級，晉升到第二級——可以有自己的公寓。安奈特和蕾妮熱切祈禱他有一天可以獨力生活，盡量不去想弟弟可能終身要住療養院、中途之家、精神病院。所以，他若可以通過第二級，那下一步就是要找一份工作做了。

他在頭一個月裡，適應得還可以，只是，接著就不行了。沒有外在的規律和監督，他開始忘記吃藥，也愈來愈想喝冰啤酒。他找酒喝的地方，是大學裡的一家校園酒吧，「小酌」（Deli）。那裡的顧客酒都喝得很兇，也是大學反文化圈子的學生愛去的地方。

隆恩成了那裡的常客，而且，回到了老樣子，他喝醉後的酒品不怎麼好。

二〇〇一年十月二十九日，隆恩為他的訴訟出採證庭。地點在奧克拉荷馬市的速記辦公室，裡面擠滿了律師，都等著要問這位爆紅的名人問題。

第一位被告律師在初步問了幾個問題後，就問隆恩：「你在服藥嗎？」

「對，我在服藥。」

「是醫生開給你或要你吃的？」

「精神科醫生。」

「你有沒有今天的藥單，或是其他資料？」

「我知道我吃的是什麼藥。」

「那你今天吃的是什麼藥？」

「我現在每天要吃雙丙戊酸鈉（Depakote），二百五十毫克，一天四次；要吃再普樂（Zyprexa），晚上吃，一次；還有威博雋（Wellbutrin），一天一次。」

「你知不知道這些藥的效用？」

「唔，雙丙戊酸鈉是治療躁鬱症的，威博雋是治療憂鬱症的，再普樂是治療幻聽和幻覺的。」

「好。我們今天在這裡很想知道的事情裡面，有一件當然就是這些藥對你的記憶力有沒有影響。

會有影響，對吧？」

「喔，我不知道。你還沒問我記不記得什麼。」

採證庭一連開了幾個小時，累得他筋疲力竭。

比爾・彼得森這一次以被告的身分，提起簡易判決的聲請，這是例行的法律手段，目的在將他排除在訴訟之外。

兩位原告指彼得森的免責權在他一腳跨出檢察官的角色之外，指揮起黛比・卡特一案的刑事偵查工作時，就已經消失。兩位原告還指彼得森還有兩件事證，明確指出他有偽造證據的情形。

第一件是葛倫・高爾的切結書，這是為這一件民事訴訟而準備的。高爾在切結書裡指稱比爾・彼得森確實去過龐托托克郡的看守所，威脅他若不出庭作證指認隆恩・威廉森，就要對他不利。依該切結書所述，彼得森說高爾最好祈禱他的指紋「沒有出現在黛比・卡特的公寓裡面，」「搞不好他就要來對付高爾。」

第二件偽造證據的情事，兩名原告指的是彼得森重新採集黛比・卡特的掌紋一事。彼得森承認他在一九八七年是見過傑瑞・彼得斯、賴瑞・穆林斯，還有埃達警方的調查人員，討論掌紋的事。彼得森還說過這件案子的偵辦工作他已經「走到窮途末路」，乃建議最好要弄到比較清楚的指紋，同時要穆林斯和彼得斯重新比對一次——雖然死者都已經下葬四年半了。所以，死者的屍體就此重行出土，再採集一次掌紋，然後，指紋專家也忽然有了不同以往的看法。

（隆恩和丹尼斯兩人的律師聘了自己的指紋專家，比爾・貝里〔Bill Bailey〕先生，經他判定穆林斯和彼得斯忽然有新看法，是因為後來他們分析的是掌紋的其他部位。貝里自己的分析結論是警方從牆上採集到的血手印，根本就不是黛比・卡特的掌紋。）

聯邦法官駁回彼得森要求簡易判決的聲請，表示：「有關彼得森、彼得斯、穆林斯等人是否為了能將威廉森和佛瑞茲兩人定罪，而有系統的進行證據偽造，尚有合理的事實疑問。」

法官還又說，「本案的間接證據顯示：有幾名調查人員和彼得森協力，剝奪了原告一項或多項憲法權利。調查人員數度排除辯護證據，加進尚待辯論的偽造證據，顯而易見有確切的線索將涉案人指向他人卻未能循線追查下去，運用可議的刑事鑑識結論，都暗示涉案的幾名被告乃是故意要把案情朝起訴威廉森和佛瑞茲的特定目標推進，而枉顧偵辦過程有過不少警訊，指出他們的偵辦起訴結果不公，也和他們的偵辦事實不符。」

法官作出這一項裁定，是在二〇〇二年二月七日，對被告是重大的打擊，該件訴訟案的氣勢因之逆轉。

蕾妮多年來一直想勸安奈特從埃達搬走。那裡的人永遠都不會相信隆恩的，永遠會朝安奈特指指點點的。他們從小上的教堂，也不歡迎他們了。正在告鎮公所和郡政府的事，一定惹得鎮民更加排斥他們。

安奈特一直不肯，因為埃達是她的家鄉。她的弟弟是無辜的。別人的指指點點和不友善的眼光，她已經學會不去管它，她在埃達還挺得住。

不過，打官司的事情她很擔心。近兩年的審前揭示證據過程過後，馬克・拜瑞特和拜瑞・榭克都覺得情勢已經轉為對他們有利。和解的事談談停停，不過，雙方的律師都覺得，這一件案子應該不會走到開庭審理的地步。

或許是該轉變一下的時候了吧。二〇〇二年四月，事隔六年，安奈特終於離開了埃達。她搬到土薩，她在那裡也有親戚，之後沒多久，她的弟弟就搬去和她同住。

她急著要把弟弟從諾曼帶走。隆恩又開始酗酒了，而且一喝醉，就閉不上嘴。大肆吹噓他在打的官司、他請的幾位律師、他會從那些冤枉他把他送進死牢的人身上拿到好幾百萬的賠償，諸如此類的話。他在「小酌」和其他酒吧四處流連，招來了一批「朋友」，這些好友就在等賠償金進了他的口袋，馬上就會變成他的知交。

他搬進安奈特住處，很快就發現安奈特在土薩的新家和在埃達的舊家規矩一樣，尤其是不准喝酒。他戒了酒，跟著她一起上教堂，和那裡的牧師走得很近。他們的教會裡有一支男性的讀經小組，叫作「迷途者的光」，有募款供傳教士到貧窮國家去傳教的活動。他們最喜歡用的募款方式是一個月辦一次牛排馬鈴薯餐會，隆恩會跟著他們一起下廚。他們分給他的差事是用錫箔紙把烤馬鈴薯包起來，他很喜歡這件差事。

二〇〇二年秋，這一件「無謂的濫訟」以好幾百萬美元和解。眾多被告有事業、有自尊需要維護，堅持和解條件要保密，這樣他們，還有他們的保險公司，就算必須付出大筆金錢，也不必承認錯誤。

不過，和解的細節很快就在埃達的咖啡館裡傳得滿天飛，逼得埃達的鎮公所不得不公布事實，鎮公所是必須從緊急預備金裡挖出超過五十萬美元的金額，來分擔他們在總賠償裡面佔的部分。流言在鎮上漫天飛舞，各家咖啡館說的金額都不一樣，不過，一般都相信金額應該在五百萬美元上下。《埃達晚報》甚至還引用不具名的消息來源，把金額鎖定在這數字上面。

由於隆恩和丹尼斯身為命案嫌犯的身份尚未洗刷，埃達還是有很多善良的鎮民相信他們就是和命案脫不了干係。因此，兩人為此一命案反而獲得鉅額賠償，引發的敵意就更深了。

馬克・拜瑞特和拜瑞・榭克堅持他們的客戶要先拿到一筆頭期款，剩下的再按月分期付款，以保障他們的權益。

丹尼斯用賠償金在堪薩斯市郊買了新居，好好照顧老母和女兒伊麗莎白，其他就全埋在銀行裡不動。

隆恩就沒這麼謹慎。

他說動安奈特幫他在她家和教堂附近買了一戶共同公寓。他們花了六萬美元，買下一戶漂亮的兩間臥房公寓，隆恩就再度開始獨力生活。他有幾個禮拜還相當穩定。安奈特若是沒辦法開車送他到教堂，隆恩也樂意自己走路去。

不過，土薩是他以前混過的地頭，沒多久，脫衣舞俱樂部和酒吧這一類的地方，就看得到他重現江湖，到處買酒請一屋子的人喝，給脫衣舞孃打賞一出手就是千元大鈔。他的錢，還有他的大嘴巴，引來了三教九流的人物，有新朋、有舊友，許多人的目的都只在利用他而已。他大方得要命，也完全搞不清楚新到手的財富要怎麼管理。等安奈特發現要好好約束他時，已經有五萬美元就此人間蒸發。

他住的共同公寓附近有一家社區酒吧叫作「富麗」（Bounty），是一家很安靜的小酒館，葛瑞格・威爾霍伊的父親蓋伊（Guy）是那裡的常客。兩人認識後，就成了酒友，喜歡一聊幾個小時，口沫橫飛大談葛瑞格和死牢的往事。蓋伊跟酒保和小酒館的老闆說隆恩是他很特別的朋友，也是葛瑞格的朋友，若是遇上了麻煩，就要打電話給他，這是他的習慣。要打給蓋伊，而不是警察。他們保證會看著隆恩。

只是，隆恩就是沒辦法不去脫衣舞俱樂部。他最喜歡去的脫衣舞俱樂部，叫作「戈蒂娃女士」（Lady Godiva's）。他就是在那裡迷上了一名舞孃，卻發現她已經名花有主。但無所謂。等他發現這一名舞孃有孩子但沒房子住，便邀他們住到他那裡去，讓他們住在他樓上的空房間裡。那一名舞孃便帶著兩個孩子和據稱是孩子的爸的人，一起搬進威廉森先生漂亮的新公寓去住。但公寓裡缺了很多東西。隆恩便打電話給安奈特，開了一長串的採買清單，要安奈特去幫他買回來。安奈特勉強照辦，去店裡幫他買齊東西。等她把東西送過去時，卻怎麼也找不到隆恩。至於那一名脫衣舞孃一家子人，則是躲在樓上，鎖在臥室裡不肯出來。安奈特對他們下達最後通牒，隔著門大聲喝斥他們，要他們馬上走人，否則就報警抓人。他們就此逃之夭夭。事後，隆恩對他們還念念不忘。

隆恩的歷險記又再上演過幾次，到後來，身為法定監護人的安奈特終於以法庭命令介入。兩人為錢的事情再吵了一架，但隆恩還知道怎樣對他才好。所以，他住的共同公寓就此賣掉，隆恩也再度搬進療養院去住。

不過，真心的朋友並沒有棄他於不顧。丹尼斯・佛瑞茲知道隆恩在掙扎，想要回歸到正常、穩定的生活。他便建議隆恩到堪薩斯市去，和他同住。由他監督隆恩的用藥、飲食，催他運動，逼他少喝酒、少抽菸。丹尼斯那時發現了健康食品、維他命、補充食品、花草茶等等好東西，等不及要拿這些和好朋友分享。搬家的事兩人談了好幾個禮拜，最後還是被安奈特給否決了。

葛瑞格・威爾霍伊則已經成了道地的加州人，也是廢除死刑的激昂鬥士。他也要隆恩搬到沙加緬度（Sacramento）去，那裡的生活比較悠閒，比較輕鬆，而且，也可以把往事全都忘掉。隆恩覺得這主意不錯，但還是講講高興而已，沒真的要做。

布魯斯・李貝後來來找隆恩，願意分一間房間給他住。這樣的事，他以前不知做過多少遍。安奈特這一次終於同意，隆恩就搬進布魯斯那裡，那時布魯斯在開大卡車。隆恩會坐在他的車子前座上面跟著他跑，他很喜歡寬闊的高速公路無拘無束的滋味。

安奈特先前就猜隆恩搬到布魯斯那裡頂多三個月就會有變化；三個月是隆恩住在同一地方的平均期限。千篇一律的事情和同一地方，沒多久就會惹得他生厭。三個月後，隆恩和布魯斯真的為了一件事吵架；兩人後來都想不起來到底是什麼事。反正，隆恩就這樣又搬回了土薩，在安奈特那裡住了幾個禮拜，然後，租下一間旅舍的房間住，還是住三個月而已。

二〇〇一年，丹尼斯和隆恩獲釋後兩年，黛比・卡特命案過後近十九年，埃達警方終於結束偵查工作。然而，還要再過兩年，葛倫・高爾才會從萊辛頓的監獄押到法庭受審。

葛倫・高爾並不是由比爾・彼得森起訴的，理由有一大堆。要他站在大陪審團前面指著被告說，「葛倫・高爾，以你對黛比・卡特做的事，死有餘辜，」很難讓人信服，因為，他先前就已經指著另兩個人說過這同一番話了。彼得森以利益衝突為由，請求迴避，但派他的助理克里斯・羅斯坐在檢方席上作筆記。

奧克拉荷馬市就派了一位特別檢察官來，理查・溫特里（Richard Wintory），他以DNA的鑑定為證據，輕易就讓葛倫・高爾定罪。陪審團在聽過高爾又長又兇殘的犯罪史後，毫無難色就建議判處高爾死刑。

丹尼斯不肯看高爾受審的新聞，不過，隆恩沒有辦法不看。他每一天都打電話給蘭德瑞斯法官，跟他說，「湯米，你一定要去抓瑞奇・喬・席蒙斯！」

「湯米，不要管這個葛倫・高爾啦，瑞奇・喬・席蒙斯才是真凶！」

隆恩住的療養院一家換過一家。每一搬到新的療養院，他只要覺得膩了，或人家受不了他了，電話就開始了，安奈特也不得不再趕快替他找另一家願意收他的療養院。找到後，就趕著幫他收拾行李，搬到新居。他住過的療養院，有的到處都是刺鼻的消毒藥水味道，死神陰森在目。有的則溫暖又親切。

蘇珊・夏普博士去看他時，他正住在霍伊鎮（Howe）的一家療養院裡。那時，隆恩已經連著幾個禮拜沒喝酒，感覺很好。兩人開車到鎮邊一處湖濱公園散散步。那一天萬里無雲，空氣清涼爽利。

「他就像小孩子一樣，」夏普博士回想當時，「好高興天氣那麼好，他可以出門曬太陽。」

他若按時服藥、不喝酒的話，是很好相處。那一天晚上，他們兩個來了一場「約會」，在療養院附近一家餐廳裡吃晚餐。隆恩對此很得意，因為，他終於可以請一位高雅的女士吃一頓牛排大餐。

17

二○○四年初秋的時候，隆恩開始出現嚴重的胃痛，腹脹如鼓，不管是坐著、躺著都不舒服。走一走會好一點，但身上的痛與日俱增。他動不動就喊累，沒辦法入睡。晚上會在他剛搬進去的療養院的走廊裡走上通宵，想減輕一點胃部愈來愈沉重的壓力。

安奈特的住處離那裡有兩小時的車程；她有一個月沒去看他，但在電話裡聽過他說過不舒服的事。等她去療養院接他要去看牙醫時，被他鼓起來的肚子嚇了一大跳。「看起來像懷胎十月，」她說。兩人便跳過牙醫，直接到賽密諾的一家醫院掛急診。那一家醫院把他們轉到土薩的醫院，第二天，土薩的這一家醫院診斷出隆恩得了肝硬化。沒有辦法動手術，沒有辦法治療，沒有辦法作肝臟移植。再被判處死刑，而且，是很痛苦的死刑。樂觀的預估是他還剩六個月。

他已經活到五十一歲，其中至少十四年是關在牢裡的，根本沒機會喝酒。而從五年前他獲釋後，他當然貪杯，但其間也有不少次有完全戒酒的時候。

他要得肝硬化好像嫌早了點。安奈特問了幾則很難回答的問題，聽到的答案也很難懂。隆恩除了喝酒之外，也有嗑藥的歷史，只是在獲釋後就很少見了。最有可能的成因，可能是他服藥的歷史。隆恩這一輩子有一半的時間，在不同的時間，都在吃藥效很強的精神病藥物，藥量不一。

也可能他天生肝就不好。但這都不重要了。安奈特又再打電話給蕾妮，跟她說難以置信的壞消息。

醫生幫隆恩抽出好幾加侖的腹水，醫院也要安奈特找別的地方安置他。安奈特一連被七家療養院拒絕，最後，才在斷箭療養院（Broken Arrow Nursing Home）找到地方讓隆恩住進去。那裡的醫護人員對隆尼都很歡迎，當他老早以前就是自家的人。

沒多久，安奈特和蕾妮就看出六個月的預估不切實際。隆恩的情況惡化得很快。他除了肚子腫得特別大之外，軀體其他部位一概枯瘦萎縮。沒有食慾，後來終於連菸、酒也不沾了。隨著肝功能快速喪失，疼痛日益加劇。他一直沒舒服過，成天在他的房間外面慢慢散步，沿著走廊來來回回走動。

他的家人這時都聚到他的身邊來，有時間就過來陪他。安奈特就住在附近。但蕾妮、蓋瑞和他們的孩子住在達拉斯附近，不過，有辦法的話，一定會開五小時的車到療養院來。

馬克・拜瑞特來看過他這一位客戶好幾次。他是很忙的律師，但隆恩在他心裡始終排在第一順位。兩人會聊死亡和來生，談上帝和信基督得永生的救贖。隆恩面對眼前的死亡，可能說是了無遺憾。這原本就是他一直在面對的事，面對了好多年了。他一點也不怕死。也沒有怨恨。他做過的事有不少令他後悔，他犯過錯，他傷過人，但他也誠心祈禱上帝原諒他，而上帝也原諒了他。

雖說他心無怨懟，但比爾・彼得森和瑞奇・喬・席蒙斯兩人，卻還是始終掛在他的心裡，直到生命的終點。不過，他到頭來還是原諒了他們兩個。

馬克・拜瑞特再去看他時，提起了音樂，隆恩的話匣子就開了，一連幾個小時都在講他要開創的新事業，他從療養院出去後生活會有多精采。他不提病苦，不提死亡。

安奈特把他的吉他送到療養院，但他沒辦法彈了。所以，他要安奈特唱他們最喜歡的聖詩給他聽。隆恩的最後一場表演，就是在療養院裡，用卡拉OK唱的。他還是擠出了力氣來唱歌。療養院裡的護士和其他病人，那時都已經知道他的經歷，給他無限的鼓勵。唱完之後，他襯著背景裡的音樂錄音，和兩位姊姊一起跳舞。

大部分病人臨死前都要自己靜一靜，想一想，隆恩不同，他沒有吵著要牧師來握他的手，聽他作最後的告解或替他祈禱。《聖經》的經文他熟得很，不會輸給牧師。他的福音基礎很穩固。大多數人或許不像他那樣迷途過，但他衷心感到抱歉，也獲得了原諒。

他已經準備好了。

他獲釋後這五年時光，有過幾次燦爛的時刻，但終究是以不快樂的時候居多。他前後搬了十七次家，數度證明他根本無力自己一人過活。他能有什麼未來？他一直是安奈特和蕾妮的重擔。他這一輩子大部分時候，都是別人的重擔。他累了。

打從他被關進死牢那時候起，他就多次跟安奈特提起：但願他從沒來到過人世，他真的很想早早上路，早死早好。他對自己為別人帶來的痛苦很羞愧，尤其是對他的父母。他只想去見他們，跟他們說對不起，和他們在一起，永遠不再分開。他獲釋後不久，安奈特有一天看到他站在她家裡的廚房裡，恍惚失神，呆呆看著窗外。他看到安奈特就一把抓住她的手說，「跟我一起祈禱，祈禱上帝帶我回家，現在就帶我走。」

但這祈禱她沒辦法做到。

葛瑞格・威爾霍伊在感恩節時來看他，一連十天都陪在隆尼身邊。雖然隆恩的神智消退得很快，而且嗎啡下得很重，但兩人還是聊了幾小時，談以前在死牢的日子，雖然還是恐怖的經歷，如今回想起來，卻也帶著遲來的幽默。

到了二〇〇四年十一月時，奧克拉荷馬州處決死刑犯的速度創下紀錄，兩人已經有許多死牢裡的老鄰居終於入土為安。隆恩知道其中有幾個是會上天堂等他去的。大部分則否。

他跟葛瑞格說，人生最美好的滋味他嚐過，人生最苦澀的艱難他也嚐過。如今，他再也沒有什麼好留戀的，他已經準備好要離開。

「那時，他已經全然接受上帝的一切安排，」葛瑞格說，「他不怕死，只想快快了結。」

葛瑞格跟他道別的時候，隆恩已經沒有多少意識。院方施打的嗎啡量很大，隆恩離開人世，只是幾天後的事。

隆恩走得那麼快，他的許多朋友都沒有心理準備。丹尼斯・佛瑞茲先前經過土薩時想去看他，但沒找到療養院在哪裡。他原打算過幾天再去看他一次，沒想到沒趕上時間。布魯斯・李貝那時正好開車到外州去，一時聯絡不上。

拜瑞・榭克倒是趕上了最後一刻，用的是電話。丹・克拉克（Dan Clark）是幫他們的民事訴訟作調查的人，在病房裡裝了擴音器，拜瑞的聲音響徹隆尼的病房。這是單向的對話；隆恩用的藥很重，已屬彌留。拜瑞答應他會盡快趕去，再和他好好聊聊，等等。而當他說到這一句話時，隆恩臉上泛起微微一笑，在場的其他人也跟著笑了：「還有，隆尼，你若真等不到那時，我跟你保證，我們一定會抓到瑞奇・喬・席蒙斯。」

到了會客時間，醫院把家人全叫進病房。

三年前，著名攝影師妲琳・席蒙（Taryn Simon）正巡迴全美，為冤獄平反的人拍照，準備出書。她也替隆恩和丹尼斯拍了照，另外為他們的案子寫了簡短的摘記。每一位受訪者也都要在他們的照片旁邊，附上自己的幾句話。

隆恩說的話是：

> 我希望我既不用上天堂也不用下地獄。我只希望我死的時候，可以長睡不醒，永遠不會再作噩夢。永遠安息，跟你們在其他的墓碑上會看到的話一樣，我只希望這樣。因爲，我不想要作最後的審判。我不想再讓別人審判我。我被關在死牢裡的時候，問過我自己：我降生到這人世到底是爲了什麼？我若是非得碰上這些事不可的話，那我降生到人世的理由到底是爲了什麼？我差一點就要詛咒我媽和我爸了——眞糟糕，對不對？——他們幹嘛把我生到這人世來？我若會再碰上這些事，那我寧願不要再來到人世的好。
>
> 引自《清白之身》（*The Innocents*, Umbrage, 2003）

不過，一旦真的面對死亡，隆恩還是略作讓步。他是真的很想上天堂得永生。

十二月四日，安奈特和蕾妮偕同家人最後一次聚在隆恩的床邊，和他永別。

三天後，眾人聚集在斷箭療養院的海赫斯特葬儀社（Hayhurst Funeral Home），參加隆恩的告別式。隆恩的牧師，泰德•希斯頓（Ted Heaston），主持儀式，「禮讚」隆恩的一生。查爾斯•史托瑞，隆恩在牢裡的牧師，也上台講了幾件他和隆恩在麥克艾列斯特相處時的溫馨小事。馬克•拜瑞特宣讀悼辭，紀念兩人特殊的情誼。雪瑞兒•畢拉特代拜瑞•榭克唸了一封信；榭克那時手上正有兩件冤獄案，人在外地忙不過來。

隆尼的棺木還沒闔上，蒼白、灰髮的老人家安詳沉睡。他的棒球外套、手套、球棒就放在棺木裡面，旁邊也放著他的吉他。

告別式裡演奏的樂曲，有兩首是經典的福音歌曲，〈我將高飛〉和〈祂放我自由〉（He Set Me Free）。這是隆恩小時候就會唱的兩首聖詩，而且常伴他的一生；他在奮興會上唱，在教會的夏令營裡唱，在他母親的葬禮上唱，那時他腳上還戴著腳鐐；他在他身陷死牢的最黑暗時刻唱；他在他獲釋那一天回到安奈特家時也唱。迴盪的歌聲，聽得大家跟著用腳尖打拍子，情緒為之舒緩，人人臉上開始泛起了笑。

告別式很哀傷，這理所當然，但也有很強烈的解脫之感。悲慘的一生終於了結，如今，熬過這悲慘人生的主人翁，溘然長逝，進入更美好的世界。隆尼祈求的也不過就是如此。他終於真的自由了。

來參加追悼會的來賓，在那一天下午後來重回埃達，為他舉行葬禮。他們家在鎮上的朋友也來了不少人，悼念隆恩過世，很教隆恩家人安慰。為了尊重卡特家，安奈特選的墓園，特地和黛比下葬的地方錯開。

很冷，風很大的一天。二〇〇四年十二月七日，正好是黛比・卡特在人世的最後一天過後的二十二年。

隆恩的棺木由扶靈的數人緩緩抬進墓地，布魯斯・李貝和丹尼斯・佛瑞茲即在內。鎮上的牧師再說了幾句悼辭，作過祈禱，伴著幾滴清淚，眾人就和他真正永別。

他的墓碑上刻著這幾個字，永遠無法磨滅的幾個字：

隆納德・基斯・威廉森

生於一九五三年二月三日

卒於二〇〇四年十二月四日

堅強求生

一九八八年誤遭定罪

一九九九年四月十五日洗刷冤屈

2

1

3

圖1 隆尼十歲打警鷹隊時模樣。

圖2 十八歲時高中照。

圖3 一九七〇年前後威廉森一家：安奈特、隆恩、蕾妮，和父母胡安妮妲、羅伊合照。

圖片提供：
Courtesy of the Williamson family: 圖1, 2, 3, 6, 11, 21, 22
Courtesy of the Ada Evening News: 圖7, 10, 12, 13, 14, 17, 19, 20
Courtesy of Murl Bowen: 圖4
© John Donovan: 圖5
Courtesy of the Carter family: 圖8
Courtesy of the Wilhoit family: 圖15
Courtesy of Frank Seay: 圖16

Two Asher Players Honored---

On All-State Baseball Teams

Ron Williamson of the state Class B champion Asher Indians was picked as an outfielder on the Daily Oklahoman's South team and was on the Oklahoma Journal's first team. Another Asher star, third baseman Bruce Leba was named to the Daily Oklahoman's South squad.

Bruce Leba　　Ron Williamson

4

圖4 默爾·鮑恩(右)帶領艾舍棒球隊連贏二千一百一十五場,此一紀錄迄今無人能破。

圖5 隆恩(最右邊)闖盪職棒最後一年,球季之初。

圖6 一九七六年小聯盟洋基隊員。

5

6

圖7　命案現場——黛比租下樓上的公寓。
圖8　黛比·卡特遇害前兩天。
圖9　狄妮思·哈若威，一九八四年四月二十八日遭到挾持。

7

9

8

圖10 湯米・華德和卡爾・方特諾於押解上法庭途中。
圖11 隆恩・威廉森的警方大頭照。
圖12 丹尼斯・佛瑞茲的警方大頭照。

10

11

12

圖13 地方檢查官比爾·彼得森。

圖14 隆恩經陪審團判決有罪裁處死刑後，由警方押解帶出龐托托克郡的法庭。

圖15 葛瑞格·威爾霍伊因爲他沒做的命案被關在F舍達四年之久。他和隆恩·威廉森同在死囚行列，在獄中結爲好友。

13

14

15

圖16 地方法院檢察官法蘭克・賽伊。他在裁定重審的判決結語說，「天主在上，在這偉大的國家有人未得公平審判即遭處決，吾人豈可坐視不管。而這件案子差不多就是這樣的情形。」

圖17 隆恩，在坐了十一年的牢後，回到埃達。

圖18 隆恩和他的辯論團隊。前排：金姆・馬克斯，潘妮・史都華（Penny Steward）；第二排：比爾・路克、珍妮・徹斯利、隆恩、珍妮・蘭德瑞斯（Jenny Landrith）、馬克・拜瑞特和莎拉・邦奈爾（一九九九年四月十五日）。

16

17

18

19

20

圖19　丹尼斯・佛瑞茲和隆恩・威廉森聽法官湯姆・蘭德瑞斯撤銷控告（一九九九年四月十五日）。

圖20　拜瑞・榭克和馬克・拜瑞特於隆恩和丹尼斯獲釋後召開記者會慶祝（一九九九年四月十五日）。

圖21 隆恩獲釋兩個禮拜後到洋基球場一遊。

圖22 安奈特和蕾妮在弟弟死前不久合影。

21

22

作者誌

隆恩・威廉森下葬後兩天，我在隨手翻閱《紐約時報》的時候，看到了他的訃聞。光看標題——「隆納德・威廉森，掙脫死牢獲釋，於五十一歲時逝世」——就已經感覺到震撼的氣勢了，不過，就吉姆・杜埃爾為他寫的長篇訃聞來看，顯然後面還有長得多的故事才對。報上登了一張隆恩的照片，很醒目，是他無罪開釋那一天站在法庭裡的模樣，看起來有一點困惑，也像是解脫，搞不好還有一點得意。

看來，我沒看到他一九九九年獲釋的新聞，我連隆恩・威廉森或是丹尼斯・佛瑞茲是誰都不知道。

我再讀一遍訃聞。即使發揮我最強的創造力，也想不出像隆恩的經歷這麼質地豐厚、層次繁複的故事。而且，沒過多久，我就發現這一篇訃聞連皮毛也只沾到了一點邊。不出幾小時，我就找到了他的兩個姊姊安奈特和蕾妮談了談，就這樣，手上忽然就冒出來了一本書。

進行非小說創作是我想都不太去想的事——寫小說實在太好玩了——而且，那時，我也抓不準自己在蹚什麼渾水。不過，隆恩的故事，需要做的研究，再動筆寫，耗掉了之後的十八個月。為此，我去過埃達多次；去過鎮上的法院；去過鎮上的看守所；去過鎮上的咖啡館；去過麥克艾列斯特的死牢

——新的、舊的都去過；去過艾舍，還在艾舍的球場看台上坐了兩個小時，和默爾・鮑恩聊棒球；去過紐約市的「平反工程」辦公室；去過賽密諾，在一家餐廳和法蘭克・賽伊法官共進午餐；去過洋基球場；去過萊辛頓監獄，和湯米・華德會面；去過諾曼，我把基地設在那裡，和馬克・拜瑞特盤桓多時，談隆恩的事，一談就是好幾小時。我去堪薩斯市見過丹尼斯・佛瑞茲；去土薩見過安奈特和蕾妮；後來終於說動了葛瑞格・威爾霍伊從加州回來一趟，兩人在「大麥克」參觀過一圈，他十五年前獲釋後，首度重回以前住的牢房。

每作一次探視，每作一次訪談，隆恩的故事裡就多加了一分不同的轉折。要我寫上五千頁也成。

這一趟旅程，也帶著我深入冤獄的世界，連我這一位當過律師的人也沒太去想的世界。這也不是奧克拉荷馬州獨有的問題，差得遠了。冤獄在全美每一個月都見得到，理由千奇百怪但也如出一轍——辦案不力，垃圾科學，目擊證人指證錯誤，辯護律師功夫太差，檢方太懶，檢方驕慢。

以大城市而言，刑事偵辦人員的工作量大到害他們舉步維艱，以致程序和成果每每未達及格的專業水準。在小鎮上面，警方的訓練就明顯不足，也失考核。凶殺案和性侵案還是小鎮居民聞之色變的大案，沒有人扛起罪責不行，而且要快。這地方的人，不論是鎮民還是陪審團，都還相信他們的公職人員做事應該知道正當守法。但若不是的話，結果就是出現隆恩・威廉森和丹尼斯・佛瑞茲這樣的遭遇。

湯米・華德和卡爾・方特諾也是。兩人現在都還關在牢裡，服終身監禁的刑期。湯米有一天可能有假釋的機會吧，不過，卡爾卻因為司法制度有古怪的設計，而永遠沒辦法假釋。DNA也救不了他們，因為，他們的案子沒有生物證據。狄妮思・哈洛威的凶手，不管一人、數人，永遠都找不到了，至少，警方他們絕對找不到的。他們的故事，請上www.wardandfontenot.com一看。

我在為這一本書蒐集資料的時候，無意間發現兩件事，兩件事都和埃達有關係。一九八三年，一位名叫凱爾文・李・史考特（Calvin Lee Scott）的男子在龐托托克郡法院受審。受害人是一名年輕寡婦，在睡夢中突然遭人攻擊，由於強暴她的人拿枕頭壓在她的臉上，以致她沒辦法作指證。州鑑識總局的毛髮專家作證，指在犯罪現場採集到的兩根毛髮，「經顯微顯示」和凱爾文・李・史考特的毛髮檢體「一致」，至於史考特，則是矢口否認犯案。陪審團的看法不一樣，史考特就此被判二十五年徒刑。他坐了二十年的牢，後來獲釋。二〇〇三年，他經由DNA鑑定重獲清白的時候，已經刑滿出獄。

他這一案子就是由丹尼斯・史密斯負責偵查的。比爾・彼得森那時也正好是地方檢察官。

另外，二〇〇一年，在埃達當過警察局副局長的丹尼斯・寇爾文，對製造、販售安非他命的聯邦罪名，作了認罪，入獄服刑六年。寇爾文其人，各位應該記得，就是葛倫・高爾提過的那一位埃達警察；高爾他二十年前簽過一份切結書，提過他和埃達警察有毒品買賣。

埃達是民風淳樸的小鎮，所以，這問題就非問不可了：鎮上的好人什麼時候才要清理門戶？

可能就等他們不想再為錯誤的濫訴善後的時候吧。過去二十年，埃達鎮公所兩度提高財產稅，彌補他們被隆恩和丹尼斯的和解案掏空的預備金。說來還真是殘酷又難堪，因為，鎮上所有擁有財產的人都要付稅，黛比・卡特的家人自也在內。

至於虛耗的金錢總額，則無法估算。奧克拉荷馬州一年在監所的收容人身上要花兩萬美元才夠。不要管死牢的額外成本和住進州立精神病院的治療花費，奧克拉荷馬州把隆恩關起來的成本，就有二十五萬美元。丹尼斯也一樣。若再把他們民事訴訟的費用加進去的話，很容易就有答案了。所以，若說因為他們兩人的案子，奧克拉荷馬州白花了好幾百萬美元，應該不算離譜。

這樣的金額還不包括上訴律師用掉的數以千計的工時，他們日以繼夜工作，才為兩人爭取到自由。這也不包括州政府的律師拚命要將兩人處決而花掉的時間。為了這兩人的起訴、辯護而花掉的每一塊錢，都是納稅人在支付的。

不過，他們也不是沒找地方省下一點錢。巴尼・華德為隆恩作辯護時，領的是人人聞之咋舌的三千六百美元。各位也應該記得，瓊斯法官還駁回巴尼要求聘用一名刑事鑑定專家來評估檢方證據的聲請。葛瑞格・桑德斯拿的錢，一樣是三千六百美元。而他也一樣要不到專家證人。政府不是沒想到要保護納稅人的利益的。

金錢的浪費固然讓人洩氣，但是受害最慘重的還是在人身上。隆恩的精神問題顯然就因冤獄而加重許多，而且，就算獲釋，也一直沒辦法康復。大部分平反獲釋的人，都是這樣。丹尼斯・佛瑞茲算是幸運的一個。他有勇氣、有頭腦，而且，後來還有錢可以重建生活。他在堪薩斯市建立起平靜、正常、衣食無憂的生活，去年還當了祖父。

至於其他的人：比爾・彼得森還在埃達當地方檢察官。他的兩名助理也還是南西・秀伊和克里斯・羅斯。他帶的調查員裡面，有一人也還是蓋瑞・羅傑斯。丹尼斯・史密斯在一九八七年自埃達警局退休，二〇〇六年六月三十日猝逝。巴尼・華德在二〇〇五年夏天過世，那時我正在寫這一本書，以致我再也沒有機會訪問他。隆恩・瓊斯法官在一九九〇年因選舉失利而下台，就此離開埃達那一區。

葛倫・高爾現在還關在麥克艾列斯特的H舍裡面。二〇〇五年七月，他定罪的判決被奧克拉荷馬州的刑事上訴法院推翻，下令重審。法院裁定高爾未獲公平審判，因為，蘭德瑞斯法官不准被告律師把另外兩人先前已經因為同一案件被判有罪一事，列為證據。

二〇〇六年六月二十一日，高爾再度被判有罪。可是陪審團在量刑時，對於是否要判處死刑相持不下，蘭德瑞斯法官便依法判處高爾終身監禁，不得假釋。

這一本書乃經多人協助方才得以寫就。安奈特和蕾妮兩家人就隆恩的一生，對我是知無不言，言無不盡。馬克・拜瑞特花了不知多少小時，開車載我在奧克拉荷馬州到處跑，跟我說隆恩他們的故事——我一開始覺得難以置信的故事；還幫我找證人，翻舊檔案，利用他的人脈幫我打通關節等等。他的助理，梅麗莎・哈里斯（Melissa Harris），幫我影印了好像有一百萬張的資料吧，而且，一切都整理得好好的，秩序井然。

丹尼斯・佛瑞茲為我重拾他以前痛苦的經歷，以感人的熱忱，有問必答。葛瑞格・威爾霍伊亦然。

《埃達晚報》布蘭妲・托勒（Brenda Tollett）為我搜遍了該報的檔案，居然如有神助一般翻出了該報對這兩件凶殺案作過的一篇篇大規模的報導。現在已經轉到《奧克拉荷馬人報》的安・凱利・韋佛（Ann Kelley Weaver），對於這一件冤獄平反的相關事情，有很多也都記得很清楚。

法蘭克・賽伊法官一開始不太願意跟我談他審理過的案子。他還是秉持老式的觀念，認為法官只應該讓人聞其言而非見其人，但他終究還是現了身。有一次在電話裡，我跟他說他是「英雄」，對此封號，他敬謝不敏。隔著一千兩百哩的距離，他一樣可以駁回我的說法。薇琪・希爾布蘭德還在他那邊做事，她對第一次看到隆恩，並提起人身保護令訴狀時的那感覺，歷歷如昨。

吉姆・佩恩現在自己也是聯邦法官了，而且，雖然幫了大忙，但對救了隆恩一命，卻沒有意思要居功。不過，他真的是英雄。他仔細讀過珍妮・徹斯利寫的訴狀，還拿回家用下班後的時間研究，再敦請賽伊法官注意這一件案子，在緊要關頭建議暫停處決。

湯姆・蘭德瑞斯法官雖然在故事的尾聲才上場，卻有幸於一九九九年四月擔任審理法官，平反冤獄。到埃達的法院去見他，始終是一大樂事。一件又一件的事，許多應該都是真的，都聽他娓娓道來。

拜瑞・榭克和「平反工程」的諸多鬥士，慷慨又大度。在我寫這一本書的時候，他們已經利用DNA鑑定替一百八十名入獄人犯爭取到自由，也帶動其他人紛起效尤，至今已經至少有三十支團體於全美推動平反工程。若要有更進一步的了解，請至www.innocenceproject.org。

湯米・華德先在死牢的舊F舍裡關了三年又九個月，才被永久移監到萊辛頓去。我們有過多封信件往還。他講過一些隆恩的事，也同意我寫進書裡。

有關隆恩經歷過的噩夢，有很大一部分是靠羅伯・梅爾寫的《埃達的噩夢》幫忙的。這一本書讀來興味盎然，讓人知道寫得好的犯罪紀實作品應該是怎樣。在我蒐集資料的過程，梅爾先生給了我充分的配合。

在此要謝謝奧克拉荷馬州義務辯護司的律師和職員——珍妮・徹斯利、比爾・路克、金姆・馬克斯。另也要謝謝布魯斯・李貝、默爾・鮑恩、克莉思蒂・榭帕德（Christy Shepherd）、萊思莉・戴爾克、基斯・休姆（Keith Hume）醫生、南西・渥勒森（Nancy Vollertsen）、蘇珊・夏普醫生、麥可・薩冷（Michael Salem）、蓋兒・席華德、李・曼恩（Lee Mann）、大衛・莫里斯、勃特・寇里（Bert Colley）。約翰・雪曼（John Sherman）還在維吉尼亞大學（University of Virginia）法學院讀三年級，花了一年半的時間在我們蒐集來的成堆紙箱裡整理資料，而且做得有條不紊。

這一則故事裡的相關人士，大部分都將宣誓證詞提供給我使用，這是我的榮幸。但有的人覺得並不需要作訪談。有的人則不同意作訪談。本書人名，僅有自稱遭到強暴的那幾名受害者的人名，作了更改。

約翰・葛里遜

二〇〇六年七月一日

【譯後記】

「假定無罪」不應該是法律術語

宋偉航

隆恩‧威廉森的一生，像是專門為了演繹一件冤案而活的。葛里遜看上這一則故事，沒有放進劇情片的路線，而改走平實簡樸的紀錄片風格。書裡沒有高潮起伏的驚險情節，也沒有峰迴路轉的懸疑佈局。他以盈箱累篋的資料，加上法學素養和文學妙筆，寫下一件冤案的始末，兼及隆恩‧威廉森悲涼的一生。他不想寫得多驚悚，也沒意思要跟你鬥智；真凶早早就呼之欲出，卻襯得冤案真是荒唐！

但要說它驚悚嗎？也可以。冤案來得莫名其妙，看得人怵目驚心。威廉森和佛瑞茲這兩位，怎麼看都不像hero，要放進書裡當主角，很難稱得上英雄。所以，這一本書寫的是兩位無名小卒的「無故／無辜落難記」；這才是嚇人的一點。嗜酒，狎歡，放在二、三十歲的盛年，不就是人不輕狂枉少年，何辜？那是怎麼會有這樣的命運呢？抽絲剝繭過後，真要把冤案加身的線索連起來，拉拉扯扯，指向的應該是人心的灰暗！

人心毋須多黑暗，就可以枉送掉別人的性命！這一件案子從辦案的員警到起訴的檢察官，最後到開庭的法官和陪審團，一步步走來，都還算是在例行公事的軌道裡面，可以套用台灣公務員的口頭禪：依法行政。不過，法條還是會栽進人心的小窟窿裡去的；人心不自覺的小窟窿！員警是辦案邋遢沒錯，檢察官是急於求功沒錯，法官是顢頇怠慢沒錯，陪審團是無知魯鈍沒錯。不過，這些加起來會一步步把無辜的人送進死牢，根源卻在於成見。他們心裡的成見，遇上了威廉森、佛瑞茲兩人的輕狂人生，人心灰暗的窟窿，就打敗了「假定無罪」的理想。

說「假定無罪」是理想，是因為放在人性裡看，「武斷有罪」才是本色。衡諸生活裡的點滴瑣事，我們不多半習慣以一己之好、惡為是、非之標準？我們對「看不慣」的人，不就是比較容易不假辭色？我們對「不喜歡」的事，不就是比較容易一竿子打翻？和自己親近，與自己同類，為一己所喜，一般就會放在天平「正」向的這一邊。反之，就打到對面去。而放到對面去的，一般也就比較容易變成「壞」的。甚至，無關乎好惡的小事，也處處在挑戰「假定無罪」的理想。在報上看過一則小故事：有人看到年輕女子坐在博愛座上，馬上在心裡斷定此人不「博愛」，數度報以衛生眼。後來，該名女子跛行下車，這才真相大白！

所以，威廉森會遇上冤案，歸根結柢，不就在他不討人喜歡？嬌慣，縱慾，好色，加上精神有病，縱使有運動明星的光環掩蓋，放在「聖經帶」，依然太過礙眼。所以，即使根本沒人看過案發時他出現在現場附近，他卻純粹因為名聲不好，嫌犯的帽子就好像是專門為他的頭型而做的。

「假定無罪」很難，挑戰的是人性，所以才會是理想，也才需要特別標舉出來，當成司法的重要原則。也因此，「假定無罪」不宜劃歸法學術語，關在法界裡讓法律人去當夾撌（jargon）來用，而應該拉進花花世界，看作是人心的修養，也是人性的試煉。隆恩・威廉森這一位瘋子就像一道考題，考你「假定無罪」的修為！辦案的員警、檢察官、法官、陪審團都不及格也罷，只要有完備的法規，還是有機會彌補。也因此，洗刷冤案的主力，也還是在法界中人。然而，一般人不及格，卻會獨留彌補的傷口不得癒合。隆恩•威廉森不僅在定罪前後備受人情冷暖的荼毒，他在平反之後，也始終未能見容於家鄉，至死未休。

葛里遜在書裡適時舉出一些美國的法條、判例，為讀者點出這一件冤案的「關節」，為沒有法律知識的讀者打通經絡。不過，除了法條，他在敘述推進的過程裡，偶爾也會以一、兩句話提點一下讀者，無涉批判，但指的是人心，不僅法律也應該有所警惕的人心。例如，威廉森入獄多年，瘋病日益嚴重，佛斯特醫生為了他的醫療請命，居然耗時長達四年！

法學的觀念和法律的條文，原本就有因應人性的灰暗、填補人心的窟窿的意思。只不過，法令就算因為現實的挑戰而益增完善，但是，多如牛毛的法令也抵不過人心；畢竟，人心是無底洞。

所以，葛里遜雖然用報導文學的手法寫下這一部冤案紀實，但也不是沒有埋下「推理」的伏筆——就是要請你推一推法理，反映至人心。「假定無罪」的修為，應該是要滲透到做人的基本素養裡去的，見諸於平常的生活，而不只是法律名詞而已。因為，法令是可以彌補過錯，但預防卻在人心。何況，世間不僅還有冤案未了，也難保不會有冤案再生！

國家圖書館出版品預行編目資料

無辜之人：小鎮冤案紀實 / 約翰．葛里遜(John Grisham) 著；
宋偉航譯．-- 二版．-- 臺北市：遠流，2018.12
面；　公分
譯 自：The innocent man : murder and injustice in a small town
ISBN 978-957-32-8413-0(平裝)
1. 刑事審判 2. 司法制度 3. 死刑 4. 美國俄克拉荷馬州
585.932　　107020284

無辜之人
小鎮冤案紀實

作　者：約翰・葛里遜（John Grisham）
譯　者：宋偉航
主　編：曾淑正
責任編輯：洪淑暖
副總編輯：林皎宏
總監暨總編輯：林馨琴
封面設計：謝佳穎

發 行 人：王榮文
出版發行：遠流出版事業股份有限公司
地　址：台北市 100 南昌路二段 81 號 6 樓
電　話：（02）2392-6899
傳　真：（02）2392-6658
郵　撥：0189456-1

著作權顧問：蕭雄淋律師
2018 年 12 月 1 日 二版一刷
定價◎新台幣 380 元

ISBN 978-957-32-8413-0
遠流博識網　http: // www.ylib.com
E-mail: ylib@ylib.com

THE INNOCENT MAN
by John Grisham